Karl Theodor

Hof- und Staatskalender für das Jahr 1799

Karl Theodor

Hof- und Staatskalender für das Jahr 1799

ISBN/EAN: 9783743658578

Hergestellt in Europa, USA, Kanada, Australien, Japan

Cover: Foto ©ninafisch / pixelio.de

Weitere Bücher finden Sie auf **www.hansebooks.com**

Seiner
Churfürstlichen Durchleucht
zu Pfalzbaiern ꝛc. ꝛc.
Hof- und Staats-
Kalender
für das Jahr
1799.

Mit churfürstl. gnädigsten Privilegium
verlegt
durch beyde churfürstl. Kammerfouriers,
und gedruckt zu München
in der Französischen Hof- und Landschaftsbuchdruckerey.

Von Gottes Gnaden

Wir Carl Theodor,

Pfalzgraf bey Rhein, Herzog in Ober- und Niederbaiern, des H. R. R. Erztruchseß und Churfürst, zu Gülich, Cleve und Berg Herzog ꝛc. ꝛc.

Bekennen öffentlich mit diesem Briefe, und thun kund jedermänniglich, was massen Wir Unsern beyden Kammerfouriers Franz Xaver Menrad von Vorwaltern, Unserm wirklichen Hofrath, dann Nikolaus Hazard, als zugleich Unserm ersten Kammerdiener, das Privilegium impressorium zur Auflage des alle Jahre im Druck zu geben gewöhnlichen Hof- und Staats-Kalenders auf beyde lebenslänglich dergestalten gnädigst ertheilet und verliehen haben, Kraft dessen sich niemand unterstehen sollte, berührten fürs künftig alle Jahre ausgehenden Hof- und Staats-Kalender nachzudrucken, oder nachdrucken zu lassen, sondern lediglich obbemeldte Unsere beyde Kammerfouriers solch von Ihnen unternommenen Hof- und Staats-Kalender alleinig, und sonst niemand anderer lebenslänglich in offenen Druck ausgeben, hin und wieder feil haben und verkaufen mögen. Wir gebiethen demnach allen in Unserm Churfürstenthum und Landen ansäßigen Buchdruckern hiemit ernstlich, und wollen, daß sie oder jemand anderer von ihrentwegen gemeldte Hof- und Staats-Kalender weder in dem schon gedruckten, noch einem andern Format nachzudrucken, zu distrahiren, oder zu verkaufen sich unterstehen, alles bey Vermeidung Unserer churfürstlichen Ungnade; und hundert Dukaten Geldstrafe, wovon die Hälfte Unserer Hofkammer, die andere Hälfte aber erwähnten beyden Verlegern zufallen solle, auch bey Verlierung desselben Nachdrucks, welchen oft ernannt Unsere Kammerfouriers mit Hilf und Zuthuung eines jeden Orts Obrigkeit, wo man dergleichen finden wird, alsogleich aus eigener Gewalt, ohne Verhinderung Männiglichs zu sich nehmen, und damit nach ihrem Gefallen handeln und thun mögen. Endlich aber auch sollen vielgedachte Unsere beyde Kammerfouriers schuldig und verbunden seyn, den Schematismum gehöriger Orten zur erforderlichen Revision jedesmal einzureichen, und dieses Impressorium andern zur Nachricht und Warnung demselben voranbrucken zu lassen. Gegeben in Unserer Haupt- und Residenzstadt München den zwölften Heumonats im ein tausend, siebenhundert, neun und siebenzigsten Jahre.

Carl Theodor, Churfürst.

(L.S.)

Ad Mandatum Sereniss.
Dni. Electoris propr.

Joseph Dominicus Schreybaur,
Churfürstl. wirkl. Rath und geheimer Sekretär.

Geburtstäge

der höchsten Landesherrschaften.

Se. churfl. Durchleucht unser gnädigste Herr Herr Carl Theodor ꝛc. ꝛc. Sr. Durchl. Johann Christian Pfalzgrafens zu Sulzbach Sohn sind gebohren den 10. Christmonats 1724, und haben Höchstdero mildreicheste Regierung als Churfürst von der Pfalz angetretten den 31. Christmonats 1742, succedirten in Baiern den 30. Christmonats 1777. *† am 16ten Hornungs 1799. Nachmittags*

Ihre churfl. Durchleucht unsere gnädigste Landesfrau Maria Leopoldina ꝛc. ꝛc. Sr. königl. Hoheit des Erzherzoges Ferdinand von Oesterreich ꝛc. zweyte Prinzeßin sind gebohren den 10. Christmonats 1776. und vermählet worden den 15. Hornung 1795.

Gewöhnliche Kirchenrechnungen.

Die goldne Zahl ist   14.
Der Sonnenzirkel   16.
Der Römer Zinszahl   17.
Der Mondszeiger   XXIII.
Der Sonntagsbuchstabe   F.
Zwischen Weihnachten und Aschermittwoch sind 6 Wochen, 1 Tag.

Die vier Mondsveränderungen.

Der Neumond ●   Das erste Viertel ☽
Der Vollmond ●   Das letzte Viertel ☾

Die zwölf Himmelszeichen.

Wider ♈, Stier ♉, Zwilling ♊, Krebs ♋, Löw ♌, Jungfrau ♍, Wage ♎, Scorpion ♏, Schütz ♐, Steinbock ♑, Wassermann ♒, Fisch ♓.

Die sieben Planeten.

Saturnus ♄, Jupiter ♃, Mars ♂, Sonn ☉, Venus ♀, Mercurius ☿, Mond ☽.

Anfang der vier Jahrszeiten.

Der Winter hat angefangen den 21. Christmonaths um 1 U. 27 Minuten Nachmittags vorigen Jahrs.

Der Frühling fängt an den 20. März um 2 U. 59 Minuten Nachmittags.

Der Sommer den 21. Brachmonaths um 12 U. 47 Minuten Nachmittags.

Der Herbst den 23. Herbstmonaths um 2 U. 43 Minuten Frühe.

Von den Finsternissen.

Es begeben sich im gegenwärtigen Jahre zwen Sonnenfinsternisse, wovon aber keine in Europa sichtbar seyn wird. Der Mond wird nicht verfinstert.

Jänner oder Wintermonath.

Dienſt.	1	Neues Jahr.
Mittw.	2	Macarius.
Donn.	3	Genovefa.
Freyt.	4	Titus.
Samſt.	5	Telesphorus.

Von den 3 Weiſen. Matth. 2.

Sonnt.	6	F. Heil. 3 Kön.
Mondt.	7	Valentinus.
Dienſt.	8	Erhardus.
Mittw.	9	Marcellinus.
Donn.	10	Paulus Einſ.
Freyt.	11	Higinus, Pabſt.
Samſt.	12	Erneſtns.

Da Jeſus 12 Jahr alt war. Luc. 2.

Sonnt.	13	F. 1. Hilarius.
Mondt.	14	Engelmarus.
Dienſt.	15	Maurus.
Mittw.	16	Marcellus.
Donn.	17	Antonius, Abt.
Freyt.	18	Remedius.
Samſt.	19	Fulgentius.

Von dem Weinberge. Math. 20.

Sonnt.	20	F. 2. Septuageſ. Namen Jeſ. F.
Mondt.	21	Agnes.
Dienſt.	22	Vincentius.
Mittw.	23	Mariä Vermähl.
Donn.	24	Thimotheus.
Freyt.	25	Pauli Bekehrung
Samſt.	26	Policarpus.

Von vielerley Aeckern. Luc. 8.

Sonnt.	27	F 3. Sexageſim.
Mondt.	28	Carolus Mag.
Dienſt.	29	Franciſ. Sal.
Mittw.	30	Adelgundis.
Donn.	31	Petrus Nolasco.

Den 1. iſt ganz reiche Gala, und wohnen Ihre churfürſtl. Durchl. um halbe 11 Uhr in der Kirche des hl. Michaels einer hl. Meſſe bey. Abends wird um 6 Uhr Hofakademie gehalten.

Den 2. hören die gnädigſten Herrſchaften bey dem Gebeth der ewigen Anbethung in U. Fr. Stift- und Pfarrkirche um halbe 12 Uhr eine heil. Meſſe.

Den 5. iſt bey Hofe Abends um 5 Uhr die Vesper.

Den 6. und alle Sonntäge geruhen Ihre churſt. Durchl. um halbe 11 Uhr in dero Hofkapelle bey der Predigt und dem figurirten Hochamte öffentlich zu erſcheinen. Heute aber iſt wegen dem Feſte der heil. drey Könige, infulirtes Hochamt, und Abends um 5 Uhr der öffentliche Gang zur Vesper.

Den 7. iſt in der churſt. Reſidenz-Hofkapelle, zugleich auch in der Herzogmaxiſchen Hofkapelle das Gebeth der ewigen Anbethung.

Mondsbrüche u. Vierteln.
Das ☉ den 6. um 4 U. 56. m. F.
Das ☽ den 14. um 4 U. 46 m. F.
Das ☉ den 21. um 6 U. 13 m. A.
Das ☾ den 28. um 11 U. 24 m. B.

Februar oder Hornung.

Freyt.	1	Ignatius.
Samſt.	2	Mariä Lichtm.

Vom Blinden am Wege. Luc. 18.

Sonnt.	3	F. Quinq. Faſtn.
Mondt.	4	Andreas Cor.
Dienſt.	5	Agatha.
Mittw.	6	F Aſchermittw.
Donn.	7	Richhardus.
Freyt.	8	Johann v. Matha.
Samſt.	9	Apollonia.

Von der Verſuchung Chriſti. Mat. 4.

Sonnt.	10	F. 1. Invocab.
Mondt.	11	Euphroſina.
Dienſt.	12	Eulalia.
Mittw.	13	F. Quatember.
Donn.	14	Valentinus.
Freyt.	15	F. Fauſtinus.
Samſt.	16	F. Juliana.

Von der Verklär. Chriſti. Math. 17.

Sonnt.	17	F. 2. Reminiſc.
Mondt.	18	Simeon.
Dienſt.	19	Manſuetus.
Mittw.	20	Eucherius.
Donn.	21	Eleonora.
Freyt.	22	Petrus Stuhlf.
Samſt.	23	Milburgis.

Von Austreib. des Teufels. Luc. 11.

Sonnt.	24	F. 3. Ocul. Math.
Mondt.	25	Walburga.
Dienſt.	26	Mechtildis.
Mittw.	27	Navigius.
Donn.	28	Romanus.

Mondsbrüche u. Vierteln.

Das ☉ den 4. um 8 U. 45 m. A.
Das ☽ den 13. um 1 U. 15 m. F.
Das ● den 20. um 5 U. 36 m. F.
Das ☽ den 26. um 8 U. 54 m. A.

Den 1. iſt in der churſt. Hofkapelle Abends um 5 Uhr Vesper und Litaney.

Den 2. iſt um 10 Uhr die Kerzenweihe, nach welcher Ihre churſt. Durchl. der Prozeßion, und hierauf dem biſchöfl. Hochamte beywohnen. Abends um 5 Uhr iſt die Vesper.

Den 5. geruhen Ihre churſt. Durchl. in der Kirche zum heil. Michael Abends um halbe 4 Uhr bey dem Beschluße des 40ſtündigen Gebeths zu erſcheinen.

Den 10. iſt in der churſt. Hofkapelle um halbe 11 Uhr Predigt und biſchöfliches Hochamt.

Den 16. u. folgende Samſtäge in der Faſten iſt in der churſt. Hofkapelle Abends um 5 Uhr Litaney und Stabat Mater.

Den 17. wird bey denen Hrn. P. Theatinern die Gedächtniß des zeitlichen Hintritts weil. Ihrer Durchl. der Fr. Fr. Maria Anna, verwittw. Churfürſtinn in Bayern ꝛc. ꝛc. Abends um 4 Uhr mit der Vigil, und

Den 18. um 10 Uhr mit dem feyerlichen Seelamte gehalten.

Den 19. wird bey den wohlehrwürdigen P. Auguſtinern um 9 Uhr das jährliche Seelenamt für die Abgeſtorbene aus der Hof- und Soldatenbruderſchaft gehalten, wozu ein churſt. Kammerer abgeordnet wird. Die gnädigſten Herrſchaften aber wohnen um 11 Uhr in dießortiger Magdalena-Kapelle einer heil. Meſſe bey.

März oder Lenzmonath.

Freyt.	1	Suibertus.
Samst.	2	Simplicius.

Von Speisung 5000 Mann. Joh. 6.

Sonnt.	3	F. 4. Læta. Kuneg.
Mondt.	4	Kasimirus.
Dienst.	5	Fridericus.
Mittw.	6	Koleta.
Donn.	7	Thomas Aquin.
Freyt.	8	Johann v. Gott.
Samst.	9	Francisca Rom.

Die Juden wollten Jes. stein. J. 8.

Sonnt.	10	F. 5. Judica.
Mondt.	11	Rosina.
Dienst.	12	Gregorius.
Mittw.	13	Nicephorus.
Donn.	14	Mathildis.
Freyt.	15	Mariä 7 Schmer.
Samst.	16	Heribertus.

Von der Einreit. Christi. Math. 21.

Sonnt.	17	F. 6. Palmtag.
Mondt.	18	Narcissus.
Dienst.	19	Josephus N. Ch.
Mittw.	20	Nicetas.
Donn.	21	Gründonnerstag.
Freyt.	22	Chorfreytag.
Samst.	23	Chorsamstag.

Von Auferstehung Chr. Marc. 16.

Sonnt.	24	F. H. Ostertag.
Mondt	25	Osterm. M. V.
Dienst.	26	Castulus.
Mittw.	27	Rupertus.
Donn.	28	Guntramus.
Freyt.	29	Ludolphus.
Samst.	30	Quirinus.

Jes. kömt durch verschl. Thür. J. 20.

Sonnt.	31	F. 1. Quasimo.

Mondsbrüche u. Vierteln.

Das ☉ den 6. um 2 U. 7 m. N.
Das ☽ den 14. um 6 U. 58 m. A.
Das ● den 21. um 3 U. 29 m. N.
Das ☾ den 28. um 8 U. 17 m. F.

Den 17. empfangen Se. churf. Durchl. nach der ¼ nach 10 Uhr geendigten Palmweyhe in dero Hofkapelle die Palmzweige, worauf in dem Kapellhofe die Prozeßion, und sonach das bischöfliche Hochamt folget.

Den 20. erscheinen die gnädigsten Herrschaften frühe um 10 Uhr in des hl. Peters Pfarrkirche bey dem Beschluße des Gebeths und der Prozeßion. Abends um 4 Uhr gehet der Hof öffentlich in die Hofkapelle zu der ersten stillen Mette.

Den 21. ist in der churfl. Hofkapelle um halbe 10 Uhr das bischöfliche Hochamt, unter welchem die Chrismaweyhe, sodann die Prozeßion, die Vesper und hierauf die Fußwaschung geschieht. Abends um 4 Uhr ist die zweyte stille Mette, um 7 Uhr eine Paßionspredigt, und zuletzt das Miserere.

Den 22. fängt bey Hofe um halbe 10 Uhr die Paßionspredigt an: dann geschiehet die Adoration des heil. Kreuzes, wonach die hochheiligste Hostie zum Grabe begleitet wird. Abends um halbe 4 Uhr fängt die dritte stille Mette an, und um 7 Uhr ist mehrmals eine Paßionspredigt, sonach das Stabat Mat er.

Den 23. wohnen die gnädigsten Herrschaften um 11 Uhr in dern Hofkapelle öffentlich dem Gottesdienste bey. Dann wird Abends um halbe 8 Uhr in

Beyseyn der höchsten Herrschaften die Urständsprozeßion gehalten.

Den 24. erscheinen die höchsten durchl. Herrschaften um 11 Uhr öffentlich in dem Oratorio der Hofkapelle bey dem bischöflichen Hochamte, vor welchem in der schönen Kapelle von einem P. Augustiner die Generalabsolution ertheilet wird. Abends um 5 Uhr ist der öffentliche Gang in die Vesper.

Den 25. ist in der churfl. Hofkapelle um halbe 11 Uhr die Predigt, sodann das Hochamt, und Abends um 6 Uhr Hofakademie.

April oder Ostermonath.

Mondt	1	Hugo, Bischof.
Dienst.	2	Franc. v. Paula.
Mittw.	3	Rosimunda.
Donn.	4	Isidorus.
Freyt.	5	Vincentius Fer.
Samst.	6	Sixtus, Pabst.

Vom guten Hirten. Joh. 10.

Sonnt.	7	F. 2. Misericor.
Mondt	8	Irenäus.
Dienst.	9	Mar. Cleoph.
Mittw.	10	Ezechiel.
Donn.	11	Leo I. Pabst.
Freyt.	12	Zeno, Bischof.
Samst.	13	Hermenegild.

Ueber ein kleines werdet. Joh. 16.

Sonnt.	14	F. 3. Jubilate.
Mondt	15	Veronica.
Dienst.	16	Turibius
Mittw.	17	Rudolphus
Donn.	18	Eleutherius.
Freyt.	19	Wernerus.
Samst.	20	Agnes.

Ich gehe zu dem der mich, Joh. 16.

Sonnt	21	F. 4. Cantate.
Mondt.	22	Soterus.
Dienst.	23	Adalbertus.
Mittw.	24	Georgius Mart.
Donn.	25	Marcus, Evang.
Freyt.	26	Hildegardis.
Samst.	27	Peregrinus.

So ihr den Vater bitten. Joh. 16.

Sonnt	28	F. 5. Rogat. †W.
Mondt.	29	Robertus.
Dienst.	30	Cathar. Sien.

Mondsbrüche u. Vierteln.
Das ☉ den 5. um 8 U. 4 m. V.
Das ☽ den 13. um 8 U. 34 m. V.
Das ● den 20. um 12 U. 26 m. F.
Das ☾ den 26. um 9 U. 16 m. A.

Den 1. wird in der großen lateinischen Kongregation das vom 25. März auf heute verlegte Fest Mariä Verkündigung, und

Desgleichen bey den wohlehrw. P. Karmeliten das verlegte Fest des heil. Josephs gehalten.

Den 2. werden die höchsten Herrschaften wegen dem Feste des heiligen Franciscus von Paula bey den wohlehrw. P. Paulanern ob der Au um 11 Uhr dem Hochamte beyzuwohnen geruhen.

Den 14. erscheinen die durchl. Herrschaften bey den wohlehrw. P. Karmeliten wegen dem Patrocinium der Confraternität des heil. Josephs um 11 Uhr in dem Oratorio bey dem Hochamte.

Den 24. wird das hohe Ordensfest des heiligen Ritters und Martyrers Georgius gefeyert, an deme sich Se. churfl. Durchl. mit der in den Ordenskleidern anwesenden hohen Ritterschaft um 10 Uhr nach geendigten Ordenskapitel öffentl. in dero Residenz-Hofkapelle begeben, allwo eine Predigt und bischöfliches Hochamt gehalten, und zu Ende das Gott dich loben wir, abgesungen wird. Zu Mittage ist öffentliche Tafel, und Abends um 6 Uhr Hofakademie.

May oder Wonnemonath.

Mittw.	1	Philipp u. Jakob.
Donn.	2	Himelf. Christi.
Freyt.	3	H. † Erfindung.
Samst.	4	Florianus.

Wenn der Tröster kommen. Joh. 16.

Sonnt.	5	F. 6. Exaudi.
Mondt.	6	Joh. v. lat. Port.
Dienst.	7	Stanislaus.
Mittw.	8	Michael Ersch.
Donn.	9	Gregorius Naz.
Freyt.	10	Antoninus.
Samst.	11	F. Mamertus.

Wer mich liebet. Joh. 14.

Sonnt.	12	F. H. Pfingstt.
Mondt.	13	Pfingstmondt.
Dienst.	14	Bonifacius.
Mittw.	15	F. Quatember.
Donn.	16	Johann v. Nep.
Freyt.	17	F. Pascalis.
Samst.	18	F. Felix, Kapuz.

Mir ist gegeben alle. Math. 28.

Sonnt.	19	F. 1. H. Dreyf.
Mondt.	20	Bernardinus.
Dienst.	21	Constantia.
Mittw.	22	Helena.
Donn.	23	Fronleichnam.
Freyt.	24	Johanna.
Samst.	25	Urbanus.

Vom großen Abendmahle. Luc. 14.

Sonnt.	26	F. 2. Pphilip.Ner.
Mondt.	27	Beda.
Dienst.	28	Germanus.
Mittw.	29	Theodosius.
Donn.	30	Wigand.
Freyt.	31	Herz Jesu Fest.

Mondsbrüche u. Vierteln.

Das ☉ den 5. um 1 U. 3 m. F.
Das ☽ den 12. um 5 U. 57 m. A.
Das ☾ n 19. um 8 U. 46 m. B.
Das ☾ den 26. um 12 U. 51 m. R.

Den 2. ist bey Hofe um 11 Uhr bischöfliches Hochamt.

Den 4. oder an einem anderen Tage in der Octav pflegen die gnädigsten Herrschaften wegen dem Feste des heil. Florians um 11 Uhr zu den wohlehrw. P. Franziskanern in das Hochamt zu gehen.

Den 12. ist in der churfl. Hofkapelle um 11 Uhr bischöfliches Hochamt, dann Nachmittags um 5 Uhr der öffentliche Gang in die Vesper.

Den 13. fängt um halbe 11 Uhr die Predigt an, worauf das Hochamt folgt.

Den 16. pflegen die gnädigsten Herrschaften in der Kirche des heil. Johann von Repomuck, und währender Oktav auch in U. Frauen Stift- und Pfarrkirche einer heil. Messe beyzuwohnen.

Den 19. ist um halbe 11 Uhr die Predigt, sodann das bischöfliche Hochamt.

Den 22. begleiten die höchsten Herrschaften Nachmittags um 3 Uhr das Venerabile bey der Prozeßion der wohlehrw. P. Franziskaner.

Den 23. ist ganz reiche Gala, und fahren die durchl. Herrschaften frühe um 8 Uhr nach des heiligen Peters Pfarrkirche in das Hochamt, nach welchem Höchstdieselben bey der großen Prozeßion das Venerabile begleiten.

Juni oder Brachmonath.

Samst.	1	Nicodemus.

Vom verlornen Schafe. Luc. 15.

Sonnt.	2	F. 3. Erasmus.
Mondt.	3	Olivia.
Dienst.	4	Quirinus.
Mittw.	5	Bonifacius.
Donn.	6	Norbertus.
Freyt.	7	Robertus.
Samst.	8	Medardus.

Vom reichen Fischzuge Pet. Luc. 5.

Sonnt.	9	F. 4. Felician.
Mondt.	10	Margarita.
Dienst.	11	Barnabas.
Mittw.	12	Johann Fac.
Donn.	13	Antonius v. Pad.
Freyt.	14	Basilius.
Samst.	15	Crescentia.

Von der wahren Gerech. Math. 5.

Sonnt.	16	F. 5. Benno, B.
Mondt.	17	Franciscus Reg.
Dienst.	18	Marcellianus.
Mittw.	19	Gervasius.
Donn.	20	Silverius.
Freyt.	21	Aloysius.
Samst.	22	F. Achatius.

Jesus speiset 4000. M. Marc. 8.

Sonnt.	23	F. 6. Edeltrudis.
Mondt.	24	Johann d. Tauf.
Dienst.	25	Gallicanus.
Mittw.	26	Johann u. Paul.
Donn.	27	Ladislaus.
Freyt.	28	F. Leo II. Pabst.
Samst.	29	Peter u. Paul, u. Ged. al. H. Ap.

Vom falschen Propheten. Math. 7.

Sonnt.	30	F. 7. Pauli Ged.

Den 16. ist in der churfl. Hofkapelle um 11 Uhr das Hochamt. Eodem wird auch das Fest des heil. Bischofs Benno hiesigen Stadt- und Landpatrons in U. Frauen Stift- und Pfarrkirche mit einer Oktav feyerlichst begangen, wegen welchem der churfl. Hof dießorts an einem ungewissen Tage einer heil. Messe beywohnet.

Den 24. ist um 11 Uhr bischöfliches Hochamt, und

Den 29. deßgleichen.

Mondsbrüche u. Vierteln.

Das ☉ den 3. um 3 U. 54 m. N.
Das ☽ den 11. um 12 U. 52 m. F.
Das ● den 17. um 4 U. 49 m. N.
Das ☾ den 25. um 3 U. 59 m. F.

Juli oder Heumonath.

Mondt.	1	Theobaldus.
Dienst.	2	Mariä Heimsuch.
Mittw.	3	Eulogius.
Donn.	4	Udalricus.
Freyt.	5	Domitius.
Samst.	6	Isaias.

Vom ungerech. Haush. Luc. 16.

Sonnt.	7	F. 8. Wilibald.
Mondt.	8	Kilianus.
Dienst.	9	Cirillus.
Mittw.	10	Amalia.
Donn.	11	Pius I. Pabst.
Freyt.	12	Joh. Gualbert.
Samst.	13	Eugenius.

Von Zerstöhr. Jerusal. Luc. 19.

Sonnt.	14	F. 9. Bonavent.
Mondt.	15	Henricus, Kais.
Dienst.	16	Reineldis.
Mittw.	17	Alexius.
Donn.	18	Fridericus.
Freyt.	19	Vincentius.
Samst.	20	Margaretha.

Vom Publik. u. Pharisäer. Luc. 18.

Sonnt.	21	F. 10. Scapul. F.
Mondt.	22	Magdalena.
Dienst.	23	Liborius.
Mittw.	24	Christina.
Donn.	25	Jacobus Ap.
Freyt.	26	Anna M. M.
Samst.	27	Pantaleon.

Vom Taub- u. Stumen. Marc. 7.

Sonnt.	28	F. 11. Innocent.
Mondt.	29	Martha.
Dienst.	30	Abdon, Sen.
Mittw.	31	Ignatius Lojola.

Dieses Monat kömmt kein besonderes Kirchenfest zu beobachten.

Mondsbrüche u. Vierteln.
Das ☉ den 3. um 4 U. 10 m. F.
Das ☽ den 10. um 4 U. 52 m. F.
Das ● den 17. um 1 U. 58 m. F.
Das ☾ den 24. um 9 U. 15 m. A.

August oder Aerntemonath.

Donn.	1	Petri Kettenfeyer.
Freyt.	2	Gundecarus.
Samst.	3	Stephan. Erfind.

Vom barmherz. Samaritan. L. 10.

Sonnt.	4	F. 12. Port. Abl.
Mondt.	5	Mariä Schnee.
Dienst.	6	Verklär. Christi.
Mittw.	7	Cajetanus.
Donn.	8	Cyriacus.
Freyt.	9	Romanus.
Samst.	10	Laurentius.

Von den 10 Aussätzigen. Luc. 17.

Sonnt.	11	F. 13. Susanna.
Mondt.	12	Clara.
Dienst.	13	Caßianus.
Mittw.	14	F. Eusebius.
Donn.	15	Mariä Himelf.
Freyt.	16	Rochus.
Samst.	17	Maximus.

Niemand kann 2. Herrn. Math. 6.

Sonnt.	18	F. 14. Joachim.
Mondt.	19	Sebaldus.
Dienst.	20	Bernardus.
Mittw.	21	Francisca.
Donn.	22	Philibertus.
Freyt.	23	Philippus Ben.
Samst.	24	Bartolom. Apost.

Von der Wittwe zu Naim. Luc. 7.

Sonnt.	25	F. 15. Ludovic. K.
Mondt.	26	Samuel.
Dienst.	27	Gebhardus.
Mittw.	28	Augustinus.
Donn.	29	Johan. Enthaupt.
Freyt.	30	Rosa v. Lima.
Samst.	31	Raimundus.

Den 15. wird um halbe 11 Uhr in der schönen Kapelle die Generalabsolution gegeben, sodann ist die Predigt und hierauf das bischöfliche Hochamt.

Den 18. ist in der churfürstlichen Residenzhofkapelle die Kirchweyhe.

Mondsbrüche u. Vierteln.

Das ☉ ben 1. um 2 U. 22 m. N.
Das ☽ den 8. um 9 U. 26 m. V.
Das ● den 15. um 1 U. 8 m. N.
Das ☾ den 23. um 3 U. 5 m. N.
Das ☉ den 30. um 11 U. 45 m. A.

September oder Herbstmonath.

Vom Wassersüchtigen. Luc. 14.
Sonnt.	1	F.16.Schutzengl.
Mondt.	2	Nonosus.
Dienst.	3	Seraphia.
Mittw.	4	Rosalia.
Donn.	5	Justinianus.
Freyt.	6	Magnus, Abt.
Samst.	7	Regina.

Vom grösten Gebothe. Math. 22.
Sonnt.	8	F.17.Mar.Geb.
Mondt.	9	Gorgonius.
Dienst.	10	Nikol. v. Tolent.
Mittw.	11	Emilianus.
Donn.	12	Guido.
Freyt.	13	Tobias.
Samst.	14	H. † Erhöhung.

Vom Gichtbrüchigen. Math. 9.
Sonnt.	15	F. 18. Mar.N.F.
Mondt.	16	Cornelius.
Dienst.	17	Lambertus.
Mittw.	18	F. Quatember.
Donn.	19	Alphonsus.
Freyt.	20	F. Eustachius.
Samst.	21	F. Mathäus Ap.

Vom hochzeitl. Kleide. Math. 22.
Sonnt.	22	F. 19.Emmeram.
Mondt.	23	Thecla.
Dienst.	24	Gerardus.
Mittw.	25	Cleophas.
Donn.	26	Justina.
Freyt.	27	Cosmas u. Dam.
Samst.	28	Wenceslaus.

Vom Königleins Sohne. Joh. 4.
Sonnt.	29	F.20.MichaelErz.
Mondt.	30	Hieronimus.

Den 8. ist um halbe 11 Uhr, so der churfl. Hof sich in der Stadt befindet, bischöfliches Hochamt.

Mondsbrüche u. Vierteln.

Das ☽ den 6. um 3U. 44 m. N.
Das ● den 14. um 3U. 23m. F.
Das ☾ den 22. um 8U. 19 m. V.
Das ○ den 29. um 8U. 59 m. V.

Oktober oder Weinmonath.

Dienst.	1	Remigius.	
Mittw.	2	Leodegarius.	
Donn.	3	Candidus.	
Freyt.	4	Franc. Seraph.	
Samst.	5	Placidus.	

Von des Königs Rechn. Math. 18.

Sonnt.	6	f. 21. Rosenk. F.
Mondt.	7	Augustus.
Dienst.	8	Birgitta.
Mittw.	9	Dionisius.
Donn.	10	Francis. Borg.
Freyt.	11	Germanus.
Samst.	12	Maximilianus.

Vom Zinsgroschen. Math. 22.

Sonnt.	13	f. 22. Eduardus.
Mondt.	14	Calistus.
Dienst.	15	Theresia.
Mittw.	16	Gallus.
Donn.	17	Hedwigis.
Freyt.	18	Lucas, Evang.
Samst.	19	Petrus Alcan.

Von des Jairi Töchterl. Math. 9.

Sonnt.	20	f. 23. Wendelin.
Mondt.	21	Ursula.
Dienst.	22	Cordula.
Mittw.	23	Johann Bon.
Donn.	24	Raphael, Erzengl.
Freyt.	25	Chrispinus.
Samst.	26	Evaristus.

Vom Hauptm. Knechte. Math. 8.

Sonnt.	27	f. 24. Sabina.
Mondt.	28	Simon und Jud.
Dienst.	29	Narcissus.
Mittw.	30	Rothburga.
Donn.	31	f. Wolfgangus.

Dieses Monat ist kein besonderes Kirchenfest zu beobachten.

Mondsbrüche u. Vierteln.

Das ☽ den 6. um 12 U. 31 m. F.
Das ● den 13. um 8 U. 24 m. A.
Das ☾ den 21. um 1 U. 45 m. A.
Das ○ den 28. um 6 U. 37 m. A.

November oder Windmonath.

Freyt.	1	Aller Heiligen.
Samst.	2	Aller Seelen.

Vom Schifflein Christi. Math. 2.

Sonnt.	3	F. 25. Hubertus.
Montt.	4	Carolus Borom.
Dienst.	5	Zacharias.
Mittw.	6	Leonardus.
Donn.	7	Engelbertus.
Freyt.	8	Godefridus.
Samst.	9	Theodorus.

Vom Saamen u. Unkraut. Math 13.

Sonnt.	10	F. 26. Andr. Avel.
Montt.	11	Martinus B.
Dienst.	12	Martinus Pabst.
Mittw.	13	Stanislaus.
Donn.	14	Albertus.
Freyt.	15	Leopoldus.
Samst.	16	Othmarus.

Von dem Senftkörnlein. Math. 13.

Sonnt.	17	F. 27. Gregorius.
Montt.	18	Otto.
Dienst.	19	Elisabetha.
Mittw	20	Corbinian. Erb.
Donn.	21	MariäOpferung.
Freyt.	22	Cäcilia.
Samst.	23	Clemens, Pabst.

Vom Greul der Verwüst. Math. 24.

Sonnt.	24	F. 28. Joh. v. Kr.
Montt.	25	Catharina.
Dienst.	26	Conradus.
Mittw.	27	Virgilius
Donn.	28	Crescens.
Freyt.	29	Saturninus.
Samst.	30	Andreas, Apost.

Den 1. ist in der churfl. Hofkapelle um 11 Uhr ein bischöfliches Hochamt, dann gehet der Hof Abends 1 Viertl nach 4 Uhr öffentlich zur Vigil.

Den 2. wird in der churfl. Hofkapelle um 11 Uhr ein Seelamt, wozu man öffentlich gehet, gehalten. Gleichfalls wird zu Altenhofe während dieser Oktav durch die Hofmusik täglich um 10 Uhr ein figurirtes Requiem abgesungen.

Den 30. ist wegen demTitularfest des Toisonordens um 11 Uhr in der churfl.ResidenzHofkapelle bischöfliches Hochamt.

Mondsbrüche u. Vierteln.

Das ☽ den 4. um 12U. 33m. N.
Das ● den 12. um 3U. 10m. N.
Das ☾ den 20. um 12 U. 49m. N.
Das ○ den 27. um 4. U 48. m. F.

Dezember oder Christmonath.

Es werden Zeichen gescheh. Luc. 21
Sonnt.	1	F. 1. Adv. Elig.
Mondt.	2	Bibiana.
Dienst.	3	Francis. Xaver.
Mittw.	4	F. Barbara.
Donn.	5	Sabbas.
Freyt.	6	F. Nicolaus, B.
Samst.	7	Ambrosius, K. L.

Joh. in der Gefängniß. Math. 11.
Sonnt.	8	F. 2. Adv. M. E
Mondt.	9	Leocadia.
Dienst.	10	Melchiades.
Mittw.	11	F. Damasus.
Donn.	12	Synesius.
Freyt.	13	F. Lucia.
Samst.	14	Agnellus.

Vom Zeugniße Johannis. Joh. 1.
Sonnt.	15	F. 3. Adv. Euseb.
Mondt.	16	Adelheid.
Dienst.	17	Lazarus.
Mittw.	18	F. Quatember.
Donn.	19	Nemesius.
Freyt.	20	F. Christianus.
Samst.	21	F. Thomas, Apost.

Im 15 Jahre Kaisers Tiberii. L. 3.
Sonnt.	22	F. 4. Adv. Hartm.
Mondt.	23	Victoria.
Dienst.	24	F. Adam u. Eva.
Mittw	25	Heil. Christtag.
Donn.	26	Steph. Erzm.
Freyt.	27	Johann Evang.
Samst.	28	Unschuld. Kinder.

Jesus Eltern verwunderten sich. L. 2.
Sonnt.	29	F. Thomas.
Mondt.	30	David, König.
Dienst.	31	Sylvester, Pabst.

Mondsbrüche u. Vierteln.
Das ☽ den 4. um 4 U. 24 m. F.
Das ● den 12. um 9 U. 48 m. V.
Das ☾ den 19. um 11 U. 28 m. A.
Das ○ den 26. um 3 U. 36 m. N.

Den 1. ist in der churfl. Hofkapelle um 11 Uhr bischöfliches Hochamt.

Den 2. und die ganze Adventzeit hindurch wird in der churfl. Hofkapelle täglich um 11 Uhr ein Engelamt gehalten.

Den 7. ist Abends um 5 Uhr in der churfl. Hofkapelle Vesper und Litaney.

Den 8. ist in der churfl. Hofkapelle Festum Patrocinii und zugleich das Titularfest von dem hohen Ritterorden des heiligen Georgs, welches hohe Fest durchgehends, wie den 24. April feyerlichst gehalten, und Abends um 5 Uhr mit der Vesper und Litaney beschlossen wird.

Den 15. nimmt Abends um 5 Uhr bey den Hrn. P. Theatinern die Noven ihren Anfang.

Den 24. Abends um 5 U. ist in der Hofkapelle Vesper, und Nachts ein Viertel nach 10 Uhr die Mette, wozu die gnädigsten Herrschaften öffentlich zu gehen pflegen, nach derer Vollendung das bischöfliche Hochamt anfängt, u. nach abgesungenen Credo der churfl. Oberstkammerherr statt Sr. churfl. Durchl. zum Opfer gehet, dem die bey andern gnädigsten Herrschaften im Dienste stehende Herren Kämmerer, dieſen die churfl. Herren Miniſters, ſonach die andern Kammerherren zu folgen pflegen.

Den 25. iſt um 11 Uhr mehrmals ein biſchöfliches Hochamt, vor welchem durch einen P. Auguſtiner die Generalabſolution ertheilet wird. Abends um 5 Uhr iſt der öffentliche Gang in die Veſper.

Den 26. leget der hieſige Stadtmagiſtrat bey Hofe in der Ritterſtube Vormittags um 11 Uhr den Eid der Treue ab, wonach Se. churfl. Durchl. öffentlich nach dero Hofkapelle ſich begeben, und allda dem Gottesdienſte beywohnen. Abends um 6 Uhr iſt Hofakademie.

Den 27. Nachmittags um 4 Uhr endiget ſich bey den wohlehrw. P. Auguſtinern dem 40ſtündige Gebeth, wohin der Hof ſich verfüget, und der Proſeſſion beywohnet.

Den 30. wird in der churfl. Hofkirche der Hrn. P. Theatiner in Anweſenheit des churfl. Hofs das Anniverſarium weil. Sr. churfl. Durchl. Maximian Joſephs des III. gl. A. Abends um 5 Uhr mit einer Todtenvigil; und

Den 31. um 11 Uhr das ſolenne Seelenamt gehalten.

Eodem pflegen die gnädigſten Herrſchaften Abends um 4 Uhr in der Maltheſerordenskirche zum heil. Michael dem Jahrsbeſchluſſe beyzuwohnen, auch wird um 5 Uhr in der churfl. Hofkapelle Veſper gehalten.

Churfürstlicher
Hoher Ritterorden
des
Heiligen Huberts.

Oberster Ordensmeister.

Der durchleuchtigste Fürst und Herr Herr Carl Theodor, Pfalzgraf bey Rhein, Herzog in Ober- und Nieder-Baiern, des heil. röm. Reichs Erztruchseß und Churfürst, zu Gülich, Cleve und Berg Herzog, Landgraf zu Leuchtenberg, Fürst zu Mörs, Marquis zu Bergen op zoom, Graf zu Veldenz, Sponheim, der Mark und Ravensberg, Herr zu Ravenstein 2c. 2c.

Fürstliche Herren Ritter.

1733. Se. hochfürstl. Durchleucht der regierende Herr Carl Friderich, Marggraf zu Baaden und Hochberg, Landgraf zu Sausenberg, Graf zu Sponheim und Eberstein, Herr zu Röthelen, Baadenweiler, Lahr und Mahlberg 2c.

1747. Se. hochfürstl. Gnaden Herr Maximilian Dionis Koribut, Prinz von Woroniecky 2c.

1749. Se. hochfürstl. Gnaden Herr Martin, Prinz von Lubomirsky 2c.

Se. hochfürstl. Gnaden Herr Janus, Herzog in Dubno, Prinz Sangusko 2c.

1752. Se. hochfürstl. Gnaden Herr Ludwig, des h. r. R. Fürst zu Salm-Salm, Wildgraf zu Dhaun und Kürburg, Rheingraf zum Stein, Herr zu Vinstingen und Anholt 2c.

Se. hochfürstl. Gnaden Herr August, des h. r. R. Fürst von Schwarzburg-Sondershausen 2c.

Se. hochfürstl. Durchleucht Herr Gottfried Carl, Prinz von Turenne 2c.

Se. hochfürstl. Gnaden Herr Stanislaus Ignatz, Prinz von Radzivil 2c.

1757. Se. hochfürstl. Gnaden Herr Anton, Prinz von Jablonowsky, des h. r. R. und in Ostrog Fürst, Graf zu Mzniow und Radzad, Baron von Biliktow, Palatin von Posnanien.

1760. Se. hochfürstl. Gnaden Herr Stanislaus, Prinz von Jablonowsky 2c.

Se. hochfürstl. Gnaden Herr Franz, des h. r. R. Fürst von Sulkowsky 2c.

1763. Se. hochfürstl. Durchleucht Herr Maximilian Joseph, Pfalzgraf bey Rhein, Herzog in Baiern, zu Gülich, Cleve und Berg, Fürst zu Mörs, Graf zu Veldenz, Sponheim, der Mark, Ravensberg und Rappoltstein, Herr zu Ravenstein und Hohenack ꝛc. des hohen Ritterordens des heil. Georgs Großprior, und des hochadelichen Ritterordens vom heil. Michael Großmeister, dann Sr. churfl. Durchl. zu Pfalzbaiern ꝛc. ꝛc. General-Lieutenant und Oberst. Innhaber des 2ten Fusilier-Regiments.

Se. hochfürstl. Gnaden Herr Johann Adolph, des h. r. R. Fürst von Nassau-Saarbrücken und Ußingen ꝛc.

Se. hochfürstl. Gnaden Herr Michael Radzivil, Herzog in Olyka, Dieswiez, Birze, Dubinky und Kleck, Graf in Myr, Szydowice, Kroje und Biala ꝛc.

1765. Se. hochfürstl. Durchleucht Herr Friderich Ludwig Wilhelm, Landgraf zu Hessen, Fürst zu Hersfeld, Graf zu Katzenellenbogen, Dietz, Ziegenhain, Nidda, Schaumburg, Isenburg und Büdingen ꝛc.

Se. hochfürstl. Gnaden Herr Friderich, des h. r. R. Fürst von Waldeck, Graf in Pirmont zu Rappoltstein, Herr in Hohenack und Gerolseck ꝛc.

Se. hochfürstl. Gnaden Herr Carl Albert, Erbprinz zu Hohenlohe und Waldenburg, Herr in Oeringen, Langenburg, Schillingsfürst und Kranichfeld ꝛc.

Se. hochfürstl. Gnaden Herr Christian August, des h. r. R. Fürst von Waldeck, Graf in Pirmont und Rappoltstein, Herr in Hohenack und Gerolseck ꝛc.

Se. hochfürstl. Gnaden Herr Georg, des h. r. R. Fürst von Waldeck, Graf zu Pirmont und Rappoltstein, Herr in Hohenack und Gerolseck ꝛc.

1768. Se. hochfürstl. Durchleucht Herr Wilhelm, Pfalzgraf bey Rhein, Herzog in Baiern ꝛc. Sr. churfl. Durchl zu Pfalzbaiern ꝛc. ꝛc. General-Lieutenant, Gouverneur der Stadt und Festung Gülich, Oberst-Innhaber des 1ten Fusilier-Regiments, und Ritter des churpfälzischen Löwenordens.

Se. hochfürstl. Durchleucht Herr Ludwig, Landgraf zu Hessen, Fürst zu Hersfeld, Graf zu Katzenellenbogen, Dietz, Ziegenhain, Nidda, Hanau, Schaumburg, Isenburg und Büdingen ꝛc.

Se. hochfürstl. Gnaden Herr Günther Friderich Carl, des h. r. R. Fürst von Schwarzburg-Sondershausen ꝛc.

Se. hochfürstl. Gnaden Herr Dominikus, Prinz von Radzivil, Herzog in Olyka, Rieswiez, Dubinky und Kleck ꝛc.

Se. hochfürstl. Gnaden Herr Joseph, Prinz von Sapieha, Graf in Bochow, Czerea, Derezyn, Kocz und Zaßlaw ꝛc.

Se. hochfürstl. Gnaden Herr Ignatz Thadäus, des h. r. R. Fürst Woroniecky ꝛc.

1773. Se. hochfürstl. Durchleucht Herr Friderich, Landgraf zu Hessen, Fürst zu Hersfeld, Graf zu Katzenellenbogen, Dietz, Ziegenhain, Nidda, Hanau, Schaumburg, Isenburg und Büdingen ꝛc.

Se. hochfürstl. Gnaden Herr Ludwig, des h. r. R. Fürst von Waldeck, Graf zu Pirmont und Rappoltstein, Herr in Hohenack und Gerolseck ꝛc.

Se. hochfürstl. Gnaden Herr Alexander, Prinz von Sapieha ꝛc.

Se. hochfürstl. Gnaden Herr Georg Joseph, Prinz von Lubomirsky, Graf in Wiesniez und Jaroslaw, Herr in Rzeszow und Ludnow ꝛc.

Se. hochfürstl. Gnaden Herr Friderich, Erbprinz von Salm-Kurburg, Wildgraf zu Dhaun, Rheingraf zu Rheingrafenstein, Herr in Vinstingen ꝛc.

Se. hochfürstl. Gnaden Herr Philipp, Prinz Herculani, Marquis von Blumberg ꝛc.

Se. hochfürstl. Gnaden Herr Dominikus, Prinz von Radzivil, Herzog in Olyka, Nieswiez, Birze, Dubinky und Kleck, Graf in Myr, Syndowiec, Kroze, Kopyl und Biala ꝛc.

Se. hochfürstl. Gnaden Herr Franz Xaver, Prinz von Sapieha, Graf in Kodoy, Wisniee, in Basalien und Krasiton Erbprinz.

1776. Se. hochfürstl. Gnaden Herr Günther Albert August, des h. r. R. Fürst von Schwarzburg-Sondershausen ꝛc.

Se. hochfürstl. Durchleucht Herr Friderich Carl Ludwig, Herzog zu Holstein-Beck ꝛc.

Se. hochfürstl. Gnaden Herr Michael, Prinz von Lubomirsky, Graf in Wiesniez und Jaroslaw ꝛc.

Se. hochfürstl. Gnaden Herr Carl Alexander, des h. r. R. Fürst von Salm-Salm, Wildgraf zu Dhaun und Kurburg, Rheingraf zum Stein, Herr zu Vinstingen und Anholt ꝛc.

Se. hochfürstl. Gnaden Herr Philipp, Prinz von Chimay ꝛc.

1778. Se. hochfürstl. Durchleucht Herr Christian Ludwig, Landgraf zu Hessen, Fürst zu Hersfeld, Graf zu Katzenellenbogen, Dietz, Ziegenhain, Nidda, Hanau, Schaumburg, Isenburg und Büdingen ꝛc.

Se. hochfürstl. Gnaden Herr August Maria Raymund, Herzog zu Aremberg, Arschott und Croy ꝛc.

1780. Se. hochfürstl. Gnaden Herr Carl Friderich Wilhelm, des h. r. R. Fürst zu Leiningen-Hardenburg und Dachsburg, Herr zu Aspremont ꝛc. Sr. churfl. Durchl. zu Pfalzbaiern ꝛc. ꝛc. wirkl. geheimer Rath und Generallieutenant der Cavallerie, auch Ritter des pfälzischen Löwenordens ꝛc.

1782. Se. hochfürstl. Gnaden Herr Constantin, Prinz von Löwenstein-Wertheim, Graf zu Rochefort und Montagu ꝛc.

Se. hochfürstl. Gnaden Herr Serge von Menchikoff, des heil. römischen, wie auch des russischen Reichs Fürst ꝛc.

Se. hochfürstl. Durchleucht Herr Carl Theodor, Prinz von Hessen-Rheinfels ꝛc.

Se. hochfürstl. Gnaden Herr Constanstin Alexander, des h. r. R. Fürst zu Salm-Salm, Wildgraf zu Dhaun und Kürburg, Rheingraf zum Stein, Herr zu Vinstingen und Anholt ꝛc.

Se. hochfürstl. Gnaden Herr Moritz Gustaph Adolph, Prinz von Salm-Kürburg, Wildgraf zu Dhaun und Kürburg, Rheingraf zum Stein, Herr zu Vinstingen ꝛc.

Se. hochfürstl. Gnaden Herr Anton, des h. r. R. Fürst von Radzivil, Herzog in Olyka, Nieswiez, Dubinky und Kleck ꝛc.

Se. hochfürstl. Durchleucht Herr Ernest, des h. r. R. Fürst von Hessen-Rheinfels ꝛc.

Se. hochfürstl. Gnaden Herr Anton Aloys, Erbprinz von Hochenzollern, Burggraf zu Nürnberg, Graf zu Sigmaringen und Beringen, Herr zu Haigerloh und Wehrstein, des h. r. R. Erbkammerer ꝛc.

Se. hochfürstl. Gnaden Herr Emich Carl, Erbprinz von Leiningen-Hardenburg und Dachsburg, Herr zu Aspremont ꝛc. Sr. churfürstl. Durchleucht zu Pfalzbaiern ꝛc. ꝛc. Generalmajor und Oberst-Innhaber des 1sten Chevaux legers Regiments.

1785. Se. hochfürstl. Gnaden Herr August Maria, des h. r. R. Fürst von Aremberg ꝛc.

Se. hochfürstl. Gnaden Herr Johann Carl Günther, des h. r. R. Fürst von Schwarzburg-Sondershausen ꝛc.

Se. hochfürstl. Gnaden Herr Ludwig Eugen Lamoralb, des h. r. R. Fürst von Ligne ꝛc.

Se. hochfürstl. Gnaden Herr Stanislaus August, Prinz von Jablonowsky ꝛc.

Se. hochfürstl. Gnaden Herr Heinrich der XV, des h. r. R. Fürst von Reuß ꝛc.

Se. hochfürstl. Gnaden Herr Joseph Koributh, Prinz Woroniecky ꝛc.

1787. Se. hochfürstl. Gnaden Herr Aloys Ludwig, Erbprinz zu Hohenlohe-Waldenburg-Bartenstein, Graf und Freyherr zu Limburg, Sontheim, Gröningen, Herr in Oeringen, Langenberg, Kranichfeld, Ober- und Niederbronn ꝛc. churpfalzbaierischer Oberst.

Se. hochfürstl. Gnaden Herr Maximilian Joseph, des h. r. R. Fürst von Thurn und Taßis, Graf zu Valsaßina ꝛc. Sr. churfl. Durchl. zu Pfalzbaiern ꝛc. ꝛc. Generalmajor und Oberst-Innhaber des 2ten Dragoner-Regiments.

Se. hochfürstl. Gnaden Herr Carl Joseph, des h. r. R. Fürst von Palm, Graf zu Illerreichen und Hohengundelfingen, Freyherr zu Mühlhausen am Neckar, Steinbach, Bodelshofen, Balzheim und Sinningen ꝛc. kaiserl. königl. Kammerer und wirkl. geheimer Rath ꝛc.

Se. hochfürstl. Gnaden Herr Mathias, Prinz von Jablonowsky ꝛc.

1791. Se. hochfürstl. Gnaden Herr Carl August, des h. r. R. Fürst zu Brezenheim und Winzenheim, Herr zu Mandel und Planig, Herr der Herrschaften Zwingenberg, Weisweiler, Paland und Merrfeld, Mitherr zu Rümelsheim und Ippersheim, des hohen Maltheser-Ritterordens baierischer Zunge Großprior, churpfalzbaierischer Generalmajor der Cavallerie und Oberst-Innhaber des 2ten Chevaux legers Regiments.

Se. hochfürstl. Gnaden Herr Anton, Prinz von Thurn und Taßis, Graf von Valsaßina ꝛc.

Se. hochfürstl. Gnaden Herr Philpp, Prinz v. Lichtenstein ꝛc.

Se. hochfürstl. Gnaden Herr Carl Joseph, des h. r. R. Fürst zu Fürstenberg, Landgraf in der Baar und zu Stühlingen, Graf zu Heiligenberg, Freyherr zu Gundelfingen, Herr zu Hausen in Kinzingerthal, Möskirch, Hohenhöwen, Waldsperg und Weytra ꝛc. kaiserl. königl. Generalfeldwachtmeister und Brigadier, auch wirkl. Oberst bey dem Kontingent des löbl. schwäbischen Kreises.

Se. hochfürstl. Gnaden Herr Mathias, Prinz von Radziwil ꝛc.

Gräfliche u. freyherrliche Herren Ritter.
Großkommenthur.

1782. Se. Excellenz der hochgebohrne Hr. Mathäus des h. r. R. Graf von Vieregg, auf Tuzing, Rößelsperg, Peters- und Rocksheim, Sr. churfl. Durchl. zu Pfalzbaiern ꝛc. ꝛc. Kammerer, wirkl. geheimer Staats- und Konferenzminister, Oberststallmeister, auch Landvogt und Oberforstmeister zu Höchstätt, des hohen Maltheser-Ritterordens Ehren-Großkreuzherr.

1778. Se. Excellenz der hochwohlgebohrne Hr Franz Carl Freyherr von Hompesch zu Bollheim, des hohen Maltheser-Ritterordens Großkreuzherr, Sr. churfl. Durchl. zu Pfalzbaiern ꝛc. ꝛc. Kammerer, wirkl. geheimer Staats-Konferenz- und dirigirender Minister, gülich- und bergischer geheimer Raths-Kanzler, Oberappellationsgerichts- auch Steuer-Finanzien- und Kriegsdepartements-Präsident, gülichischer Oberstjägermeister und General-Buschinspektor, Amtmann zu Düren, Pir und Merken, auch des churfl. pfälzischen Löwenordens Ritter, dann der gülichischen Ritterstände Mitglied.

1782. Se. Excellenz der hochgebohrne Hr. Joseph Ferdinand des h. r. R. Graf zu Rheinstein und Tattenbach, Graf zu Valley, Frey- und Panierherr zu Ganoviz, Hr. zu St. Martin, und Graf Kurzischer Majorats-Innhaber ꝛc. des hohen Ritterordens des heil. Georgs Großkommenthur und Großkanzler, Sr. churfl. Durchl. zu Pfalzbaiern ꝛc. ꝛc. Oberstkammerer, wirkl. geheimer Staats- und Konferenzminister, dann Pfleger zu Kelheim.

1785. Se. Excellenz der hochgebohrne Hr. August Joseph Gaudenz regierender Graf und Herr zu Gronsfeld, Graf von Törring und Dengling, zu Jettenbach, Aschau, Mödling, Neubau, Herr der Herrschaft Falkenstein, zu Neuhaus, Zehl, Winhöring, Aerbing, Walterberg und Burg, zu Pertenstein, Sondermäning, Mörwang, Curn-Fähen-Lögern-Gebl-Eschl: und Pörnbach, zu Puch, Lindach, Bebenhausen, Ritterswöth, Neuenburgstall, Payern und Schrayhofen, zu Stallwang, Simbach und Pernsham, dann zu Mengkofen, Puchhausen, Leiblfing, Hofdorf, Forst, Roßbach, Erb-Mämmling, Eggers und Affham, des hohen Ritterordens des heil. Georgs Großkommenthur, dann Sr. churfl. Durchl. zu Pfalzbaiern ꝛc. ꝛc. Kammerer, wirkl. geheimer Rath und Hofraths-Präsident, Erbpfleger und Kastner zu Trosberg, gemeiner löbl. Landschaft in Baiern Verordneter Unterlands, Erblandjägermeister in Baiern, des hochfürstl. Erzdomstifts zu Salzburg Erbkammerer, und des fürstl. hohen Domstifts zu Regensburg Erbmarschall.

Se. Excellenz der hochgebohrne Hr. Anton Clemens des h. r. R. Graf von Törring und Dengling, Hr. der Herrschaft Seefeld, auf Dinzelbach, Delling, Wörth, Aiterhofen, Metling, Walchstatt, Hersching, Wippenheim, Arzla, Neufahrn und Haidhausen, des hohen Ritterordens des heil. Georgs Großkommenthur und Maltheserordens Ritter, Sr. churfl. Durchl. zu Pfalzbaiern ꝛc. ꝛc. Kammerer, wirkl. geheimer Rath und

Oberſthofmarſchall, dann der churfl. Akademie der Wiſſenſchaften in München Präſident, und der löbl. Landſchaft in Baiern Verordneter Rentamts München, auch Erblandjägermeiſter in Baiern, dann des hochfürſtl. Erzdomſtifts Salzburg Erbkammerer, und des fürſtl. hohen Domſtifts zu Regensburg Erbmarſchall.

1787. Se. Excellenz der hochgebohrne Hr. Friderich Carl Egon Landgraf zu Fürſtenberg, in der Baar und zu Stühlingen, Graf zu Heiligenberg und Werdenberg ꝛc.

1791. Se. Excellenz der hochgebohrne Hr. Philippus Nerius des h. r. R. Graf von und zu Lerchenfeld-Prenberg, auf Köſering, Gebelkofen, Luquenpoint und Senhofen, des hohen Ritterordens des heil. Georgs Kommenthur, dann Sr. churfl. Durchl. zu Pfalzbaiern ꝛc. ꝛc. Kammerer, wirkl. geheimer Rath und bevollmächtigter churfl. Geſandter bey der fürwährend allgemeinen Reichsverſammlung zu Regensburg, auch Pfleger zu Abach.

Se. Excellenz der hochwohlgebohrne Hr. Wolfgang Heribert Kammerer von Worms, Reichsfreyherr von Dalberg, Sr. churfl. Durchl. zu Pfalzbaiern ꝛc. ꝛc. Kammerer, wirkl. geheimer Rath, Oberappellationsgerichts-Präſident zu Mannheim, des Salinen-Departements Oberintendant, und Vorſteher der churpfälziſchen deutſchen Geſellſchaft.

Groß-Eleemoſinär.

Der hochwürdig-wohlgebohrne Hr. Don Nikola Spirlet, Abt zu St. Hubert en Ardenne.

Ceremoniär.

Der hochwürdig-hochwohlgebohrne Hr. Franz Xaver Freyherr von Staader, churfl. wirkl. Regierungsrath zu Landshut und Pfarrer zum heiligen Jodokus allba.

Sekretär.

Titl. Hr. Johann Rudolph von Bäumen, churpfälziſcher wirkl. Regierungsrath und geheimer Konferenz-Sekretär.

Schatzmeiſter.

Hr. Nicolaus Hazard, churfl. Kammerfourier und erſter Kammerdiener, dann Hofobertapezierer und Garde Meubles.

Herold.

Hr. Wilhelm Edler von Rogiſter, des h. r. R. Ritter, churfl. wirkl. Kammerdiener.

Garderober.

Hr. Johann Baptiſt Edler von Rogiſter, des h. r. R. Ritter, churfl. wirkl. Hofkammerrath, Kaſtner zu Dachau und churfl. wirkl. Kammerdiener.

Churfürstlicher Hoher Ritterorden des Heiligen Georgs.

Großmeister.

Se. churfl. Durchleucht Herr Herr Carl Theodor ꝛc. ꝛc. f. 1.

Großprior.

1780. Se. hochfürstl. Durchleucht Herr Maximilian Joseph, Pfalzgraf bey Rhein, Herzog in Baiern ꝛc. f. 2.

Großkommenthuren.

1772. Se. hochfürstl. Gnaden der hochwürdige Hr. Franz Xaver Joseph des h. r. R. Fürst von Hohenlohe-Schillingsfürst, der Erz- und hohen Domstifter zu Kölln, Straßburg und Ellwangen Kapitular.

1773. Kapitular: Se. Excellenz Hr. August regierender Graf und Herr zu Gronsfeld, Graf von Törring und Dengling, zu Jettenbach ꝛc. f. 6.

1774. Der hochwürdig-hochgebohrne Hr. Philipp Franz Wilderich, des h. r. R. Graf von Walderdorf, zu Molsberg und Isenburg, Churtrierischer geheimer Rath, und des hohen Erzstifts in Trier Domprobst, dann der löbl. Kollegiatstifter zum heil. Paulin und Simeon allda Probst, auch des hohen Domstifts in Speyer Kapitular.

1780. Der hochgebohrne Hr. Franz des h. r. R. Graf von Nogarola.

1781. Se. Excellenz der hochwürdig-hochgebohrne Hr. Clemens Maximilian des h. r. R. Graf von Lodron, des fürstl. hohen Domstifts zu Augsburg Kapitular, und des löbl. Kollegiatstifts zu Wiesensteig infulirter Probst, kaiserl. königl. dann Churköllnisch- und Chursächsischer wirkl. geheimer- auch hochfürstl. Augsburgischer geistl. Rath.

1784. Der hochwürdig-hochgebohrne Hr. Anton Wilibald des h. r. R. Erztruchseß Graf von Wolfegg, Freyherr von Waldburg, Herr in Waldsee, Zeil, Wurzach und Marstetten, der fürstl. hohen Erz- und Domstifter zu Salzburg und Augsburg Kapitular, auch hochfürstl. Augsburgischer geistl. Rath.

1786. Se. Excellenz der hochgebohrne Hr. Franz Sigismund des h. r. R. Graf von Haslang, auf Hochenkammer, Haslangkreit und Großhausen, Hr. der Hofmärkts Tißling, Aspach,

Rosbach und Waasen, Erlandhofmeister in Ober- und Niederbaiern, dann Sr. churfl. Durchl. zu Pfalzbaiern ꝛc. ꝛc. Kammerer, wirkl. geheimer Rath, und bevollmächtigter Minister
am königl. großbrittanischen Hofe zu London, auch Pfleger zu
Krayburg und Mörmosen, dann der löbl. Landschaft in Baiern
Landsteuerer Rentamts München.

1787. Kapitular: Se. Excellenz Hr. Joseph Reichsgraf zu
Rheinstein und Tattenbach ꝛc. s. 6.

Se. Excellenz der hochwürdig-hochgebohrne Hr. Joseph Anton des h. r. R. Graf von Königsfeld, Sr. churfl. Durchl. zu Pfalzbaiern ꝛc. ꝛc. wirkl. geheimer Rath, dieses hohen Ritterordens
und des churfl. Kollegiatstifts in Altenoetting infulirter Probst,
des fürstl. hohen Domstifts zu Freysing Kapitular, auch hochfürstl. Freysingischer wirkl. geheimer und Hofrath, dann der
löbl. Landschaft in Baiern Verordneter Rentamts Burghausen.

1791. Kapitular: Se. Excellenz der hochgebohrne Hr. Johann Theodor des h. r. R. Graf von Waldkirch, auf Schollenberg und Reutha, Sr. churfl. Durchl. zu Pfalzbaiern ꝛc. ꝛc. Kammerer, wirkl. geheimer Rath und Oberstjägermeister, Hauptmautner zu Neuenoetting, dann Pfleger zu Dachau.

Der hochgebohrne Hr. Joseph Maria Ludwig Marchese
Angelli-Malvezzi, Senator zu Bononien.

1792. Kapitular: Se. Excellenz der hochwohlgebohrne Hr.
Maximilian Emanuel des h. r. R. Freyherr von Rechberg und
Rothenlöwen, Hr. der Reichsherrschaften Hohenrechberg,
Weissenstein, Böhmenkirchen, Donzdorf, Scharffenberg und
Mößlhofen, Sr. churfl. Durchl. zu Pfalzbaiern ꝛc. ꝛc. Kam-
merer, wirkl. geheimer Rath und Administrator der Reichs-
grafschaft Wiesensteig, dann weil. Ihrer Durchl. der höchstsel.
Fr. Fr. Churfürstinn in Baiern Maria Anna ꝛc. ꝛc. Oberhof-
meister, auch des fürstl. Hochstifts zu Ellwangen Erbschenk.

Kapitular: Se. Excellenz der hochgebohrne Hr. Sigismund
Graf von Spreti, auf Weilbach, Weichs an der Glon, Aufhau-
sen, Berg und Kapfing, Sr. churfl. Durchl. zu Pfalzbaiern ꝛc. ꝛc.
Kammerer, wirkl. geheimer Rath und des churfl. Wechsel- und
Merkantilgerichts in München Präsident, Generallotto-Di-
rektor in Baiern und Pfleger zu Friedberg, dann der churfl.
Akademie der Wissenschaften in München Vizepräsident, auch
der zu Düsseldorf und Erfurt Mitglied.

1793. Kapitular: Se. Excellenz Hr. Anton Reichsgraf von
Törring zu Seefeld ꝛc. s. 6.

1797. Se. Excellenz der hochgebohrne Hr. Johann Sigismund des h. r. R. Graf von Preysing, Freyherr zu Altenpreysing, genannt Kronwinkel, auf Hohenaschau, Neuenbeyrn und Reicherspeyern, Hr. der Herrschaft Au, dann der Hofmärkte Schenkenau, Freyn- und Adelzhausen, Sr. churfl. Durchl. zu Pfalzbaiern ꝛc. ꝛc. Kammerer, wirkl. geheimer Rath, Generallieutenant und Oberst. Innhaber des churfl. 9ten Fusilier-Regiments, dann Statthalter zu Ingolstadt und des dasig löbl. Rathkollegiums Präsident.

Bischof.
Diese hohe Stelle ist der Zeit unbesetzt.

Großkanzler.
1792. Se. Excellenz Hr. Joseph Reichsgraf zu Rheinstein und Tattenbach ꝛc. s. 6.

Insulirter Probst.
1787. Se. Excell. Hr. Joseph Reichsgraf von Königsfeld, s. 9.

Kommenthuren.
1778. Kapitular: Se. Excellenz der hochgebohrne Hr. Johann Theodor Heinrich des h. r. R. Graf Topor Morawitzky, von Tenzin und Rudnitz, auf Mosen, Armstorff und Ramelsreuth, des hohen Maltheser-Ritterordens Großkreuzherr und Kommenthur zu Biburg, churpfalzbaierischer Kammerer und wirkl. geheimer Rath.

Se. Excellenz der hochwürdig- hochgebohrne Hr. Georg Sigismund des h. r. R. Graf von und zu Portia, Hr. auf Ober- und Unterlauterbach, Hornegg und Meylenhofen, dieses hohen Ritterordens auch Dechant, churpfalzbaierischer wirkl. geheimer Rath, und des churfl. Kollegiatstifts in Landshut insulirter Probst, dann des fürstl. hohen Domstifts zu Brixen Kapitular.

1780. Der hochwürdig- hochgebohrne Hr. Franz Seraph Emanuel des h. r. R. Graf von Törring und Gronsfeld, zu Jettenbach, dieses hohen Ritterordens auch Dechant, des churfl. Kollegiatstifts in München insulirter Probst, dann des fürstl. hohen Domstifts zu Freysing Kapitular und summus Custos, auch hochfürstl. Freysingischer wirkl. geheimer und geistlicher Rath, dann des dasigen Hochstifts Archivar.

1783. Kapitular: Se. Excellenz Hr. Philipp Reichsgraf von und zu Lerchenfeld-Prenberg ꝛc. s. 7.

1786. Der hochwohlgebohrne Hr. Max Michael v. Renaldis.

1787. Der hochwohlgebohrne Hr. Carl Albert Joseph Reichsfreyherr von Welden, auf Hochaltingen, Hr. zu Großlaupheim und Achstetten, kaiserl. Kammerer und Rath, auch fürstbischöflich-Würzburgischer geheimer Rath und Oberamtmann zu Maynberg.

Der hochgebohrne Hr. Anton Maria Berengerius Graf Sampieri, genannt Camillo Scappi, churpfalzbaierischer Kammerer.

Kapitular: Der hochwohlgebohrne Hr. Johann Baptist Nikola des h. r. R. Frey- und edler Hr. von Pienzenau, Hr. der Hofmärkte Wildenholzen und Hartmanschlag, churpfalzbaierischer Kammerer und Oberstlieutenant, dann des fürstl. hohen Domstifts zu Passau Erbtruchseß und des fürstl. hohen Domstifts zu Freysing Erbmarschall, auch der löbl. Landschaft in Baiern Landsteuerer Rentamts Straubing.

Der hochwürdig-hochwohlgebohrne Hr. Franz Friderich Wilhelm des h. r. R. Freyherr von Sturmfeder, dieses hohen Ritterordens auch Dechant, dann des churf. Kollegiatstifts in Straubing infulirter Probst und der fürstl. hohen Domstifter zu Speyer, Augsburg und Ellwangen Kapitular.

Der hochwürdig-hochgebohrne Hr. Damian Hugo des h. r. R. Graf und Herr von und zu Lehrbach, dieses hohen Ritterordens auch Dechant, der fürstl. hohen Domstifter zu Freysing und Ellwangen Kapitular, dann churpfalzbaierischer geheimer Rath, des churf. Kollegiatstifts zum heil. Wolfgang infulirter Probst, auch hochfürstl. Freysingischer wirkl. geheimer und geistl. Rath.

1788. Kapitular: Se. Excellenz der hochgebohrne Hr. Franz Borgias Julius des h. r. R. Graf von Zedtwitz, Erbherr auf Liebenstein, dieses hohen Ritterordens auch Ceremonienmeister, kaiserl. königl. und churpfalzbaierischer Kammerer und wirkl. geheimer Rath, Generallieutenant der Infanterie und Oberst-Innhaber des 2ten Grenadier-Regiments Churprinz.

1789. Der hochwohlgebohrne Hr. Caspar Adam Johann Anton Bernelo, Freyherr von Schönreuth, Hr. zu Lemmershof, Altendorf und Fronhofen, Churtrierischer Kammerer und wirkl. geheimer Rath, auch hochfürstl. bischöflich-Regensburgischer geheimer Rath, Oberhofmarschall und Pfleger zu Hochenburg im Nordgau.

1790. Kapitular: Se. Excellenz der hochgebohrne Hr. Johann Maximilian Xaver des h. r. R. Graf von Preysing, Freyherr zu Altenpreysing, genannt Kronwinkel, Hr. der freyen Reichsherrschaft Ramsperg, auch der Herrschaften Hohenaschau, Wildenwarth und Falkenstein am Inn, dann der Hofmärkte Alt= und Neuenbeyrn, Söllhuben= Brannenberg, Reicherspeyern, Sachsenkam und Aufhausen ꝛc. churpfalzbaierischer Kämmerer, wirkl. geheimer Rath und Pfleger zu Rosenheim, in Ober = und Niederbaiern, wie auch des fürstl. hohen Domstifts zu Freysing Erbschenk, und der löbl. Landschaft in Baiern Verordneter und Kommissär Rentamts München.

1791. Kapitular: Se. Excellenz der hochgebohrne Hr. Joseph August des h. r. R. Graf von Törring und Gronsfeld, zu Jettenbach ꝛc. dieses hohen Ritterordens auch Schatzmeister, churpfalzbaierischer Kämmerer, wirkl. geheimer Rath, Hof= und Forstkammer=Präsident in München, Oberstmünz= und Bergmeister in den oberen Churlanden, dann der Porcellaine=Fabrik Direktor, und der churfl. Akademie der Wissenschaften in München Mitglied.

Der hochgebohrne Hr. Joseph Graf von Montalban, churpfalzbaierischer Kämmerer.

1792. Kapitular: Se. Excellenz der hochgebohrne Hr. Maximilian Joseph Clemens des h. r. R. Graf von Seinsheim, Hr. der Herrschaften Sinching, Meng und Moßweng, Seehausen, Hohenkottenheim, Erlach, Marktbreit, Pretzfeld, Wambach, dann Grafentraubach, Graßling, Hoftkirchen, Schönach und Grünbach, des hohen Maltheserordens Ehrenritter, kaiserl. königl. und churpfalzbaierischer Kämmerer und wirkl. geheimer Rath, der churfl. Akademie der Wissenschaften in München Mitglied und der löbl. Landschaft in Baiern Landsteuerer Rentamts Straubing, dann herzoglich = Pfalzzweybrückischer wirkl. geheimer Rath, und Obererbkämmerer des Herzogthums Franken.

Kapitular: Der hochgebohrne Hr. Theodor Joseph Hund, des h. r. R. Graf von und zu Lauterbach, churpfalzbaierischer Kämmerer und wirkl. Hofrath.

1793. Kapitular: Der hochgebohrne Hr. Theodor Christian des h. r. R. Graf von Königsfeld, churpfalzbaierischer Kämmerer, Generalmajor der Infanterie und Innhaber des Garnisons Regiments.

Der hochwürdig= hochgebohrne Hr. Johann Wilhelm Graf von Sternberg, der fürstl. hohen Domstifter zu Regensburg und Passau Kapitular.

Kapitular: Der hochwohlgebohrne Hr. Maximilian Franz Schenck, des h. r. R. Freyherr von Kastell, churpfalzbaierischer Kämmerer, wirkl. Oberst der Infanterie und der churfl. Leibgarde der Trabanten Lieutenant.

1795. Kapitular: Se. Excellenz der hochwohlgebohrne Hr. Joseph Maria des h. r. R. Freyherr von und zu Weichs, Herr auf Scherneag, Gaßlsperg, Nablern, Mall- und Anzing, dann Neuschöngeising, churpfalzb. Kammerer, wirkl. geheim. Rath, Oberlandesregierungs Vizepräsident in München, Erbpfleger zu Stadt am Hof, der löbl. Landschaft in Baiern Landsteuerer Rentamts München, und des fürstl. hohen Domstifts zu Freysing Erbkammerer.

1797. Kapitular: Der hochgebohrne Hr. Joseph Graf von Spreti, churpfalzbaierischer Kammerer, Generalmajor der Infanterie und der churfl. Leibgarde der Trabanten Lieutenant.

Dechanten.

1778. Se. Excell. Hr. Sigismund Reichsgraf v. Portia, s. 10.
1780. Titl. Hr. Franz Reichsgraf von Törring und Gronsfeld, zu Jettenbach, s. 10.
1787. Titl. Hr. Franz Reichsfreyherr v. Sturmfeder, s. 11.
1787. Titl. Hr. Damian Reichsgraf von u. zu Lehrbach, s. 11.

Sachsmeister.

1793. Se. Excell. Hr. Joseph Reichsgraf von Törring und Gronsfeld, zu Jettenbach ec. s. 12.

Ceremonienmeister.

1791. Se Excell. Hr. Franz Reichsgraf von Zedtwitz, s. 11.

Ritter.

1775. Der hochwohlgebohrne Hr. Maximilian Joseph Adam des h. r. R. Freyherr v. Lerchenfeld, auf Aham, churpfalzbaierischer Kammerer, wirkl. Hofrath, Herzogkastner zu Ingolstadt, dann Pfleger zu Kösching, Stamham, Oetting und Gerolfing.

1766. Der hochwohlgebohrne Hr. Joseph Ferdinand des h. r. R. Freyherr von Lerchenfeld, auf Aham und Jrnsing, churpfalzbaierischer Kammerer und wirkl. Hofkammerrath; auch Nachfolger der Pflegersstelle zu Neustadt.

1768. Se. Excellenz der hochwohlgebohrne Hr. Maximilian Joseph des h. r. R. Freyherr von Gumppenberg, auf Pörmes, Hr. der Herrschaft Oberprenberg, dann der Hofmärkte Buelach und Grasselfing, churpfalzbaierischer Kammerer und wirkl. geheimer Rath.

Se. Excellenz der hochgebohrne Hr. Anton Joseph Maria des h. r. R. Graf von und zu Sandizell, auf Malz- und Edelshausen, Langenmosen, Lindten, Münster, Riedheim und Stadl, churpfalzbaierischer Kammerer, wirkl. geheimer Rath, Hofraths-Vizepräsident in München u. Pfleger zu Rhain, dann der löbl. Landschaft in Baiern Verordneter-Rechnungsaufnehmer.

1770. Der hochgebohrne Hr. Maximilian des h. r. R. Graf Topor Morawitzy, von Tenzin und Rudnitz, auf Eberstall, Armstorf und Ramelsreuth, churpfalzbaierischer Kammerer, Generalmajor der Infanterie, Hofkriegsraths-Direktor, und Oberst-Innhaber des churfl. 8ten Fusilier-Regiments, dann der sittlich-ökonomischen Gesellschaft zu Burghausen Mitglied.

Der hochgebohrne Hr. Maximilian Obrowans des h. r. R. Graf Sedlnitzky, Frey- und Panierherr von und zu Choltitz, auf Peterwitz und Pratsch, kaiserl. königl. und churpfalzbaierischer Kammerer.

1771. Der hochgebohrne Hr. Maximilian Joseph des h.r.R. Graf von Törring und Dengling, zu Jettenbach, auf Ränkam und Arnschwang, churpfalzbaierischer Kammerer und wirkl. Hofrath.

Der hochgebohrne Hr. Maximilian Joseph des h. r. R. Graf und Herr von und zu Daun, churpfalzbaierischer Kammerer, wirkl. Hof- und Regierungsrath, dann Rentmeister und Kastner zu Straubing, auch Nachfolger der Pflegersstelle zu Kötzting.

1772. Der hochgebohrne Hr. Nikola des h. r. R. Graf von und zu Portia, Hr. auf Ober- und Unterlauterbach, Hornegg und Meylenhofen, churpfalzbaierischer Kammerer, und adelicher wirkl. Hofkammerrath zu Mannheim.

1773. Der hochgebohrne Hr. Maximilian Joseph des h.r.R. Graf von Paumgarten, Hr. der Herrschaften Ehrenegg, zu Frauenstein, auf Ering, Malching, Pocking, Stubenberg, Ober- und Untergrassensee, Erblandmarschall des Herzogthums Niederbaiern, dann kaiserl. königl. auch churpfalzbaierischer Kammerer und Oberstwachtmeister.

1774. Der hochgebohrne Hr. Dinadanus Joseph des h.r.R. Graf von Nogarola, churpfalzbaierischer Kammerer, Generalmajor der Infanterie und Stadtcommandant zu München.

Der hochwohlgebohrne Hr. Theodor Joseph des h. r. R. Freyherr von Ingenheim, churpfalzbaierischer Kammerer, wirkl. Regierungsrath zu Burghausen und erster Jagdcavalier, der Landwirthschaft- und sittlichen Gesellschaft zu Burghausen und in der Oberlausitz Mitglied.

1775. Der hochgebohrne Hr. Alphons Graf von Lovizzani, churpfalzbaierischer Kammerer, Oberstlieutenant der Cavallerie und der Leibgarde der Hartschier Cornet.

Der hochwohlgebohrne Hr. Georg Anton des h. r. R. Freyherr von Stingelheim in Kürn, auf Schönberg und Bernhardswald, kaiserl. königl. und churpfalzbaierischer Kammerer.

1776. Der hochgebohrne Hr. Joseph des h. r. R. Graf von Taufkirch, auf Guttenburg, zu Katzenberg und Haidenburg, churpfalzbaierischer Kammerer, geheimer Rath und Oberstsilberkammerer, dann der löbl. Landschaft in Baiern Rittersteuerer Rentamts München.

Se. Excellenz der hochgebohrne Hr. Georg Anton Ludwig des h. r. R. Graf von und zu Hegnenberg, genannt Dux, auf Ober- und Unterdolling, Jlmendorf und Schleckerstein, churpfalzbaierischer Kammerer, wirkl. geheimer- und Hofkammerrath, geheimer Dezimationskommissär und Pfleger zu Schrobenhausen, dann gemeiner löbl. Landschaft in Baiern Verordneter Landsteuerer Bezirks Ingolstadt.

1777. Der hochgebohrne Hr. Christian August Joseph des h. r. R. Graf von und zu Königsfeld, Hr. der Herrschaft Zaitzkofen, zu Altenealosheim, Triftlfing, Langenerling, Hellkofen, Moosthening, Pfakofen, Laberweinting, Buchersried und Jählenbach, dann zu Offenberg, Wildenforst und Neuhausen, churpfalzbaierischer Kammerer, wirkl. Hof- und Regierungsrath zu Landshut, auch der löbl. Landschaft in Baiern Landsteuerer Rentamts Landshut.

Der hochgebohrne Hr. Jakob Paul Graf von Campana.

1778. Se. Excellenz der hochgebohrne Hr. Clemens August des h. r. R. Graf von Waldkirch, auf Schollenberg und Reutha, churpfalzbaierischer Kammerer, wirkl. geheimer Rath und Oberstjägermeister zu Mannheim.

1779. Der hochgebohrne Hr. Maximilian Joseph des h. r. R. Graf von Lösch, Hr. in Hilgerts- und Hirschenhausen, Lirkenfeld, Stein, Jexendorf, zu Posch und Neubau, churpfalzbaierischer Kammerer.

1780. Der hochgebohrne Hr. Clemens des h. r. R. Graf von Törring, zu Seefeld, des hohen Maltheserordens Ehrenritter, churpfalzbaierischer Kammerer, wirkl. Hofrath, Vizeintendant von der churfl. Hofmusik und bem Theater, dann der löbl. Landschaft in Baiern Rittersteuerer Rentamts Straubing.

Der hochwohlgebohrne Hr. Franz Jakob Ferdinand von Müllenheim, Sr. Durchl. des regierenden Hrn. Herzogs von Pfalzzweybrücken ꝛc. Kammerer.

1782. Der hochgebohrne Hr. Antonin Felix Graf von Prambero, churpfalzbaierischer Kammerer und Jagdcavalier.

1783. Der hochwohlgebohrne Hr. Johann Adalbert Aloys Freyherr von Haacke, churpfalzbaierischer Kammerer, wirkl. Hofkammerrath zu Neuburg, auch Oberstjägermeister u. Landschaftskommissär allda.

Se. Excellenz der hochgebohrne Hr. Philipp Alexander des h. r. R. Graf von Vieregg, des hohen Maltheserordens Ehrenritter, churpfalzbaierischer Kammerer, wirkl. geheimer Rath, Oberst der Cavallerie, und Ihrer Durchl. der regierenden Fr. Fr. Churfürstinn zu Pfalzbaiern Maria Leopoldina ꝛc. ꝛc. Obersthofmeister, dann Nachfolger der Landvogt- und Oberforstmeisterstellen zu Höchstätt.

Der hochgebohrne Hr. Brunorius Dante Joseph des h. r. R. Graf von Serego-Aligeri, des hohen Maltheserordens Ritter, churpfalzbaierischer Kammerer, Oberst und General-Leibadjutant.

1785. Der hochgebohrne Hr. Maximilian Joseph des h. r. R. Graf von Tauffkirch, auf Guttenburg, Thierlstein und Pruckberg, churpfalzbaierischer Kammerer, Generalmajor der Cavallerie, der Leibgarde der Hartschier erster Lieutenant, churfl. General-Leibadjutant und Hauptpfleger zu Cham.

Der hochgebohrne Hr. Johann Joseph Maria des h. r. R. Graf von Preysing, Freyherr von Altenpreysing, genannt Kronwinkel, churpfalzbaierischer Kammerer.

Der hochwohlgebohrne Hr. Franz Xaver des h. r. R. Freyherr von Lerchenfeld-Amerland und Unterprenberg, auf Siesbach, churpfalzbaierischer Kammerer, wirkl. Hof- und Hofkammerrath, dann der löbl. Landschaft in Baiern Rittersteuerer Rentamts München.

1786. Der hochgebohrne Hr. Franz des h. r. R. Graf von Colloredo und Mels, Freyherr von Valse, churpfalzbaierischer Kammerer und Oberst der Infanterie.

Der hochwohlgebohrne Hr. Christian Adam Lochner von Hüttenbach, churpfalzbaierischer Kammerer.

1787. Der hochwohlgebohrne Hr. Aloys Franz Xaver des h. r. R. Freyherr von Rechberg und Rothenlöwen, churpfalzbaierischer Kammerer, dann herzoglich-Pfalzzweybrückischer wirkl. geheimer Rath und bevollmächtigter Gesandter bey der allgemeinen Reichsversammlung zu Regensburg.

Der hochgebohrne Hr. Anton Franz Marquis von Malvezzi.

1788. Der hochwürdig-hochgebohrne Hr. Maximilian Joseph des h. r. R. Graf von Waldkirch, dieses hohen Ritterordens auch erster Kapellan, dann der fürstl. hohen Domstifter zu Augsburg und Freysing Kapitular.

Der hochwürdig- hochgebohrne Hr. Ferdinand Aloys des h.r.R. Graf und Herr von Freyen-Seyboltsdorf, dieses hohen Ritterordens auch zweyter Kapellan, der fürstl. hohen Domstifter zu Regensburg Kapitular und zu Freysing Domizellar, auch hochfürstl. Eichstädtischer wirkl. geheimer und fürstbischöflich-Regensburgischer Konsistorialrath, dann des löbl. Kollegiatstifts zum heil. Emmeram in Spalt Probst.

1789. Der hochgebohrne Hr. Joseph Maria des h. r. R. Graf von Eztorf, auf Kolmstein, churpfalzbaierischer Kammerer und wirkl. Regierungsrath zu Landshut.

Der hochgebohrne Hr. Philipp Carl Johann Nepomuck Fugger, des h.r.R. Graf zu Kirchheim, Churmainzischer Kammerer und adelicher Hofrath.

1790. Der hochwohlgebohrne Hr. Joseph Heinrich Freyherr von Vieregg von Gerzen, churpfalzbaierischer Kammerer und Oberlieutenant.

Der hochgebohrne Hr. Franz Xaver des h. r. R. Graf und Herr von Freyen-Seyboltsdorf, Hr. des vordern und hintern Schloßantheils zu Seyboltsdorf, auf Ober- und Niederaichbach, dann Deutten= und Göttelkofen, auch des Edelsitzes zu Kapfelberg, churpfalzbaierischer Kammerer, wirkl. Regierungsrath zu Straubing, Landrichter und Lehenprobst des Herzogthums Sulzbach, dann des fürstl. Domstift zu Freysing Erbtruchseß.

Der hochwürdig=hochgebohrne Hr. Marquard Joseph von Reisach, des h.r.R. Graf von Steinberg, dieses hohen Ritterordens auch dritter Kapellan, und des fürstl. hohen Domstifts zu Regensburg Domizellar.

1791. Der hochgebohrne Hr. Johann Adam von Reisach, auf Kirchdorf, des h.r.R Graf von Steinberg, churpfalzbaierischer Kammerer, Landrichter zu Granspach u. Pfleger zu Monnheim.

Se. Excellenz der hochgebohrne Hr. Christian Joseph des h. r. R. Graf von Oberndorff, churpfalzbaierischer Kammerer, wirklicher geheimer Rath und Hofkammerpräsident zu Neuburg.

Der hochgebohrne Hr. Carl Maria Rupert des h.r.R. Graf von Arco, genannt Bogen, churpfalzbaierischer Kammerer und wirkl. Oberlandesregierungsrath in München.

1792. Der hochgebohrne Hr. Vincenz Graf von Pompei, churpfalzbaierischer Kammerer und des churfl. 2ten Grenadier-Regiments, Churprinz, Major.

Der hochwürdig-hochgebohrne Hr. Philipp Anton Schenck, Graf von Kastell, des hohen Erzdomstifts zu Maynz Domizellar und des fürstl. Domstifts zu Augsburg Kapitular.

1793. Der hochgebohrne Hr. Maximilian des h. r. R. Graf von Lerchenfeld-Kösering, churpfalzbaierischer Kammerer und Gesandtschaftsrath am Reichstage zu Regensburg.

Der hochwohlgebohrne Hr. Constantin Ludwig Joseph des h. r. R. Freyherr von Welden, auf Hochaltingen, Churmaynzischer Kammerer u. hochfürstl. Würzburgischer Regierungsrath.

1794. Der hochwohlgebohrne Hr. Michael Freyherr von Scheberas, churpfalzbaierischer Kammerer, Major der Cavallerie und der Leibgarde der Hartschier Rittmeister.

Der hochgebohrne Hr. Joseph Ignaz des h. r. R. Graf von und zu Altenfränking, Hr. auf Hagenau, Hueb, Stern, Meundling, Schweigertsreuth, Oberhausen, dann Ober- und Unterfränking, churpfalzbaierischer Kammerer und Oesterreichischer Landstand zu Linz.

Der hochgebohrne Hr. Joseph Sigismund Reichsgraf von Kreith, auf Guttenegg, Gleiritsch, Weidenthall und Wilhofen, churpfalzbaierischer Kammerer, Hofkammer-Vizepräsident zu Amberg und Pfleger zu Nabburg.

Der hochgebohrne Hr. Maximilian Friderich Reichsgraf von Westerhold und Gysenberg.

1795. Der hochgebohrne Hr. Peter Emanuel Reichsgraf von Zedtwitz, des hohen Maltheserordens Ritter, churpfalzbaierischer Kamerer u. des 1sten Grenadier- u. Leibregiments Major.

1796. Der hochgebohrne Hr. Georg Maximilian Joseph Reichsgraf von und zu Hegnenberg, genannt Dux, churpfalzbaierischer Kammerer und wirkl. Hofrath, dann Nachfolger der Pflegersstelle zu Schrobenhausen.

Der hochgebohrne Hr. Joseph Friderich Erkinger, Reichsgraf von Seinsheim, churpfalzbaierischer Kammerer und des hohen Maltheserordens Ehrenritter.

Der hochwürdig-hochgebohrne Hr. Clemens Wenzeslaus Reichsgraf von Arco, des fürstl. hohen Domstifts zu Freysing Domizellar und geistl. Rath allda.

Der hochwürdig-hochwohlgebohrne Hr. Carl Johann Baptist Reichsfreyherr von Rechberg, des fürstl. hohen Domstifts zu Freysing Domizellar.

1797. Der hochgebohrne Hr. Joseph Johann Nepomuck regierender Reichsgraf von Neipperg, Schmaigern, Neippers, Klingenberg und Hausen, kaiserl. königl. Kammerer.

1798. Der hochgebohrne Hr. Carl Friderich Reichsgraf zu Pappenheim, des h. r. Reichs Erbmarschall, kaiserl. königl. und churpfalzbaierischer Kammerer, Major der Cavallerie und der Leibgarde der Hartschier Rittmeister, auch Pfleger zu Wemding.

Der hochgebohrne Hr. Maximilian Maria Johann Nepomuck des h. r. R. Graf von und zu Freyen-Seyboltsdorf, churpfalzbaierischer Kammerer.

Kapelläne.
1787. Titl. Hr. Maximilian Reichsgraf von Waldkirch, s. 16.
1788. Titl. Hr. Ferdinand Reichsgraf von Seyboltsdorf, s. 17.
1790. Titl. Hr. Marquard Reichsgraf von Reisach, s. 17.
1795. Titl. Hr. Philipp Schenck, Graf von Kastell, s. 18.

Sekretär.
Hr. Ferdinand Bernard Reichsedler von Hosson, churfl. wirkl. Hofrath, Hof- und Landherold, Wappenzensor, Donat des hohen Maltheser-Ritterordens und des Großpriorats englisch baierischer Zunge Sekretär, auch des churfl. hochadelichen Damenstifts zur heil. Anna in München Referendär.
Nachfolger: Hr. Cajetan Stürzer.

Zahlmeister.
Hr. Franz Xaver Edler von Krauß, des h. r. R. Ritter, churfl. wirkl. Rath und geheimer Sekretär.

Rechnungsrevisor.
Hr. Martin Franz Horwath, d. R. L. churfl. wirkl. Hofkammersekretär.

Obergarderober.
Hr. Johann Lukas Thiot, churfl. wirkl. Kammerdiener.

Kanzelist.
Hr. Maximilian Blondeau, zugl. Wappenmaler.
Garderober. Hr. Florian Keill.
Juwelier: Hr. Franz Wümmer.
Stickerinn: Fr. Rosa Limana Attenkoferin.

Churfürstlicher Ritterorden
vom
Pfälzischen Löwen.

Stifter und Großmeister.

Se. churfl. Durchleucht Herr Herr Carl Theodor ꝛc. ꝛc. f. 1.

Ritter.

1768. Se. hochfürstl. Durchl. Herr Wilhelm, Pfalzgraf bey Rhein, Herzog in Baiern ꝛc. f. 2.

Se. hochfürstl. Gnaden Herr Carl Fürst zu Leiningen-Hardenburg ꝛc. f. 4.

Se. Excellenz der hochgebohrne Hr. Carl Ludwig des h. r. R. Wild- und Rheingraf zum Grumbach ꝛc.

Se. Excellenz der hochgebohrne Hr. Franz des h. r. R. Graf zu Erbach ꝛc.

Der hochgebohrne Hr. Ignatz des h. r. R. Graf von Sulkowsky.

1769. Se. Excellenz Hr. Carl Freyherr von Hompesch ꝛc. f. 6.

Se. Excellenz der hochgebohrne Hr. Ludwig Joseph des h. r. R. Graf Boos von Waldeck, kaiserl. geheimer Rath, Churtrierischer Oberststallmeister, und churpfälzischer Oberamtmann zu Simmern.

Der hochwohlgebohrne Hr. Christian Ludwig Freyherr von Wiese, Chursächsischer Kammerer, dann weil. Sr. Durchl. des Prinzen Carl von Sachsen ꝛc. Oberhofmeister.

Der hochwohlgebohrne Hr. Franz Adolph Freyherr von Buttlar, churfl. Mainz- und Trierischer geheimer Rath, wie auch fürstl. Fuldischer geheimer Rath und Oberststallmeister, Erbherr zu den Erlen.

1770. Se. Excellenz der hochwürdig-hochwohlgebohrne Hr. Sigismund Friderich Franz Sales Freyherr von Reischach, des hohen Domstifts zu Augsburg Domdechant, dann beren zu Ellwangen und Romburg Kapitular, kaiserl. königl. Churtrierischer und fürstbischöflich-Augsburgischer wirkl. geheimer Rath.

1771. Der hochgebohrne Hr. Carl August Wild- und Rheingraf zum Grumbach ꝛc.

Der hochwohlgebohrne Hr. Friderich Sigismund Freyherr von Miltitz, Churfächsischer Kammerer und Oberschenk.

1772. Se. hochfürstl. Gnaden Hr. Carl Joseph des h. r. R. Fürst von Palm ꝛc. f. 5.

Der hochgebohrne Hr. Joseph Graf von Soltik.

1772. Der hochgebohrne Hr. Joseph Graf Jubyky.

Der hochgebohrne Hr. Georg Graf von Sollohub.

1773. Der hochgebohrne Hr. Ignatz Graf Morawsky, Hr. zu Kunela, Sffitchince und Moschna.

Der hochgebohrne Hr. Felix des h. r. R. Graf von Soltik.

Der hochgebohrne Hr. Alexius Girand Graf von Castello di Foglio in Sabina.

Der hochgebohrne Hr. Johann Ferdinand Caspar Graf von Schönberg.

Der hochgebohrne Hr. Franz Graf von Riviere d'Archot de Zalusky.

Se. Excellenz der hochgebohrne Hr. Ernest Franz des h. r. R. Graf von Platen, zu Hallermund, kaiserl. königl. wirkl. geheimer Rath, auch churpfalzbaierischer Kammerer und wirkl. geheimer Rath, dann des gesammten chur- und fürstl. Hauses Braunschweig-Lüneburg, wie auch des fürstl. Hochstifts Osnabrück General-Erbpostmeister.

Der hochgebohrne Hr. Joseph Graf Suffzynsky.

1774. Der hochwohlgebohrne Hr. Carl Wilhelm Friderich Freyherr Eichler von Auritz, hochfürstl. Brandenburg-Onolz- und Kulmbachischer geheimer Rath und Hofmarschall.

Der hochgebohrne Hr. Michael Moritz Graf von Suchodolsky, Hr. auf Suchodoln, Dorohusk, Koble und Worcicokov.

Der hochgebohrne Hr. Friderich Wilhelm des h. r. R. Graf und edle Hr. von der Lippe Detmold-Bisterfeld.

Der hochgebohrne Hr. Wilhelm Ludwig Graf von Bentheim-Steinfurt.

Der hochwohlgebohrne Hr. Franz Xaver Freyherr von Thurn und Valsassina, Chursächsischer geheimer Rath, und Sr. Durchl. des Prinzen Anton in Sachsen :c. Oberhofmeister.

Der hochgebohrne Hr. Robert Graf von Przostowsky.

Der hochgebohrne Hr. Joseph Graf von Plater.

Se. Excellenz der hochgebohrne Hr. Johann Friderich Wilhelm regierender Graf von Ysenburg-Büdingen u. Limburg :c.

1775. Der hochgebohrne Hr. Heinrich der XLIII. Reußgraf und Herr zu Plauen.

Der hochgebohrne Hr. Georg Reinhard Graf von Wallwitz, Chursächsischer geheimer- und Finanzrath.

Der hochgebohrne Hr. Casimir Graf Sulkowsky.

1776. Der hochgebohrne Hr. Philipp Antici, römischer Freyherr, Marquis von Pescia, des h. r. R. Graf und königl. Pohlnischer Kammerer.

1777. Der hochgebohrne Hr. Chrisostomus Graf Rbultowsky.

Der hochgebohrne Hr. Leopold Erhard Graf von Galler, Freyherr von Schwamberg, Neuburgischer geheimer Rath.

1778. Der hochgebohrne Hr. Christan Wilhelm Graf von Puckler zu Limburg, königl. Dänischer Kammerer.

Der hochgebohrne Hr. Albert Franz Joseph Graf v. Baiern-Großberg, Freyherr von Brou, Luigni, Unverre und Dampiere ꝛc. des hochadelichen Ritterordens des heil. Michaels Großkreuzherr und churpfalzbaierischer Kammerer.

Der hochgebohrne Hr. Georg Graf von Münster-Meinhövel, erster Dinaste der Oberlausitz, königl. Dänischer wirkl. geheimer Rath, und des königl. Preußischen rothen Adlerordens Ritter.

Der hochgebohrne Hr. Georg August Graf von Ysenburg, churpfalzbaierischer Generallieutenant der Infanterie und Oberst-Innhaber des churfl. 3ten Grenadier-Regiments.

Der hochgebohrne Hr. Philipp Franz des h. r. R. Graf von und zu der Leyen und Hohengeroldseck, Freyherr zu Adendorf, Hr. der Herrschaften Blies, Castell, Burgweiler, Nienern, Saffig, Münchweiler, Otterbach, Ahrenfels, Leiningen, Caleborn, Pommern, Lipshausen, Bettendorf, Bliesbrücken und Freymengen ꝛc. Erbtruchseß des hohen Erzstifts und Churfürstenthums Trier.

Der hochgebohrne regierende Hr. Johann Franz Joseph Reichsgraf von Nesselrode-Reichenstein ꝛc.

Se. Excellenz der hochwohlgebohrne Hr. Franz Amand Freyherr von Dienheim, Hr. zu Hau-Friesen und Nudelsheim, des hochadelichen Ritterordens des heil. Michaels Großkreuzherr, churpfalzbaierischer Kammerer und wirkl. geheimer Rath, auch Churmainzischer wirkl. geheimer Rath und Oberamtmann zu Dieburg.

Se. Excellenz der hochwohlgebohrne Hr. Anton Freyherr von Perglas, churfl. wirkl. geheimer Rath, Hof- und Hoffortifkammer-Präsident in Mannheim und Oberamtmann zu Heidelberg.

Der hochwohlgebohrne Hr. Franz Anton Freyherr von Baaden, Hr. zu Lill. kaiserl. königl. und churpfalzbaierischer Kammerer, dann Burggraf zu Breißgau.

1780. Der hochwohlgebohrne Hr. Franz Freyherr von Berghe, genannt Trips zu Hemmersbach, churpfalzbaierischer wirkl.

geheimer Rath, bergischer Oberstjägermeister und General-busch-Inspektor, dann der gülichischen Ritterstände Mitglied.

1781. Se. Excellenz der hochwohlgebohrne Hr. Gottfried Franz Freyherr von Beveren, churpfalzbaierischer Kammerer, wirkl. geheimer Rath, gülich- und bergischer geheimer Raths- und Oberappellationsgerichts-Vizepräsident, beraischer Landmarschall und Amtmann zu Angermund, Landsberg, Löwenberg und Lilsdorf.

Se. hochfürstl. Gnaden Hr. Serge von Menchikoff 2c. s. 4.

Se. Excellenz der hochwohlgebohrne Hr. Friderich Johann Freyherr von Nitz zu Ettendorf, churpfalzbaierischer Kammerer und wirkl. geheimer Rath, dann gülich- und bergischer Hofrathspräsident, auch Amtmann zu Gladbach und Grevenbroich.

1782. Der hochwohlgebohrne Hr. Heinrich Jakob Freyherr von Geyling zu Altheim, Sr. Durchl. des regierenden Hrn. Herzogs zu Pfalzzweybrücken 2c. Kammerer, geheimer Rath und Oberhofmarschall.

1783. Se. Excellenz der hochgebohrne Hr. Ernest Casimir regierender Graf zu Ysenburg und Büdingen 2c.

Der hochgebohrne Hr. Jobst Ernest Reichsgraf von Schwicheldt, churpfalzbaierischer Kammerer, Generallieutenant der Infanterie, erster General-Leibadjutant und Oberst-Innhaber des 1sten Feldjäger-Regiments.

1784. Se. Excellenz der hochwohlgebohrne Freyherr von Botzheim, kaiserl. königl. wirkl. geheimer Rath.

Der hochgebohrne Hr. Ludwig Ernst des h r. R. Graf und Herr von Schönburg, mitregierender Graf und Herr zu Glaucha und Waldenburg, wie auch der obern und niedern Grafschaft Hartenstein, Herrschaft Lichtenstein und Stein, regierender Hr. der Grafschaften Rochsburg und Remissau, königl. Preussischer Kammerer, churpfalzbaierischer Generalmajor der Cavallerie, dann des königl. pohlnischen weissen Adler- und St. Stanislausordens Ritter.

Se. Excellenz der hochwohlgebohrne Hr. Franz Joseph Freyherr von Leoprechting, churpfalzbaierischer Kammerer, wirkl. geheimer Rath, der geistl. Administration zu Heidelberg Präsident, Pfleger und Kastner zu Allersberg, dann beygeordneter Oberamtmann zu Moßbach.

Der hochwohlgebohrne Hr. Joseph Freyherr von Hohenhausen, churpfalzbaierischer Generallieutenant der Infanterie und Oberst-Innhaber des 10ten Fusilier-Regiments.

Der hochgebohrne Hr. Nikola Graf von Manuzzi, Erbherr in Bohin und der Stadt Uhor in Lithauen.

Der hochgebohrne Hr. Friderich Carl des h. r. R. regierender Graf von Löwenstein-Wertheim, Virnenburg und Limburg 2c.

Der hochwohlgebohrne Hr. Maximilian Freyherr von Bentinck, zu Limbricht, churpfalzbaierischer Kammerer, wirkl. adelich-gülich- und bergischer geheimer Rath, Hofkammerpräsident, Oberamtmann zu Elverfeld und Wassenberg, gülich- und bergischer beygeordneter Kassa- und Münzkommissair, auch der gülichischen Ritterstände Mitglied.

1785. Se. Excellenz der hochwürdig-hochwohlgebohrne Hr. August Freyherr von Hornstein zu Trenpoden, Loffelen, und Weitterdingen, churpfalzbaierischer wirkl. geheimer Rath, Bischof zu Epiphanien und Dompropst zu Kostanz.

Der hochwohlgebohrne Hr. Franz Ludwig Freyherr von Harff zu Langendorf, Amtmann zu Heimbach, Mitglied und Direktor der gülichischen Ritterschaft, auch gülich- und bergischer Landkommissär.

Der hochgebohrne Hr. Ernest Heinrich Reichsgraf von Schwicheldt, Sr. königl. großbrittanischen Majestät und churfl. Durchl. zu Braunschweig-Lüneburg 2c. 2c. Kammerer.

Der hochwohlgebohrne Hr. Heinrich Freyherr von Offenberg, Sr. Durchl. des Hrn. Herzogs von Kurland 2c. Hofmarschall.

1786. Der hochgebohrne Hr. Friderich des h. r. R. Graf von Geldern, churpfalzbaierischer Kammerer, Oberst und Commandant zu Düren, dann Nachfolger der Oberamtmannsstelle zu Otzberg und Umstadt, wie auch einer gülichischen Landkommissärsstelle.

Der hochgebohrne Hr. Graf von Hoen zu Neuschateau 2c.

Der hochgebohrne Hr. Joseph August Graf von Jlinsky 2c.

Der hochgebohrne Hr. Clemens August des h. r. R. Graf von Holnstein aus Baiern, Herr der Herrschaft Holnstein, auf Jlthofen, churpfalzbaierischer Kammerer, wirkl. Regierungs- und Hofkammerrath zu Amberg, dann Oberstforstmeister des Herzogthums der oberen Pfalz.

1787. Der hochgebohrne Hr. Wilhelm Graf von Schönburg-Wechselburg.

Der hochwohlgebohrne Hr. Franz Maria von Mazzolari, Edler und Patritier zu Pesaro.

Se. Excellenz der hochwohlgebohrne Hr. Johann Nepomuck
Freyherr von Pürdt, Hr. der Herrschaften Brozingen, Bien-
gen in der Falkensteig, Karspach, Brundorf, Hutten, Hieben-
stein und Ronstamps, kaiserl. königl und churmainzischer wirkl.
geheimer Rath, dann der churmainzischen Leibgarde zu Pferd
Capitaine en Chef und Generallieutenant.

Der hochgebohrne Hr. Philipp Bufalini, Marquis von St.
Justino, Sr. päbstl. Heiligkeit Pius VI. geheimer, auch chur-
pfal-baierischer Kammerer und Oberst der Cavallerie.

1788. Der hochgebohrne Hr. Johann Baptist Graf von
Munarini, Sr. Durchl. des Hrn. Herzogs von Modena geheimer Rath, Kammerer, erster geheimer Staats-Konferenz-
und Kabinets- auch der auswärtigen Geschäfte Minister, Generallieutenant der herzoglichen Trouppen, Generaloberin-
tendant der Posten und Präsident des hohen Raths.

Der hochwohlgebohrne Hr. Christian Philipp Friderich
Vogt von Hunoltstein, genannt von Steinkallenfels, Sr.
Durchl. des regierenden Hrn. Herzogs von Pfalzweybrücken rc.
Kammerer und Landjägermeister.

Der hochgebohrne Hr. Michael Johann des h. r. R. Graf
von Lübeschitz, Graf von Pohlen zu Borchow, Freyherr zu
Borckland, Graf zu Borch, des Königreichs Pohlen Senator,
Palatinus von Pelz, Generallieutenant, Ritter der Orden
dieses Königreichs und des hohen Maltheser-Ritterordens
Großkreuzherr.

1789. Se. Excellenz der hochgebohrne Hr. Anton Wilhelm
des h. r. R. Graf von Wickenburg, genannt Stechinelli, Erbdrost
zu Neuhauß im Limburgischen, Hr. der Herrschaften Kilf, Grün-
bichel, Eze, Borgamind, Landeshofen und Weisenrad, churpfalzbaierischer Kammerer, wirkl. geheimer Rath, Generalmajor und bevollmächtigter Minister am kais. kön. Hofe zu Wien.

Der hochgebohrne Hr. Carl Duc von Dillingen, Reichsgraf von Ottweiler, Capitain unter den Kreistrouppen.

Der hochwohlgebohrne Hr. Ludwig Wilhelm Freyherr von
Genling zu Altheim, Hr. zu Bursweiler, Imdorf, Freyschwi-
zersheim am Wasenberg, Sr. Durchl. des regierenden Hrn.
Herzogs zu Pfalzweybrücken rc. Kammerer, wirkl. geheimer
Rath und der Leibgarde zu Pferd Oberst, der unmittelbaren
Reichsritterschaft in Schwaben des Viertels am Sar- und
Schwarzwald des Ortenauischen Bezirks, wie auch jenes des
Adels im untern Elsaß Mitglied.

Der hochwohlgebohrne Hr. Christoph Albert Freyherr von Kampz, herzogl. Mecklenburg-Strelizischer wirkl. Minister im Conseil, geheimer Rath und Kammerpräsident, Erbherr auf Dratow.

1790. Der hochgebohrne Hr. Raymund Graf von Thurn, Hoffer und Valsassina, Sr. königl. Majestät in Ungarn und Böheim ꝛc. ꝛc. Kammerer und geheimer Staatsrath.

Der hochwohlgebohrne Hr. Carl Philipp Freyherr von Reizenstein, auf Nemmersdorf, königl. Preußischer Kreisdirektor im Fürstenthume Bayreuth.

Der hochgebohrne Hr. Wilhelm Ludwig Georg Graf zu Sayn-Wittgenstein und Hohenstein, Herr zum Homburg, Valendar, Neumagen, Lohen und Klettenberg ꝛc.

Der hochgebohrne Hr. Paul Graf von Gazzoli.

1791. Der hochgebohrne Hr. Julius des h. r. R. Graf von Soden, auf Gleidingen, Herr auf Saßenfarth, Köttmansdorf, Neidenfels, Satteldorf, Grüningen, Teisenbach und Berghof, Senior der Familie, königl. Preußischer bevollmächtigter Minister am Fränkischen Kreise, dann des hochfürstlich-Nassauischen Ordens pour le Merite Ritter.

1792. Der hochgebohrne Hr. Abraham Friderich Graf von Erlach.

Der hochgebohrne Hr. Carl Marquis Giberti Tamburelli.

Se. Excellenz der hochgebohrne Hr. Vincenz Ignaz des h. r. R. Graf Wratislaw von Mitrowiz, Hr. der Fideikommißgüter Ginez, Batbeliz, Dirna und Zalzky, kaiserl. königl. wirkl. geheimer Rath und oberst Erbküchenmeister im Königreich Böheim.

Se. Excellenz der hochgebohrne Hr. Maximilian Reichsgraf von Leiningen-Westerburg, churpfalzbaierischer Kammerer, wirkl. geheimer Rath und Regierungs-Präsident zu Neuburg.

Se. Excellenz der hochwohlgebohrne Hr. Ludwig Freyherr von Hövel, churpfalzbaierischer Kammerer, wirkl. geheimer Rath und Regierungs-Vizepräsident zu Mannheim, dann der churfl. Universität zu Heidelberg Oberkurator.

Der hochwohlgebohrne Hr. Friderich Carl Freyherr von Dallwigk, churpfalzbaierischer Kammerer, Hofkriegsraths-Vizepräsident, Generalmajor der Infanterie, Oberstproprietär des churfl. 4ten Fusilier-Regiments und Amtmann zu Aldenhoven, dann der bergischen Ritterstände Mitglied.

Se. Excellenz der hochgebohrne Hr. Philipp Ernest Graf von Wiser, churpfalzbaierischer Generallieutenant der Infanterie, der Leibgarde der Trabanten Capitaine en Chef und Chur-köllnischer Kammerer.

1793. Der hochgebohrne Hr. Friderich Wilhelm Reichsgraf von und zu Milckau, Hr. der Herrschaft Schwedt, Erblehen- und Gerichtsherr zu Teustedt, Cappele und Stedingsmühlen, Burgmann zu Wechte, Domherr zu Collberg, Kapitularherr zu Walbeck, Sr. kön. H. des Prinzen Ferdinand von Preußen ꝛc. Hofmarschall und königlich- Preußischer Kammerer.

1794. Der hochgebohrne Hr. Friderich des h. r. R. Erb-graf zu Stollberg-Stollberg.

Der hochgebohrne Hr. Emil des h. r. R. Graf von Bent-heim-Tecklenburg.

Der hochwohlgebohrne Hr. Johann Joachim Freyherr von Lützow, Sr. Durchl. des Hrn. Herzogs von Mecklenburg-Schwerin Oberhofmarschall.

Der hochgebohrne Hr. Moritz Graf zu Lynar, Hr. der Freyenstandes Herrschaft Drechnau und Vetschau, königl. Preußischer Kammerer und des hohen Johanniter-Maltheser-ordens Ritter.

1795. Der hochgebohrne Hr. Ludwig Achatz Graf von Brock-dorf, königl. Dänischer Hofjägermeister.

Se. Excellenz der hochgebohrne Hr. Carl Graf und edle Herr von der Lippe, kaiserl. königl. Kammerer und wirkl. ge-heimer Rath.

1796. Der hochgebohrne Hr. Stanislaus Graf von Ma-nuzzi.

1797. Der hochwohlgebohrne Hr. Ludwig Friderich von Mauchenheim, genannt Bechtolsheim, königl. Dänischer Kam-merer, Oberst der Infanterie und Chef des Leibregiments der Königinn.

Der hochgebohrne Hr. Christian Carl Alexander des h. r. R. Graf von Bückler, mitregierender Graf und Semperfrey zu Limpurg, Sontheim und Obersontheim, Baron von Grodiz, Hr. zu Burg, Farnbach, Brunn und Tunzenhaid.

Der hochgebohrne Hr. Maximilian Friderich des h. r. R. regierender Graf von Plettenberg zu Wittem, Freyherr zu Eis und Schlenacken, Hr. der Herrlichkeiten Nordkirchen, Davers-berg, Meinhövel, Burfort, Grotheusen, Seeholz, Alrot, Han-selberg und Lacke, Erblehen- und Gerichtsherr der Lehen- und Standherrschaft Kosel in Oberschlesien, dann des Hochstifts zu Münster Erblandmarschall.

Der hochgebohrne Hr. Amand des h. r. R. Graf von Serenyi, de Kiss-Sereny, kaiserl. königl. Kammerer.

Der hochgebohrne Hr. Carl Christian Ernest regierender Graf von Giech und Wolfstein, Hr. zu Thournau und Buchau, des königl. Preußischen großen rothen Adlerordens Ritter.

1798. Der hochgebohrne Hr. Johann Caspar Julius Reichsgraf von Bothmer, Majoratsherr der gräflich-Bülowschen Güter, herzogl. Sachsen-Coburg Meinungischer geheim. Rath.

Der hochwohlgebohrne Hr. Franz Freyherr von Reden, Churbraunschweigischer geheimer Kriegsrath.

Se. Excellenz der hochgebohrne Hr. Joseph Ludwig Graf von Goltstein, churpfalzbaierischer Kammerer, wirkl. geheimer Rath, auch gülich- und bergischer geheimer Rath und Hofkamervizepräsident, dann gülichischer Landkomissär und Amtmann zu Geilenkürchen und Randerath, auch der gülichischen Ritterstände Mitglied.

Groß-Eleemosinär.

Der hochwürdig-wohlgebohrne Hr. Willibrodus Wittmann, Abt der kaiserl. freyen Abtey zum heil. Maximin, gebohrner Erbkaplan weil. Ihrer Majestät der röm. Kaiserin, kaiserl. wirkl. Rath und churpfalzbaierischer wirkl. geheimer Rath, Graf zu Fell, Burggraf zu Freudenburg, Hr. zu Taben und Neunkirchen, Primas der Stände des Herzogthums Luxemburg, wie auch der Stände des Erzstifts Trier.

Sekretär.

Der wohlgebohrne Hr. Johann Caspar Edler von Lippert, churpfalzbaierischer wirkl. geheimer Rath, geheimer Kabinets-Sekretär, geheimer Referendär in geistlichen Sachen, des Schulwesens in Baiern, der oberen Pfalz und des Herzogthums Neuburg Kurator.

Schatzmeister.

Hr. von Neorberg, gülich- und bergischer geheimer- und Hofrath, auch diesortiger General-Polizeykommissär.

Garderober.

Hr. Carl Reichsedler von Dusch, churpfälzischer wirkl. Hofkammerrath und churfl. Kammerdiener.

Hofstaat
Sr. churfl. Durchleucht zu Pfalzbaiern,
Carl Theodors ꝛc. ꝛc.

Obersthofmeisters-Staab.
Obersthofmeister.

Diese Stelle ist der Zeit unbesezt, und wird von des churfl. OberstkammerersExcellenz Hrn. Joseph Ferdinand Reichsgrafen zu Rheinstein und Tattenbach ꝛc. versehen, s. 6.

Staabskommissär.

Titl. Hr. Emanuel Maria von Delling, auf Hueb und Egharting, churfl. wirkl. Hofrath.
Staabsaktuar: Hr. Bartolome Veiß, churfl. wirkl. Hofraths-Sekretär und Registrator.
Nachfolger: Hr. Carl Beiß, churfl. Hofraths-Registrator.
Staabsboth: Albrecht Ignatz Zängerler.

Churfl. Hofkirchensprengel.
Hofbischof und Großalmosenier.

Se. Excellenz der hochwürdig-hochwohlgebohrne Hr. Cajetan Ignatz Reichsfreyherr von Reisach, Bischof zu Dibona, churfl wirkl. geheimer Rath, des churfl. geistl. Rathkollegiums in München Präsident, der geheimen Dezimations-Kommission Vorstand und des churfl. Kollegiatstifts zu Habach Probst, dann der löbl. Landschaft in Baiern verordneter Rechnungsaufnehmer.

Assistent.

Titl. Hr. Joseph Klein, churfl. wirkl. geistl. und Bücherzensurrath, dann Spitalpfarrer zum heil. Geist in München.
Both: Wolfgang Reitmayr.

Churfl. Residenz-Hofkapelle in München.
Direktor.

Der hochwürdig-wohlgebohrne Hr. Leopold Krieger, churfl. geheimer Rath, Eleemosinär und der Altenhofkirche Inspektor, dann des churfl. Kollegiatstifts zu U. Fr. in München Vizedechant.

NB. Die Gottesdienste werden von dem allhiesig-churfl. Kollegiatstifte gehalten.

Hofpriester.

Hrn. Anton Orelli, churfl. geistl. Rath.
   Johann Nepomuck Mosler.
Kapelldiener: Hr. Caspar Riebel, Oberkapelldiener.
   Johann Hafner.
   Caspar Denkmayr.
   Joseph Aberhirn.
   Bernard Sigelbauer.
   Adam Lindermayr.

Churfl. Hofkapelle in Mannheim.

Hofkapelläne.
Titl. Herren.

Heinrich von Klein, churfl. geistl. Rath und Kollegiatstiftsherr zu Heinsberg.
Michael Eichhorn, churfl. geistl. Rath, Dechant u. Pfarrer zu Seckenheim.
Carl von Faber, churfl. geistl. Rath u. Pfarrer zu Hedesheim.
Moritz Joseph Heunisch.
Michael Trauninger, churfl. geistl. Rath, Dechant und Pfarrer zu Ladenburg.
Johann Christoph Sieger.
Paul Roger, churfl. geistl. Rath und Kanonikus zu Tours.
Franz Joseph v. Harrer, Kollegiatstiftsherr zu Kaiserswert.
Franz Ignaz Bernardi, churfl. geistl. Rath, Dechant zum heil. Geist und Pfarrer zu Heidelberg.
Christoph Franz Deckelmann, d. G. D. churfl. wirkl. geistl. Rath, Kollegiatstifts-Kapitular zu U. Fr in München, dann Lehrer der Weltweisheit bey den churfl. Edelknaben und päbstl. Protonotar.
Johann Winand Raaff, Pfarrer zu Oberwinter.
Carl Philipp Spielberger, churfl. geistl. Rath, dann Stadtdechant und Pfarrer zu Mannheim, auch päbstl. Protonotar.
Hubertus Albert, churfl. geistl. Rath.
Johann Wilhelm Dietler, churfl. auch fürstl. Wormsischer geistl. Rath, und der Kollegiatskirche zum heil. Viktor in Mainz Vikarius.
Obersakristan: Hr. Lorenz Riegler, zugl. Hofpfarrverweser.
Kapelldiener: Georg Wexer.
   Jakob Henry. Franz Schittig.
Hofkirchen-Silberarbeiter: Hr. Weiß.
Kapellwäscherinn: Jungfrau Catharina Lebsche.

Churfl. Hofpfarrkirche
zum heil. Lorenz im Altenhofe zu München.
Inspektor.

Titl. Hr. Leopold Krieger, s. 29.

Hofpfarrverweser.

Diese Stelle ist zur Zeit unbesetzt.
Hofpfarrcooperator: Hr. Carl Schillinger, Weltpriester.
Hofpfarrprediger: Hr. Johann Baptist Juß, Weltpriester.
Der Hof- und Erzbruderschaft des heil. Georgs Kapellan: Hr. Johann Baptist Gailler, Weltpriester.
Der Aller-Seelen Hofbruderschaft Kapellan: Hr. Emanuel von Wenger, Weltpriester.
Der Aller-Seelen Hofbruderschaft Prediger: Hr. Georg Ferdinand Märkl, Weltpriester.
Küster: Die Pröbstliche Erben.

Herzogmaxische Hofkapelle.

Hofkapellan: Hr. Franz Xaver Bayr, churfl. geistl. Rath.
Benefiziaten: Hrn. Joseph Johann Nepomuck von Cierambault, herzoglich-zweybrückischer Hofkapellan.
Erasmus Wiltenauer.
Kapelldiener: Franz Emniert.

Herzogspitals-Hofkirche.

Kapellan und Sakristan: Hr. Nikola Mayr.
Meßner: Johann Heinrich Föringer.

Josephspitals-Hofkirche.

Kapelläne: Hrn. Jakob Schmid.
Obiger Nikola Mayr.

St. Rochuskirche.

Benefiziat: Titl. Hr. Stephan Graf von Vichy.
Meßner: Thomas Burtler.

Loretto in Italien.

Churfl. Hofkapelläne: Hrn. Julius Zandt.
Seraphin Carboni.

Churfl. Leibgarde der Hartschier.
Capitaine en Chef.

Se. Excellenz der hochgebohrne Hr. Gerard Graf von Rambaldi, des hohen Maltheserordens Ehrengroßkreuzherr, dann churpfalzbaierischer Kammerer u. General-Lieutenant der Cavallerie.

Erster Lieutenant.

Titl. Hr. Maximilian Reichsgraf von Lauskirch, s. 16.

Zwenter Lieutenant.

Titl. Hr. Franz Carl Freyherr von Streit, auf Imendingen, churpfalzbaierischer Oberst der Cavallerie und Churtrierischer Kammerer.

Dritter Lieutenant.

Titl. Hr. Philipp Graf von Lampieri, churpfalzbaierischer Kammerer und Oberstlieutenant der Cavallerie.

Cornet.

Titl. Hr. Alphons Graf von Livizzani, s. 14.

Exempts.

Titl. Hrn. Michael Freyherr von Scheberas, s. 18.

Johann Baptist Graf von Vichy, churpfalzbaierischer Kammerer und Major der Cavallerie.

Carl Friderich Reichsgraf von Pappenheim, s. 19.

Ludwig Freyherr von Berger, churpfalzbaierischer Kammerer und Major der Cavallerie.

Peter Johann Graf von Pocci, churpfalzbaierischer Kammerer und Major der Cavallerie.

Adjutant.

Hr. Georg Joseph Kuefner, churpfalzbaierischer Rittmeister.

Quartiermeister.

Hr. Johann Evangelist Hintermayer, Oberlieutenant.

Auditor.

Hr Johann Michael Schärl, d. R. L.

Medikus: Hr. Johann Baptist Pachauer.

Chirurgus: Hr. Franz Joseph Loy, Oberlieutenant.

Fourier: Hr. Andreas Weiß, Unterlieutenant.

Premier-Brigadiers u. Oberlieutenants.

Hrn. Joseph Brett.

Chrisostomus Nikolau.

Andreas Reger.

Johann Lutz.

Sous-Brigadiers u. Unterlieutenants.

Hrn. Baltasar Roßkopf.

Andreas Platner.

Paul Denz.

Johann Nepomuck Nidermaier.

Bereiter: Hr. Franz Kolb.

100 Hrn. Leibgarde Hartschiers.

4 Hrn. Trompeter. 1 Pauker.

1 Stallpfleger. 1 Pferdarzt. 1 Profos.

Churfl. Leibgarde der Trabanten.
Capitaine en Chef.
Se. Excellenz Hr. Ernest Graf von Wiser, s. 26.
Erster Lieutenant.
Titl. Hr. Philipp Reichsgraf von Lamberg, auf Winkel, des hohen Maltheser-Ritterordens Kommenthur zu Mindelheim, churpfalzbaierischer Kammerer und Generalmajor der Infanterie.
Zweyter Lieutenant.
Titl. Hr. Joseph Graf von Spreti, s. 13.
Dritter Lieutenant.
Titl. Hr. Maximilian Schenck, Reichsfreyherr von Kastell, s. 12.
Fähnrichs.
Titl. Hrn. Anton Freyherr von Streit, auf Jmendingen, churpfalzbaierischer Kammerer und wirkl. Oberst.

Anton Graf von Spaur, churpfalzbaierischer Kammerer und wirkl. Oberstlieutenant.
Exempt=Hauptleute.
Titl. Hrn. Philipp Freyherr von Deyring, churpfalzbaierischer Kammerer und Oberstlieutenant.

Maximilian Graf von Rambaldi, churpfalzbaierischer Kammerer und Major.

Cajetan Freyherr von Gumppenberg, churpfalzbaierischer Kammerer und Major.
Dienstmachender Adjutant.
Titl. Hr. Joseph Benno Hernbeck, churpfalzbaierischer Major der Infanterie.
Quartiermeister u. Auditor.
Hr. Anton Annetsberger, churpfalzbaierischer Hauptmann.
Adjungirter Adjutant.
Hr. Georg Rappolt, churpfalzbaierischer Lieutenant.

Medikus: Hr. Johann Baptist Pachauer, s. 32.

Chirurgus: Hr. Joseph Engert, churpfalzb. Oberlieutenant.
Oberrottmeister.
Hrn. Gregor Scheß.
    Georg Wilhelm.
    Mathias Salomon.
    Thomas Steber.
Unterrottmeister.
Hrn. Heinrich Marx.
    Johann Mozarb.

Hrn. Anton Haidenthaller.
    Ludwig Hagenbuch.
Vizerottmeister: Hrn. Peter Lendl.
    Georg Rast.
100 Hrn. Leibgarde Trabanten.
Tambours und Pfeifer sind unbesetzt.
Profos: Hr. Peter Trenker.

Churfürstl. Hofmusik.

Intendant.

Se. Excellenz der hochgebohrne Hr. Joseph Anton Graf von Seeau, auf Puchberg und Eberzweyer, churpfalzbaierischer Kammerer, wirkl. geheimer Rath und weil. Ihrer Durchl. der vermittweten Fr. Herzoginn in Baiern 2c. Oberhofmeister, dann Intendant von der churf. Hofmusik und dem Theater, auch Pfleger und Mautner zu Pfaffenhofen, des hochadelichen Ritterordens des heil. Michaels Großkreuzherr und Kanzler.

Vizeintendant.

Titl. Hr. Clemens Reichsgraf von Törring-Seefeld, f. 15.
Sekretär: Hr. Georg Spengel, zugl. bey dem Oberststallmeistersstaabe.
Beygeordneter: Hr. Heinrich Spengel, b. R. L.

Vokal-Musik.

Kapellmeister: Hr. Franz von Paula Grua, churf. Rath.
Vizekapellmeister: Hrn. Peter Winter.
    Franz Danzy.
Kammercompositeur: Hr. Joseph Michl.
Sängerinnen: Mad. Josepha von Cröner.
              Dorothea Wendling.
              Susanna Toeschi.
              Maria Margaretha Danzy.
              Rosa Capranica.
              Dorothea Güthe.
              Maria Anna Roderin.
              Elise Peyerl.
              Blonier Salvini.
Sopranen: Hrn. Philipp Saparosi.
              Vincenz Dalprato.
              Michael Angelo Bologna.
Contra-Altisten: Hrn. Silvio Giorgetti.
              Cajetan Ravani.

Tenoristen:	Hrn. Peter Paul Carnolli.
	Dominikus von Panzacht.
	Johann Walesi.
	Franz Christoph Hartig.
	Franz Lasser.
	Anton Danzy.
	Clemens Polz.
	Benedikt Schack.
Bassisten:	Hrn. Anton Lori.
	Johann Baptist Zonka.
	Johann Georg Gern.
	Franz Xaver Hofmann.
	Philipp Sedelmaier.
	Joseph Leoni.
	Aloys Muck.
Organisten:	Hrn. Johann Evangelist Moßmayr.
	Johann Baptist Moßmayr.
	Mathäus Buchwieser.
Klaviermeister:	Hr. Joseph Grätz.

Instrumental-Musik.

Direktoren:	Hrn. Johann Baptist Maria Toesca, von Castella Monte.
	Friderich Eck.
Konzertmeister:	Hrn. Ignaz Fränzl.
	Carl Cannabich, zugleich Musikdirektor vom kleinen Hoftheater.
Violinisten:	Hrn. Ferdinand Blum.
	Johann Georg Danner.
	Georg Ritter.
	Georg Ritschel.
	Peter Erna.
	Carl Wendling.
	Maximilian Heiß.
	Anton Plebs.
	Gottfried Schönge.
	Franz Xaver Dreer.
	Heinrich Ritter.
	Clemens Blum.
	Johann Baptist Geiger.
	Martin Birkel.
	Carl Theodor Toesca, v. Castella Monte.
	Georg Branger.

Violinisten :   Hrn. Joseph Leopold Holzbauer.
                  Joseph Moralt.
                  Wilhelm Hieber.
                  Franz Eck.
                  Franz Schemenauer.
                  Heinrich Antoin.
                  Markus Freno.
                  Johann Baptist Moralt.
                  Joseph Bürger. Anton Helb.
                  Ludwig Ruppert, Accessist.
Flautraversisten: Hrn. Johann Becke.
                  Johann Hafner.
                  Gerard Dümler.
                  Carl Theodor Metzger.
                  Franz Krammer, Accessist.
Hautboisten :   Hrn. Friderich Ramm.
                  Franz Xaver Jägerhuber.
                  Wilhelm Legrand.
                  Sixtus Hirschvogel.
                  Anton Flad.
Bracisten :   Hrn. Anton Toste.
                  Caspar Ramlo.
                  Georg Labick.
                  Joseph Balm.
                  Michael Hechenthaller.
                  Christoph Geitner.
                  Jakob Moralt, Accessist.
Violonzellisten: Hrn. Anton Schwarz.
                  Bernard Aliprandi.
                  Peter Legrand.
                  Philipp Moralt.
                  Peter Ritter.
Fagotisten :   Hrn. Sebastian Holzbauer.
                  Joseph Steidel.
                  Philipp Ruppert.
                  Nikola Holzbauer.
Violonisten :   Hrn. Aloys Marconi.
                  Caspar Bohrer.
                  Franz Anton Dümler.
                  Franz Xaver Pater.
                  Franz Gleißner. Isaias Kugler.

Waldhornisten: Hrn. Mathias Prohaska.
    Franz Lang.
    Martin Lang.
    Joseph Ramlo.
    Ignatz, und
    Anton Beck.
    Anton Bihat.
    Joseph Hanmüller.
Klarinetisten: Hrn. Jakob, und Joseph Tausch.
    Stephan Ruppert, Accessist.
Buchhalter: Hr. Philipp Sedelmaier, s. 35.
Kopisten: Hrn. Johann Krammer. Johann Abelshauser.
Instrumentenmacher: Hrn. Claudius Boiteur. Frider. Heusse.
Geigen- u. Lautenmacher: Hrn. Math. Sygli. Gregor Sibler.
Klavezinmacher: Hr. Joseph Gloner.
Beygeordneter: Hr. Joseph Mertz.
Mechanischer Klavezinmacher: Hr. Johann Ludwig Dulken.
Musikalien-Verleger: Hrn. Michael Götz, zugl. Musikstecher. Makarius Falter.
Orgelmacher: Hr. Andreas Kremmer.
Waldhornmacher: Hr. Augustin Hönig.
Kalkanten: Adam Moralt. Joachim Penkmayr.

Churfl. Opernhaus.

Theatral-Architekt: Hr. Lorenz von Quaglio, churfl. Hofkammerrath und Mitglied der Akademie von Malern, Bildhauern und Baukünstlern zu Düsseldorf.
Hoftheatral- und Architekturmaler: Hrn. Joseph Quaglio. Mathias Klotz. Johann Maria von Quaglio.
Hofarchitekturmaler: Hr. Schuller.
Inspektor u. Maschinist: Hr. Ferdinand Zeller.
Nachfolger: Hr. Franz Zeller.
Maschinist und Illuminateur: Hr. Peter Constant.
Erster Balletmeister: Hr. Claudius le Grand, Hoftanzmeister.
Zweyter Balletmeister: Hr. Anton Crux.
Garderobeinspektor: Hr. Carl Pasquali.
Opernfriseur: Hr. Mathias Lautter.
Hof- und Theaterfedermacherinn: Fr. Catharina Hauckin.
Garderobeaufseher: Gaudenz Wommelsdorf.
Opernschneider: Johann Cron. Joseph Eber.
Theaterdiener: Georg Baumgartner.
 Johann Schlottenhauer. Georg Singelspieler.
Ankleiderinn: Maria Eberin.

Sr. churfl. Durchl. Maximilian Josephs ꝛc. ꝛc. ehemalige Leibärzte und wirkliche Räthe.
Titl. Herren.

1764. Johann Carl von Branca, Ihrer Durchl. der höchstseel. vermitweten Fr. Fr. Churfürstinn in Baiern ꝛc. ꝛc. Leibarzt.

1776. Joseph Greindl, auf Hörzhausen, churfl. wirkl. Medizinalrath.

Philipp Fischer, churfl. wirkl. Medizinalrath, der theoretisch- und praktischen Chirurgie offentl. ordentl. Professor zu Ingolstadt und der churfl. Akademie der Wissenschaften in München Mitglied.

1777. Anton Johann Nepomuck Edler von Leuthner, auf Martabrunn, des h. r. R. Ritter und Patritier von München, churfl. wirkl. Medizinalrath, des Obersthofmarschalls- und Oberststallmeistersstaabs, wie auch des churfl. Hofkrankenhauses zu Giesing Physikus, dann der sittlich-ökonomischen Gesellschaft zu Burghausen Mitglied.

Churfl. Hofärzte
in München.

Hrn. Erhard Winterhalter, d. A. D. churfl. wirkl. Medizinalrath und Landschaftsphysikus.

Franz Joseph Edler v. Oswald, des h. r. R. Ritter, d. A. D. churfl. wirkl. Medizinalrath, Landschafts- und erster Stadtphysikus zu Straubing, dann fürstbischöflich-Regensburgischer geheimer Rath und Leibarzt.

Johann Nep. Heinleth, d. A. D. churfl. wirkl. Medizinal- und Bücherzensurrath, dann Herzogspitals- und Hofwaisenhauses Physikus.

Johann Georg Deggl, d. A. D.

Joseph Saal, d. A D. churfl. Bücherzensurrath.

Bernard Jos. Hartz, d. A. D. churfl. wirkl. Medizinalrath, Garnisonsphysikus u. offentl. Lehrer der Geburtshilfe.

Lukas Schubauer, d. A. D. churfl. wirkl. Medizinalrath, Criminal- u. Polizey- auch Stadtphysikus zu München.

Carl Joseph Edler von Tein, des h. r. R. Ritter u. d. A. D. Josephspital-Physikus.

In Mannheim.

Hr. Anton Edler von Winter, des h. r. R. Ritter, Patritier von München u. d. A D. churfl. wirkl. Medizinalrath, Leibchirurgus, Mannheimer Kanzley-Physikus, Oberstaabs-Medikus, u. Chirurgus u. offentl. Lehrer der Wundarzneykunde.

Hrn. Johann Georg Zehner, d. A. D. herzoglich-Pfalzzweybrückischer Hofrath.
Anton Reichsedler v. Wilhelmi, d. W. u. A. D. churfl. wirkl. Medizinalrath und Lehrer der Hebammenschule, dann des churfl. Hofspitals zum heil Carolus Bor. Physikus.
Alexander Plaicher, d. W. u. A. D. churfl. wirkl. Medizinalrath und ordentl. Mitglied der churpfälzischen Akademie der Wissenschaften.

Sr. churfl. Durchl. Maximilian Josephs ꝛc. ꝛc.
ehemalige Leibwundärzte.

Hrn. Philipp Hofacker, chrufl. wirkl. Rath, der Anatomie und Chirurgie Demonstrateur u. Herzogspital Verwalter.
Franz Zwifelhofer, churfl. wirkl. Kammerdiener.

Hofwundärzte
in München.

Hrn. Lukas Mußinan, der Chirurgie Doktor, churfl. wirkl. Medizinalrath u. Ihrer Durchl. der höchstseel. verwittweten Fr. Fr. Churfürstinn in Baiern ꝛc. ꝛc. Leibwundarzt, dann landschaftl. Chirurgus und Accoucheur.
Ferdinand Siber.
Franz Wilhelm.
Melchior Schußmann.
Anton Neslinger.
Lorenz Helm, titular Hofwundarzt.
Hofokulist: Hr. Joseph Häberl, der Chirurgie Doktor, fürstl. Freysingischer wirkl. Hofrath.

In Mannheim.

Hr. Franz Jakob Sartor, des medizinischen Kolleg. Assessor.
Beygeordneter: Hr. Michael Stoz.

Churfl. Hofapotheke in München.

Leibapothecker in der Stadt: Hr. Balthasar Edler von Brentano von Moretto, des h. r. R. Ritter, churfl. wirkl. Medizinalrath und der sittlich-ökonomischen Gesellschaft zu Burghausen Mitglied.
Nachfolger: Hr. Joseph Edler von Brentano.
Leibapothecker über Land: Hr. Christoph Richter, churfl. wirkl. Kammerdiener.
Offizianten: Hrn. Franz Neumayr.
Andreas Stratthaus.
Corbinian Hirner.
Joseph Digar.

In Mannheim.

Hofapothecker: Hr. Joseph Baber, des churfl. medizinischen Kollegiums Assessor.
Hofapothecker zu Neuburg: Hr. Ignatz von Eyb.
Hofapothecker zu Düsseldorf: Hrn. Friderich Wilkens Wittwe.
Nachfolger: Hrn. Friderichs Rebe Kinder.

Churfl. Hofbibliothecken.

In München.

Bibliothecär: Diese Stelle ist der Zeit unbesetzt.
Adjunkt: Hr. Ignaz Hardt, Weltpriester und churfl. Bücherzensurrath.
Amanuensis: Hr. Maximilian von Hellersperg, Weltpriester.
Custos: Hr. Friderich Ludwig Reischl, churfl. Bücherzensurrath.
Sekretär: Hr. Joseph Krammer.
Bibliotheckscriptor: Hr. Johann Baptist Bernhardt.
Bibliockdiener: Remigius Obermat.

In Mannheim.

Bibliotheckarien: Hr. Andreas Lamen, churfl. Hofrath, beständiger Sekretär der Akademie der Wissenschaften und Mitglied der pfälzischen deutschen Gesellschaft.
Hr. Carl Theodor Edler von Traiteur, des h. r. R Ritter, churpfälz. Hofgerichtsrath, Historiograph und ordentl. Mitglied der churpfälz. Akademie der Wissenschaften.
Sekretär: Hr. Bonifacius Wiechart, churfl. Rath.
Bibliotheckdiener: Joseph Jung.
Nachfolger: Franz Jung.
Hofbuchführer zu Mannheim: Hr. Christian Friderich Schwan, churfl. Hofkammerrath.
Zu Düsseldorf: Hr. Christoph Ferdinand Wiezezky.

Churfl. Historiographen.

Hr. Cosmas Collini, churfl. wirkl. Rath und geheimer Sekretär, Direktor des Naturalienkabinets, dann Mitglied der churfl. Akademie der Wissenschaften in Mannheim.
Obiger Hr. Carl Edler von Traiteur.

Churfl. Sternwart in Mannheim.

Hofastronom: Hr. Roger Bary, d. W. D. u. Priester von der Predigsendung.
Beygeordneter: Hr. Jakob Schmitt, b. W. D. und der Mathematik ordentlich-offentlicher Lehrer auf der Universität zu Heidelberg.

Churfl. Residenz in München.

Burgpfleger: Hr. Nicolaus Care, churfl. wirkl. Kammerdiener und Hofobertapezierer.
Nachfolger: Eines dessen Kinder.
Zimmerwärter: Augustin Kuffberger, zugl. Schatzdiener.
Apartementdiener: Michael Lueger, zugl. Lustermacher.
  Joseph Lueger. Mathias Ossenbrunner.
  Nachfolger: Johann Dietl.
Oberheizer: Andreas Bittrich.
Kabinetsheizer: Caspar Hauser.
Zimmerputzer: Joseph Lentner.
  Johann Baader. Joseph Riß.
  Christoph Gernet, zugleich Hofkistler.
  Michael Seitz. Andreas Huß.
  Joseph Imhof. **Nachfolger:** Joseph Lentner.
Kammerkehrerin: Maria Anna Schusterin.
Krankenwärterin: Rosalia Leysin.
Thorsperrer: Peter Paul Abensperger.
Thorwärter: Joseph Pruner.
Neuwächter: Johann Gesper.
Thurmwächter: Franz Xaver From. Obiger Joseph Imhof.
Feuerwächter: Michael Werle. Paul Lechner. Martin Kiecher.
5 Heizer. 5 Holzträger. 4 Laternenanzünder.

Churfl. Schatzkammer.

Kabinetsantiquarius und Schatzmeister: Se. Excellenz der hochwürdig. hochwohlgebohrne Hr. Casimir Reichsfreyherr von Häffelin, Bischof zu Chersonese, Sr. päbstl. Heiligkeit insulirter Prälat, des hohen Maltheser-Ritterordens Kommenthur zu Kaltenberg, des baierischen Großpriorats Vikarius generalis, churfl. wirkl. geheimer Rath, des geistl. Rathkollegiums Vizepräsident, geheimer Dezimationskommissär, des Münz- und Medallienkabinets Direktor, wie auch des churfl. Kollegiatstifts in München Vizepropst und des Stifts zum heil. Peter in Mainz Probst, Kollegiatstiftsherr zu Heinsberg, der churfl. Akademien der Wissenschaften in Mannheim und München, wie auch der deutschen Gesellschaft Mitglied.
Schatz- und Münzkabinets Aufseher: Titl. Hr. Franz Ignatz Streber, churfl. geistl. Raths-Vizedirektor, Dezimationskommissär und Kollegiatstifts-Kapitular zu München.
Schatzdiener: Obiger Augustin Kuffberger.
Münzkabinetsdiener: Ferdinand van de Welbé.

Churfl. Malerey-Gallerie.

Direktor: Titl Hr. Johann Nepomuck Edler von Weizenfeld, des h. r. R. Ritter, churfl. geheimer und wirkl. Hofkammerrath, dann Hauskammerey-Hofgärtnerey-Hautlißtapeten-Manufaktur u. der churfl. Hofspitäler in München Komissär.

Vizedirektor: Hr. Jakob Dorner, churfl. Hofkammerrath und Hofmaler.

Inspektor: Hr. Johann Georg Dillis, Weltpriester.

Aufseher: Hr. Dominikus de la Grange aux bois.

Galleriediener: Jakob Niederreider. Franz Paul Gail.

Gehilf: Joseph Fischer.

Churfl. Garde-Meubels.

Hofobertapezierer: Hrn. Nicolaus Hazard, s. 7. Nicolaus Care, s. 41.

Tapezierer: Dionis Lang.
   Nikola Vögele. Franz Schott.
   Lorenz Wimmer. Georg Hiltl.
   Melchior Bärtl. Johann Dum.
   Georg Saumer. Beygeordneter: Carl Roman.
   Anton Deyerl, Gehilf.

Matrazenmacher: Johann Stabler.

Churfl. Leinwandkammer.

Leinwandmeisterinn: Fr. Elisabetha Conjola.

Beygeordnete: Jgfr. Franziska Conjola.

Leibwäscherinnen: Frn. Dorothea Kuglerinn.
  Elisabetha Mayinn. Ernestina Greittmannin,

Sizwäscherinnen: Jgfrn. Anna Cunigunda Graffar.

Beygeordnete: Catharina Lampier.

Leibnäherinn: Jgfr. Elisabetha St. Johanserin.

Nachfolgerinn: Fr. Maria Catharina Hueberin.

Churfl. Ballhaus.

Ballmeister: Hr. Franz Juliar.

Nachfolger: Hr. Anton Dubreil.

Herzogmaxische Burg.

Burgpfleger: Hr. Franz Neuner, churfl. wirkl. Hofkriegsraths-Sekretär.

Burgdiener: Johann Fuhrmann.

Zimmerbuzer: Michael Wöhrl.

Thorwärter: Ignaz Giel. Franz Emmert. Albert Zängerler.

Oberheizer: Ernest Engl.

Residenzaufseher: Anton Kornfelber.

Feuerwächter: Paul Lindner. Georg Prückl.

Churfl. Residenz zu Landshut.
Residenzpfleger: Hr. Jakob Geratskirchner.

Churfl. Residenz zu Neuburg.
Burgvogt: Hr. Johann Joseph Bächerle, churfl. wirkl. Hofkammerrath zu Neuburg.
Thorwärter: Wilhelm Hertl, zugl. Holzwart.

Churfl. Residenz zu Sulzbach.
Burgvogt: Hr. Ignatz Straus.
Schloßwachtmeisterinn und Holzverwalterinn: Fr. Eleonore Loseyerin.
Nachfolger: Hr. Joseph Loseyer.
Hofgärtner: Hr. Joseph Schnor.

Churfl. Residenz in Mannheim.
Naturalienkabinets-Direktor: Hr. Cosmas Collini, s. 40.
Bildergallerie-Direktor: Hr. Ferdinand Kobell, zugl. Kabinetslandschaftenmaler.
Malereykabinets-Direktor: Hr. Sebastian Staffen.
Malerey-Inspektoren: Hrn. Carl Entner.
  Mathias Schmid, zugl. Direktor der Kupferstichsammlung.
Beygeordneter zur Operngarderobe: Hr. Anton Goes.
Ballmeister: Hr. Franz Zeller.
Burgvogt und Schloßverwalter: Hr. Joseph Zeller.
Nachfolger: Eines dessen Kinder.
Hofgärtner: Hr. Justus Schneider.
Kabinetsdiener: Franz Hubert.
Naturalienkabinetsdiener: Georg Schäffer.
Nachfolger: Vincenz.
Schloßportier: Jakob Staaden.
Nachfolger: Eines dessen Kinder.

Churfl. Residenz zu Düsseldorf.
Hof- und Schloßkapellan: Hr. Johann Brewer.
Malereygallerie Direktor: Hr. Peter Dreuillon, genannt Werneville, zugl. Hofmaler.
Gallerie-Inspektor: Hr. Joseph Augustin Bruillot.
Hofbaumeister: Hrn. Rütgerus Flügel, zugl. Mühleninspektor.
Caspar Huschberger.
Ballmeister: Hr. Franz Wurm.
Nachfolger: Hr. Georg Gottfried Dörr.
Burgvogt: Hr. Delveau.
Garde-Meubles: Hr. Anton Pillein.

Kapelldiener: Adam Walter, zugl. Thorwächter.
Schloßportier: Johann Cornel Bergrath.
Nachfolger: Franz Erken.
Hofmidderer: Anton Feigel.
Nachfolger: Franz Wilhelm Feigel.
1 Nachtwächter. 2 Holzzähler. 1 Eisdispensator.

Churfl. Residenz- und Lustschlösser in Baiern.
Nymphenburg.

Residenzschloßverwalter: Hr. Joseph Manzini.
Hof-Curatkapellan: Hr. Wolfg. Andreas Hastreither, d. G. D.
Hofbauschreiber: Hr. Carl Ballistier, churfl. Kammerdiener.
Hofgärtner: Hr Franz Simon Hailler, churfl. Kammerdiener.
Beygeordneter: Hr. Joseph Hailler.
Hr. Johann Jakob Effner.
Wassermaschinist: Hr. Emmeram Kammerhuber, fürstl. Freysingischer wirkl. Rath.
Dessen Gehilf: Franz Laurent.
Kapelldiener: Johann Dey, zugl. Schulhalter.
Schloßdiener und Gondeliers: Felix Schmid, zugl. Hofglaser.
   Markus Schmid, freyresignirter.
   Johann Nepomuck Kuglmüller.
   Joseph Gebhard.
   Sebastian Mayr.
   Nachfolger: Franz Xaver Lotterkes.
   Caspar Fortner, zugl. Hoftistler.
   Anton Mayr.
   Carl Pfeiffer.
   Anton Lotterkes.
Zu Amalienburg: Joseph Auer.
    Badenburg: Markus Fedeli.
    Franz von Paula Sedelmayr.
    Bagottenburg: Obiger Joseph Gebhard.
Auf der Klausen: Franz Gänßler.
Maurerpalier: Joseph Wernberger.
Zimmerpalier: Peter Kreutner.
Bauübersteher: Joseph Herzinger.
Gartenübersteher: Lorenz Lechner.
Brunnknechte: Ferdinand Spatig.
   Veit Jordan.
   Mathias Hohenleitner.
Heizer: Paul Mayr.

Schleißheim.

Administrator: Se. Excellenz der hochgebohrne Hr. Johann Nepomuck Reichsgraf von Yrsch, auf Ober- und Unteraimpern, Wagenbach, Eilenberg, Freyheim, Mareil und Zinnenberg, churpfalzbaierischer Kammerer, wirkl. geheimer Rath, der churfl. Kabinetsherrschaften in Baiern, der oberen Pfalz und der Grafschaft Wald Administrator, dann der churpfälzisch-phisikalisch-ökonomischen Gesellschaft Ehrenmitglied.

Beygeordneter: Der hochgebohrne Hr. Friderich Reichsgraf von Yrsch, des hohen Maltheserordens Ehrenritter, churpfalzbaierischer Kammerer, wirkl. Hofkammerrath und Pfleger zu Donauwörth.

Oekonomie- und Bräuverwalter: Hr. Cajetan Held, zugl. beygeordneter Bauschreiber.

Bräuhaus-Gegenschreiber: Hr. Johann Michael Pürner.

Bauschreiber: Hr. Mathias Gleichmann.

Hofgärtner: Hr. Joseph Hailler.

Beygeordneter: Hr. Johann Nepomuck Hailler.

Plantage-Hofgärtner: Hr. Joseph Hailler, s. 44.

Galerieaufseher: Hr. Mathias Huber.

Schloßdiener u. Zimerbutzer: Diepold Ottmann, Hofschlosser.
  Maximilian Zächerle, zugl. Bader.
  Philipp Helderhof.
  Johann Röckl, zugl. Hofglaser.
  Clemens Allmannshofer.
  Franz Xaver Rott, zugl. Hoftistler.

Bienenmeister: Joseph Pößl.

Maurerpalier: Benno Arzbeck.

Zimmer- und Brunnpalier: Andreas Dägn.

Heizer: Johann Lerchenfelder.

Karner: Joseph Dellinger.

Schloßpflegerinn zu Lustheim: Fr. Margaretha Ehrenhoferin.

Berg am Würmsee.

Hofgärtner u. Schloßwärter: Hr. Michael Kölbl.

Hr. Johann Georg Blauhut, emeritus.

Dachau.

Hofgärtner: Hr. Stolanus Mayr.

Schloßmaurermeister: Hrn. Anton Gloner.

Nachfolger: Anton Hergl.

Fürstenried.
Schloßverwalter: Hr. Adam Weinmann.
Hofgärtner: Hr. Anton Pruggner.
Schloßdiener: Michael Krepper.
Brunnknecht: Joseph Höß.

Isaregg.
Schloßpfleger: Hr. Georg Michael Rißl.
Beygeordneter: Hr. Johann Joseph Utz.

Kling.
Schloßkapellan: Hr. Johann Franz Anton Luzenberger.

Liecht- u. Haltenberg.
Schloßpfleger: Hr. Thomas Luck, churfl. Oberlieutenant.
Nachfolger: Hr. Joseph Jägerhuber, Oberforster, Forstmeisteramts Landsberg.
Hofgärtner und Schloßwärter: Hr. Franz Grabler.
Beygeordneter Hofgärtner: Hr. Joseph Thüring.

Starenberg.
Leibschiffmeister: Hr. Heinrich Zimmermann.
Schiffmeister: Jakob Pucher.
Steuermeister und Schiffgarderober: Simon Panz.
Beygeordneter: Simon Panz, der jüngere.
Schloß- und Brunnwärter: Benedikt Mörz.

Churpfälzische Residenz- und Lustschlösser.

Schwetzingen.
Burgvogt: Hr. Theodor Zeller, churfl. Hofkammerrath, auch Keller allda und zu Werschau.
Nachfolger: Hr. Peter Danninger.
Hofgärtner: Hrn. Johann van Wynder.
Friderich Ludwig Sckell.
Brunnmeister: Hr. Johann Breuer.

Heidelberg.
Burgvogt: Eines der Friedrichschen Kinder.

Lautern.
Schloßportier: Johann Georg Corshoneck.

Weinheim.
Schloßportier: Johann Baptist Keiler.

Gülich- u. Bergische Residenz- u. Lustschlösser.

Benrath.
Burgvogt: Hr. Ludwig von Pigage, churfl. Lieutenant, dann gülich- und bergischer Landkarten-Ingenieur.
Schloßportier: Johann Wilhelm Heubes.

Bensberg.
Burgvogt: Hr. Johann Moreau.
Hambach.
Burgvogt: Hr. Johann Jakob Reckum, zugl. Keller.

Churfl. Hauskammerey in München.
Kommissär: Titl. Hr. Johann Nep. Edler von Weizenfeld, s. 42.
Hauskammerey- und Hofschneiderey-Verwalter: Hr. Joseph Lunglmayer.
Buchhalter: Hr. Franz Xaver Pögl.
Amtsschreiber: Hr. Wilhelm Anton Hoftknecht.
Wachsbleicher: Joseph Gröbl.

Churfl. Hautlistapeten-Manufaktur.
Kommissär: Obiger Titl. Hr. Joh. Nepom. Edler v. Weizenfeld.
Meister: Hrn. Jakob Sentigni.
  Andreas Joseph Ebedeville.
Gesellen: Joseph Trößler.   Dominikus Kirmayr.
  Sebastian Weger.   Maximilian Ista.
Woll- und Zettellieferant: Hr. Franz Carl Aruharb.

Churfl. Hofbauamt in München.
Hofoberbaudirektor: Hr. Maximilian von Verschaffelt, churfl. wirkl. Hofkammerrath.
Unterbaumeister: Hr. Valerian Funck.
Bauverwalter: Hr. Johann Georg Andlinger.
Amts- und Gegenschreiber: Hr. Edmund Cramer.
Maurermeister: Hr. Ferdinand Baader.
Zimmer- und Brunnmeister: Hr. Johann Baptist Erlacher.
Steinmetzmeister: Hr. Johann Koch.
Hofbau- und Galanterietistler: Hr. Heinrich Hemmer.
Kaminseger: Hr. Joseph Cajetan Qualzata.
Maurerpalier: Martin Digl.
Zimmerpalier: Augustin Deubler.
Rechenpalier: Johann Georg Allram.
Brunnpalier: Joseph Mayr.
Materialübersteher: Johann Schönmesser.

Churfl. Landfeldmesser.
Hrn. Joseph Maria Lindauer, auch landschaftl. Feldmesser.
  Ludwig von Pigenot, churpfalzbaierischer Hauptmann.
  Franz Xaver Freyherr von Lunzl, Artillerie-Hauptmann.
  Joseph Allerdinger, auch landschaftlicher Feldmesser.
  Maximilian Clemens Anhaus.

Hrn. Joseph Consoni.
  — Andreas von Winter.
  — Franz Grandauer.
  — Mathias Lori, churfl. Hofrath u. landschaftl. Feldmesser.
  — Franz Michael Prandl, churfl. wirkl. Oberlandesregierungs Sekretär.
    Carl von Flad, churpfalzbaierischer Lieuteuant.
  — Franz Bierling, Artillerie=Oberlieutenant.
  — Felix Mühlbacher.

Hof= und Freykünstler zu München.

Hofmaler: Hrn. Franz Regis Götz, zugl. Kupferstecher.
  Franz Xaver Welde.
  Johann Georg Ettlinger.
  Moritz Kellerhofen.
  Johann Baptist Höchle.
  Heinrich Egell, Historienmaler.
  Andreas Seidel, Historienmaler, Lehrer der Zeichnung.
  Joseph Ignaz Kaltner, Miniaturmaler.
Bildhauer: Hr. Roman Anton Booß.
Titular Hofbildhauer: Hr. Joseph Muxl.
Zierathenschneider: Hr. Michael Hautmann.
Kupferstecher: Hrn. Ernest Heß. Michael Mettenleiter.
Juweliers: Hrn. Joh. Bapt. Stapf, churfl. wirkl. Kamerdiener.
  Ferdinand Kastenzer. Caspar Mayr.
Silberarbeiter: Hr. Ignaz Franzowitz.
Sticker: Hr. Gottfried Jakob Gelb.
Maschinist u. Uhrmacher: Hr. Martin Arzt.
Nachfolger: Hr. Johann Georg Zeiz.
Ebenist: Hr. Ferdinand Zeller, s. 37.
Buchdrucker: Hr. Anton Franz, zugl. Landschaftsbuchdrucker.
Uhrmacher: Hr. Franz Joseph Krapp.
Stuckadorer: Hr. Franz Xaver Feichtmayr.
Vergolder: Hr. Paul Augustin.
Silberstecher: Hr. Maximilian Emmert.
Gürtler: Hr. Franz Xaver Scheufel.
Papierer: Hrn. Anton Weittenauer.
  Joh. Michael Pachner, Edler v. Eggenstorf, des h. r. R. Ritter.

Zu Mannheim.

Direktor der Zeichnungsakademe: Hr. Peter Simon Lamine.
Historienmalerinn: Frau Catharina König, genannt Treu.
Kabinetslandschaftenmaler: Hr. Ferdinand Kobell, s. 43.
Kabinetsmaler: Hr. Franz Kymli.

Hofmaler: Hrn. Nilson.
　Ludwig Schneider, Miniaturmaler.
　Johann Georg Trautmann.
　Johann Joseph Langenhöffel.
　Jungfr. Catharina Verazi.
Bildhauer: Hr. Peter Lamine, s. 48.
Kupferstecher: Hrn. Joseph, und Johann Klauber.
　Aegid Verhelst, Mitglied der churfl. Zeichnungsakademie.
　Valentin Green, in der Schwarzkunst.
　Christian von Mechel.
　Heinrich Sinzenich.
　Carl Heß.
Medailleurs: Hrn. Anton Schäffer, zugl. Münzrath u. Münzmeister, auch Mitglied der Zeichnungsakademie.
　Georg Christoph Wachter.
Diamant- u. Edelsteinschneider: Hr. Joseph Kastner.
Juwelier: Hr. Friderich Roth.
Goldarbeiter: Hr. Georg Nestel.
Stuckadorer: Hr. Joseph Pozzi.
Uhrmacher: Hr. Franz Joseph Krapp, s. 46.
Mechanikus: Hr. Johann David Beyser.
Tapetenmacher: Die Jessichen Töchter.
Steinschleifer: Hr. Franz Walter.
Zu Neuburg. Hof- u. Landschaftsbuchdrucker: Hr. Felix Anton Kriesmayr.
Zu Düsseldorf. Buchdrucker: Hr. Carl Philipp Stahl.
Vergolder: Hr. Franz Wierich.

Bürgerliche Hofarbeiter.
Zu München.

Bortenmacher: Johann Georg Raber.
　Michael Deiningers Wittwe.
Buchbinder: Georg Jaudt.
Bürstenbinder: Sebastian Keifl.
Geschmeidmacher: Anton Geriebeck.
Glaser: Anton Maurer. Balthasar Zech.
Hafner: Johann Michael Ecker.
Hutmacher: Johann Georg Niederauer.
Kirschner: Ignaz Sichart.
Kistler: Joseph Pichler.
Knöpfmacher: Joseph Wünsch.

Kupferschmied: Sebastian Moser.
Peruquenmacher: Philipp Peutler.
Säckler: Andreas Aussersdorfer.
Schlosser: Michael Albertshauser.
Seiler: Corbinian Zehnle.
Spängler: Joseph Schopp.
Taschner: Ferdinand Rauscher.
Tuchscherer: Joseph Strigl.
Zinngießer: Georg Teufels Wittwe.

Zu Mannheim.

Gürtler: Daniel Helwig Medicke.
Beygeordneter: Johann Medicke.
Hof- und Kanzleybuchbinder: Franz Landeberger.
Kabinetsschlosser: Ferdinand Drexler.
Tüncher: Johann Sammet.
Nachfolger: Dessen Sohn.
Zu Neuburg. Hof- u. Landschaftsbuchbinder: Georg Stettner.
Zu Düsseldorf. Buchbinder: Joh. Kümmel, zugl. Kanzleybuchb.
Glaser: Joseph Stockum.
Gürtler: Heinrich Markowiz.
Maschinenschreiner: Johann Graff.
Schlosser: Joseph Cronenberg.
Schreiner: Wilhelm Eisermann.
Tüncher: Georg Hofmann.

Churfl. Hofspitäler in München.
Herzogspital.

Kommissarien: Titl. Hrn. Joh. Nep. von Weizenfeld, s. 42.
  Emanuel von Delling, s. 29.
Physikus: Hr. Johann Nepomuck Heinleth, s. 38.
Verwalter: Hr. Philipp Hofacker, s. 39.
Adjunkt: Hr. Alons Rainprechter.
Wundarzt: Hr. Georg Kaltenbrunner.
Apotheker: Hrn. Carls Sartori Wittwe.

Josephspital.

Kommissarien: Obige Titl. Hrn. Joh. Nep. v. Weizenfeld, und
  Emanuel von Delling.
Physikus: Hr. Carl Edler von Tein, s. 38.
Pflegerinn: Hrn. Georg Fidel Feegs, Wittwe und Kinder.
Wundarzt: Hr. Severin Guggenberger.

Oberstkammerers-Staab.

Oberstkammerer.

Se. Excellenz Hr. Joseph Ferdinand des h. r. R. Graf zu Rheinstein und Tattenbach ꝛc. s. 6.

Churfl. Kämmerer.

Die hoch- und hochwohlgebohrne Herren Herren.

1734. Maximilian Graf von Tauskirch.
Ferdinand Graf von Perusa.
Paul Camillus Graf von Livizzani.
1735. Joseph Graf von Seeau, s. 34.
1742. Joseph Graf von Salern.
1743. Mathäus Reichsgraf von Vieregg ꝛc. s. 5.
1745. Anton Reichsgraf von Törring zu Seefeld ꝛc. s. 6.
Gerard Graf von Rambaldi ꝛc. s. 31.
1746. Nikola Reichsfreyherr von Pienzenau, s. 11.
Conrad Marquis Malaspina.
Joseph Leopold Freyherr von und zu Asch, churfl. wirkl. Regierungsrath zu Straubing.
Johann Ignatz Thade Reichsfreyherr von Pfetten, zu St. Marienkirchen, des fürstl. hohen Domstifts zu Regensburg Erbschenk.
1748. Franz Albert Reichsgraf von Oberndorff.
Philipp Ludwig Freyherr von Hörde, zu Milzen.
1749. Hermann Reichsfreyherr von Lerchenfeld.
Clemens Reichsfreyherr von Weichs, des hohen Maltheser-Ritterordens Kommenthur zu Amberg, churpfalzbaierischer Hofkriegs-Rath, Generallieutenant der Infanterie und Oberst-Innhaber des 5ten Fusilier-Regiments.
1750. August Reichsgraf von Törring-Jettenbach ꝛc. s. 6.
1752. Theodor Freyherr von Belderbusch.
Carl Freyherr von Rodenhausen.
1753. Theodor Reichsgraf von Waldkirch, s. 9.
Hubert Ferdinand Reichsfreyherr von Pfetten, auf St. Marienkirchen, des hochadelichen Ritterorden des heil. Michaels Großkreuzherr, dann churfl. wirkl. Regierungsrath und freyresignirter Oberstforstmeister zu Amberg.
Maximilian Reichsgraf von Tauskirch, genannt Lichtenau, zu Guttenburg, Hr. auf Jmb, Deindorf, Wildenstein, Weisgroben, Kleeberg, Ruestorff, Wankham, Pfäffing, dann Kurz- und Langenpruck, churfl. wirkl. Regierungsrath zu Burghausen.
1754. Carl Leopold Freyherr von Beust.

Titl. Herren Herren.

Sigismund Graf von Spreti, s. 9.
Johann Nepomuck Reichsfreyherr von Dachsberg.
Franz Joseph Freyherr von Strommer.
Johann Wilhelm Freyherr von Ruml, auf Lobenstein, Zandt und Zell, churfl. wirkl. Regierungsrath zu Amberg.
Johann Friderich Freyherr von Marschall zu Ostheim.
1755. Franz Nikola Freyherr von Rolf, von Vettelhofen, des hohen deutschen Ordens Ritter und Kommenthur zu Heckefort, dann Rathsgebietiger der Ballen Altenbiesen, churpfalzbaierischer Generalmajor der Cavallerie, auch Churköllnischer Kammerer.
Wilhelm Joseph Freyherr von und zu Murach, auf NiederMurach, Abfaltern, Gartenried, Kozenhofen und Raberweyerhaus.
Joseph Anton Graf von Seeau, churpfalzbaierischer Oberst und freyresignirter Stadtcommandant zu Burghausen.
Franz Reichsgraf von Lamberg, auf Buelach und Ammerang, der löbl. Landschaft in Baiern Landsteuerer Rentamts Burghausen.
August Joseph Graf von Schaesberg, Amtmann des gülichischen Amts Brüggen und Dahlen, dann der bergischen Ritterstände Mitglied.
Arnold Freyherr Raitz von Frentz, zu Schleudern, wirkl. gülich- und bergischer geheimer Rath, auch Amtmann zu Bergheim und der gülichischen Ritterstände Mitglied.
1757. Johann Nepomuck Joseph Reichsgraf von Ezdorf.
Wilhelm Adam Freyherr von Huber zu Mauern, des hochadelichen Ritterordens des heil. Michaels Ritter, churfl. wirkl. Regierungsrath zu Burghausen, dann der landwirthschaft- und sittlichen Gesellschaft allda, wie auch der ökonomischphysikalischen in der Oberlausitz Mitglied.
Maximilian Reichsgraf von Preysing, s. 11.
Sigismund Graf von Preysing, churfl. Vizeoberstjägermeister.
Philipp Reichsgraf von Lerchenfeld, s. 7.
Theodor Hund, Reichsgraf von Lauterbach, s. 12.
Maximilian Reichsfreyherr von Rechberg, s. 9.
Adam Alexander Graf von Schellard.
1758. Bernard Anton Freyherr von Donnersberg, auf Jgling, churfl. wirkl. Hofrath.
Theodor Reichsgraf Topor Morawizky, s. 10.

Titl. Herren Herren.

Joseph Graf von Fugger, zu Mikhausen und Schwindegg, Oberstschultheiß zu Neumarkt, kaiserl. königl Kammerer, churpfalzbaierischer Generallieutenant der Cavallerie und Oberst=Innhaber des 3ten Chevaux legers Regiments.

Leopold Maria Reichsfreyherr von Fraunhofen, Hr. der Herrschaften Alt- und Neuenfraunhofen, auf Porau, Vilsöhl, Hofstaring, Vilslern und Hernhaslbach, auch Churtrierischer Kammerer.

Sigismund Reichsgraf von Preysing, s. 10.

1759. Carl Reichsgraf von Berchem.

Sigismund Reichsgraf von Haslang, s. 8.

Maximilian Schenck, Reichsfreyherr von Castell, s. 12.

Wilhelm Franz Freyherr von Gleissenthall, auf Zandt, churpfalzbaierischer Generalmajor der Cavallerie.

Theodor Reichsfreyherr von Ingenheim, s. 14.

Friderich Ludwig Freyherr von Koster, zu Millend, churfl. Oberappellationsgerichts Vizepräsident zu Mannheim.

Janatz Graf von und zu Arco.

1761. Amand Freyherr von Dienheim, s. 22.

1763. Ernest Johann Freyherr von Thüllen.

Theodor Reichsgraf von Königsfeld, s. 12.

Philipp Reichsgraf von Lamberg, s. 33.

Johann Nepomuck Freyherr von Pelthoven, auf Wildthurn, Neicherstorf, Teising und Gräfing, churfl. wirkl. Regierungsrath zu Straubing.

Franz Borgias Reichsgraf von Zedtwitz, s. 11.

Franz Maria Freyherr von Gugomos zu Vilsheim, churfl. wirkl. Regierungsrath zu Landshut.

Franz Anton Freyherr von Baaden, s. 22.

Joseph Graf von Spreti, s. 13.

Maximilian Graf von Thurn und Taxis.

1764. Maximilian Freyherr von Lerchenfeld, s. 13.

Carl Ludwig Graf von Wartensleben.

Franz Xaver Reichsfreyherr von Ingenheim, churpfalzbaierische Generalmajor und des 4ten Chevaux legers Regiments Oberstcommandant.

Alexander Graf von Sarioli-Corbelli.

Ferdinand Freyherr von Lerchenfeld, s. 13.

Anton von Schmid, Freyherr von Haßlach.

Titl. Herren Herren.

Franz Xaver Reichsfreyherr von Leyden, auf Affing, Berg, Essenbach und Mattenhofen.

Rudolph Graf von Preysing, churpfalzbaierischer Oberst.

Johann Nepomuck Freyherr von Voißl, auf Loisting und Hauncfenzell.

Ferdinand Graf von Minuci, auf Odelshausen, des hohen Malteserordens Ritter, churpfalzbaierischer Generalmajor der Cavallerie u. Oberst=Innhaber des 2ten Kürassier=Regim.

1765. Gottlieb Reichsgraf von Manteufel, auf Proitz und Brandstetten, churpfalzbaierischer Oberstlieutenant.

Ernest Christian Vogt, Freyherr von Hunoltstein, churpfalzbaierischer Oberst.

Ferdinand Maria Freyherr von Burgau, auf Griesbeckenzell, churpfalzbaierischer Oberlieutenant.

1766. Gottfried Freyherr von Beveren, f. 23.

Gottlieb Reichsgraf von Elborf.

Felix Christian Don Füll, von und zu Windach, Freyherr auf Kammerberg, Grunertshofen, Eresing und Pistiz, churpfalzbaierischer Oberstlieutenant.

Maximilian Emanuel Reichsfreyherr von Pfetten, churpfalzbaierischer Major.

Ludwig Graf von Savioli = Fontano = Corbelli.

Johann Nepomuck Freyherr von Wevels, churf. wirkl. Regierungsrath zu Neuburg.

Johann Franz Ludwig Graf von Hozier, des königl. Sardinischen St. Mauritii und Lazariordens Ritter.

1767. Jobst Reichsgraf von Schwicheldt, f. 23.

Maximilian Reichsgraf von Paumgarten, f. 14.

Maximilian Reichsgraf Topor Morawizky, f. 14.

Maximilian Reichsgraf von Lösch, f. 15.

Maximilian Graf von Seysell d'Aix, churpfalzbaierischer Generalmajor der Cavallerie und des General Graf Minucischen 2ten Kürassier=Regiments Oberst-Commandant, Nachfolger der Pflegersstelle zu Pfaffenhofen in Baiern, dann Cleve und Märkischer Landstand.

Carl Albert Freyherr von Gugomos, auf Ebermannsdorf.

Werner Freyherr von Haxthausen.

Clemens August Graf Topor Morawizky, churpfalzb. Major.

Maximilian Reichsgraf von Seinsheim, f. 12.

Maximilian Reichsfreyherr von Gumppenberg, f. 13.

Maximilian Reichsgraf von Törring = Jettenbach, f. 14.

Titl. Herren Herren.

Anton Reichsgraf von und zu Sandizell, s. 13.
Sigismund Freyherr von Gugomos, churfl. wirkl. Regierungsrath, dann freyresign. Forst- und Wildmeister zu Landshut.
1768. Theodor Freyherr von Ecker, churpfalzbaierischer Oberstlieutenant.
Joseph Ignaz Reichsfreyherr von Leyden.
Ernest Ludwig Freyherr von Berlichingen.
Johann Freyherr v. Trauttenberg, churpfalzbaierischer Oberstwachtmeister.
Theobald Graf Buttler von Clonebuch, genannt Haimhausen, churfl. Oberpfälzischer wirkl. Hofkammerrath, dann churfl. Jagdcavalier.
Carl Philipp Reichsgraf Topor Morawizky, v. Tenzin u. Rudnitz, auf Armstorf u. Rammelsreuth, churpfalzb. Hauptmann.
Anton Graf von Closen, auf Oberpöring und Aufhausen.
Maximilian Reichsgraf Seblnitzky, s. 14.
Franz Joseph Freyherr von Leoprechting, s. 23.
1769. Albert Graf von Baiern-Großberg, s. 22.
Ignaz Freyherr von Donnersberg, churfl. Oberstlieutenant.
Claudius Ludwig Chevalier de la Balme, Seigneur de la Fournache, churpfalzbaierischer Hauptmann.
Johann Nepomuck Joseph Freyherr von Widnmann, auf Niedersheim, Kronacker und Lauterbach, churfl. wirkl. Oberlandesregierungsrath und Landrichter zu Erding, dann der löbl. Landschaft in Baiern Rittersteuerer Rentamts Landshut.
Johann Nepomuck Anton Freyherr von Ruml, zu Zandt, Zell, und Lobenstein, churfl. wirkl. Regierungsrath zu Amberg.
Ferdinand Ignaz Freyherr von und zu Asch, auf Oberndorf, freyresignirter churfl. Pfleger zu Wetterfeld.
Johann Caspar Aloys Reichsgraf von Larosee.
Friderich Reichsgraf von Geldern, s. 24.
Johann Nepomuck Thade Freyherr von Widnmann, des churfl. General Graf Morawizkyschen 8ten Fusilier-Regim. Oberst.
Joseph Graf von la Tour, churfl. Oberamtmann zu Lindenfels.
Friderich Joseph Tänzl, Freyherr von Trazberg, auf Dietldorf, churfl. wirkl. Hofrath, Landrichter und Pfleger zu Burglengenfeld, Kallmunz und Schmidmühlen.
Maximilian Carl Reichsgraf von Tauffkirch, zu Guttenburg, Engelburg, Titling und Wißmansperg, auf Katzenberg, des hochadelichen Ritterordens des heil. Michaels Ritter, churpfalzbaierischer Hauptmann.

Tltl. Herren Herren.

Anton August Graf von Saporta, herzoglich-Pfalzzeybrücki-scher Gardeoberst.

1770. Maximilian Reichsgraf von und zu Daun, s. 14.

Clemens Freyherr von Burgau, auf Griesbeckenzell und Lei-berstorf, churpfalzbaierischer Hauptmann.

Maximilian .frey, und edler Herr von Hofmihln, auf Edel-hausen, churfl. wirkl. Regierungsrath zu Burghausen.

Friderich Philipp Freyherr von Mestral, churfl. Generalmajor der Infanterie und des General freyherrl. Belderbuschischen 12ten Fusilier-Regiments Oberst.

Nikola Reichsgraf von Portia, s. 14.

Friderich Freyherr von Lützerode, bergischer Landkommissär und Amtmann zu Mühlheim und Porz.

Wolfgang Reichsfreyherr von Dalberg, s. 7.

1771. Ernest Reichsgraf von und zu Daun, des hohen Malthe-ser-Ritterordens Kommenthur zu Stöcklsperg, churpfalz-baierischer Generalmajor der Infanterie.

Franz Anton Joseph Reichsgraf von Oexle, von Friedenberg, auf Leonberg, churfl. wirkl. Regierungs- und Hofkammer-rath zu Amberg, dann Pfleger und Nachfolger der Kastners-stelle zu Landau.

Anton Joseph Freyherr von Kern zu Zellerreuth, freyresignir-ter churfl. Kastner und Gränzmautner zu Traunstein.

Ferdinand Freyhr. v. Leoprechting, churpfalzbaierischer Oberst.

Christoph Freyherr von Weveld, churfl. wirkl. Hofkammer-rath zu Neuburg.

Philipp Reichsgraf von Zedtwitz, kaiserl. königl. Hauptmann.

Johann Baptist Freyherr von St. Vincent.

Johann Caspar Graf von Preysing im Moos.

Carl Theodor Freyherr Sturmfeder von und zu Oppenweiler, genannt Erbsaß Berch von u. zu Dirmstein, Hr. zu Oppen-weiler, Lautern, Grosaspach, Sc. ozach und Börstatt, Mit-herr zu Steinbach, Ganerb zu Bechtolsheim, churpfälzischer wirkl. Regierungs- und Hofkammerrath, Oberamtmann zu Moßbach und des kaiserl. Josephordens Ritter.

Georg Anton Reichsgraf von und zu Hegnenberg, s. 15.

Ferdinand Graf von Arz, churpfälz. wirkl. Hofgerichtsrath.

1772. Carl Graf von Hatzfeld.

Franz Carl Alexander Graf von Nesselrode, zu Ehreshofen, Amtmann zu Blankenberg und Steinbach, dann bergischer Landkommissär und der Ritterstände Mitglied.

Titl. Herren Herren.

Johann Nepomuck Felix Reichsgraf von Zech.
Joseph Reichsgraf von Nogarola, s. 14.
Markus Graf Barbaro, churpfalzbaierischer Oberst.
Joseph Guido Graf von Tauskirch, des hohen Maltheserordens Ritter und Kommenthur zu Tauskirchen.
Maximilian Graf von Arco, genannt Bogen, auf Wolfseck, Geratskirchen und Hettenkirchen, churfl. freyresignirter Forst- und Wildmeister zu Geisenfeld.
1773. Franz Freyherr von Wrede zu Millinghausen, churpfälzischer Hof- u. Hofforstkammer-Vizepräsident in Mannheim.
Carl Freyherr von Zillenhard, hochfürstl. Hessendarmstättischer Oberst.
Carl Moritz Freyherr von Gagern, churpfalzbaierischer Major.
Joseph Reichsgraf von Törring-Jettenbach, s. 12.
Theodor Freyherr von Seeböck, auf Arnbach und Sulzemoß, churpfalzbaierischer Hauptmann.
Carl Theodor Reichsgraf von Vieregg.
Vincenz Nucius Graf von Minuci, des hohen Maltheserordens Ritter u. Kommenthur zu Straubing, dann des churfl. General Prinz Tarischen 2ten Dragoner-Regiments Oberst.
Joseph Reichsgraf von Tauskirch, s. 15.
Ferdinand Freyherr von Riesenfels, churfl. wirkl. Regierungsrath zu Burghausen.
Felix Marquis von Gianfilippi, des churfl. General freyherrl. Junkerischen 11ten Fusilier-Regiments Hauptmann.
Franz Xaver Reichsfreyherr von Ruffin, auf Weyern und Planegg, churfl. wirkl. Hofrath.
Joseph Graf von Montalban, s. 12.
Carl Graf von Schall.
1774. Johann Ignatz Thade Reichsfreyherr von Vfetten zu St. Marienkirchen, churfl. wirkl. Regierungsrath zu Landshut.
Alphons Graf von Livizziani, s. 14.
Johann Graf von Suffzinsky, churpfalzbaierischer Oberst.
Wilhelm Conrad Freyherr von Pechmann, auf Prunn und Zandt, des hochadelichen Ritterordens des heil. Michaels Großkreuzherr, churfl. wirkl. Hofkammer- und Rentdeputationsrath zu Burghausen.
Gottlieb von Larosee, auf Oberbrunn, des churfl. General Graf Salernischen 2ten Feldjäger-Regim. Oberst-Commandant.

Titl. Herren Herren.

Joseph Euchari Reichsgraf von Aham, Hr. der Herrschaften Neuhaus, Grimberg, Wildenau, Wartendorf und Jmblkam, hochfürstl. Passauischer Erb- und Obersilberkammerer.

Ignatz Freyherr von Riederer, churpfalzbaierischer Lieutenant.

Joseph Graf von Arco, genannt Bogen, churfl. Forstmeister zu Neumarkt in der oberen Pfalz.

Maximilian Freyherr von Hornstein.

Anton Reichsfreyherr von Stingelheim, s. 15.

Johann Nepomuck Reichsgraf von Yrsch, s. 45.

Christoph Reichsfreyherr von Segeisser, auf Brunegg und Rotzing, churfl. Vizeoberststallmeister.

Antonin Graf von Prambero, s. 15.

Aloys Reichsgraf von Laufkirch, churfl. Generalmajor der Cavallerie, wirkl. Hofkriegsrath und Chef vom Cavallerie-Departement, dann der Veterinärschule Vorstand.

Stanislaus Reichsgraf von Laufkirch, churpfalzbaierischer Oberstwachtmeister.

Bartolome Joseph Graf von Fietta.

Franz Xaver Graf von Sabioni.

Peter Graf v. Baglioni, churpfalzbaierischer Oberstlieutenant.

1775. Maximilian Reichsgraf von Leiningen-Westerburg, s. 26.

Johann Moritz Wilhelm Freyherr von Gaugreben, des churfl. General freyherrl. Rodenhausischen 3ten Fusilier-Regim. Oberst, auch bergischer Landhofmeister u. Amtmann zu Mettmann u. Windeck, dann der bergischen Ritterstände Mitglied.

Joseph Graf Mazowiecky.

Joseph Ludwig Graf von Goltstein, s. 28.

1776. Maximilian Freyherr von Bentinck, s. 24.

Adolph Ambrosius Freyherr von Nitz, des churfl. General freyherrlich-Kinkelschen 14ten Fusilier-Regiments Oberst-Commandant und der gülichischen Ritterstände Mitglied.

Cajetan Freyherr von Vieregg, churfl. wirkl. Hofrath, dann Stadt- und Landrichter, auch Kastner zu Friedberg.

Joseph Graf von Preysing im Moos, des churfl. Pfalzgraf Ludwigschen 1ten Kürassier-Regiments Oberstlieutenant.

Marquard Ignatz Reichsfreyherr von Pfetten, von St. Marienkirchen, zu Warth, churfl. Jagdcavalier.

Johann Baptist Freyherr von Du Prel, auf Erpeldingen und Pilsach, churfl. wirkl. Hof-Regierungs- und Hofkammerrath zu Amberg, dann Hofkastner und Hauptmautner allda und Pfleger zu Hürschau.

Tetl. Herren Herren.

Ferdinand Freyherr von Gumppenberg, auf Euraspurg, des hohen Maltheserordens Ritter, churfl. wirkl. Hof- und Hofkammerrath, dann Pfleger zu Viechtach und Lindten.

Christian Reichsgraf von und zu Königsfeld, f. 15.

Clemens Reichsgraf von Waldkirch, f. 15.

Joseph Maximilian Freyherr von Franck, auf Döfring, zu Hohenkemnath, churfl. wirkl. Regierungs- und Hofkammerrath zu Amberg, dann Pfleger zu Rieden u. Freudenberg, auch fürstbischöfl. Freysing- und Regensb. wirkl. geheimer Rath.

Franz Reichsgraf von Jenison-Wallworth.

Johann Franz Freyherr von Zandt, Erb- und Vogtherr zu Epfenbach, Hr. zu Neuenhupsen und Notzenrath, churpfalzbaierischer Generalmajor der Cavallerie und des churfl. Fürst Leiningschen 1sten Chevaux legers Regiments Oberst Commandant, dann der gelderischen Ritterstände Mitglied.

Joseph Maria Reichsfreyherr von Weichs, f. 13.

Friderich Casimir Freyherr von Sazenhof, auf Furberg.

1777. Maximilian Reichsgraf von Tauskirch, f. 16.

Franz Sigismund Freyherr von Sazenhof, auf Furberg und Rottenstadt, churpfalzbaierischer Major.

Maximilian Reichsgraf von Lodron, zu Haag an der Amber, auf Gerlhausen und Wolferstorf, churfl. beygeordneter Vizedom zu Landshut und Pfleger zu Wolfrathshausen.

Clemens Reichsgraf von Törring, zu Seefeld, f. 15.

Christoph Freyherr von Lilgenau, des churfl. General freyherrl. Junkerischen 11ten Fusilier-Regim. Oberst-Commandant.

Carl Freyherr v. Strommer, hochfl. Freysing. wirkl. geheimer Rath, Vizedom, auch Stadt- und Landpfleger zu Freysing.

1779. Maximilian Freyherr von Monjellaz.

Joseph Felix Reichsgraf von Armansperg, auf Loham und Egg, churfl. wirkl. Regierungsrath zu Straubing.

Franz Carl von Weitersheim.

Peter Graf von Mantica.

Petronius Graf v. Savioli, churpfalzbaierischer Hauptmann.

Peter Anton Reichsgraf von Zedtwitz, churpfalzbaierischer Oberstlieutenant, und der herzoglich-Pfalz-zweybrückischen Chevaux legers Oberst.

Joseph Maria Reichsfreyherr von Bartels, auf Wendern, churpfalzbaier. Generalmajor der Inf. wirkl. Hofkriegsrath und Chef vom Infanterie-Departement, dann des churfl. 1sten Feldjäger-Regiments Oberst-Commandant.

Anton Graf von Spaur, f. 33.

Titl. Herren Herren.

Carl Wilhelm Graf von Spee, Churköllnischer Oberststallmeister und der bergischen Ritterstände Mitglied.
Franz Xaver Reichsfreyherr von Lerchenfeld, f. 16.
Philipp Freyherr von Deyring, f. 33.
Ernest Reichsgraf von Platen, f. 21.
1780. Maximilien Freyherr von und zu Asch, churfl. wirkl. Regierungsrath zu Straubing und Pfleger zu Mitterfels.
Ludwig Freyherr von Eckher, churfl. wirkl. Hof- und Regierungsrath zu Amberg.
Friderich Reichsgraf von Vieregg.
Philipp Graf von Lampieri, f. 32.
Joseph Graf Fugger von Dietenheim.
Joseph Freyherr von Weveld, des hohen Maltheserordens Ritter und Kommenthur zu Stockau, churfl. wirkl. Hofkammerrath zu Neuburg.
Philipp Reichsgraf von Vieregg, f. 16.
Franz Reichsgraf von Colloredo, f. 16.
Alexander Tänzl, Freyherr von Trasberg, churfl. wirkl. Regierungsrath zu Neuburg und Pfleger zu Lauingen.
Gabriel Reichsfreyherr v. Weichs, churpfalzbaierischer Hauptmann.
1781. Aloys Freyherr von Haacke, f. 16.
Ferdinand Freyherr Stael von Holstein, churpfalzbaierischer Generalmajor der Infanterie und Stadtcommandant zu Ingolstadt.
Ludwig Freyherr von Hövel.
Franz Xaver Reichsgraf von Freyen=Seyboltsdorf, f. 17.
Adam Joseph Daniel Freyherr von Froschheim, auf Fuchsmühl, churfl. wirkl. Regierungsrath zu Amberg.
Franz Xaver Reichsgraf von Jonner, auf Töttenweis, churfl. wirkl. Regierungsrath zu Burghausen und der löbl. Landschaft in Baiern Rittersteuerer Rentamts Landshut.
Heinrich Joseph Carl Freyherr von Pechmann, auf Prunn und Zandt, des hochadelichen Ritterordens des heil. Michaels Ritter, churfl. wirkl. Regierungsrath zu Straubing, dann freyresignirter Landrichter und Bräuverwalter zu Regen.
Anton Freyherr von Streit, f. 33.
Thade Freyherr von Dürnitz, auf Hienhardt und Oberschneiding, churpfalzbaierischer Major.
Joseph Graf von Serego-Aligeri, f. 16.
Cajetan Freyherr von Gumppenberg, f. 33.

Titl. Herren Herren.

Johann Nepom. Freyherr von Berchem, auf Niedertraubling.

1782. Anton Carl Freyherr von Junker, auf Oberkonraidt, des hochadelichen Ritterordens des heil. Michaels Ritter, churpfalzbaierischer Generalmajor der Infanterie u. Oberst Innhaber des 11ten Fusilier-Regiments, auch Churtrierischer Kammerer.

Guido Aloys Reichsgraf von Tauffkirch.

Maximilian Graf von Preysing im Moos, des hohen Maltheserordens Ritter und Kommenthur zu Randeck, Ihrer Durchl. der Fr. Fr. Churfürstinn ec.ec. 1sten Dragoner- und Leibregiments Oberstlieutenant.

Theodor Karg, Freyherr von Bebenburg, des churfl. General Graf Preysingischen 9ten Fusilier-Regiments Oberst.

Daniel Freyherr von Tettenborn, churpfalzbaierischer Oberlieutenant.

Friderich Menrad Freyherr von Ow, des churfl. Herzog Max-Zweybrückischen 2ten Fusilier-Regiments Oberst.

Johann Nepomuck Freyherr von Vieregg, zu Gerzen.

Albert Eugen Meldemann de Bourre, Hr. zu Mary, der abelichen Stände zu Namur Mitglied und des hohen Maltheserordens Ehrenritter, churpfalzbaierischer Oberst.

Friderich Freyherr von Nitz, s. 23.

Johann Baptist Franz Freyherr von Ulm, auf Langenrain, des hochadelichen Ritterordens des heil. Michaels Ritter, auch Churtrierischer Kammerer.

Moritz Freyherr von Junker und Oberkonraidt, auf Ruprechtsreuth, sulzbachischer geheimer Rath, Oberstforstmeister zu Burglengenfeld, wirkl. Regierungs- und Hofkammerrath zu Neuburg, auch Churtrierischer Kammerer.

1783. Johann Freyherr Everlange von Wittri, churpfalzbaierischer Oberstlieutenant.

Anton Freyherr von Vieregg, des hohen Maltheserordens Ritter und Kommenthur zu Ingolstadt, des churfl. Prinz Taxischen 2ten Dragoner-Regiments Major.

Carl Freyherr von Eberstein, churfl. wirkl. Regierungsrath zu Neuburg.

Maximilian Graf von Salern, des hochadelichen Ritterordens des heil. Michaels Ritter, dann des churfl. General freyherrl. Junkerischen 11ten Fusilier-Regiments Major.

Ferdinand Freyherr von Gumppenberg, auf Beyerbach.

Christian Reichsgraf von Obenrdorff, s. 17.

Titl. Herren Herren.

Franz Wilhelm Freyherr von Franken, auf Birkensee, Lengfeld und Inzing, churfl. wirkl. Regierungsrath zu Straubing, dann Landrichter und Mautner zu Köhting.

Joseph Anton Reichsgraf von Jonner, auf Törtenweis, churfl. wirkl. Regierungsrath zu Burghausen, dann Pfleger, Mautner und Landhauptmann zu Neuenoetting.

Franz Seraph Reichsgraf von Armansperg, churfl. wirkl. Regierungsrath, Rentamtskommissair u. Hoffastner zu Burghausen, dann Landrichter und Landhauptmann zu Julbach.

Friderich Carl Freyherr von Dalwigk, s. 26.

Maximilian Reichsgraf von Holnstein aus Baiern ꝛc.

1784. Maximilian Reichsgraf von Berchem.

Clemens August Reichsfreyherr von Fraunhofen, churfl. wirkl. Regierungsrath zu Landshut.

Franz Xaver Reichsfreyherr von Reichlin, von Meldegg, des hohen Maltheserordens Ehrenritter, churpfalzbaierischer bevollmächtigter Minister am kaiserl. Russischen Hofe zu Petersburg, dann wirkl. Regierungs- und Oberappellationsgerichtsrath zu Mannheim, auch Nachfolger der Pflegers- und Kastnersstelle zu Dingolfing und Reispach.

Clemens Reichsgraf von Holnstein aus Baiern, s. 24.

Franz Anton Freyherr von Venningen.

Philipp Carl Wilhelm Freyherr von Giese, auf Lutzmannstein, churfl. wirkl. Regierungsrath zu Amberg und Lanschaftskommissär zu Neuburg.

Franz Xaver Joseph Reichsfreyherr von Ruffin, churfl. wirkl. Hofrath.

Alphons Gabriel Graf von Portia.

Joseph Ignatz Freyherr von Mändl, auf Münchsdorf.

Thomas Angelikus Graf Valenti, churpfalzbaier. Hauptmann.

Renegald Ludwig Graf Ansidei.

Carl Theodor Graf von Wiser, churpfälzischer wirkl. Hofgerichts- und Hofkammerrath zu Mannheim, auch Oberamtmann zu Ladenburg.

Ludwig Graf von Seyboltsdorf, churpfalzbaier. Hauptmann.

Constanz Marquis von Constanzo.

Thade Reichsgraf von Deyring, churfl. wirkl. Regierungsrath zu Landshut.

Friderich Reichsgraf von Holnstein aus Baiern, churpfalzbaierischer Hauptmann.

Carl Ludwig Chevalier le Paige.

Titl. Herren Herren.

Nikola Casimir Freyherr von Herding, des hohen Maltheser-
ordens Ehrenritter, churpfalzbaierischer Generalmajor der
Infanterie und General-Leibadjutant, auch Churköllnischer
Kammerer.

Alexander Freyherr von Lilien, Hr. von Sippernau, fürstl.
Thurn- und Taxischer wirkl. geheimer Rath und Oberpost-
amtsdirektor zu Masseyck.

1785. Friderich Carl Reichsgraf von Thürheim, auf Fisch-
bach und Stockenfeld.

Franz Freyherr von Gumppenberg, auf Beyerbach.

Marquis Franz Bourbon del Monte, des großherzoglich-Tos-
kanischen St. Stephanordens Ritter.

Joseph Reichsgraf von Preysing, s. 16.

Johann Carl Reichsgraf von Preysing, Freyherr zu Alten
preysing, genannt Kronwinkel, churf. wirkl. Hof- und Hofkammerrath, des hohen Maltheserordens Ehrenritter.

Paul Graf von Mezanelli, des churf. Fürst Bretzenheimischen
2ten Chevaur legers Regiments Oberst-Commandant.

Maximilian Joseph Reichsgraf von Nyß.

Maximilian Anton Reichsfreyherr v. Leyden, auf Affing, Berg,
Essenbach u. Mattenhofen, churfl. Revisionsrath u. der löbl.
Landschaft in Baiern Rittersteuerer Rentamts Burghausen.

Johann Anton Freyherr von Mändl, zu Münchsdorf.

Maximilian Freyherr von Pfeil, des hohen Maltheserordens
Ritter, gülich- und bergischer wirkl. geheimer Rath und Churköllnischer Kammerer.

Maximilian Emanuel Freyherr von Verger, churfl. wirkl. Regierungsrath zu Straubing, dann Kastner und Forstbeamter zu Sulzbürg, auch Bräuverwalter zu Mühlhausen.

Sir Benjamin Tompson, Reichsgraf von Rumford.

1786. Joseph Keller, Reichsfreyherr von Schleitheim, fürstl.
Kemptischer geheimer Rath und Hofmarschall.

Stephan Anton Freyherr von Griessenbeckh, zu Griessenbach,
churfl. wirkl. Regierungsrath zu Landshut.

Joseph Freyherr von Franken, auf Pirkensee, kaiserl. königl.
Oberstwachtmeister und des königl. sardinischen St. Mau-
ritii- und Lazariordens Ritter.

Carl Wilhelm Freyherr von Kolf von Vettelhofen, zu Hausen,
des hochadelichen Ritterordens des heil. Michaels Großkreuzherr, gülich- und bergischer geheimer- und Oberappel-

Titl. Herren Herren.

lationsgerichtsrath, auch Amtmann zu Niedecken, dann des gülichischen Ritterstandes Mitglied.

Thomas Freyherr von Bassus, auf Sanderstorff, Mendorf und Eggersberg.

Friderich Ferdinand Freyherr Lochner von Hüttenbach, hochfürstl. Würzburgischer Kammerer, adelicher Hofrath und Oberamtmann zu Homburg.

Friderich Freyherr von Geispitzheim, churpfalzbaier. Major.

Maximilian Graf von Rambaldi, s. 33.

Ludwig Graf von Hompesch.

Joseph Maria Ignatz Freyherr von Rieberer, zu Riedheim, Paar und Schönau.

Christoph Friderich Gottfried Reichsfreyherr von Hutten zum Stolzenberg.

1787. Joseph Alexander de la Motte, churpfalzbaierischer Generalmajor der Infanterie.

Augustin Freyherr von Gugomoß, auf Ettenkofen, Steingrif und Wörth.

Christoph Ludwig Freyherr von Junker und Oberkonraitt, churfl. Forstmeister zu Sulzbach und Königstein.

Joseph Reichsgraf von Eydorf, s. 17.

Franz Xaver Reichsfreyherr von Schleich, auf Haarbach, churfl. wirkl. Regierungsrath, auch Hauptmautner und Salzbeamter zu Landshut.

Ferdinand Johann Reichsfreyherr von Schleich, auf Haarbach, fürstl. Kemptischer Hofrath und Hofcavalier.

Anton Reichsgraf von Wickenburg, genannt Stechinelli, s. 25.

Constantin Freyherr von und zu Leonrodt, churpfalzbaierischer Hauptmann.

Franz von Paula Freyherr von Asch, churfl. wirkl. Regierungsrath zu Straubing und Landrichter zu Stadt am Hof.

Ferdinand Maria edler Panier- und Reichsfreyherr von Imsland, auf Märkelkofen, Wassing, Loitterstorf, Lichtenegg, Wildenau und Weissendorf.

Sigismund Reichsgraf von Holnstein aus Baiern, churpfalzbaierischer Oberstwachtmeister.

Franz Xaver Graf von Minuci, des churfl. 2ten Grenadier-Regiments, Churprinz, Oberstlieutenant.

Johann Philipp Freyherr von und Murach.

Alons Freyherr von Rechberg, s. 16.

Joseph Maria v. Cabilliau, churfl. Salzbeamter zu Straubing.

Titl. Herren Herren.

Peter Graf von Pocci, s. 3.

Franz von Paula Reichsfreyherr von Fraunberg, zu Altenfraunberg und Riding, churfl.wirkl.Oberlandesregierungsrath in München.

Franz Xaver Freyherr von Leoprechting, auf Randsperg, churfl. wirkl. Regierungsrath zu Straubing, auch Pfleger zu Weissenstein und Zwisel.

Johann Friderich Adam Reichsgraf von Preysing, Freyherr zu Altenpreysing, genannt Kronwinkel, des hohen Maltheserordens Ritter und Kommenthur zu Eichbichel, des churfl. Leib= und ersten Grenadier-Regiments Hauptmann.

Franz Xaver Reichsfreyherr von Im-Hoff, auf Untermeittingen und Günzlhofen.

Maximilian Joseph Reichsfreyherr von Bettschart, auf Immenfeld in der Halden, des churfl. 2ten Grenadier-Regiments, Churprinz, Hauptmann.

Joseph Reichsgraf von Berchem, des churfl. GeneralGraf Morawizkyschen 8ten Fusilier-Regiments Major.

Anton Graf Sampieri, genannt Camillo Scappi, s. 11.

Maximilian Joseph Graf von Spreti, des churfl. GeneralGraf Salernischen 2ten Feldjäger-Regiments Major.

Ludwig Graf von Seeau, des hohen Maltheserordens Ritter und des churfl. Pfalzgraf Ludwig. 1sten Kürassier. Regiments Oberlieutenant.

Christian Freyherr von Lochner von Hüttenbach, s. 16.

Joseph Maria Freyherr von Lerchenfeld-Amerland, auf Aham 1788. Joseph Reichsfreyherr von Rechberg, des hohen Maltheserordens Ritter u. des churfl. Pfalzgraf Wilhelmischen 1sten Fusilier-Regiments Major.

Christoph Freyherr von Schütz, churfl. wirkl. Hofkammerrath, dann des churfl. Münz-und Bergamts in den oberen Churlanden Oberkommissär.

Franz Reichsgraf von Lerchenfeld-Kösering, des hohen Maltheserordens Ritter.

Carl Anton Graf von Antonelli, des hohen Maltheserordens Ritter u. des churfl. 7ten Fusilier.Regim. Oberstlieutenant.

Maximilian Reichsgraf von Kreith, churpfalzbaier. Major.

Johann Nepomuck edler Panier- und Reichsfreyherr von Imsland, auf Märkelkofen und Wildenau, des hohen Maltheserordens Ehrenritter und fürstl. Oettingischer Hofcavalier.

Titl. Herren Herren.

Anton Maria Freyherr von Gobel, auf Hofgiebing, des hochadelichen Ritterordens des heil. Michaels Ritter, dann hochfürstl. Würzburgischer Kammerer, Major und der Leibgarde Cornet.

Marquard Freyherr von Pfetten, auf Ober- und Niederarnbach, churpfalzbaierischer Hauptmann.

Heinrich Aloys Freyherr von Leoprechting, auf Irlbach, churpfalzbaierischer Hauptmann.

Alexander Freyherr v. Huber von Mauern, des churfl. General Graf Salernischen 2ten Feldjäger-Regiments Hauptmann.

Askanius Joseph Maria Verri, Graf de la Bosia, genannt von Külberg, auf Gansheim und Berg, des hochadel. Ritterordens des heil. Michaels Ritter u. churpfalzbaier. Oberst.

Ludwig Freyherr von Verger, s. 32.

Vincenz Graf von Pompei, s. 17.

Leopold Joseph Aloys Reichsfreyherr von Imhoff.

Carl Friderich Freyherr von Zandt, des hohen Maltheserordens Ehrenritter und des churfl. General Fürst Ysenburgischen 13ten Fusilier-Regiments Hauptmann.

1789. Carl Wilhelm Reichsgraf von Ezdorf, des hochadelichen Ritterordens des heil. Michaels Ritter, dann des churfl. Generalgraf Morawizkyschen 8ten Fusilier-Reg. Hauptmann.

Philipp Busalini, Marquis von St. Justino, s. 25.

Franz Xaver Graf von Portia, des hohen Maltheserordens Ritter und churpfalzbaierischer Hauptmann.

Michael Freyherr von Scheberas, s. 18.

Joseph Freyherr von Vierega, s. 17.

Joseph Graf von Rambaldi, churfl. wirkl. Regierungsrath zu Landshut und Pfleger Vohburg.

Ludwig Graf Codronchi, Patritier von Imola in Italien.

Carl Graf von Arco, s. 17.

1790. Carl Theodor Reichsgraf von Yrsch, churfl. wirkl. Hofgerichts- und Hofkammerrath zu Mannheim.

Camillus de Borgias.

Clemens Reichsgraf von Nys, churfl. wirkl. Regierungsrath zu Landshut.

Friderich Graf von Thurn und Tassis, des churfl. Pfalzgraf Wilhelmischen 1sten Fusilier-Regiments Hauptmann.

Johann Nepomuck Freyherr von Pelkhoven, churfl. wirkl. Regierungsrath zu Straubing.

(67)

Titl. Herren Herren.

Cajetan Freyherr Daddaz de Corzeinge, auf Scherneck und Mailing, des churfl. General Graf Salernischen 2ten Feldjäger-Regiments Hauptmann.

Joseph Reichsgraf von Kreith, s. 18.

Johann Adam von Reisach, Reichsgraf von Steinberg, s. 17.

Joseph Reichsgraf von und zu Altenfrancking, s. 18.

Fabricius Graf von Pocci, des churfl. Leib- und 1sten Grenadier-Regiments Hauptmann.

Franz von Barbier, Reichsgraf von Schroffenberg, des hohen Maltheserordens Ritter und hochfürstl. Freysingischer Oberstjägermeister.

Carl August Reichsgraf von Oberndorff, churfl. beygeordneter Vizeoberstjägermeister und wirkl. Hofkammerrath zu München, Oberstallmeister zu Neuburg und Oberforstmeister Oberlands Baiern, dann Pfleger, Kastner, Ungeld- und Steuereinnehmer zu Reichertshofen.

Johann Tänzl, Freyherr von Trazberg, des churfl. Leib- und 1sten Grenadier-Regiments Hauptmann.

Sigismund Pergler, Freyherr von Perglas, des hohen Maltheserordens Ehrenritter, churpfalzbaierischer Oberst der Cavallerie und churfl. General-Leibadjutant.

Joseph Philipp Schenck, Reichsgraf von Stauffenberg.

1791. Peter Emanuel Reichsgraf von Zedtwitz, s. 18.

Maria Ludwig Reichsgraf von Pestalozza, Freyherr auf Tagmersheim, Hr. der Hofmärkte Mandl u. Burggrub, Neuburgischer geheimer Rath, dann Pfleger und Mautner zu Hemau.

Wilhelm Carl Joseph Freyherr Eckart von und zu Ecker, auf Mörlach, Carlshuld und Pirkensee, des kaiserl. St. Stephanordens Ritter und des löbl. Fränkischen Kreises Generalmajor und Generalquartiermeister.

Friderich Maria Freyherr von Dietterich, auf Schönhofen, Reichserbritter.

Anton Carl Reichsgraf von Pletrich, churfl. wirkl. Regierungsrath, auch Forst- und Wildmeister zu Landshut.

Philipp Jakob Freyherr von und zu Leonrodt, Hr. auf Neudorf, Moggendorf, Hornsegen und Stein, churfl. wirkl. Regierungsrath zu Amberg, auch Pfleger, Kastner und Forstverweser zu Bleistein, dann des fürstl. Hochstifts zu Eichstädt Erbküchenmeister.

August Freyherr von Perglas, churpfalzbaierischer Major.

Carl Pergler, Freyherr von Perglas, auf Kazengrün.

Tttl. Herren Herren.

Cajetan Franz Sales Graf von Spreti, auf Käpfing, des hohen Maltheserordens Ritter u. des churfl. Artillerie-Regiments Capitaine.

Johann Baptist Reichsgraf von Waldkirch, des hohen Maltheserordens Ritter und des churfl. Leib- u. 1sten Grenadier-Regiments Hauptmann.

Friderich Reichsgraf von Yrsch, s. 45.

1792. Heinrich Reichsgraf von Tattenbach, fürstlich-Fuldischer Hofcavalier und Regierungsrath.

Emanuel Maximilian Reichsgraf von Törring und Gronsfeld, zu Jettenbach, des hohen Maltheserordens Großkreuzherr und Kommenthur zu Landshut.

Johann Nepomuck Reichsfreyherr von Rechberg, des hohen Maltheserordens Ritter.

Hypolitus Graf von Marsili, des churfl. General freyherrl. Junkerischen 11ten Fusilier-Regiments Oberstlieutenant.

Franz Reichsfreyherr v. Donnersberg, churfl. wirkl. Hofrath.

Ignatz Reichsgraf von Kreith, des churfl. General Graf Preysingischen 9ten Fusilier-Regiments Oberlieutenant.

Carl Anton Joseph Reichsfreyherr von Lilien, Erbherr der Salinen zu Werl und Neuwerk in Westphalen, churfl. Pfleger, Kastner, Ungelder und Gerichtssteuereinnehmer zu Beratshausen.

Carl Dietrich Reichsfreyherr von Schönstätt zu Zimmern, auf Rettenbach und Wolfering, sulzbachisch-adelicher Landsaß.

Valentin Anton Reichsgraf von Hörl, auf Watterstorf, Hartmannsberg und Hemhofen, des hochadelichen Ritterordens des heil. Michaels Großkreuzherr, dann wirkl. Oberst des churfl. Garnison-Regiments und Festungscommandant zu Rottenberg.

Johann Nepomuck Vincenz Freyherr von Sternbach, churpfalzbaierischer Hauptmann.

Joseph Maria Anton Reichsfreyherr von Limpöck, churfl. wirkl. Regierungsrath und Rentamtskommissär zu Straubing, auch Landrichter allda und zu Leonsberg.

Ferdinand Freyherr von Bongard, auf Paffendorf.

Roderich Vincenz Marquis von Zapata.

Christian Reichsgraf von Yrsch, churfl. wirkl. Regierungsrath, Jagdcavalier, dann Forst- und Wildmeister zu Straubing.

Carl August Reichsgraf von Yrsch, des churfl. Fürst Brezenheimschen 2ten Chevaux legers Regiments Hauptmann.

Titl. Herren Herren.

Carl Theodor Marquis d'Antici, des hohen Maltheserordens Ritter.

1793. Carl Friderich Reichsgraf zu Pappenheim, s. 19.

Maximilian Reichsgraf von Lerchenfeld-Köfering, s. 18.

Friderich Hieronimus Reichsgraf zu Pappenheim, d. h. r. Reichs Erbmarschall, k. k. Kammerer und des churfl. General Graf Fuggerischen 3ten Chevaux legers Regiments Major.

Christoph Reichsgraf von Waldkirch, churfl. wirkl. Hof- und Forstkammerrath, Jagdcavalier, Oberforstmeister Unterlands Baiern, dann beygeordneter Pfleger zu Dachau, auch Forst- und Wildmeister zu Neuenoetting.

Desiderius Joseph Reichsgraf von Larosee.

Clemens Reichsfreyherr von Leyden, auf Assing, Berg, Essenbach und Mattenhofen.

Maximilian Joseph Freyherr von Prugglach, auf Wiesenfelden, churfl. wirkl. Hofrath, dann Stadt- und Landrichter, auch Landhauptmann zu Landsberg.

Friderich Gemmingen, Freyherr von Massenbach, churfl. wirkl. Regierungsrath zu Amberg.

Paul Freyherr von Scheberas.

Johann Franz d'Aurel Falcon-Navarra.

Maximilian Joseph Freyherr von Gravenreuth, auf Birck, churfl. wirkl. Regierungsrath zu Amberg, Landrichter zu Waldeck und Pfleger zu Kemnath und Pressath.

Friderich Anton Freyherr von Venningen, churfl. wirkl. Hofkammer- und Forstrath zu Mannheim und Oberamtmann zu Kreuznach.

Ferdinand Freyherr von Nummel, auf Herrieden, churfl. wirkl. Hofkammerrath zu Neuburg.

1794. Silvius Freyherr von Hohenhausen, churfl. Generalmajor der Infanterie, wirkl. Hofkriegsrath, Chef des Artillerie-Departements und Generalquartiermeister.

Ludwig Graf von Chamisso, des hohen Maltheserordens Ehrenritter.

Franz Anton Freyherr von Lilien, Erbherr der Salinen zu Werl und Neuwerk im Herzogthume Westphalen.

Johann Peter Freyherr v. Boißl, churpfalzbaierischer Major.

Franz Xaver Reichsgraf von Holnstein aus Baiern, des hohen Maltheserordens Ehrenritter, churfl. wirkl. Regierungsrath, Landrichter und Landhauptmann zu Amberg.

Titl. Herren Herren.

Franz Xaver Frey- und Edler Hr. von Hofmihln, churfl. wirkl. Regierungsrath zu Burghausen.

Joseph Vicomte de Villeneue-Mons, des hohen Maltheserordens Ritter.

Joseph Freyherr von Borgias.

1795. Maximilian Emanuel Reichsgraf von Lösch, churfl. wirkl. Hofrath.

Georg Maximilian Reichsgraf von und zu Hegnenberg, s. 18.

Ignaz Freyherr von Asch, churfl. wirkl. Regierungsrath zu Straubing.

Joseph Christoph Freyherr von Franck, churfl. wirkl. Regierungsrath zu Amberg und beygeordneter Pfleger zu Freudenberg und Rieden.

Sigismund Graf von Spreti, churfl. wirkl. Hofkammerrath zu München.

Carl August von Reisach, Reichsgraf von Steinberg, des hohen Maltheserordens Ritter, churfl. wirkl. Regierungsrath zu Neuburg, dann Pflegskommissär zu Heydeck u. Hilpoltstein.

Franz Xaver Reichsgraf von La Rosee, des churfl. 2ten Grenadier-Regiments, Churprinz, Hauptmann.

Carl Reichsgraf von Berchem, churfl. wirkl. Regierungsrath zu Burghausen.

Ignaz Ludwig Graf von Preysing, auf Altenpreysing, genannt Kronwinkel und Lichtenegg, churfl. wirkl. Regierungsrath zu Amberg.

Joseph Graf Sizzo de Noris.

Maximilian Reichsgraf von Paumgarten-Frauenstein, auf Ehring, churfl. wirkl. Regierungsrath zu Burghausen.

Joseph Freyherr von Pechmann, churfl. wirkl. Regierungsrath zu Straubing, dann Landrichter und Bräuverwalter zu Regen.

Emerich Reichsgraf von Beothy, auf Niederpöring.

Franz Xaver Freyherr von Anethan, churfl. wirkl. Regierungsrath zu Amberg und Pfleger zu Pfaffenhofen und Haimburg.

Maximilian Graf von Fugger, zu Göttersdorf.

Carl Theodor Freyherr von Haacke, churfl. wirkl. Regierungs- und Hofgerichtsrath zu Mannheim, auch Nachfolger der Oberamtmannsstelle zu Simmern.

1796. Johann Nepomuck Reichsgraf von Törring-Jettenbach auf Ränkam und Arnschwang.

Titl. Herren Herren.

Maximilian Joseph Reichsfreyherr von Leyden, auf Assing, des hohen Maltheserordens Ritter, dann churfl. Forst- und Wildmeister zu Aichach.

Johann Nepomuck Reichsgraf von Seinsheim, churpfalzbaierischer Hauptmann.

Joseph Reichsgraf von Lodron, des hohen Maltheserordens Ritter und Kommenthur zu Hornbach.

Joseph Reichsgraf von Larosee.

Johann Maria Reichsfreyherr von Bassus, auf Sanderstorff, Mendorf und Eggersberg, churfl. Revisionsrath.

Ludwig Reichsgraf von Arco, churfl. wirkl. Hofkammerrath.

Philippus Nerius Reichsgraf von Arco.

Heinrich Freyherr von Schleich, churfl. Forst- und Wildmeister zu Griesbach.

Oswald Jakob Freyherr von Anethan, auf Densborn, churfl. wirkl. Regierungsrath zu Amberg, Landrichter und Forstmeister zu Leuchtenberg, dann Pfleger zu Wernberg.

Joseph Reichsgraf von Seinsheim, s. 18.

Gottlieb Franz Xaver Freyherr von Bugomos, des churpfalzbaierischen Generalstaabs Major.

Emanuel Reichsgraf von Fugger zu Göttersdorf, auf Zinnenberg, Adels- und Mattenhofen.

Johann Caspar Joseph Reichsfreyherr von und zum Pütz, zu Hemmerich.

Nikola Christian Freyherr von Bar, Herr zu Brockhausen.

1797. Sigismund Graf von Buttler, genannt Haimhausen, churpfalzbaierischer Major.

Johann Baptist Graf von Vichy, s. 32.

Carl Joseph Graf von Fett, zu Münzenberg.

1798. Thade Freyherr von Vieregg, zu Gerzen, des churfl. General Graf Fuggerischen 3ten Chevaux legers Regiments Oberlieutenant.

Maximilian Graf von Leibelfing, des churfl. General Graf Preysingischen 9ten Fusilier-Regiments Hauptmann.

Reinhard Freyherr von Werneck, des hohen Maltheserordens Ehrenritter, dann churpfalzbaierischer Oberst der Infanterie und churfl. General-Leibadjutant.

Albert Carl Maximilian Graf von Baiern-Großberg, des churfl. 1sten Dragoner-Leibregiments Lieutenant.

Joseph Karg, Freyherr von Bebenburg, auf Trausnitz im Thal und Hochdorf, churfl. Pfleger zu Pruck und Nöx.

Titl. Herren Herren.

Joseph Freyherr von Stael von Hollstein, des churfl. General freyherrlich-Weichsischen 5ten Fusilier-Regiments Hauptmann.

Zacharias von Voith, Reichsfreyherr von Voithenberg, auf Herzogau.

Joseph von Voith, Reichsfreyherr von Voithenberg, auf Herzogau.

Franz Anton Reichsfreyherr von Gugler, auf Zeitlhofen, Fürstbischöflich-Passauischer Oberlandsforstmeister und wirkl. Hofkammerrath.

Maximilian Reichsgraf von Lamberg.

Maximilian Reichsfreyherr von Gumppenberg, churfl. wirkl. Oberlandesregierungsrath in München, auch herzoglich-Zweybrückischer Kammerer.

Sebastian Freyherr von Schrenk, von Notzing, auf Hüllstett, churfl. wirkl. Regierungsrath zu Straubing und Pfleger zu Wetterfeld.

Clemens Freyherr von Burgau, churfl. wirkl. Regierungsrath zu Amberg.

Maximilian Reichsgraf von Seyboltsdorf, s. 19.

Michael Freyherr von Bernklo, des churfl. General freyherrl. Weichsischen 5ten Fusilier-Reziments Hauptmann.

Sebastian Reichsfreyherr von Donnersberg, des hohen Maltheserordens Ritter und des churfl. General Graf Preysingischen 9ten Fusilier-Regiments Hauptmann.

Friderich Reichsgraf von Seinsheim, churfl. Jagdcavalier.

Anton Scheberas, Barone Ciciano und Budonetto.

Staabskommissär.

Titl. Hr. Marquard Joseph von Gürtner, churfl. wirkl. Hofrath.

Staabsaktuar: Hr. Franz Michael Schmid, zugl. churfl. wirkl. Hof- und des geistl. Raths Sekretär.

Staabsboth: Carl Aschlehner.

Churfl. Leib- u. Protomedikus.

Der wohlgebohrne Hr. Lorenz von Fischer, d. W. u. A. D. churfl. geheimer Rath, der churfl. medizinischen Kollegien Direktor, auch offentl. Lehrer der Entbindungskunst, dann Mannheimer Stadt- und Oggersheimer Oberschultheisserey-Physikus.

Leibchirurgus.

Hr. Anton Ebler von Winter, s. 38.

Churfl. Kammerfouriers.
Hrn. Franz Xav. Menrad v. Vorwaltern, churfl. wirk. Hofrath.
    Nicolaus Hazard, zugl. erster Kammerdiener, s. 7.

Churfl. wirkl. dienende Kammerdiener.
Hrn. Carl Reichsedler von Dusch, s. 28.
    Wilhelm Edler von Rogister, s. 7.
    Johann Lukas Thiot, s. 19.
    Johann Baptist Edler von Rogister, s. 7.

Churfl. wirkl. aber nicht dienende Kammerdiener.
Hrn. Franz Zwifelhofer, s. 39.
    Christoph Richter, s. 39.
    Nikola Care, s. 41.
    Johann Baptist Stapf, s. 48.
    Joseph Zwetler.
    Carl Ballistier, s. 44.
    Michael Marx, zugl. Friseur.

Churfl. titular Kammerdiener.
Hrn. Franz Simon Hailler, s. 44.
    Friderich Gandrille.

Churfl. Kammerportiers.
Hrn. Edmund le Prieur.
    Franz Schuster.
    Mathias Lizko.
    Johann Conjola.
    Nachfolger: Franz Anton Willmotte.
    Florian Keill, s. 19.
    Claudius Lestourne.
    Martin Angerer.

Kammerportiersgehilf: Franz Thaller.
Leibschneidermeister: Hrn. Franz Xaver Huber.
    Johann Georg Auer.
Kammerlaquaien: Christoph Michaeli.
    Joseph Berg.
Reislaquai: Franz Heckler.
Garderobediener: Obiger Florian Keill.
Nachfolger: Einer dessen Söhne.
Kammerzwerge: Wolfgang la Fleur.

Oberſthofmarſchalls-Staab.

Oberſthofmarſchall.
Se. Excellenz Hr. Anton Clemens des h. r. R. Graf von Törring, zu Seefeld ꝛc. ſ. 6.

Oberſtküchenmeiſter.
Se. Excellenz der hochwohlgebohrne Hr. Hermann Johann Nepomuck des h. r. R. Freyherr von Lerchenfeld, von Amerland und Unterprenberg, auf Sießbach, churpfalzbaieriſcher Kämmerer, wirkl. geheimer Rath und Pfleger zu Hengersberg, dann der löbl. Landſchaft in Baiern anweſender Verordneter Rentamts Burghauſen.

Oberſtſilberkämmerer.
Titl. Hr. Joſeph Reichsgraf von Taufkirch ꝛc. ſ. 15.

Staabskommiſſär.
Titl. Hr. Friderich Auguſt von Courtin, churfl. wirkl. Hof-Wechſel- und Merkantilgerichtsrath.

Staabsſekretär: Hr. Joſeph Reichsedler von Berüff, baieriſcher Patritier.

Zweyter Staabsſekretär: Hr. Michael Spengel.

Staabsaktuar: Hr. Johann Peter Praun, churfl. wirkl. Hofrathsſekretär und Regiſtrator.

Beygeordneter: Hr. Sebaſtian Praun, churfl. Hofraths-Kanzeliſt.

Staabsboth: Heinrich Dietz.
Mathias Dietz, emeritus.

Churfl. Truchſeſſen.
Titl. Herren.
1748. Chriſtoph Anton Freyherr v. Hauzenberg, churpfalzbaieriſcher Generallieutenant der Cavallerie, auch Proprietär-Lieutenant von Ihrer Durchl. der Fr. Fr. Churfürſtinn ꝛc. ꝛc. erſten Dragoner- und Leibregimente, dann der churfl. phyſikaliſch-ökonomiſchen Geſellſchaft zu Mannheim Vizepräſident.

1749. Maximilian von Denglbach.

1757. Tillmann Peter Freyherr von Hallberg.

1760. Johann v. Banaſton, churpfalzbaier. Oberſtlieutenant.

1761. Joſeph Marquis von Quarantotti.

1763. Edmund von Harold, churpfalzbaieriſcher Generalmajor der Infanterie und des churfl. 7ten Fuſilier-Regiments Oberſt-Commandant, Mitglied der churpfälziſch-deutſchen Geſellſchaft.

Titl. Herren.

1765. Caspar Joseph Freyherr von Fürth, churpfalzbaierischer Oberstlieutenant und Nachfolger der Vogtmajorsstelle zu Achen.
1767. Carl Anton von Flad.
1768. Ignatz Freyherr von Reibeld, churpfälz. wirkl. adelicher Regierungs- und Oberappellationsgerichtsrath, dann Vizehofrichter in Mannheim.
1769. Friderich Joseph Freyherr von Reibeld, churpfälz. wirkl. adelicher Regierungsrath und Oberamtmann zu Germersheim.
1770. Joseph von Acton, churpfalzbaierischer Hauptmann.
1774. Gottlieb von Ehlingensberg, des churfl. Prinz Taxischen 2ten Dragoner-Rgiments Rittmeister.
Andreas Dominikus von Schmid.
1775. Joseph Freyherr von Brück, des h. r. R. Ritter, Oberamtmann zu Lauterecken und Veldenz.
1778. Christian Joseph Freyherr von Fick, churpfälz. wirkl. adelicher Regierungs- und Hofgerichtsrath zu Mannheim.
1797. Carl Friderich August Freyherr von Lützendorf, hochfürstl. Würzburgischer Hauptmann.

Hoffourier.

Hr. Johann Nepomuck Edler von Reichel, d. R. E.

Ritterportiers.

Hrn. Balthasar Rothwinkler.
 Adalbert Sigl.
 Nikola Gaillard.
 Simon Zintl.

Hofzehrgaben.

Proviantmeister: Hr. Daniel Conrad.
Controleur: Hr. Philipp Lanius.
Erster Saalmeister: Hr. Franz Baumiller.
Zwenter Saalmeister: Hr. Ludwig Müller.
Küchenschreiber: Hr. Carl Braam.
Hofeinkäufer: Hr. Philipp Ritter.
Zehrgadenschreiber: Hrn. Michael Eßler.
 Andreas Müller.
Hofmetzger: Johann Seyfried.
Zehrgadengehilfen: Franz Lang. Joseph Müller.
 Johann Baumiller. Joseph Fahrer.
Wachsaufseher: Franz Thaller, §. 73.

Churfl. Mundköche.

Hrn. Andreas Kopolt.
    Carl Birkel.
    Stephan Barisell.
    Heinrich Emerich.
    Ludwig Wezaar.
    Georg Hofmann.
    Ferdinand Lezhäuser.
    Johann Huber.
    Peter Kurrer.
    Claudius Lonses, emeritus.

Bratenmeister: Hrn. Joseph Lachner.
  Franz Weitlauf.
  Johann Desorget.
Gehilf: Hr. Georg Baumgartner.
Pastetenkoch: Hr. Johann Simon.
Gehilf: Hr. Balthasar Barisell.
Mundgehilfen: Hrn. Christian Mayr.
  Georg Schwab.
Mundgehilfinn: Jgfr. Catharina Pockin.
Hofkoch: Lorenz Schmitt.
Edelknabenbratenmeister: Wilhelm Schemenauer.
Gehilfen: Franz Xaver Emerich. Joseph Janderfort.
Mundjung: Jakob Schulweg.
Küchenportier: Franz Wemmer.
Küchenmänner: Johann Graf. Andreas Kloz.
Kohlenmann: Franz Xaver Göbel.
Küchenweiber: Regina Hackin. Anna Herin. Cathar. Dittin.
Küchenspühlerinnen: Barbara Eberinn. Theresia Schauerin.
Küchenjungen = Wäscherinn: Die Kolbischen Kinder.
Küchenwäscheverwahrerinn: Anna Wemmerin.

Hofkellerey.

Kellermeister zu Mannheim: Hrn. Franz Friderich.
        Düsseldorf: Caspar Juppen.
Kellereycontroleur: Hr. Christian Herbott.
Kredenzaufseher: Hr. Philipp Ruppert.
Kellereyoffizianten: Hrn. Franz Geiger.
  Heinrich Röd.
Gehilf: Peter Schüller.
Eßigsiederinn: Theresia Lechnerin, Wittwe.
Kellerbinder: Johann Baptist Salcher.

Mundschenkerey.

Mundschenken: Hrn. Franz Mayr.
  Ignatz Stein.
  Johann Georg Haag.
Gehilfen: Hrn. Jakob Reiß.
  Franz Anton Lestourne.
Jung: Johann Dasi.

Hofpfisterey.

Pfistermeister: Hr. Johann Nepomuck Schießl, d. K. L. churfl.
  Rath und wirkl. Hofkammersekretär.

Silberkammer.

Silberverwahrer: Hr. Paulus Fladt.
Silberkammeroffiziant: Hr. Uhlenbroich, emeritus.
Silberdiener: Hrn. Leonard Gall.
  Joseph Hölzl.
  Franz Xaver Haslinger.
  Johann Heberle.
Silberputzer: Joseph Marx, Goldschmied.
Silberwäscher: Carl und Bartolome Klem.
Gehilfen: Philipp Lindner.
  Simon Bronald.
Kistler: Conrad Samet.
Edelknaben-Tafeldecker: Joseph Leibel. Joseph Salvini.
Silberspühlerinnen. Anna Willmotte. Anna Dasin.
  Magdalena Peißlin. Maria Klemin.

Hofkanditorey.

Kanditors: Hrn. Friderich Dietrich.
  Joseph May.
  Anton Bonin, Einsiedmeister.
Gehilfen: Hrn. Gregor Umdammer.
  Andreas Schönberg.
  Johann Möhl.
Porzellainverwahrer: Johann Adam Hueber.
Beyläufer: Jakob Schmöger.

Leinwandkammer.

Leinwandmeisterinn: Fr. Catharina von Pieron.
Gehilfinn: Fr. Catharina Gieserin.
Tafelwäscherinn: Fr. Ursula Holzbäurin.
Näherinn: Fr. Anna Maria Forchin.
Küchenwäscherinn: Francklin.

Hofgärtnerey in Baiern.

Kommiſſär: Titl. Hr. Johann Nepomuck Edler von Weizenfeld, ſ. 42.
Gartenkommiſſions-Sekretär und Kaſſier: Hr. Carl Michael Weiß, churfl. wirkl. Rath und Hofkammer-Rechnungskommiſſär.

Hofgärtner.

Zu München: Hrn. Joſeph Ignatz St. Johanſer, im groſſen Hofgarten.
   Nachfolger: Ferdinand Fiſcher.
   Ludwig d'Eruvrois, im Reſidenz-Hofgarten.
   Nachfolger: Joſeph Lang.
   Anton Heußler, und
   Franz Xaver Heußler, im Hofküchengarten.
Nymphenburg: Hrn. Simon Hailler, ſ. 44.
Beygeordneter: Joſeph Hailler.
Johann Effner.
Schleißheim: Joſeph Hailler.
Beygeordneter: Johann Nepomuck Hailler.
Dachau: Stolanus Mayr.
Fürſtenried: Anton Pruggner.
Berg am Würmſee: Michael Kölbl, ſ. 45.
Landshut: Johann Stark, zugl. Belzmeiſter.
Nachfolger: Obiger Ludwig d'Eruvrois.
Liecht- und Haltenberg: Franz Grabler, ſ. 46.
Beygeordneter: Joſeph Thüring.

In der Pfalz.

Zu Mannheim: Hrn. Juſtus Schneider.
auf der Mühlau: Fran. Nau ottny.
zu Schwezingen: Johann van Wynder.
                 Friderich Ludwig Sckell.

Hoffiſcherey.

Fiſchereyſchreiber: Hr. Michael Zeppert.
Fiſchmeiſter zu München: Hr. Franz Foland.
Fiſchereyinſpektor: Hr. Joſeph Martin Hueber.
Fiſchmeiſter zu Landshut: Hr. Franz Xaver Reiſenegger.

Hofprofoslieutenant.

Hr. Joſeph Schießl.
Reſidenzaufſeher: Joſeph Kobler.
  Thomas Niſtler.

Oberststallmeisters=Staab.

Oberststallmeister.
Se. Excellenz Hr. Mathäus Reichsgraf von Vieregg ꝛc. s. 5.

Vizeoberststallmeister.
Titl. Hr. Christoph Reichsfreyherr von Segesser, s. 58.

Staabskommissär.
Titl. Hr. Joseph Gregor Engl, churfl. wirkl. Hof- u. geistl. Rath.
Staabssekretär: Hr. Georg Spengel, s. 34.
Beygeordneter: Hr. Heinrich Spengel, s. 34.
Staabsaktuar: Hr. Joseph Carl Diezenberger, churfl. wirkl. Hofrathssekretär.
Amtsschreiber: Hr. Martin Buchwieser.
Staabsbotheu: Joseph Gillmayr. Andreas Schlittenhard.

Churfl. Pagerie,

Edelknaben-Hofmeister.
Titl. Hr. Anton Georg Edler von Degen, des h. r. R. Ritter, Patrizier zu München, churpfälzischer wirkl. Regierungs- und geistl. Administrationsrath zu Heidelberg.
Präceptor: Hr. Joseph Mayr, d. G. D. churfl. wirkl. geistl. Rath und Korherr zu Bielenfeld, Lehrer der niedern Klassen und schönen Wissenschaften.

Kammerknaben.
Titl. Hrn. Maximilian Reichsgraf von Hund.
Johann Baptist Freyherr von Weveld.
Ludwing Reichsgraf von Seyboltsdorf.

Edelknaben.
Hrn. Aloys Freyherr von Donnersberg.
Ludwig Graf von Formentini.
Ferdinand Freyherr von Seeböck.
Carl Freyherr von Haacke.
Maximilian Reichsgraf von Taufkirch.
Leopold Freyherr von Pfetten.
Franz Xaver Freyherr von Lerchenfeld,
Ferdinand Graf von Aham.
Carl Theodor Freyherr von Freyberg.
Philippus Nerius Reichsgraf von Lerchenfeld.
Freyherr von Berghe, genannt Trips.
Carl Franz von Paula Reichsgraf von Taufkirch.
Carl Freyherr von Seraing.

Lehrer und Exercitienmeister.

Hrn. Johann Nepomuck von Caspar, churfl. wirkl. Hofrath und Lehrer der Rechte.

Philipp Herdt, Lehrer der Rechte, churfl. wirkl. Rath und geheimer Sekretär.

Christoph Deckelmann, Lehrer der Weltweisheit, s. 30.

Johann Peter Kling, Lehrer der Mathematik, der churfl. Forstkammer in München Direktor, dann churpfälz. wirkl. Hofkammerrath und Forstkommissär, auch Mitglied und Schatzmeister der churfl. Akademie der Wissenschaften und der deutschen Gesellschaft in Mannheim.

Anton Däzl, beygeordneter Lehrer der Mathematik, auch Lehrer der Forstschule und Mitglied der churfl. Akademie der Wissenschaften in München und der sittlich-ökomischen Gesellschaft zu Burghausen.

Wolfgang von Jocher, churpfalzbaierischer Hauptmann, Lehrer der Geniewissenschaften und Planzeichnungen.

Joseph Schlett, Lehrer der französ. u. italienis. Sprachen.

Jos. Theodor Young, öffentl. Lehrer der englis. Sprache in dem churf. Gymnasium, auch landschaftl. Sprachmeister.

Martin Buchwieser, Lehrer der Schönschreibkunst, s. 79.

Hoftanzmeister: Hrn. Claudius le Grand. Jakob Dubreil.

Fechtmeister: Hr. Lorenz Gärtner.

Musikmeister: Hr. Johann Georg Danner, s. 35.

Edelknabendiener: Philipp Gebhard. Georg Zindl. Urban Rebling. Wilhelm Huhn. Anton Mader.

Churfl. Hoftrompeter.

Hrn. Joh. Sebastian Perchermaier, Oberhof- u. Feldtrompeter.

Veit Joseph Kreitmann.

Joseph Anton Passauer, Feldtrompeter.

Gottfried Schönge, Feldtrompeter, s. 35.

Friderich Fridl.

Valentin Speth.

Joseph Anton Murmann.

Joseph Klyzny.

Simon Hesselschwerdt.

Joseph, und Lorenz Geiger.

Cajetan Knechtel.

Joseph Schlittenhard.

Joseph Sandbüchler.

Johann Nepomuck Linbrunner.

Hofpauker: Hrn. Anton Fridl. Johann Krammer, s. 37.

Churfl. Büchsenspanner.

Hrn. Johann Mathäe.
Franz Manhart, emeritus.
Johann Pichelmaier. Franz Groll.
Gehilf: Franz Sperr.

Churfl. Kammerlaquaien.

Christoph Michaeli.   Carl Stock.
Joseph Berg.   Carl Heiser.
Franz Mäuler.

Churfl. Reislaquaien.

Franz Heckler. Dominikus Redinger.

Churfl. Hoflaquaien.

Gottlieb Thebes, Oberhoflaquai.
Philipp Mayr.   Franz Jakob Groll.
Franz Eichheim.   Johann Weishaubt.
Johann Sellmayr.   Bosian Geoffroi.
Johann Kesselbach.   Adam Schwalbach.
Christoph Wand.   Johann Georg Baumüller.
Ignatz Stel.   Carl Tremel.
Joseph Strobel.   Nikola Iberer.
Franz Hasenauer.   Franz Anton Willmotte.
Bartolome Putz.   Johann Hofmann.
Jakob Lechner.   Peter Swoboda.
Johann Altmann.   Jakob Gieser.
Franz Hochmayr.   Anton Färber.
Caspar Hekenstaller.   Jakob Spohn.
Michael Sautner.   Joseph Harhamer.
Jakob Heberle.   Aloys Bienst.
Georg Cröner.   Franz Eichheim.
Mathias Pascali.   Johann Baptist Herckel.
Caspar Schuster.   Johann Nepomuck Sellmayr.

Churfl. Läufer.

Erasmus Freyhofer. Anton Deisinger. Heinrich Baum.

Hofzwergen.

Joseph, und Franz Wechselberger, Gebrüder.

Heyducken.

Lorenz Stephan.   Joseph Kloster.
Mathias Obermayr.   Nikola Lenz.
Martin Treßler.   Mathäus Greill.
Wenzeslaus Hauptmann.   Franz Gruithuisen.
Andreas Kugler.   Christian Kolling.
Johann Michael Herkel.   Caspar Stegmann.

Churfl. Reitschul.

Oberbereiter: Hr. Valentin Schreiner.
Unterbereiter: Hr. Simon Giggenbacher.
Bereiter: Hrn. Franz Anton Pichelmayr.
  Joseph Hüllmayr. Ignatz Allmannshofer. Joseph Bauer.
Tournierhauspfleger: Franz Gißl.

Churfl. Hofstall.

Sattelknecht: Michael Steidel.
Vizesattelknecht: Jakob Ditt.
Leibkutscher: Adam Grosch.
  Christian Förster, emeritus. Jakob Walter.
Leibvorreiter: Mathäus Kirchmayr. Anton Kolb.
Senftenmeister: Joseph Zehetmaier.
Stallpfleger: Franz Geylen.
Zeltenschneider: Johann Sellmayr, s. 81.
Roßärzte: Johann Reffert. Leonard Riebl. Anton Reffert.

20 Hofkutscher.	3 Wagenknechte.
21 Vorreiter.	1 Wagenschmierer.
19 Postknechte.	1 Thorwärter.
36 Reitknechte.	1 Paukenträger.
10 Senftenknechte.	10 Fuhrknechte.
1 Wagenmeister.	3 Kärner.

Bürgerliche Hofstallarbeiter.

In München. Bortenmacher: Johann Georg Raber.
Büchsenmacher: Anton Baumann.
Bürstenbinder: Sebastian Keiffel.
Glaser: Balthasar Zech.
Gürtler: Joseph Probst.
Kistler: Christoph Gernet.
Maler und Laquirer: Augustin Weitenschlager.
Riemer: Johann Caspar Demmel.
Satler: Corbinian Zehnle.
Sattler: Bernard Picking.
Schäfter: Jakob Penderrieder.
Schlosser: Mathias Rodels Wittwe.
Schmied: Johann Schneider.
Schuhmacher: Joseph Quitzmann.
Sporer: Lukas Huetner.
Wagner: Wenzeslaus Rephann.
Wundarzt: Ignatz Hildebrand. Jakob Werther, emeritus.
In Mannheim. Sattler: Johann Stöckl.
Sporer: Christoph Hausers Wittwe.
Wagner: Johann Brech.

Churfl. Oberstjägermeisteramt zu Mannheim.

Oberstjägermeister.
Se. Excellenz Hr. Clemens Reichsgraf v. Waldkirch ꝛc. f. 15.

Oberstforstmeister.
Titl. Hr. Carl Philipp Reichsfreyherr von Wrede, churpfälzischer n wirkl. Hofgerichtsrath, Oberkriegskommissär, dann Forstmeister zu Heidelberg, Ladenburg und Lindenfels.

Forstkommissär.
Hr. Arnold Linck, churpfälz. wirkl. Regierungs- Hofkammer- Hofforstkammer- dann Forst- und Jagdrath, auch Fiskal.

Jagdsekretär.
Hr. Joseph Anton Sedelmeyer.

Registrator und Expeditor.
Hr. Johann Hauenstein.

Kanzelisten.
Hrn. Georg Wilhelm Rottmann, jugl. wirkl. geheimer Kanzelist.
Jakob Halbach.
Johann Georg Löw, Accessist.

Kanzleydiener: Heinrich Berger.
Jagdboth: Johann Adam Klingelsteiner.

Hofjägerey.
Oberjäger: Hr. Adam Breithaupt, auch Forster zu Schwezingen.
Bürschmeister: Hr. Joh. Daniel Haag, auch Forster zu Gayberg.
Vizebürschmeister: Hr. Johann Montanus, auch Forster zu Walldorff.
Heegbereiter: Hrn. Gabriel Niederreiter, zu Niederflörsheim.
Anton Bronn, auch Forster zu Neckarau.
Zeugmeister: Hr. Peter Seitz, emeritus.
Beygeordneter: Hr. Christian Seitz.
Fasanmeister bey Sandhausen: Hr. Franz Seidel, emeritus.
Beygeordneter: Hr. Franz Seidel.
Fasanmeister im Hegenig: Hr. Johann Georg Raisberger.
Entenfänger zu Briel: Hr. Paul Junkem.
Nachfolger: Dessen Kinder.
6 Besuch- und Riedenknechte.
Hirschplanjäger: Obiger Hr. Adam Breithaupt.
Aufseher der Sternallee und Trifeljäger: Die Köhlerische Wittwe und Kinder.

NB. Die Churpfälzische Landjägerey siehe nach den Churpfälzischen Landbeamten.

Churfl. Oberstjägermeisteramt zu München.

Oberstjägermeister.
Se. Excellenz Hr. Theodor Reichsgraf von Waldkirch ꝛc. ſ. 9.

Vizeoberstjägermeister.
Titl. Hr. Sigismund Graf von Preysing, ſ. 52.

Beygeordneter: Titl. Hr. Carl Reichsgraf v. Oberndorff, ſ. 67.

Jagdcavaliers.
Titl. Hrn Theodor Reichsfreyherr von Ingenheim, ſ. 14.
Antonin Graf von Prambero, ſ. 15.
Theobald Graf Buttler von Clonebuch, ſ. 55.
Marquard Reichsfreyherr von Pfetten, ſ. 58.
Christian Reichsgraf von Yrsch, ſ. 68.
Christoph Reichsgraf von Waldkirch, ſ. 69.
Friderich Reichsgraf von Seinsheim, ſ. 72.

Gejaidamtsverwalter.
Hr. Joseph Emanuel Reichsedler von Wenger, churfl. wirkl. Hofkammerrath.

Meisterjäger.
Hrn. Johann Adam Moosmüller, zugl. Pfleger im churfl. Jägerhause, dann Scherm- und Barquemeister.
Christian Räßl, zugl. Wildbahner und Aumeister.
Augustin Reckseisen, zugl. Wildbahner und Hetzmeister.
Mathias Neunzer, zugl. Wildbahner dieſſeits der Iſar.
J. Bapt. Kollstätter, Wildbahnbereiter jenseits der Iſar.
Wolfgang Dillis, Forster zu Anzing.
Franz Xaver Schubert, Wildbahnbereiter.

Fasanmeister.
Zu Hartmanshofen: Hrn. Franz Anton Speer.
Mosach: Caspar Hämmerl.
Nymphenburg: Anton Distl.
Schleißheim: Johann Reindl.

In der Menagerie zu Nymphenburg: Hr. Georg Schmetzer.
Nachfolger: Einer deſſen Söhne.
Oberjäger im Thiergarten nächst Nymphenburg: Hr. Franz Xaver Zinsmeister.
Zwirchmeister: Hr. Joseph Föderl.
18 Hof- und Landjägerjungen.
1 Hundskoch. 1 Wagenmeister. 7 Zeugdiener.

NB. Die churfl. baierische Landjägerey, dann die Forst- und Wildmeister-Aemter siehe nach den Abt- und Probsteyen in Baiern.

Hofstaat
Ihrer Durchleucht der regierenden Frau Frau Churfürstinn zu Pfalzbaiern,
Maria Leopoldina ꝛc. ꝛc.

Obersthofmeister.
Se. Excellenz Hr. Philipp Reichsgraf von Vieregg ꝛc. f. 16.

Beichtvater.
Titl. Hr. Anton Franz Rossi, Patritier von München und Kollegiatstiftsherr allda.

Kammerdiener.
Hrn. Andreas Strunz.
Thadeus Fischer, zugl. Friseur.

Kammerportiers: Hrn. Martin Papp. Carl Thiot.
Leibschneidermeister: Hr. Johann Knapp.
Kammerlaquaien: Franz Mäuler. Carl Stock.

Ihrer churfürstlichen Durchleucht ꝛc. ꝛc.
Obersthofmeisterinn.
Ihre Excellenz die hochgebohrne Frau Elisabetha Reichsgräfinn von Pappenheim, gebohrne Reichsgräfinn von Leiningen-Westerburg, Wittwe.

Damen du Palais.
Ihre hochfürstl. Gnaden Frau Walburga Reichsfürstinn von Brezenheim, gebohrne Prinzeßin von Oettingen-Spielberg.
Ihre Excell. Frau Hiacintha Gräfinn von Törring und Gronsfeld, zu Jettenbach, gebohrne Reichsgräfinn von Sandizell.
Ihre Excell. Frau Violanda Gräfinn von Rambaldi, gebohrne Reichsfreyinn von Schenck.
Ihre Excell. Frau Maria Anna Charlota Reichsfreyfrau von Gumppenberg, gebohrne Freyinn von Werneck.
Titl. Frau Gabriela Reichsgräfinn von Paumgarten-Frauenstein, gebohrne Gräfinn von Clam.
Titl. Frau Philippina Reichsgräfinn von Oberndorff, gebohrne Reichsfreyinn von Freyberg.
Titl. Frau Theresia Reichsfreyfrau von Lerchenfeld, gebohrne Reichsgräfinn von Oberndorff.
Ihre Excell. Frau Maria Anna Reichsgräfinn von Vieregg, gebohrne Reichsgräfinn von Lerchenfeld-Köfering, Elisabethenordensdame.
Titl. Frau Josepha Reichsgräfinn von Tauffkirch, gebohrne Reichsgräfinn von der Wahl.

Kammerfrauen.
Madame Catharina Leers, zugl. Obergarderoberinn.
Louise Niesen.
Kammerdienerinnen.
Mademoiselle Louise Saint George.
Theresia de Monge.
Maria Anna van der Branden.
Kammermensch: Jgfr. Josepha Zellerin.
Garderobebienerinn: Jgfr. Maria Anna Reillin.
Spitzkräserinn: Jgfr. Theresia Lori.
Leibnäherinn: Jgfr. Margaretha Mäulerin.
Leibwäscherinn: Fr. Ernestina Kreitmannin.
Kräserinn: Jgfr. Barbara Kirschbaumin.

Ihrer Durchleucht der höchstseligen Frau Frau
Churfürstinn zu Pfalzbaiern,
Maria Elisabetha 2c. 2c.
zurückgebliebener Hofstaat.
Obersthofmeister.
Se. Exzellenz der hochwohlgebohrne Hr. Carl Ludwig Freyherr v. Robenhausen, Sr. churfl. Durchl. zu Pfalzbaiern 2c. 2c. Kammerer, wirkl. geheimer Rath, Generalfeldzeugmeister u. Oberst=Innhaber des 3ten Fusilier-Regiments, Burggraf zu Alzei u. des königl. pohlnischen weißen Adlerordens Ritter.
Leibchirurgus.
Hr. Anton von Heiligenstein, der Chirurgie Doktor.
Kammerdiener.
Hrn. Wilhelm May.
Friderich Roth, titular Kammerdiener und Hofjuwelier.
Kammerportier: Hr. Peter Mohr.
Leibschneidermeister: Hr. Johann Georg Müller.
Reislaquai: Dominikus Redinger.

Ihrer churfürstl. Durchleucht 2c. 2c.
Fräulenhofmeisterinn.
Ihre Exzellenz die hochgebohrne Frau Maria Theresia, verwittwete Freyfrau von Beveren, gebohrne Gräfinn von Nesselrode, Elisabethenordensdame.
Kammerfräulen.
Fräule Maria Antonia Freyinn von Horneck, Elisabethenordensdame.
Franziska Gräfinn von Sickingen, Elisabethenordensd...

Hofdamen.

Fräule Franziska Gräfinn von Goltstein, Elisabethenordensdame.

Maximiliana Gräfinn von Thurn und Tassis, Elisabethenordensdame.

Maria Anna Gräfinn von Seinsheim.

Kammerdienerinn.

Mademoiselle Elisabetha Cornoli.

Friseurinn: Fr. Louise Winkler.

Kammermensch: Jgfr. Franziska May.

Ihrer Durchleucht weil. der verwittweten Frau Frau Churfürstinn in Baiern,

Maria Anna Sophia ꝛc. ꝛc..

zurückgelassener Hofstaat.

Obersthofmeister.

Se. Excellenz Hr. Maximilian des h. r. R. Freyherr von Rechberg ꝛc. s. 9.

Großaumonier.

Der hochwürdig-hochgebohrne Hr. Jak. Ludw. Graf de la Brue.

Beichtvater.

Hr. Franz Seraph Gunetsreiner, Weltpriester.

Hofkapellan: Hr. Anton Orelli, Curatus, s. 30.

Leibmedikus.

Hr. Johann Carl von Branca, s. 38.

Geheimer Sekretär und Zahlmeister.

Hr. Sebastian Reichsedler von Krempelhuber, auf Emmingen, churfl. wirkl. Hoffkammerrath.

Leibchirurgus.

Hr. Lukas Musinan, s. 39.

Kammerdiener.

Hrn. Johann Philipp Lauer.
 Heinrich Büssele.
 Anton Porta.

Mundschenk: Hr. Franz Mayr.

Kammerportiers: Hrn. Joseph Raymund Lindenballer.
 Sebastian Seyer.

Büchsenspanner: Hr. Johann Pichelmayr.

Kammerlaquai: Carl Heiser.

Ihrer churfürstl. Durchleucht ꝛc. ꝛc.
Oberſthofmeiſterinn.
Ihre Excellenz die hochwohlgebohrne Frau Auguſta, verwittwete Freyfrau von Monjellaz, gebohrne Freyinn von Schönberg, Sternkreuz- Ordensdame.
Kammerfräulen.
Fräule Adelheid Reichsgräfinn von Törring-Seefeld, Sternkreuz- und Maltheſerordens- Dame.
Maria Anna Freyinn von Hörwarth.
Hofdamen.
Fräule Joſepha Freyinn von Monjellaz.
Antonia Freyinn von Egckher.
Thereſia Gräfinn von Armansperg.
Kammermenſch: Jgfr. Barbara Broſchofſka.
Leibwäſchmeiſterinn: Fr. Eliſabetha von Sänfftel.
Beygeordnete: Fr. Maria Anna Kandlerin.
Garderobedienerinn: Jgfr. Thereſia Jaudtin.
Spitzkräſerinn: Fr. Maria Viktoria Hundin.
Leibnäherinnen: Jgfrn. Eliſabetha und Barbara Maſſon.

Ihrer Durchl. weil. der verwittweten Frau Frau
Herzoginn in Baiern,
Maria Anna Charlotta ꝛc.
zurückgelaſſener Hofſtaat.
Oberhofmeiſter.
Se. Excellenz Hr. Joſeph Graf von Secau ꝛc. ſ. 34.
Kammerdiener.
Hrn. Johann Baptiſt Ruault.
Mathias Lantter.

Ihrer Durchleucht ꝛc.
Oberhofmeiſterinn.
Ihre Excellenz die hochwohlgebohrne Frau Maria Leopoldina Reichsfreyfrau von Segeſſer, gebohrne Gräfinn von Ruepp.
Hofdame.
Fräule Maria Charlotta von Sainte Marie Egliſe.
Kammerdienerinnen.
Mademoiſ. Maria Anna d'Anſillon.
Maria Anna Turbert.
Kammermenſch: Jgfr. Maria Anna Heinzingerin.
Leibwäſcherinn: Jgfr. Maria Anna Schweizerin.

Churfürstliches
Hohes Ministerium.
Minister.
Se. Excellenz der hochgebohrne Hr. Franz Albert Leopold des h. r. R. Graf von Oberndorff, des hohen Malteser-Ritterordens Großbaley vom Herzogthume Neuburg, Sr. churfl. Durchl. zu Pfalzbaiern ꝛc. ꝛc. Kammerer, wirkl. geheimer Staats-Konferenz- und dirigirender Minister, Hofrichter zu Mannheim, der Jagdschiffe-Chaussee-Kommerzien- und Seidenbau-Intendance Intendant, und der churfl. Akademie der Wissenschaften zu Mannheim Präsident.

Se. Excellenz Hr. Mathäus des h. r. R. Graf von Vieregg ꝛc. s. 5.

Se. Excellenz Hr. Franz Carl Freyherr von Hompesch ꝛc. s. 6.

Se. Excellenz Hr. Joseph Ferdinand des h. r. R. Graf zu Rheinstein und Tattenbach ꝛc. s. 6.

Se. Excellenz Hr. Wilhelm des h. r. R. Graf zu Leiningen-Gundersblum, churpfalzbaierischer Kammerer.

Geheimer Kanzler.
Se. Excellenz der hochwohlgebohrne Hr. Friderich des h. r. R. Freyherr von Hertling, churfl. wirkl. geheimer Staats- und Konferenzminister, dann Oberstlehenprobst in Baiern und der oberen Pfalz.

Geheime Referendarien.
Der hochwohlgebohrne Hr. Martin Reichsfreyherr von Degen, churfl. wirkl. geheimer Rath und geheimer Referendär in Regierungs-, Justiz- und Landpolizey-Sachen.

Titl. Hr. Johann Caspar Edler von Lippert, s. 28.

Der wohlgebohrne Hr. Anton von Eyb, churfl. wirkl. geheimer Rath und geheimer Referendär in Oberpfälzischen, Neuburg- und Sulzbachischen Sachen.

Geheimer Kabinets-Sekretär.
Obiger Titl. Hr. Johann Caspar Edler von Lippert.

Geheimer Konferenz-Sekretär.
Titl. Hr. Johann Rudolph von Bäumen, s. 7.

Beygeordneter: Titl. Hr. Leopold Maximilian von Bäumen, churfl. wirkl. Oberlandesregierungsrath zu München.

Geheimer Kriegs-Konferenz-Sekretär.
Titl. Hr. Joseph Edler von Schultes, des h. r. R. Ritter.

Churfürstl. wirkliche geheime Räthe,
die zugleich churfl. Kämmerer sind.
Ihre Excellenzen.

1752. Der hochwürdig-hochwohlgebohrne Hr. Philipp Anton Freyherr von Dalwigk, Domstifts-Kapitular zu Münden.
1757. Titl. Hr. Carl Freyherr von Rodenhausen ꝛc. s. 86.
1762. Titl. Hr. August Reichsgraf v. Törring-Jettenbach ꝛc. s. 6.
1763. Titl. Hr. Sigismund Graf von Spreti ꝛc. s. 9.
Titl. Hr Carl Fürst von Leiningen ꝛc. s. 4.
1768. Der hochwürdig-hochwohlgebohrne Hr. Franz Freyherr von Schmidburg, der fürstl. hohen Domstifter zu Trier Speyer und Lüttich Kapitular.
1769. Der hochwohlgebohrne Hr. Joseph Ignatz Reichsfreyherr von Leyden, auf Affing, Schlipsheim, Ederried, Schönleiten, Mozenhofen, Nupperzell, Stolzenberg und Hart an der Aettel, churfl. Kämmerer und Pfleger zu Osterhofen, dann der unmittelbaren freyen Reichsritterschaft in Schwaben, Viertels an der Donau, der Zeit Truchenmeister, und gemeiner löbl. Landschaft in Baiern Landsteuerer Rentamts Landshut.
1771. Der hochgebohrne Hr. Joseph Ferdinand Graf von Salern, auf Geldolfing, des hochadelichen Ritterordens des heil. Michaels Großkreuzherr, churpfalzbaierischer Kämmerer, Generalfeld- und Oberstlandzeugmeister, Oberst-Innhaber des 2ten Feldjäger-Regiments, Pfleger zu Weilheim und der churfl. Akademie der Wissenschaften in München Mitglied.
Titl. Hr. Theodor Reichsgraf von Waldkirch, s. 9.
1774. Titl. Hr. Philipp Reichsgraf von Lerchenfeld, s. 7.
1775. Der hochwohlgebohrne Hr. Johann Nepomuck des h.r. R. Freyherr von Dachsberg, auf Egglkofen, Rottenwörth, Neueneich und Hernfelden, churfl. Kämmerer und Vizedom zu Landshut, dann der löbl. Landschaft in Baiern Verordneter Rentamts Landshut.
1776. Titl. Hr. Theodor Reichsgraf Topor Morawizky, s. 10.
1777. Titl. Hr. Hermann Reichsfreyherr von Lerchenfeld, s. 74.
1778. Titl. Hr. Maximilian Reichsgraf von Preysing, s. 1
Titl. Hr. Maximilian Reichsfreyherr von Rechberg, s. 9.
Der hochwohlgebohrne Hr. Johann Ernest Theodor Freyherr von Belderbusch, des hohen deutschen Ordens Ritter und Landkommenthur der Balley an der Etsch und im Gebirge, churpfalzbaier. Kämmerer, Generallieutenant der In-

Ihre Excellenzen.

fanterie, Gouverneur der Residenzstadt und Festung Mannheim, commandirender General der churfl. Truppen in der Churpfalz und Oberst-Innhaber des 12ten Fusilier-Regim.

Titl. Hr. Joseph Graf von Seeau, s. 34.
Titl. Hr. Anton Freyherr von Perglas, s. 22.
1779. Titl. Hr. Maximilian Reichsgraf von Seinsheim, s. 12.
Titl. Hr. Ernest Reichsgraf von Platen, s. 21.
1780. Der hochgebohrne Hr. Joh. Nepomuck Joseph Reichsgraf von Ezdorf, auf Kolmstein, des hochadelichen Ritterordens des heil. Michaels Großkreuzherr, churfl. Kammerer, wirkl. Regierungsrath zu Landshut und Pfleger zu Kirchberg, dann der löbl. Landschaft in Baiern Verordneter Rentamts Straubing.

Titl. Hr. Wolfgang Heribert Kammerer von Worms, Reichsfreyherr von Dalberg, s. 7.
Titl. Hr. Amand Freyherr von Dienheim, s. 22.
1781. Der hochgebohrne Hr. Gottlieb Reichsgraf von Ezdorf, auf Essenbach, Dornwang, Salhof, Hunds- und Geratpaint, des hochadelichen Ritterordens des heil. Michaels Großkreuzherr, kaiserl. königl. wirkl. geheimer Rath, churpfalzbaierischer Kammerer, Churmainzischer wirkl. geheimer Rath und Amtmann zu Rötheln, fürstl. Ellwangischer Vizedom, Comes palatinus Major und der churfl. Akademie der Wissenschaften in München Mitglied.

1782. Titl. Hr. Sigismund Reichsgraf von Preysing, s. 10.
Titl. Hr. Friderich Freyherr von Ritz, s. 23.
Der hochgebohrne Hr. Maximilian Wunibald Reichserbtruchseß Graf von Zeil, Freyherr von Waldburg, churfl. Administrator der Herrschaften Türkheim, Anglberg, Amberg und Osteretteringen.

Der hochgebohrne Hr. Adam Alexander des h. r. R. Graf von Schellard, von Oberndorf, Hr. zu Geistern, Astrum, Spraland, Schinen, Erapold u. Hoien, churpfalzbaierischer Kammerer und der bergischen Ritterstände Mitglied.

Der hochgebohrne Hr. Carl des h. r. R. Graf von Berchem, auf Piesing, churfl. Kammerer, Vizedom und Rentamtskommissär zu Burghausen, auch Pfleger zu Dingolfing und Reispach, dann der löbl. Landschaft in Baiern Verordneter Rentamts Straubing.

1783. Titl. Hr. Sigismund Reichsgraf von Haslang, s. 8.
1784. Titl. Hr. Franz Freyherr von Leoprechting, s. 23.

Ihre Excellenzen.

Der hochgebohrne Hr. Maximilian Joseph des h. r. R. Graf von Holnstein aus Baiern, Hr. der Herrschaft Holnstein, auf Jlhofen und Polanten, dann der Hofmärkte Stamsried, Thanstein, Pilmesrieth, Thall- und Neuhausen, Schwarzenfeld, Palzing und Kalling, Sr. churfl. Durchl. zu Pfalzbaiern ꝛc. ꝛc. Kammerer und Erbstatthalter der oberen Pfalz und des Herzogthums Sulzbach, Hauptpfleger zu Eschenbach, Grafenwörth, Kirchenthumbach und Hartenstein, Erbadministrator der Herrschaft Rottenegg, Kirchdorf, Märch- und Staubing, des königl. pohlnischen weißen Adlerordens Ritter.

Der hochgebohrne Hr. Johann Nepomuck Anton Felix Reichsgraf Zech von Lobming, auf Neuhofen, Pirnbach, Solln, Königswisen, Warnberg und Steinach, churfl. Kammerer und Vizedom zu Straubing, auch Churköllnischer Kammerer, dann der churfl. Akademie der Wissenschaften in München Mitglied, und der löbl. Landschaft in Baiern Rittersteuerer Rentamts Burghausen.

1785. Titl. Hr. Joseph Reichsgraf von Törring und Cronsfeld, zu Jettenbach ꝛc. s. 12.

Titl. Hr. August Freyherr von Hornstein, s. 24.

Der hochgebohrne Hr. Johann Caspar Graf von Preysing im Moos, Hr. der Grafschaft Ort am Traunsee, Freyherr von und zu Altenpreysing, genannt Kronwinkel, Hr. der Herrschaft Acholming, dann der Hofmärkte Moos und Göldenburg, des hohen Maltheserordens Ehrenritter, churpfalzbaierischer Kammerer, Pfleger u. Hauptmautner zu Deggendorf und Natternberg, dann der löbl. Landschaft in Baiern Landsteuerer Rentamts Burghausen, und des fürstl. hohen Domstifts zu Freysing Erschenk.

Titl. Hr. Anton Reichsgraf von und zu Hegnenberg, s. 15.

Der hochgebohrne Hr. Maximilian Reichsgraf von Thurn und Taßis, auf Obergrießbach und Rottenfels, kaiserl. königl. und churpfalzbaierischer Kammerer, auch Landschaftskommissär und Landoberster des Herzogthums Neuburg.

Der hochwohlgebohrne Hr. Anton von Schmid, Freyherr von Haßlach, auf Pirnbach, Neubau, Brundobl, Sulzbach, Schönbrunn, Moching und Lottspach, churpfalzbaierischer Kammerer, Revisionsrath-Direktor in München und Erbpfleger zu Aybling, auch der löbl. Landschaft in Baiern Verordneter und Rechnungsaufnehmer.

(93)

Ihre Excellenzen.

Der hochgebohrne Hr. Claudius Martin des h. r. R. Graf von St. Martin.

1786. Der hochgebohrne Hr. Maximilian Emanuel Reichsgraf von Laufkirch, auf Kazenberg, Guttenburg, Titling und Engelburg, Innhaber des Fürstenthums Barbencon im Henegau, churpfalzbaierischer Kammerer, Oberst der Cavallerie und Pfleger zu Kransberg, dann des königl. pohlnischen weissen Adlerordens Ritter.

Titl. Hr. Anton Reichsgraf von und zu Sandizell, s. 13.

1787. Titl. Hr. Joseph Reichsfreyherr von Weichs, s. 13.

Der hochgebohrne Hr. Sir Benjamin Thompson des h. r. R. Graf von Rumford, churpfalzbaierischer Kammerer, Generallieutenant der Cavallerie, und Oberst-Proprietär des Artillerie-Regiments, des königl. pohlnischen weissen Adler- und St. Stanislausordens Ritter, dann der königl. Gesellschaft zu London, der königl. Akademie der Wissenschaften zu Berlin, der churfl. Akademien der Wissenschaften in Mannheim und München und der amerikanischen Akademie der Wissenschaften Mitglied.

Der hochwürdig-hochwohlgebohrne Hr. Ferdinand Aloys Freyherr von und zu Asch, auf Oberndorf und Niedernerlbach, Sr. päbstlichen Heiligkeit infulirter Prälat, churfl. wirkl. Regierungsrath zu Landshut und des dasig churfl. Kollegiatstifts Dechant und Senior.

1790. Titl. Hr. Johann Nepomuck Reichsgraf von Yrsch, s. 45.

Der hochgebohrne Hr. Maximilian Reichsgraf von Berchem, churpfalzbaierischer Kammerer, wirkl. Regierungsrath, Rentmeister und Hofbauamts-Inspektor zu Burghausen, dann der löbl. Landschaft in Baiern Rittersteuerer Rentamts Straubing.

Der hochgebohrne Hr. Friderich des h. r. R. Graf von Vieregg, des hohen Maltheser-Ritterordens Großkreuzherr und Kommenthur zu Landsberg und Vogach, churpfalzbaierischer Kammerer und Generalmajor der Infanterie.

1791. Der hochgebohrne Hr. Johann Caspar Aloys Reichsgraf Basselet von Larosee, auf Garatshausen, Poßenhofen, Wörth und Hirschbüchl, churfl. Kammerer und Revisionsraths-Vizedirektor in München.

Titl. Hr. Ludwig Freyherr von Hövel, s. 26.

Titl. Hr. Joseph Reichsgraf von Königsfeld, s. 9.

Ihre Excellenzen.

Titl. Hr. Cajetan Reichsfreyherr von Reisach, s. 29.

1792. Titl. Hr. Gottfried Freyherr von Beveren, s. 23.

Titl. Hr. Maximilian Reichsfreyherr von Gumppenberg, s. 13.

Titl. Hr. Franz Reichsgraf von Zedtwitz, s. 11.

Der hochwürdig-hochgebohrne Hr. Ludwig Reichsgraf von Ezdorf, der hohen Domstifter Freysing und Regensburg Kapitular, dann des löbl. Kollegiatstifts zum heil. Andrä ob Freysing Probst.

1793. Titl. Hr. Georg Sigismund Reichsgraf v. Portia, s. 10.

1794. Titl. Hr. Clemens Reichsgraf von Waldkirch, s. 15.

1795. Titl. Hr. Philipp Reichsgraf von Vieregg, s. 16.

Der hochgebohrne Hr. Guido Alons Reichsgraf von Lauffkirch, des hohen Maltheserordens Ritter und Kommenthur zu Sulzbach, churpfalzbaierischer Kammerer und Regierungs-Vizepräsident zu Amberg.

Der hochwürdig-hochgebohrne Hr. Franz Xaver Reichsgraf v. Dietrichstein, des fürstl. freyen Reichsstifts zu Berchtesgaden Dechant und der dießortig fürstlichen Dikasterien Präsident.

1796. Der hochgebohrne Hr. Carl des h. r. R. Graf von Schall, churpfalzbaierischer Kammerer und wirkl. Regierungsrath zu Mannheim, dann bevollmächtigter churfl. Minister an dem königl. Preußischen Hofe zu Berlin und dem Chursächsischen zu Dresden, auch Oberamtmann zu Lautern, und des königl. pohlnischen weissen Adlerordens Ritter.

Titl. Hr. Maximilian Reichsgraf v. Leiningen-Westerburg, s. 26.

1797. Titl. Hr. Anton Reichsgraf von Wickenburg, genannt Stechinelli, s. 25.

1798. Titl. Hr. Christian Reichsgraf von Obernborff, s. 17.

Titl. Hr. Joseph Ludwig Graf von Goltstein, s. 28.

Churfl. wirkl. geheime Räthe,
die keine Kämmerer sind.

1768. Titl. Hr. Willibrodus, Abt zum heil. Maximin, s. 28.

1769. Der hochwürdig-wohlgebohrne Hr. Adolph, des löbl. Stifts und Klosters zu Erbach, des Benediktinerordens Abt.

1770. Der wohlgebohrne Hr. Joseph Hermann von Planck, auf Haidenhofen, des h. r. R. Ritter, churfl. Hoffammer-Direktor in München, dann des Wechsel- und Merkantilgerichts allda zwoter Instanz Vorstand.

1771. Der hochwohlgebohrne Hr. Johann Rupert Freyherr von St. Vincent.

1776. Der hochgebohrne Hr. Johann Baptist Graf von Salis, Erbkammerer am römischen Hofe, auch königl Preussischer Kammerer, des königl. portugiesischen Christus- und des goldenen Spornordens Erbritter und Erbpfalzgraf.
1778. Titl. Hr. Casimir Reichsfreyherr von Häffelin ꝛc. s. 41.
1781. Titl. Hr. Franz Freyherr von Berghe, s. 22.
1782. Der wohlgebohrne Hr. Carl Albrecht Edler v. Vacchiery, des h. r. R. Ritter, churfl. Hofrath, Kanzler und der Akademie der Wissenschaften in München historischer Klasse Direktor.
1784. Der wohlgebohrne Hr. Martin Joseph von George, beygeordneter churfl. Generalkommissär in den Niederlanden, auch Controleur der Domainen und Finanzen des Marquisats Bergen op Zoom.
1785. Der hochwohlgebohrne Hr. Johann Lambert Reichsfreyherr von Babo, churfl. wirkl. Regierungsrath zu Mannheim.
1787. Der hochwürdig-wohlgebohrne Hr. Johann Nepomuck von Wolf, Bischof zu Dorpla und Weihbischof zu Freysing, auch hochfl. Freysing. und Regensburgischer wirkl. geheimer Rath, der hohen Domstifter zu Freysing und Regensburg respective Kapitular und des Konsistoriums Vizepräsident, dann fürstbischöflich-Churischer zur allgemeinen Reichsversammlung in Regensburg bevollmächtigter Gesandter.
Der hochwürdig-hochwohlgebohrne Hr. Franz Joseph Reichsfreyherr von Stengel, des fürstl. hohen Domstifts zu Freysing Kapitular und der Domprobsten Coadjutor, churfl. und hochfürstl. Freysingischer wirkl. geistl. Rath, des adelichen Ritterstiftes zu Wimpfen Kapitular und des löbl. Kollegiatstifts zum heil. Andrä in Kölln Probst.
1790. Titl. Hr. Martin Reichsfreyherr von Degen, s. 89.
Der hochwohlgebohrne Hr. Stephan Reichsfreyherr von Stengel, churfl. Oberlandesregierungs-Vizekanzler in München, churpfälzischer wirkl. Regierungsrath, Vorsteher der churpfälzischen deutschen Gesellschaft und der churfl. Akademie der Wissenschaften in München Mitglied.
1792. Der hochwohlgebohrne Hr. Johann Heinrich Reichsfreyherr von Grein, gülich- und bergischer wirkl. geheimer Rath, churfl. accreditirter Gesandter an dem Churhofe zu Kölln, dann Gesandter und Direktorialrath des Niederrhein-Westphälischen Kreises, auch Steuer-Referendär und Münzkommissär.
Titl. Hr. Johann Caspar Edler von Lippert, s. 28.

1793. Der hochwohlgebohrne Hr. Franz Xaver Reichsfreyherr von Schneider, auf Regelsfürst, churfl. wirkl. Oberlandesregierungsrath, des churfl. Bücherzensur-Kollegiums Direktor, geheimer Archivar in München und Archivsinspektor zu Neuburg.

1797. Titl. Hr. Anton von Eyb, s. 89.

Churfl. titular geheime Räthe,
die zugl. churfl. Kämmerer sind.

1772. Der hochgebohrne Hr. Ludwig Graf von Savioli-Fontana-Corbelli, churpfalzbaierischer Kammerer.

Der hochwohlgebohrne Hr. Franz Joseph Freyherr von Strommer, churpfalzbaierischer Kammerer und hochfürstl. Freysingischer wirkl. geheimer Rath.

1776. Der hochgebohrne Hr. Ignaz des h. r. R. Graf von und zu Arco, genannt Bogen, auf Oberköllnbach und Achaim, churpfalzbaierischer Kammerer und der löbl. Landschaft in Baiern Verordneter Rentamts Burghausen.

1780. Titl. Hr. Damian Reichsgraf von und zu Lehrbach, s. 11.

1794. Der hochgebohrne Hr. Carl Theodor des h. r. R. Graf von Vieregg, churpfalzbaierischer Kammerer, wirkl. Regierungs- und Oberappellationsgerichtsrath zu Mannheim, dann churfl. bevollmächtigter Minister zu Brüssel und Generalkommissär in den Niederlanden.

1797. Titl. Hr. Joseph Reichsgraf von Tauffirch, s. 15.

Churfl. titular geheime Räthe,
die keine Kämmerer sind.

1764. Der hochwohlgebohrne Hr. Johann Bernard Bertrand Freyherr von Franken.

Der hochgebohrne Hr. Peter Maria Marchese Andrioli.

1770. Der wohlgebohrne Hr. Peter Joseph v. Roseneck, churfl. Oberappellationsgerichts-Direktor und Regierungsrath in Mannheim.

1772. Der wohlgebohrne Hr. Mathias Gabriel von Klein, churfl. Regierungs-Vizekanzler u. Münzkommissär zu Mannheim, dann der churfl. Universität zu Heidelberg Oberkurator.

Der hochwohlgebohrne Hr. Philipp Ludwig Reichsfreyherr v. Koch, churpfälz. Regierungsrath und Landschreiber zu Alzei.

Der wohlgebohrne Hr. Clemens von Hueber, von der Wiltau, churfl. Assessor des kaiserlichen und des Reichskammergerichts zu Wetzlar.

Der wohlgebohrne Hr. Johann v. Bree, gülichischer Hofrath.

1774. Der hochwürdig-wohlgebohrne Hr. Nikola Maner.
1775. Der hochwohlgebohrne Hr. Franz Rudolph Freyherr von Schwachheim, churfl. wirkl. Oberlandesregierungrath in München.

Der hochwürdig-wohlgebohrne Hr. Cölestin Isacci, des löbl. Stifts und Klosters des Ordens des heil. Benedikts auf St. Jakobsberg zu Mainz Abt, Primas der zweyten Cleriseh zu Mainz, Hr. zu Geinsheim, Pleinig und Dornickheim.

Der hochwürdig-wohlgebohrne Hr. Carl Joseph Blesen, des hohen Maltheser-Ritterordens Kommenthur zu Friburg.

1776. Der hochwohlgebohrne Hr. Ludwig Heinrich Reichsfreyherr von Hammerer, von Hammerstein.

Titl. Hr. Leopold Krieger s. 29.

1777. Der hochwürdig-hochwohlgebohrne Hr. Johann Gabriel Freyherr von Franz zu Düresbach.

Der hochwürdig-wohlgebohrne Hr. Carl Philipp Schönmezler, churfl. wirkl. Regierungsrath und Kollegiatstifts-Dechant zu Neuburg, dann Administrator und oberer Stadtpfarrer allda, auch der beyden Korstifter Heideck und Hilpolstein Respicient.

1781. Der wohlgebohrne Hr. Peter Kamp.

1782. Der wohlgebohrne Hr. Anton v. Gronefeld, zu Ottbergen.

1785. Der hochwohlgebohrne Hr. Joseph Maria Freyherr von Pauli, auf Schönbrunn, churfl. wirkl. Hofrath, dann Landrichter, auch Forstbeamter u. Gränzmautner zu Schrobenhausen.

1786. Der hochwohlgebohrne Hr. Bernard Freyherr von Rumelskirch, Hr. von Weissendorff, Schmittelberg und Frikenhausen, Erbherr der Herrschaften Horaßdiowitz u. Wognitz.

1787. Der wohlgebohrne Hr. Joh. Nepomuck Edler v. Stubenrauch, churfl. wirkl. Oberlandesregierungsrath in München.

Der wohlgebohrne Hr. Maximilian Johann Nepomuck Edler von Stubenrauch, auf Lenting, churfl. wirkl. Oberlandesregierungsrath in München.

1788. Der wohlgebohrne Hr. Franz von Schweizer, Banquier zu Frankfurt.

1790. Der wohlgebohrne Hr. Desiderius von Schneid, des h. r. R. Ritter, churfl. Hofraths-Vizekanzler in München, auch des hohen Maltheser-Ritterordens Donat und der englischbaierischen Zunge Kanzler.

Der wohlgebohrne Hr. Johann Godwin Widder.

1791. Titl. Hr. Johann Nepomuck Edler von Weizenfeld, s. 42.

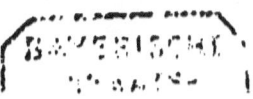

Der hochwohlgebohrne Hr. Wilhelm Joseph Reichsfreyherr von Weinbach, auf Cröblitz, churfl. Regierungskanzler zu Amberg und Lehenprobst des Herzogthums der oberen Pfalz.
1792. Der wohlgebohrne Hr. Franz May, weil. Ihrer Durchl. der Fr. Fr. Churfürstinn Maria Elisabetha ꝛc. ꝛc. Leibarzt, dann auf der churfl. Universität zu Heidelberg Lehrer.
Titl. Hr. Lorenz von Fischer, s. 72.
1793. Der hochwohlgebohrne Hr. Carl Albrecht Freyherr von Aretin, churfl. wirkl. Oberlandesregierungsrath und Oberstlehenhofs-Kommissär in München.
Der wohlgebohrne Hr. Friderich Poesl, churfl. Regierungskanzler und Lehenprobst zu Landshut.
Der hochwohlgebohrne Hr. Joseph Franz Xaver Reichsfreyherr von Pruckberg, churfl. Regierungskanzler und Lehenprobst zu Straubing.
Der hochwohlgebohrne Hr. Gottfried Freyherr von Franz, gülich- und bergischer wirkl. Hofkammerrath.
1798. Der wohlgebohrne Hr. Albert Lionard, churfl. Hofkammerdirektor zu Mannheim.
Der wohlgebohrne Hr. Georg Christoph Wrede.

Churfl. geheime Kanzley.

Churfl. geheime Sekretarien und wirkl. Räthe.
Titl. Herren.
1764. Peter Edler von Stamm, des h. r. R. Ritter.
1765. Johann Georg Reichsedler von Plötz, zugl. Kabinetszahlmeister und der churfl. Kabinetsherrschaften in Baiern und der oberen Pfalz Administrationssekretär.
1767. Wolfgang Eberhard Reichsedler von Tein, churfl. wirkl. geistl. Rath, Kollegiatstifts-Kapitular zu U. Fr. in München, päbstl. Protonotar, des goldenen Spornordens Ritter und sacri Palatii et Aulä later. Comes.
Philipp Herdt, s. 80.
1771. Franz Carl Edler von Rauffer, des h. r. R. Ritter.
1773. Franz Ludwig Edler Schmitz von Aurbach, auf Michellbach und Schwannheim, des h. r. R. Ritter, churpfälzischer Regierungsrath.
Michael Geiser, zugl. Administrator der churfl. baierischen Zahlenlotterie.
1776. Philipp Waquier de la Barthe, churfl. wirkl. geheimer Legationsrath, Kollegiatstifts-Kapitular zu München und Probst zu Wassenberg.

Titl. Herren.
1777. Peter Joseph Edler von Vollmar, auf Veltheim, des h. r. R. Ritter.
Johann David Heeser.
Edmund Edler von Brot, des h. r. R. Ritter, churfl. wirkl. geheimer Legationsrath.
Johann Arnold Edler von Langenbach, des h.r.R. Ritter.
Georg Edler von Schlösser, des h. r. R. Ritter, als geheimer Expeditor in Mannheim angestellt.
1780. Benno Leopold Edler von Kirstner, des h. r. R. Ritter, zur Einrichtung der Staatsregistratur angestellt.
1783. Carl von Klessing, zugl. beygeordneter Kabinetszahlmeister und der churfl. Kabinetsherrschaften in Baiern und der oberen Pfalz Administrations - Sekretär.
1784. Franz Xaver Edler von Krauß, s. 19.
Christoph Sartorius, zugl. geheimer Registrator.
1785. Adam Ignatz Kirmair, Edler von Eschenbach.
Johann Baptist Edler von Schneidheim, des h. r. R. Ritter, zugl. geheimer Expeditor.
Joseph Edler von Willinger, des h. r. R. Ritter.
Joseph Edler von Schultes, s. 89.
1787. Anton Edler von Rauffer, des h. r. R. Ritter.
Wilhelm Jakob Heidel.
1790. Johann Georg Nemmer, zugl. der Universitäts - und lateinischen Schulkuratel Sekretär.
1791. Joseph Edler von Lori, des h. r. R. Ritter, und Wilhelm Braam, zugl. geheime Registratoren.
1793. Joseph Marius Babo, churfl. Bücherzensurraths und Studien-Direktor bey der churfl. Militär-Akademie.
Egid Kobell.
Joseph Keßler.
Joseph Martin Lagache.
1795. Franz Joseph Hausmann.
Theodor Kieser, d. G. D. churfl. wirkl. geistl. Rath und Kollegiatstifts-Kapitular zu Vilshofen.
Mathias Reichsedler von Krempelhuber.
Franz Xaver Kleinheinz.
1796. Andreas Karg, zugl. Ingrossist.
Joseph Leers, zugl. geheimer Registrator.
1797. Simon v. Walck, beym oberpfälz. geheim. Departement.
1798. Peter v. Tribolet, beym niederrhein. geh. Departement.
Johann Jakob Lotter.

Geheimer Expeditor.

Hr. Johann Baptist Edler von Schneidheim, s. 99.

Wirkl. aber nicht frequentierende geheime Sekretarien und wirkl. Räthe.

Titl. Herren.

1760. Cosmas Collini, s. 40.
1774. Johann Georg Frankl, churfl. wirkl. Revisionsraths-Sekretär.
1776. Anton Reichsedler von Klein, des h. r. R. Ritter, herzoglich=Pfalzzweybrückischer geheimer Rath, Lehrer der Weltweisheit u. schönen Wissenschaften zu Mannheim, dann Geschäftverweser der churpfälz. deutschen Gesellschaft.
1781. Franz Jakob Fischer, emeritus.
1782. Michael Alexander Edler von Finck, zugl. churfl. wirkl. Hofkammerrath und Hauptkaßier in München.
1785. Andreas Buxbaum.
1792. Johann Adam Leger.
1794. Franz Lampel, zugl. geheimer Registrator.
1797. Joseph Haslinger, geheimer Kanzleramts Protokollist.
1798. Franz Xaver Zeiller.
Gottfried Joseph von Geiger.

Titular geheimer Sekretär.

1786. Hr. Franz Johann Nepomuck Figglischer, bey der Administration der churfl. Kabinetsherrschaften Kanzelist.

Geheime Registratoren.

Hrn. Christoph Sartorius, s. 99.
Joseph Edler von Lori, s. 99.
Clemens Hesenacker, zugl. bey der Universitäts-Schulkuratel Registrator.
Wilhelm Braam, s. 99.
Vincenz Pall, Edler von Pallhausen, zu Mitbearbeitung der Staatsregistratur angewiesen.
Johann Baptist Reichsedler von Berüff, baierischer Patritier.
Obiger Franz Lampel.
Alons Reisenegger.
Joseph Leers, s. 99.
Franz Ullmicher.
Anton Soelbner.

Geheime Kanzelisten u. wirkl. Sekretarien.

Hrn. Nikola Rousseau.
    Maximilian Neusinger, emeritus.
    Clemens Hesenacker, s. 100.
    Johann Anton Lacence.
    Johann Nepomuck Heß.
    Joseph Elbinger.
    Franz Xaver Kauffmann, zugl. Archivsoffiziant.
    Franz Seraph Reichenberger.
    Clemens Maximilian Hörspucher.
    Joseph Jakob Mayers.
    Joseph Günter.
    Joseph Stiz.
    Joseph Krammer, s. 40.
    Jakob Prosch.
    Carl Mezger.
    Gottlieb Vogl.
    Sebastian Wibmer.
    Joseph Kraus.
    Franz Bube.
    Johann Martin Babo.
    Georg Rottmann, s. 83.
    Joseph Grimeisen.
    Franz Xaver Kobell.
    Ferdinand von Stahl, b. R. L.
    Andreas Köhler.
    Accessist: Andreas Klob.

Kanzleydiener in München: Hr. Philipp Schroff.
  In Mannheim: Hr. Johann Adam Schröder.
  Beygeordneter: Dominikus Redinger.
Konferenzdiener in München: Joseph Fetz. Frider. Berlinghof.
  In Mannheim: Philipp Ludwig Mayr.
  Beygeordneter: Anton Schleicher.
Kabinetscourier: Michael Steidel.
Kanzlerbothen: Johann Ullmicher. Leonard Löckler.
  Joseph Schönstern. Joseph Dreindl.
Registratursbothen: Jakob Zöhl, zugl. Aktenhefter.
  Bernard Gutschneider.
  Alexander Kunzmann, Aktenhefter zu Mannheim.
Archivdiener zu Mannheim: Georg Hüller.
Bothen über Land: Johann Ertl. Joseph Eder.
  Joseph Heitner. Michael Baimler. Joseph Conrad.
  Joseph Fachhammer. Johann Neuhauser.

Churfl. Gesandte, Minister, und Agenten
an auswärtigen Höfen.

Augsburg.
Agent: Hr. Johann Baptist Staudinger, churfl. Hofrath.

Berlin.
Bevollmächtigter Minister: Se. Excellenz Hr. Carl Reichsgraf von Schall, s. 94.

Charge d'Affaires: Titl. Hr. Joseph Maria Freyherr von Posch, churfl. Hofrath und Major a la Suite.

Bonn.
Accreditirter Gesandter: Titl. Hr. Johann Heinrich Reichsfreyherr von Grein, s. 95.

Brüssel.
Bevollmächtigter Minister: Titl. Hr. Carl Reichsgraf von Vieregg, s. 96.

Agent: Hr. Eugen Hiacinth Charlier.

Cleve.
Resident: Hr. Johann Bernard Hasenbach, gülich- und bergischer geheimer Rath.

Nachfolger: Hr. Johann Balthasar Hasenbach, gülich- und bergischer Hofrath, auch Nachfolger der Landrentmeisterstelle zu Ravenstein.

Collmar.
Agent: Hr. Ludwig Bailand, churfl. Rath.

Dresden.
Bevollmächtigter Minister: Se. Excellenz Hr. Carl Reichsgraf von Schall, s. 94.

Charge d'Affaires: Titl. obiger Hr. Joseph Freyherr von Posch.

Frankfurt.
Gesandter und Direktorialrath des chur- und oberrheinischen Kreises: Titl. Hr. Wilhelm Reichsfreyherr von Weiler, churfl. wirkl. Regierungs- und Oberappellationsgerichtsrath zu Mannheim, dan Mitglied der churpfälz. deutsch. Gesellschaft.

Legations-Sekretär an dem chur- und oberrheinischen Kreise: Hr. Georg Joseph Ortenbach, churfl. Regierungs-Sekretär in Mannheim.

Resident: Titl. Hr. Friderich Franz Reichsfreyherr von Schmitt zu Rossan, churfl. wirkl. Hofrath.

Agenten: Hrn. Joh. Michael Luther, churfl. Kommerzienrath.
Johann Heinrich Mannskopf, churfl. Hofrath.
Friderich Rebel, churfl. Kommerzienrath.

Haag.
Charge d'Affaires: Titl. Hr. Franz Anton van Willingen.
Heilbronn.
Resident: Hr. Ludwig Friderich Fischer.
Kölln.
Titl. Hr. Johann Heinrich Reichsfreyherr von Grein, s. 95.
Resident: Titl. Hr. Joseph Freyherr von Franz zu Düresbach.
London.
Bevollmächtigter Minister: Se. Excellenz Hr. Sigismund Reichsgraf von Haslang, s. 8.
Loretto.
Konsul: Hr. Franz Dominikus Cleri.
Memmingen.
Agent und Salzfaktor: Hr. Christoph Wechsler, churfl. Rath.
Neapel.
Minister und Resident: Titl. Hr. Caspar Marquis des Curtis, churfl. Hofrath.
Nürnberg.
Bevollmächtigter Gesandter am fränkischen Kreiskonvent: Titl. Hr. Johann Nepomuck Reichsfreyherr von Lautphaus, churfl. wirkl. Regierungs- und Hofkammerrath zu Neuburg.
Paris.
Agent: Hr. Franz Kymli.
Petersburg.
Bevollmächtigter Minister: Titl. Hr. Franz Xaver Reichsfreyherr von Reichlin, s. 62.
Legations-Sekretär: Hr. Joseph Friderich Sulzer, churpfalzbaierischer Major a la Suite.
Regensburg.
Bevollmächtigter Gesandter: Se. Excellenz Hr. Philipp Reichsgraf von Lerchenfeld, s. 7.
Legations-Sekretarien: Hrn. Conrad Baur.
  Johann Nepomuck von Kleber.
Legations-Kanzelisten: Hrn. Anton Schwarz.
  Franz Xaver Obenhin.
Rom.
Legations-Kanzelist: Hr. Seraphin Carboni.
Agent: Hr. Franz Cantoni.
Expeditionär: Hr. Joseph de Chard, churfl. wirkl. Hofrath.
Beygeordneter Expeditionär: Hr. Heinrich de Chard.
Hr. Peter Catena, churfl. titular Rath.

Trier.

Agent: Hr. Carl Theodor Eichhorn, churpfl. Hofgerichtsrath, dann Syndikus und Lehenrath der kaiserl. Abtey zum heil. Maximin.

Kommerzialresident und Agent: Hr. Marschall.

Venedig.

Agent: Hr. Gabriel Cornet, churfl. Rath.

Ulm.

Bevollmächtigter Gesandter zum löbl. Kreiskonvent: Titl. Hr. Wilhelm Reichsfreyherr von Hertling, churfl. wirkl. Hofkammerrath, dann Pfleger und Kastner zu Mindelheim.

Wezlar.

Hr. Helffrich, wegen Churpfalz, Neuburg und Sulzbach Agent und Prokurator.

Hr. v. Hofmann, erster Agent wegen Baiern und zweyter von Neuburg und Sulzbach.

Hr. Carl Schick, zweyter Agent wegen Baiern.

Wien.

Bevollmächtigter Minister: Se. Excellenz Hr. Anton Reichsgraf von Wickenburg, genannt Stechinelli, s. 25.

Legations = Sekretär: Hr. Jakob Duras, karakterisirter churfl. wirkl. geheimer Sekretär.

Legations-Kanzelist: Hr. Philipp Friedmann.

Agenten: Hrn. Mariophilus Chevalier d'Urbain, Neuburgischer Hofrath, für das Königreich Böheim und die österreichischen Niederlande.

Johann Baptist von Fichtel, churfl. Rath, und Leopold Heinsberg, bey dem kaiserl. Reichshofrathe.

Franz von Paula Vogl, churfl. Rath.

Churfl. wirkl. geheimer Legationsrath.

Titl. Hr. Edmund Edler von Brot, s. 99.

Auswärtige Herren Gesandte und Minister
am churpfälzischen Hofe.

Vom königl. Dänischen Hofe.
Als bevollmächtigter Minister: (P. T.) Hr. von Wächter, Sr. königl. Majestät von Dännemark ꝛc. ꝛc. Kammerer.

Vom königl. Großbrittanischen Hofe.
Als ausserordentlicher Gesandter: (P. T.) Hr. Arthur Paget, ingl. bevollmächtigter Minister bey der Reichsversammlung in Regensburg.

Vom chur-Hannoverischen Hofe.
Als bevollmächtigter Minister: (P. T.) Hr. Dietrich Heinrich von Ompteda.

Vom Kaiserl. Königl. Hofe.
Als bevollmächtigter Minister: (P. T.) Hr. Joseph Johann des h. r. R. Graf von Seilern und Aspang, der Römisch-Kaiserlichen, auch in Germanien, zu Ungarn und Böheim Königlichen Apostolischen Majestät ꝛc. ꝛc. Kammerer, wirklicher geheimer Rath und Allerhöchst Jhro bevollmächtigter Minister am Churpfälzischen Hofe und baierischen Kreise ꝛc.

Vom Päbstlichen Hofe.
Als Nuntius: (P. T.) Monsig. Emidius von Ziucci, Erzbischof von Rosi, dann Sr. Päbstl. Heiligkeit Pius VI Prälatus Domesticus et Solio Pontificio assistens.

Vom königl. Preussischen Hofe.
Als accreditirter Charge d'Affaires: (P. T.) Hr. Heinrich Wilhelm Harnier, Sr. königl. Majestät von Preussen ꝛc. ꝛc. Gesandtschaftsrath.

Vom kaiserl. Russischen Hofe.
Als ausserordentlicher Gesandter und bevollmächtigter Minister: (P. T.) Hr. Carl Freyherr von Bühler, Sr. Russisch-kaiserl. Majestät ꝛc. ꝛc. wirkl. Staatsrath und des heil. Wladimir-Ordens Großkreuzherr.

Vom chur-Sächsischen Hofe.
Als ausserordentlicher Gesandter: (P. T.) Hr. Carl des h. r. R. Graf von Schlitz, genannt Goertz, Commandeur des kaiserlichen St. Joseph-Ordens.

Churpfalzbaierischer
Hoher Hofkriegsrath.

Präsident.
1792. Se. hochfürstl. Gnaden Hr. Friderich Wilhelm Fürst von Ysenburg, churfl. Generallieutenant der Cavallerie, Proprietärlieutenant des churfl. Leib- und ersten Grenadier-Regiments, dann des russischen Alexander Newsky und des toskanischen St. Stephansordens Ritter.

Vizepräsident.
1798. Titl. Hr. Friderich Carl Freyherr von Dallwigk, s. 26.

Hofkriegsraths-Direktor.
1792. Titl. Hr. Maximil. Reichsgraf Topor Morawitzky, s. 14.

Hofkriegsräthe und Chefs
der verschiedenen Departements beym Hofkriegsrathe.

Titl. Herren.
1785. Silvius Freyherr von Hohenhausen, Chef des Artillerie-Departements, s. 69.
1789. Aloys Reichsgraf von Taufkirch, Chef vom Cavallerie-Departement, s. 58.
1798. Joseph Reichsfreyherr von Bartels, Chef vom Infanterie-Departement, s. 59.
1791. Franz Jakob Freyherr von Thiboust, churfl. Generalmajor der Infanterie, Chef der Controlle general, dann des churfl. Leib- und 1ten Grenadier-Regiments Oberst-Commandant.

Kanzley-Direktor.
1798. Titl. Hr. Joseph Edler von Vollmar, auf Veltheim, des h. r. R. Ritter, zugl. Direktor vom Justizwesen.

Hofkriegs- und Justizräthe.
Titl. Herren.
1787. Joseph Maria Steinsdorf.
1790. Anton Baumgartner.
1791. Friderich Hansen.
1794. Johann Heinrich Frank.
1797. Felix Joseph Kpowsky.
1797. Aushelfer mit Sitz und Stimme im Justizwesen: Joseph Daubenmerggl, zugl. Staabsauditor in München.

Oekonomie-Direktor.
1798. Titl. Hr. Wilhelm van Douwe, zugl. Kriegshauptbuchhalterey-Direktor.

Wirkl. frequentierende Hofkriegs- und Oekonomieräthe.
Titl. Herren.
1790. Johann Anton Heerdan, zugl. Kriegs- und Militär-Arbeitshauses- dann Militär-Akademie-Kommissär in München.
1791. Anton Joseph Orff, bey dem Cavallerie-Departement, auch Kommissär bey der Veterinaire-Schule und englischen Gartenbau-Kommission.
1794. Philipp Reichsfreyherr von Mohr, Major beym Generalstaabe.
1794. Ignatz von Fercher.
1795. Johann Baptist Lechner.

Wirkl. dermal aber nicht frequentierende Hofkriegs- und Oekonomieräthe.
Titl. Herren.
1785. Johann Baptist Edler von Verges, des h. r. R. Ritter, zugl. Kriegskommissär zu Mannheim.
1788. Carl Sartori, zugl. Hofkriegszahlmeister in München.

Karakterisirte Hofkriegsräthe.
Titl. Herren.
1792. Bernard Schlemmer, auch churpfälzischer wirkl. Hofgerichtsrath und Hofkriegskassier in Mannheim.
1794. Conrad Bechtold, zugl. Sekretär bey dem rheinpfälzischen Provinzial-Commando.

Kriegs-Präsidial-Sekretär.
Hr. Joseph Deitter, karakterisirter wirkl. geheimer Sekretär.

Wirkl. frequentierende Hofkriegsraths-Sekretarien.
Hrn. Johann Jakob Lotter, s. 99.
Franz Xaver Zeiller, s. 100.
Jakob Conrad.
Jakob Deninger.
Georg Narciß.
Nikola Versch.
Franz Neuner, s. 42.
Mathias Anders, zugl. beym Armen-Institut.
Johann Alexander Rainprechter.

Titular Sekretarien.
Hrn. Johann Anton Bauer, Ungelder zu Mitterteich.
    Joseph Wenger, Proviantverwalter in München.
Expeditor.
Hr. Hilarius Oberholzer.
Expeditursgehilf: Hr. Ludwig Palm.
Registratoren.
Hrn. Andreas Winkler, Oberregistrator.
    Mathäus Kopolt.
    Joseph Strizel.
    Franz Georg Speth, zu Mannheim.
    Michael Dallmayer.
    Andreas Köhler, s. 101.
Kanzelisten.
Hrn. Jakob Ziegler, beym rheinpfälz. Provinz-Commando.
    Anton Ramlo.
    Paul Prassinger.
    Johann Georg Eberer.
    Mathias König.
    Alons Westner.
    Carl Busch.
    Sebastian Schuh.
    Carl Zeller.
    Georg von Huff, zugleich zur Aushilfe beym Sekretariat.
    Ludwig Langlois.
    Joseph Zeller.
    Joseph Bauer, bey der Hauptbuchhalterey.
    Supernumerarien: Castulus Mulzer.
    Johann Altherr.
    Anton Keberler, beym rheinpfälz. Provinz-Commando.
Rathdiener: Martin Eschmann.
Kanzleyboth: Conrad Neukam.
Beybothen: Johann Trenner.
    Martin Sepp.

Kriegs-Hauptbuchhalterey.
Direktor.
Titl. Hr. Wilhelm van Douwe, s. 107.
Kriegshauptbuchhalterey-Räthe.
Hrn. Heinrich Kraus.
    Carl Förg.

Rechnungskommissarien.
Hrn. Johann Georg Lacher.
Andreas Rückmann, Direktorialrath.
Erhard Kleber.
Ludwig Mehringer.
Franz Xaver Ustrich.
Sebastian Böhm.
Johann Nepomuck Vögler.
Johann Philipp Oberhoffer.
Dismas Schmerold.

Karakterisirter Revisor.
Hr. Georg Reinfelder, angestellt beym Armen-Institut.

Kriegskommissarien.
Im Gülich- u. Bergischen: Hr. Johann Mathias Tryst, gülich- und bergischer Hofkammerrth.
Mannheim: Hr. Johann Baptist Edler von Verges, s. 107.
München: Hr. Johann Anton Heerdan, s. 107.

Obermechanikus.
Hr. Christoph Reichenbach, Oberlieut. und Stuckbohrmeister.
Untermechanikus: Hr. Johann Reichenbach, Lieutenant.

Hofkriegszahlamt in München.
Hofkriegszahlmeister: Hr. Carl Sartori, s. 107.
Gegenschreiber: Hr. Johann Albert Nimeckl, titular Kaßier.
Offiziant: Hr. Joseph Kögl.
Zahlamtsdiener: Franz Mayr.

Hofkriegskassa zu Mannheim.
Kaßier: Hr. Bernard Schlemmer, s. 107.
Controleur: Hr. Jakob Stumpf.
Amanuensis: Hr. Anton Lellbach.
Kassadiener: Johann Horn.

Provinzial-Commando in der Rheinpfalz.
Se. Excell. Hr. Johann Ernest Freyherr v. Belderbusch rc. s. 90.
Oberauditor: Hr. Anton Esleben.
Sekretär: Hr. Conrad Bechtold, s. 107.
Registrator: Hr. Georg Sveth, s. 108.
Kanzelisten: Hrn. Jakob Ziegler, s. 108.
Anton Keberlet, s. 108.

Provinzial-Commando im Gülich- u. Bergischen.
Die Commandantenstelle ist der Zeit unbesetzt.
Oberauditor: Diese Stelle ist unbesetzt.
Sekretär: Ist unbesetzt.

Oberstlandzeugamt in München.
Oberstlandzeugmeister.
Se. Excellenz Hr. Joseph Graf von Salern, s. 90.
Oberstlandzeugamts-Beamte.
Beysitzer: Titl. Hr. Cajetan Graf von Spreti, s. 68.
Verwalter: Hr. Mathäus Fortemps, Oberlieutenant.
Amtsschreiber: Hr. Georg Welzl, karacterisirter Kriegssekretär.
Armaturschreiber zu Fortschau: Hr. Michael Cigoni.
Beschaumeister: Hr. Naegele.
Zeugdiener: Johann Gleichner.
Filial-Zeugamtsverwalter in Baiern.
Zu Ingolstadt: Hrn. Wilhelm Bechtold, Capitaine.
   Burghausen: Joseph Stadlmann.
   Rottenberg: Wolfgang Strobeli, Lieutenant.
Zeugamt zu Mannheim.
Vorstand: Titl. Hrn. Johann Baptist Edler von Verges, s. 107.
   Wilhelm Schaff, Oberstlieutenant.
Beysitzer: Hr. Wilhelm Radleff, Artillerie-Capitaine.
Verwalter: Hr. Joseph Fleck, Capitaine.
Stuckgiesser: Hr. Michael Aloys Speck, Lieutenant.
Stuckbohrmeister: Hrn. Christoph Reichenbach, s. 109.
   Carl Reichenbach.
Beschaumeister: Hr. Georg May.
Zeugschreiber: Ist der Zeit unbesetzt.
Zeugdiener: Philipp Dinkel.
Zeugamt Düsseldorf.
Verwalter: Hr. Bernard Walch, Capitaine.
Filial-Zeugamt Gülich.
Verwalter: Hr. Johann Nobis, Unterlieutenant.
Hauptproviant- und Kasernamt München.
Vorstand: Titl. Hr. Carl von Sauer, churfl. Oberstlieutenant.
Beysitzer: Hr. Andreas Gschwind, Capitaine.
Proviantverwalter: Hr. Joseph Wenger, s. 108.
Kasernverwalter: Hr. Michael Alt.
Amtsschreiber: Obiger Hr. Michael Alt.
Filial-Proviant- u. Kasernamtsverwalter.
Zu Amberg: Hrn. Rochus Mayr, Lieutenant.
   Ingolstadt: Nikola Dietl, Oberlieutenant.
   Landshut: Thade Dollmann.
   Neuburg: Carl Edler v. Xilander, d.h.r.R. Ritter.
   Rottenberg: Joseph Greill.
   Straubing: Maximilian Kärner.

Hauptproviant- und Kasernamt Mannheim.

Vorstände: Titl. Hrn. Johann Baptist Edler v. Verges, s. 107.
Christian Mann, Oberstlieutenant und Platzmajor allda.
Beysitzer: Hr. Carl Ruppeney, Lieutenant.
Proviantverwalter: Hr. Franz Frey.
Kasernverwalter: Hr. Franz Palm.
Amtsschreiber: Ist unbesetzt.

Filial-Proviant- und Kasernamtsverwalter.
Zu Guttenfels: Hrn. Tobias Neubart.
  Heidelberg: Peter von Gemünden.
  Schwezingen: Johann Meiser.
Im Gülich- u. Bergischen, zu Düsseldorf Inspektor: Hr. Constanstin Classen, Capitaine.
Zu Gülich. Inspektor: Ist unbesetzt.

Kriegsbauämter in Baiern.

Zu München. Vorstand: Hr. Joseph Frey, Ingenieur-Hauptm.
Militärischer Oberbaumeister: Hr. Franz Thurn, auch Beysitzer.
Beysitzer: Ein Ingenieur-Officier.
Verwalter: Hr. Johann Baptist Zenger.
Amtsschreiber: Hr. Anton Dietz.
Zu Ingolstadt. Vorstand: Hr. Carl Caspers, Ingenieur-Oberstlieutenant.
Beysitzer: Ein Ingenieur-Officier.
Verwalter: Hr. Franz Cellarius.
Zu Rottenberg. Vorstand: Hr. Joseph Finster, Ingenieur-Hauptmann.
Beysitzer: Ein Ingenieur-Officier.
Verwalter: Hr. Joseph Greill, s. 110.

Kriegsbauamt zu Mannheim.

Vorstände: Titl. Hrn. Johann Baptist Edler von Verges, s. 107.
Sebastian Chevalier d'Handel, Ingenieur-Oberst.
Beysitzer: Ein Ingenieur-Officier.
Verwalter: Hr. Johann Buchholz.
Zu Düsseldorf. Verwalter: Hr. Georg Englhard, Capitaine.
Zu Gülich. Bauschreiber: Hr. Anton Euler.

Militär-Arbeitshaus und Montur-Magazinamt München.

Vorstand: Titl. Hr. Franz Jakob Freyherr von Thiboust, s. 106.
Kommissär: Hr. Johann Anton Heerdau, s. 107.
Inspektor: Hr. Anton Mayer, churfl. Hauptmann.

Magazinverwalter: Hr. Friderich Strobl.
Beygeordneter: Hr. Christoph Strobl.
Materialverwalter: Hr. Philpp Jakob Meyringer.
Verwaltungs-Controleur: Hr. Jakob Bernklau.
Amtsschreiber: Hr. Baltasar Widmann.
Both: Carl Mayrhofer.
Gehilf: Martin Mayrhofer.

Militär-Arbeitshaus und Monturs-Magazinamt Mannheim.

Vorstände: Titl. Hrn. Friderich von Mestral, s. 56.
  Johann Baptist Edler von Verges, s. 107.
Inspektor: Hr. Bernard August Fabris, churfl. Hauptmann.
Verwalter: Hrn. Carl Palm.
  Friderich Bernhold.
Amtsschreiber: Hr. Jakob Meßler.

Haupt-Lazareth-Kommission in München.

Vorstand: Titl. Hr. Carl von Sauer, s. 110.
Beysitzer und Inspektor: Hr. Joseph Giehl, Lieutenant.
Verwalter: Hr. Carl Ludwig Wintersperger.
Aktuar: Hr. Paul Oberndorffer.

Filial-Lazareth-Kommission zu Ingolstadt.

Vorstand: Titl. Hr. Peter Schmidt, Platzmajor allda.
Beysitzer und Inspektor: Ist unbesetzt.
Verwalter: Hr. Aloys Edler von Xilander, des h.r.R. Ritter.
Aktuar: Hr. Johann Georg Zwengauer.

Haupt-Lazareth-Kommission in Mannheim.

Vorstand: Titl. Hr. Christian Mann, s. 111.
Beysitzer: und Inspektor: Ist unbesetzt.
Verwalter: Hr. Johann Albrecht Siegrist.
Ein Aktuar.

Churfürstl. Militär-Akademie.

Gouverneur.

Se. hochfl. Gnaden Hr. Friderich Fürst von Ysenburg ꝛc. s. 106.

Vorstände.

Commandant: Titl. Hr. Friderich Freyherr von Schwachheim, Oberstlieutenant.
Kommissär: Hr. Johann Anton Heerdan, s. 107.
Studiendirektor: Hr. Joseph Babo, s. 99.
Inspektor: Hr. Ignatz von Stückradt, des churfl. General Graf Morawitzkyschen 8ten Fusilier-Regiments Capitaine.

Lehrer und Repetitoren.

Hrn. Simon Schmid, Weltpriester, Professor der Sittenlehre, lateinischen Sprache und Litteratur, dann der Philosophie und Naturgeschichte.

Corbinian Badhauser, Professor der deutschen Sprache und Litteratur.

Franz Bierling, churfl. Artillerie-Oberlieutenant und Professor der mathematischen Wissenschaften, s. 48.

Joseph Hufnagel, churfl. Oberlieutenant und Lehrer der unteren mathematischen Klassen, dann der Artillerie.

Michael Mittermayr, Professor der Bau= und Zeichnungskunst.

Andreas Keser, Professor u. Repetitor in der Geographie, deutsch= und lateinischen Sprache.

Peter von Gemünden, Professor der deutschen Sprache und Schönschreibkunst.

Joseph Piller, Lehrer der deutschen Geschichte und lateinischen Sprache, zugleich Aufseher.

Johann Marcus, Weltpriester, Lehrer der französischen Sprache.

Joseph Hauk, Repetitor der lateinischen Sprache und Aufseher.

Exercitienmeister.

In der Musik: Hr. Wilhelm Legrand, s. 36.
Fechtkunst: Hr. Lorenz Gärtner, s. 80.
Tanzkunst: Hr. Lorenz Cors.

Medikus: Hr. Johann Georg Oeggl, s. 38.

30 Eleven der ersten, 60 der 2ten und 50 der 3ten Abtheilung.

4 Aufseher. 1 Krankenwärter. 6 Bediente. 1 Portier.

Churfl. Veterinaire=Schule.

Vorstand: Titl. Hr. Aloys Reichsgraf von Taufkirch, s. 58.

Kommissarien: Titl. Hrn. Anton Joseph Orff, s. 107.

Anton Will, d. W. u. A. D. churfl. wirkl. Medizinalrath, und der Thierarzneywissenschaft ordentl. öffentl. Lehrer.

Professor der Thierarzneywissenschaft: Obiger Hr. Anton Will.

Der Arzneymittel, Chemie und Botanik: Hr. Johann Baptist Graf, d. A. D.

Lehrer der Schmied= und Beschlagkunde: Hr. Peter Groß.

16 Eleven der ersten und 16 den 2ten Abtheilung.

1 Hausmeister. 1 Hausdiener.

Churpfalz,baierische
Hohe Generalität.

Generalfeldmarschall.
Diese Stelle ist der Zeit unbesetzt.

Generalfeldzeugmeister.
Se. Excellenz Hr. Carl Freyherr von Rodenhausen ꝛc. s. 86.
Se. Excellenz Hr. Joseph Graf von Salern ꝛc. s. 90.

Generallieutenants.
Titl. Herren Herren.

Se. Excell. Ernest Freyherr von Belderbusch, s. 90.
Joseph Graf von Fugger, s. 53.
Christoph Freyherr von Hauzenberg, s. 74.
Joseph Freyherr von Hohenhausen, s. 23.
Se. hochfürstl. Gnaden Carl Fürst von Leiningen ꝛc. s. 4.
Carl von Pfister, Chef des Ingenieur-Corps und Directeur der Festungen.
Se. Excell. Sigismund Reichsgraf von Preysing, s. 10.
Se. Excell. Gerard Graf von Nambaldi, s. 31.
Se. Excell. Sir Benj. Tompson, Reichsgraf v. Rumford, s. 93.
Jobst Reichsgraf von Schwicheldt, s. 23.
Clemens Reichsfreyherr von Weichs, s. 51.
Se. hochfürstl. Durchl. Pfalzgraf Wilhelm ꝛc. s. 2.
Se. Excell. Philipp Graf von Wiser, s. 26.
Se. hochfürstl. Gnaden Friderich Fürst von Ysenburg ꝛc. s. 106.
Georg August Graf von Ysenburg, s. 22.
Se. Excell. Franz Reichsgraf von Zedtwitz, s. 11.
Se. hochf. Durchl. Herzog Maximilian von Zweybrücken ꝛc. s. 2.

Generalmajors.
Titl. Herren.

Heinrich Freyherr von Baaden, Oberst-Innhaber des churfl. 4ten Grenadier-Regiments.
Joseph Reichsfreyherr von Bartels, s. 59.
Se. hochfürstl. Gnaden Carl Reichsfürst von Bretzenheim, s. 5.
Friderich Freyherr von Dallwigk, s. 26.
Ernest Graf von Daun, titular, s. 56.
Erasmus Deroy, Commandant zu Mannheim.
Joseph von Gaza, zu Gaza, Inspektor der Infanterie.
Wilhelm Freyherr von Gleissenthall, titular, s. 53.
Edmund von Harold, s. 74.

Titl. Herren.

Casimir Freyherr von Herding, s. 63.
Silvius Freyherr von Hohenhausen, s. 69.
Franz Freyherr von Horneck, titular.
Fidel Anselm Freyherr von Hornstein, des hohen deutschen
  Ordens Ritter und Kommenthur zu Freyburg im Breißgau.
Franz Xaver Reichsfreyherr von Ingenheim, s. 53.
Anton Freyherr von Junker, s. 61.
Georg August Freyherr von Kinkel, Oberst-Innhaber des
  churfl. 14ten Fusilier-Regiments.
Nikola Freyherr von Kolf, s. 52.
Theodor Reichsgraf von Königsfeld, s. 12.
Philipp Reichsgraf von Lamberg, s. 33.
Se. hochfürstl. Gnaden Carl Erbprinz von Leiningen 2c. s. 4.
Franz von Longevalle.
Friderich Freyherr von Mestral, s. 56.
Maximilian Reichsgraf Topor Morawitzky, s. 14.
Joseph de la Motte, s. 64.
Ferdinand Graf von Minuci, s. 54.
Joseph Reichsgraf von Nogarola, s. 14.
Johann Philipp Freyherr von Reuß, titular.
Ludwig Reichsgraf von Schönburg, s. 23.
Joseph Graf von Seyssel d'Aix, s. 54.
Joseph Graf von Spreti, s. 13.
Ferdinand Freyherr Stael von Holstein, s. 60.
Maximilian Reichsgraf von Tauffkirch, s. 16.
Aloys Reichsgraf von Tauffkirch, s. 58.
Franz Jakob Freyherr von Thiboust, s. 106.
Se. Excell. Friderich Reichsgraf von Vieregg, titular, s. 93.
Anton Reichsgraf von Wickenburg, titular, s. 25.
Se. hochfürstl. Gnaden Christian Moritz Fürst von Ysenburg,
  Oberst-Innhaber des 13ten Fusilier-Regiments.
Franz Freyherr von Zandt, s. 59.
Joseph Freyherr von Zobel.

General-Leibadjutanten.
Titl. Herren.

Jobst Reichsgraf von Schwichelbt, s. 23.
Ferdinand Ludwig Graf von Schullenburg-Oeyenhausen,
  churpfalzbaierischer Oberst der Infanterie.
Casimir Freyherr von Herding, s. 63.
Maximilian Reichsgraf von Tauffkirch, s. 16.

Titl. Herren.
Reinhard Freyherr von Werneck, f. 71.
Joseph Reichsgraf von Serego‑Aligeri, f. 16.
Sigismund Pergler, Freyherr von Perglas, f. 67.

General‑Staab.
Chef.
Ist der Zeit unbesetzt.

Generalmajors.
Titl. Hrn. Silvius Freyherr von Hohenhausen, f. 69.
Joseph von Gaza, zu Gaza, f. 114.
Aloys Reichsgraf von Tauskirch, f. 58.

Obersten.
Titl. Hrn. Peter Hermann, des churfl. Pfalzgraf Ludwigschen 1ten Kürassier‑Regiments Oberstcommandant.
Carl Theodor Freyherr von Hallberg, des churfl. Artillerie‑Regiments Oberst.
Carl Freyherr von Eichbegg.

Oberstlieutenants.
Titl. Hrn. Justus Siebein, des churfl. General Graf Ysenburgischen 3ten Grenadier‑Regiments Oberstlieutenant.
Maximilian Lessel, des churfl. General Graf Salernischen 2ten Feldjäger‑Regiments Oberstlieutenant.

Majors.
Titl. Hrn. Philipp Reichsfreyherr von Mohr, f. 107.
Franz von Schneider, des churfl. General freyherrlich‑Schwichelbtischen 1ten Feldjäger‑Regiments Major.
Gottlieb Freyherr von Gugomos, f. 71.
Georg Albrecht von l'Estocq.

Ober‑Staabs‑Medikus und Ober‑Staabs‑Chirurgus.
Titl. Hr. Ant. Edler v. Winter, mit Oberstlieutenants Rang, f. 38.

Gouvernement
der churfl. Haupt‑ und Residenzstadt Mannheim.

Gouverneur.
Se. Excell. Hr. Ernest Freyherr von Belderbusch ꝛc. f. 90.

Commandant.
Titl. Hr. Erasmus Deroy, f. 104.
Platzmajor: Titl. Hr. Christian Mann, Oberstlieut. f. 111.
Staabsauditor: Hr. Johann Georg Neysser.

Gouvernementsadjutant: Hr. Martin Rechthaller, Capitaine.
Medikus: Hr. Joseph Lindhamer.
Staabs-Chirurgus: Ist zur Zeit unbesetzt.
Offentl. Lehrer der Zergliederungskunst: Hr. Aloys Hagemeyer.
Wallmeister: Franz Neff.
Wallgärtner: Jakob Träger.
Beygeordneter: Franz Herter.
3 Thorschreiber. 1 Profos. 1 Kaminfeger. 1 Hebamme.

Gouvernement Amberg.
Statthalter.
Se. Excell. Hr. Maximilian Reichsgraf von Holnstein aus Baiern ꝛc. bey dortiger Regierung ꝛc. s. 92.
Commandant: Dortiges Regiments-Commando.
Platzlieutenant: Hr. Rochus Sebastian Mayr.
Garnisonsphysikus: Hr. Georg Aschenbrenner, d. A. D.
Staabschirurgus: Hr. Aegidius Strell, churfl. wirkl. Medizinalrath und Oberlieutenant.

Gouvernement Düsseldorf.
Gouverneur.
Diese Stelle ist der Zeit unbesetzt.
Commandant.
Diese Stelle ist der Zeit unbesetzt.
Platzmajor: Titl. Hr. Joseph von Maillot de la Trille, Oberstlieutenant.
Gouvernementsauditor: Ist der Zeit unbesetzt.
Gouvernementsadjutant: Hr. Christian Wallinger, Capitaine.
Medikus: Hr. Aegidius Odenthal, d. A. D. und des gülich- und bergischen medizinischen Conciliums Direktor.
Staabschirurgus: Hr. Joseph Nägele.
Kasernpfarrer: Hr. Ulrich Krings.
1 Wallgärtner. 1 Portier. 1 Profos.

Gouvernement Gülich.
Gouverneur.
Se. hochfl. Durchl. Hr. Wilhelm Pfalzgraf v. Birkenfeld ꝛc. s. 2.
Commandant.
Ist der Zeit unbesetzt.
Platzmajor: Titl. Hr. Conrad von Coßhausen, Oberstlieutenant.
Gouvernementsauditor und Sekretär: Ist unbesetzt.
Gouvernementsadjutant: Hr. Philipp Klein.
Medikus: Hr. Johann Wezel, gülich- und bergischer Hofrath.
Kapellan im Schloß: Hr. Gottfried Stein.
1 Portier. 1 Profos.

Gouvernement Ingolstadt.
Statthalter.
Se. Excell. Hr. Sigismund Reichsgraf von Preysing, s. 10.
Commandant.
Titl. Hr. Ferdinand Freyherr Stael von Holstein, s. 60.
Platzmajor: Titl. Hr. Peter Schmidt, s. 112.
Staabsauditor: Hr. Friderich Steinig.
Platzlieutenant: Hr. Friderich Freyherr von Gumppenberg.
Garnisonsmedikus: Hr. Michael Steinle.
Staabschirurgus: Hr. Jakob Grillenpfeiffer.
Militärschulen-Oberinspektor: Hr. Franz Cellarius, s. 111.
1 Staabsprofos.

Commandantschaft
der churfl. Haupt- und Residenzstadt München.
Stadtcommandant.
Titl. Hr. Joseph Reichsgraf von Nogarola, s. 14.
Platzmajor: Titl. Hr. Carl von Reisen, Oberst.
Staabsauditor: Hr. Joseph Daubenmerggl, s. 106.
Platzadjutant: Hr. Johann Nepomuck Magg, Capitaine.
Garnisonspfarrer: Hr. Bernard Reisenegger.
Garnisonscooperator: Hr. Sebastian Mayer.
Garnisonsmedikus: Hr. Bernard Harz, s. 38.
Staabschirurgus: Hr. Anton Ebler von Winter, s. 116.
Professor der Anatomie: Hr. Gottfried Carl Ebler von Orff, auf Frohburg, des h. r. R. Ritter, der Chirurgie Doktor, churfl. wirkl. Medizinalrath und offentlicher Lehrer der Entbindungskunst in München.
Staabsfourier: Hr. Georg Thaller.
1 Staabsprofos.

Bensberg.
Commandant: Dortiges Regiments-Commando.
Bretten.
Commandant: Titl. Hr. Franz August Freyherr von Blittersdorf, Major.
Burghausen.
Interims Stadtcommandant: Titl. Hr. Lambert von Eisenhofen, Major.
Staabsauditor: Hr. Joseph Mayer.
Garnisonsphysikus: Hr. Georg Plöderl, b. A. D. auch Rentamtsphysikus allda.

Dilsberg.
Commandant: Hr. Ignatz Maes, Oberlieutenant.

Donauwörth.
Die Stadtcommandantensstelle versieht Titl. Hr. Peter Paul Lucas, des churfl. Garnison-Regiments Oberstlieutenant.
Staabsauditor: Hr. Caspar Hueber, Hauptmann.
Garnisonsmedikus: Hr. Nikola Carron Duval, churfl. Rath, auch Stadtphysikus allda.

Düren.
Commandant: Titl. Hr. Frid. Graf v. Geldern, Oberst, s. 24.

Frankenthal.
Commandant: Titl. Hr. Joseph v. Cüllere, Oberstwachtmeister.

Friedberg.
Commandant: Dortiges Garnisons-Regiments-Commando.

Guttenfels.
Commandant: Dortiges Garnisons-Regiments-Commando.

Heidelberg.
Commandant: Titl. Hr. Franz Joseph von Riegel, Oberst.

Landshut.
Commandant: Dortiges Regiments-Commando.
Garnisonsphysikus: Hr. Maximilian Carl Keller, churfl. wirkl. Medizinalrath, auch Rentamtsphysikus allda.

Monjoue.
Commandant: Titl. Hr. Carl Freyherr von Nagel, Major des Garnisons-Regiments.

Neuburg.
Commandant: Dortiges Regiments-Commando.
Physikus: Hr. Leonard Stark, d. A. D.

Otzberg.
Commandant: Titl. Hr. Philipp Franz Jung, Major.

Rottenberg.
Commandant: Titl. Hr. Valentin Reichsgraf von Hörl, s. 68.

Stadt am Hof.
Interims-Commandant: Titl. Hr. Franz v. Schneider, s. 116.
Stadtauditor: Ist der Zeit unbesetzt.

Straubing.
Commandant: Dießortiges Regiments-Commando.
Garnisonsphysikus: Hr. Johann Nepomuck Edler von Fils, des h. r. R. Ritter.

Sulzbach.
Commandant: Titl. Hr. Franz Joseph Reichsfreyherr von Pollinger, Oberst.

Churpfalz.

Churfl. hohe Regierung.

Präsident.
Diese Stelle ist der Zeit unbesetzt.

Vizepräsident.
1791. Se. Excell. Hr. Ludwig Freyherr von Hövel, f. 26.

Adeliche Räthe.
Titl. Herren.
1773. Se. Excell. Carl Reichsgraf von Schall, f. 94.
1770. Ignatz Freyherr von Reibeld, f. 75.
1771. Friderich Freyherr von Reibeld, f. 75.
1772. Carl Theodor Freyherr von Sturmfeder, f. 56.
1775. Carl Reichsgraf von Vieregg, f. 96.
1786. Franz Xaver Reichsfreyherr von Reichlin, f. 62.
1797. Carl Theodor Freyherr von Haacke, f. 70.

Vizekanzler.
1793. Titl. Hr. Mathias von Klein, f. 96.

Gelehrte Räthe.
Titl. Herren.
1753. Peter von Roseneck, f. 96.
1766. Philipp Reichsfreyherr von Koch, f. 96.
1770. Wilhelm Reichsfreyherr von Weiler, f. 102.
1770. Ferdinand Reichsfreyherr v. Lamezan, auch wirkl. Oberappellationsgerichtsrath, dann weil. Ihrer Durchl. der Fr. Fr. Churfürstinn Maria Elisabetha ɾc. Kabinetszahlmeister.
1771. Franz Edler von Zentner, des h. r. R. Ritter, auch wirkl. Oberappellationsgerichtsrath und Hospital-Kommissär zu Mannheim.
1771. Franz Hermann Reichsfreyherr v. Schmitz, zu Grolenburg, auch wirkl. Oberappellationsgerichtsrath, dann Amtmann zu Dilsberg und Mitglied der churpfälz. deutschen Gesellschaft.
1771. Lambert Reichsfreyherr von Babo, f. 95.
1774. Jakob Joseph Reichsfreyherr von Lautphäus.
1775. Stephan Reichsfreyherr von Stengel, f. 95.
1777. Philipp Franz Edler von Edel, des h. r. R. Ritter, zugl. wirkl. Hofkammerrath, dann erster Erbbestands-Wein, und Cautions-Kommissär.

Titl. Herren.
1781. Ignatz Reichsedler von Reichert, b. R. D. auch wirkl. Oberappellationsgerichtsrath, dann der churpfälz. Akademie der Wissenschaften und der deutschen Gesellschaft Mitglied.
1782. Friderich Jung, auch wirkl. Oberappellationsgerichtsrath und der Chaussee-Intendance Kommissär.
1784. Franz Hiacinth Reichsedler von Dusch, zugleich wirkl. Oberappellationsgerichtsrath, dann Landschreiber des Oberamts Neustatt und General-Salinenkommissär.
1782. Christian Freyherr von Fick, s. 75.
1791. Sigismund Reichsedler von Dawans, auch wirkl. Oberappellationsgerichtsrath.
1793. Johann Nikola Reichsfreyherr von Stengel, zugl. wirkl. Hofgerichtsrath.
1797. Bernard Siegel, b. R. L. zugl. wirkl. Hofgerichtsrath und Landschreiber des Oberamts Germersheim.
1797. Franz Adam Edler von Schmitz, des h. r. R. Ritter, auch wirkl. Hofgerichtsrath.
1798. Arnold Linck, zugl. wirkl. Hofkammerrath, s. 83.

Archivar.
Titl. Obiger Hr. Nikola Reichsfreyherr von Stengel.

Ober Land- und Marschkommissarien.
Titl. Herren.
Johann Franck, churfl. Oberstwachtmeister.
Philipp Joseph Freyherr von Reibeld, churfl. Oberst der Cavallerie und Oberamtmann zu Boxberg.
Wilhelm August Reichsfreyherr von Geiswciler, auf Roggenbach, churfl. Oberst, wirkl. Hofkammer- und Landschaftsrath zu Neuburg.

Unter Land- und Marschkommissarien.
Hrn. Gottfried Sartorius, churfl. Major, Renovations-Kommissär und Renovator bey der churpfälz. geistl. Administration.
Franz Rischard.
Daniel Vanderfor, auch Stadtschultheiß zu Schlüchtern.
Thomas Rauch.
Christoph Joseph Strasser, Obereinnehmer zu Simmern.
Christian Leger, churfl. Hauptmann.
Georg Mathias Neureuther.

Fiskal.
Hr. Franz Griesen, churpfälz. wirkl. Hofkammerrath.
Zweyter Prokurator Fisci: Hr. Johann Conrad Sartorius.

Criminal-Referendarien.
Hrn. Gottfried Wolf, b. R. L.
    Johann Nepomuck Ziwny, b. R. D.
    Johann Jakob Weller.
    Friderich Joseph Bonn.

Sekretarien.
Hrn. Ferdinand Joseph Stamm, churpfälz. Hofgerichtsrath.
    Joseph Ortenbach, s. 102.
    Johann Gerard Schweizer.
    Franz Hohenecker.
    Johann Baptist Starck.
    Heinrich Wilhelm Cron.
    Johann Ludwig Eichholz, kaiserl. und churfl. Notar.
    Joseph Olinger, Accessist.

Lehensekretär.
Obiger Hr. Ferdinand Stamm, zugl. Registrator.

Registratoren.
Hrn. Andreas Kinbacher.
    Thomas Reichard. Paul Mezger.

Bothenmeister.
Obiger Hr. Heinrich Wilhelm Cron.

Protokollist Rerum exhibitarum.
Obiger Hr. Joseph Olinger.

Kanzelisten.
Hrn. Anton Stamm.
    Johann Sigismund Böhm.
    Friderich Facteur.
    Joseph Lebersorg.
    Georg Müller.
    Anton Lebersorg.
    Lorenz Cron.
    Carl Herzberger.
    Obiger Joseph Olinger. Joseph May.
    Accessisten: Wilhelm Carl von Feraer.
Anton Schies. Johann Rapparini. Carl Neff.
Kanzleydiener: Johann Schulzen. Beygeordn. Albert Schulzen.
Kanzleybothen: Martin Zöller. Andreas Hinternach.
    Johann Deroche. Andreas Blum.
Beyboth: Philipp Willig.

Churpfälzische Landrechnungs-Superrevision.
Superrevisoren.
Hrn. Adam Mayer, zugl. churpfälzischer Sekretär.
Johann Michael Ueberle.

Churpfälzisches Concilium Medicum.
Direktor.
Titl. Hr. Lorenz von Fischer, s. 72.

Medizinalräthe.
Hrn. Anton Edler von Winter, s. 116.
Anton Reichsedler von Wilhelmi, s. 39.
Alexander Plaicher, s. 39.
Melchior Güthe, d. A. D. und der churpfälz. Akademie der Wissenschaften in Mannheim Mitglied.
Johann Schuler, d. A. D.
Aloys Winter, Professor zu Ingolstadt.

Assessoren.
Hrn. Franz Ulrich Prümer, d. W. u. A. D. churfl. Rath, auch Neuburgischer Hof- Stadt= und Landphysikus.
Joseph Baader, in Pharmaceuticis.
Johann Christoph Zehner, churpfälz. Rath, in Pharmaceuticis und Chymicis.
Franz Jakob Sartor, s. 39.

Sekretär und Registrator.
Hr. Christian Klockart, zugl. Regierungs- u. Hofgerichtsadvokat.
Kanzleybott: Andreas Nebrich.

Churfl. Universität zu Heidelberg.
Oberkuratoren.
Se. Excell. Hr. Ludwig Freyherr von Hövel, s. 26.
Titl. Hr. Mathias von Klein, s. 96.

Kanzler.
Se. Excellenz der hochwürdig- hochwohlgebohrne Hr. Philipp Franz Anton Freyherr von und zu Frankenstein zu Ockstatt, des fürstl. hohen Domstifts zu Worms Domprobst, auch des fürstl. Domstifts zu Speyer und des hochadelichen Ritterstifts zum heil. Alban bey Mainz Kapitular und Custos.

Rektor Magnifikus.
Titl. Hr. Johann Koch, d. W. D. und öffentlich- ordentlicher Lehrer, der Zeit der philosophischen Fakultät Dekan.

Prokanzler.

Titl. Hr. Thadäus Müller, d. R. D. der Pandekten ordentl. offentl. Lehrer, sacri imperialis Palatii Comes, auch churpfälzischer Regierungsrath.

Theologische Fakultät.
Titl. Herren.

P. Johann vom Kreuz, des Baarfüsser-Karmelitenordens, d. G. D. der dogmatischen Theologie, morgenländischen Sprachen und Auslegung der heil. Schrift a. T. offentl. ordentl. Lehrer.

Daniel Ludwig Wund, d. G. D. churpfälzischer wirkl. Kirchenrath u. der dogmatischen Theologie offentl. ordentl. Lehrer.

Anton Say, d. G. D. und der dogmatischen Theologie offentl. ordentl. Lehrer.

P. Bonifaz vom heil. Wunibald, des Baarfüsser-Karmelitenordens, d. G. D. der heil. Schrift offentl. ordentl. Lehrer, der Zeit dieser Fakultät katholischen Theils Dekan.

P. Caspar Schmitz, des Franziskanerordens, d. G. D. churfl. wirkl. geistl. Rath und der Kirchengeschichte offentl. ordentl. Lehrer.

Carl Daub, d. G. D. der dogmatischen und exegetischen Theologie offentl. ordentl. Lehrer, der Zeit dieser Fakultät reformirten Theils Dekan.

Lorenz Zerdurstinger, der Pastoraltheologie offentl. ordentl. Lehrer und des churfl. Seminariums Direktor.

P. Marcellian Rüdel, des Franziskanerordens, d. G. D. und der Moral-Theologie ausserordentlicher Lehrer.

P. Thadäus vom heil. Adam, der G. D. Lehrer der morgenländischen Sprachen und Auslegung der heil. Schrift.

Assessor.

Hr. P. Dominikus Brackenheimer, des Predigerordens.

Juridische Fakultät.
Titl. Herren.

Georg Friderich von Zentner, d. R. D. churpfälz. Regierungsrath, des Staats- und Fürstenrechtes, der deutschen Reichsgeschichte und Praxens beyder höchsten Reichsgerichte, dann des Juris germanici offentl. ordentl. Lehrer, sacri imperialis Palatii Comes, dann ordentl. Mitglied der churpfälzischen Akademie der Wissenschaften in Mannheim.

Mathäus Kübel, d. G. u. b. R. D. der geistl. Rechten offentl. ordentl. Lehrer, der Zeit dieser Fakultät Dekan.

Titl. Herren.

Johann Jakob Kirschbaum, b. R. D. churpfälz. Regierungsrath, bann der Institutionen und Praxeos civilis et cameralis offentl. ordentl. Lehrer, auch der Universitäts Senior.

Thadäus Müller, s. 124.

Franz Gambsjäger, b. R. D. der Institutionen und Bandekten offentl. ordentl. Lehrer.

Ignatz Wedekind, b. R. D. churpfälzischer Regierungsrath, des Natur- und Völkerrechts öffentl. ordentl. Lehrer.

Franz Janson, b. R. D. und ausserordentlicher Lehrer.

Medizinische Fakultät.
Titl. Herren.

Daniel Wilhelm Nebel, b. W. u. A. D. der Chymie und Pharmacie, auch Materiä medicä offentl. ordentl. Lehrer, dann ordentl. Mitglied der Akademie der Wissenschaften in Mannheim und Physikus in dem Collegio Sapientiä und der Neckarschule zu Heidelberg.

Franz May, b. W. u. A. D. Praxeos u. der Entbindungskunst offentl. ordentl. Lehrer, der Zeit dieser Fakultät Dekan, s. 98.

Franz Carl Zuccarini, b. W. u. A. D. der Diätetik und allgemeinen Heilkunde, auch der Botanik offentl. ordentl. Lehrer.

Franz Xaver Moser, der Anatomie und Chirurgie ausserordentlicher Lehrer, auch Wundarzt bey Ihrer Durchl. der reg. Fr. Fr. Churfürstinn ꝛc. ꝛc. ersten Dragoner=Regimente.

Wilhelm May, der Chymie und experimental Pharmacie ausserordentlicher Lehrer.

Philosophische Fakultät.
Titl. Herren.

Georg Adolph Succow, b. W. u. A. D. Pfalzzweybrückischer Hofrath, offentl. ordentl. Lehrer der reinen und angewandten Mathematik, der Naturlehre, der Naturgeschichte und der Chymie, dann beständiger Sekretär der physikalisch-ökonomischen Gesellschaft, auch der churpfälz. u. der churmainzischen Akademie der Wissenschaften, dann der römisch-kaiserl. Akademie der Naturforscher Mitglied.

Johann Andreas Edler von Traiteur, des h. r. R. Ritter, kaiserl. und Reichs erster Major bey dem kaiserl. königl. Ingenieur-Corps, b. W. D. der Civil- und Militär-Baukunst, dann der praktischen Geometrie ordentlich-offentlicher Lehrer, auch geistlicher Administrationsrath und Baukommissär.

Jakob Schmitt, b. W. D. der Mathematik, Physik und Naturgeschichte ordentl. offentl. Lehrer, s. 40.

Titl. Herren.

Christoph Wilhelm Jakob Gatterer, d. W. D. churpfälz. wirkl. Bergrath, der Landwirthschaft, Forst-Fabriken- und Handlungswissenschaften, dann der Diplomatik offentl. ordentl. Lehrer, der churpfälz. Witterungsgesellschaft zu Mannheim, und der physikalisch-ökonomischen zu Heidelberg Mitglied.

Johann Koch, s. 123.

Engelbert Martin Semer, churfl. wirkl. Hofkammerrath, der Staatswirthschaftlichen Encyclopedie, Litteratur, der europäischen Staatenkunde, der Polizey- und Finanzwissenschaft offentl. ordentl. Lehrer, auch ordentl. Mitglied der physikalisch-ökonomischen Gesellschaft u. Custos der Staatswirthschaftlichen Bibliotheck.

Ausserordentliche Lehrer.
Herren.

Friderich Peter Wund, Pfarrer zu Wieblingen und Lehrer der Geschichte, auch der churpfälz. physikalisch-ökonomischen Gesellschaft Mitglied.

Lorenz Doller, d. W. D. und Lehrer der Aesthetik.

Johann Fauth, d. G. u. W. D. Lehrer der Wohlredenheit und Kirchengeschichte, zweyter Pfarrer zum heil. Peter.

Johann Adam Böllinger, churpfälz. Rath, ausserordentl. Lehrer der Staatswissenschaften und ordentl. Mitglied der physikalisch- und ökonomischen Gesellschaft.

Peter Wolster, d. W. D. Pfalzzweybrückischer Hofrath, Lehrer der Geschichte, auch Bibliothekär.

Ludwig Wallrath Medicus, churpfälz. wirkl. Bergrath u. ausserdentl. Lehrer bey der Staatswirthschafts hohen Schule.

Assessoren.

Hrn. P. Friderich vom heil. Christophorus, des Baarfüsser-Karmelitenordens.

P. Theopist Hertwig, des Franziskanerordens, d. W. D.

Syndikus: Hr. Damian Kleudgen.

Bibliothekär: Obiger Hr. Peter Wolster.

Oekonomus und Provisor Fisci: Hr. Heinrich Wilhelm Gruber, auch Rechnungsrevisor bey der geistl. Administration.

Schaffner zu Heidelberg: Hr. Christoph Wedekind, churpfälz. Hofammerrath.

zu Zell und Daimbach: Hrn. Anton Blank.

zu St. Lambrecht: Franz Waldmann.

Pedellen: Jakob Mauerer. Franz Hell. Ignatz Mayr.

Chymikus: Hr. Wilhelm Buchholz.
Prosektor Anatomiä: Hr. Heinrich Klunkart.
Adjunkt: Hr. Joseph Niederhuber.
Buchdrucker: Hr. Johann Baptist Wiesen.
Buchführer: Hrn. Johann Wilhelm Pfähler.
 Ludwig Friderich Pfähler. Franz Scherz
Die Sprachmeisterstelle ist unbesetzt.
Bereiter: Hr. Lamine, mit 1 Reitknechte.
Tanzmeister: Hr. Ludwig le Grand.
Fechtmeister: Hr. Ludwig Wenz.
Architekt-Zeichnungsmeister: Hr. Johann Michael Düchert.
Werkmeister: Hr. Johann Georg Wieser.
Mechanikus: Hr. Peter Hautsch.
Buchbinder: Joh. Conrad Wettstein. Carl Ruff. Ignatz Maier.
Botanische Gärtner: Gabriel Winkler. Ignatz Maier.

Churfl. Hospital-Kommission zu Mannheim.

Kommissär: Titl. Hr. Franz Edler von Zentner, s. 120.
Sekretär, Aktuar und Registrator: Hr. Carl Volpert.
Rechnungsverhörer: Hr. Johann Anton Lamine, zugl. bey
 dem Amtsunköstenwesen und dem Rentamte.
Medikus: Hr. Anton Reichsedler von Wilhelmi, s. 39.
Wundärzte: Die barmherzigen Brüder.
Hospitalverwalter u. Kaßier: Hr. Johann Georg Schamer.
1 Kommissionsdiener.

Heidelberger gemeinschaftlich- und privative katholische Hospitalkommission.

Kommissarien: Titl. Hrn. Jakob Edler von Traiteur, des h.
 r. R. Ritter, churpfälz. wirkl. Hofgerichtsrath und Stadt-
 direktorey-Verwalter zu Heidelberg.
Benedikt Edler v. Mieg, churpf. geistl. Administrationsrath.
Kommissionsaktuar: Hr. Andreas Leopold Burzler, Heidelberger Stadt- und Oberamtsadvokat.
Kollektor: Hr. Johann Sieben, Heidelberger Stadtrathsver-
 wandter.
Hr. Jakob Sieben, emeritus.

Churfl. Lands-Fundi-Waisen- und Zucht-Hauskommission.

Kommissär: Titl. Hr. Franz Edler von Zentner, s. 120.
Aktuar u. Registrator: Hr. Franz Friderich Schwerdt, Mannheimer Stadtgerichtsadvokat u. Prokurator, dann päbstl.
 kaiserl. und kurpfälz. immatriculirter Notar.

Rechnungsrevisor: Hr. Joseph Zell, zugleich Mannheimer Stadtgericht- und Polizeyamts-Schreiber.
Fiskal: Hr. Friderich Cospers, zugl. churpfälz. Regierungs- und Hofgerichtsadvokat.
Lands-Fundi-Hauptkassaverwalter: Hr. Franz Xaver Rudersheim, auch Mannheimer Mehlwagenmeister.
Waisen- und Zuchthausphysikus: Hr. Christian Renner, d. W. u. A. D. Pfalzzweybrückischer Hofrath und Hofarzt.
Nachfolger: Hr. Heinrich Renner.
Chirurgus: Hr. Friderich Daniel Aulenbach.
Curatus bey der Waisen- und Zuchthauskirche: R. P. Floribertus, des Kapuzinerordens.
Zucht- und Waisenhausverwalter: Hr. Adrian Fabri.
Zucht- und Waisenhauscontroleur: Hr. Ferdinand Christoph Liechtenberg.
Kirchenschaffner: Hr. Ferdinand Mohr.
Zuchthauswachtmeister: Martin Wittmann.
1 Kommissionsboth.

Lands-Fundi-Rezeptoren.

Der Haupt- und Residenzstadt Mannheim: Obiger Hr. Franz Xaver Rudersheim.
Der Hauptstadt und des Oberamts Heidelberg: Hr. Johann Philipp Haub, geistl. Administrationsrath und wirkl. Sekretär allda.
Der Hauptstadt Frankenthal: Hr. Andreas Joseph Orsonili, churpfälz. Rath, Anwaltschultheiß und Stadtschreiber allda.
Oberamts Alzei: Hrn. Post.
 Bacharach: Diel.
 Böckelheim: Anton Leyden.
 Boxberg: Franz Göbel.
 Bretten: Schwab.
 Eberbach: Potschka.
 Freinsheim: Obiger Andreas Orsolini.
 Germersheim: Jakob Franz Hoffmann.
        Nachfolger: Eberhard Hoffmann.
 Hilspach: Franz von Vogel.
 Kreuznach: Hubert Langer.
 Ladenburg, Lindenfels u. Weinheim: Johann Sebastian Sartorius.
 Lauterecken: Mettel.
 Lautern: Adam Rohr, auch Stadtschultheiß.
 Moßbach: Joseph Mördes.
 Neustatt: Merkel.

Oberamts Oppenheim: Hr. Christoph Wallot.
  Oßberg: Hrn. Georg Franz Rees.
  Simmern: Ferdinand Weygold.
  Stromberg: Franz Mühlseder.
  Veldenz: Gabriel Burkardt.
3 Lands-Fundi-Rezepturbothen.

Churpfälzische Oberämter.
Oberamt Alzei.

Burggraf: Se. Excell. Hr. Carl Freyherr v. Rodenhausen. s. 86.
Landschreiber: Titl. Hr. Philipp Reichsfreyherr von Koch, s. 96.
Ausfaut: Hr. Anselm Jakob Fabis.
Oberamtsschreiber: Diese Stelle wird für die Emeleische Fr. Wittwe und Kinder von Hrn. Franz Mördes verwaltet.
Registrator: Hr. Joseph Orreuther.
Oberamtsphysikus: Hr. Franz Joseph von der Linde, d. A. D.
Advokati legales: Hrn. Georg Jakob Emig, kaiserl. Notar.
  Johann Ried.
  Johann Leist, zugl. Oberamtsunkösten-Rezeptor.
  Hartard Reisenbach, churfl. Rath.
  Heid, d. R. L.
  Heinrich Nick.
  Johann Weigand.
  Adam Reiling.
  Philipp Baden.
  Carl Emele.
  Philipp Heckeler.
  Friderich Martin.
  Friderich Scharnberger.
Chaussee-Inspektor d. Oberamts Alzei: Hr. Pet. Franz Müller.
Gränz- u. Marktinspektor zu Alzei: Hr. Mathäus Dietrich, zugl. zu Kreuznach, Simmern, Stromberg u. Oppenheim.
Amtsreiter: Heinrich Moll. Franz Schorn.
  Carl Joseph Schmitt. Johann Weisbrod.
  Philipp Renner, Supernumerär.
Amtsbothen: Martin Friderich Securi.
  Bartolome Heineck. Franz Hoffmann.
  Nachfolger: Bartolome Heineck, der jüngere.
Alsheim, Gimbsheim, Eich und Ham. Oberschultheiß: Hr. Querdan, churpfälz. titular Hofkammerrath.
Nachfolger: Des Hrn. Vornberg zu Mölsheim Söhne.
Gerichtschreiber: Hr. Augustin Ernest Schwerdt.

Alzei und Odernheim: Stadtschultheiß: Hr. Joseph Moll.
Stadtschreiber zu Alzei: Hr. Bernard Alexander Maas.
Stadtschreiber zu Odernheim: Hr. Peter Varena.
Biebelsheim, Undenheim und Selzen: Oberschultheiß: Hr. Caspar Isidor Schwind.
Dalsheim, Niederflörsheim und Vermersheim. Oberschultheiß: Hrn. Heinrich Nippgens Wittwe und Tochter.
Mölsheim. Schaffnerey-Verwalter: Hr. Valentin Vornberg, churpfälz. Hofgerichtsrath.
Münster, Spons und Aspiesheim. Oberschultheiß: Die Stelle wird der Zeit von Hrn. Heinrich Nick verwaltet.
Oberfaut zu Dienheim: Hr. Friderich Schmitz.
 zu Westhofen: Hr. Heinrich Pfeiffer.
Oberfaut u. Schaffner zu Hoch-Pfliflich-Leisel und Kriegsheim: Hr. Johann Georg Zentner.
Pfedersheim. Oberschultheiß: Hr. Jakob Franz Wolf, churpfälz. Hofkammerrath, auch herrschaftl. Empfänger allda.
Nachfolger: Dessen Kinder.
 Stadtschreiber: Hr. Johann Nikola Knecht, auch Blutgerichtschreiber zu Alzei und kaiserl. Notar.
Wolfs-Niederwein- und Schimsheim. Oberschultheiß: Hr. Franz Peter Polza.

Unteramt Erbesbüdesheim.
Beamter: Hr. Peter Job, auch Amtskeller allda und Schaffner zu Bohlanden.

Unteramt Freinsheim.
Beamter: Hr. Friderich Ludwig Weber, d. R. L. auch Amtskeller allda und churpfälz. Hofgerichtsrath.
Nachfolger: Dessen Kinder.
Amtsschreiber u. Ausfaut: Diese Stelle ist dermal unbesetzt.
Heerfaut: Hr. Johann Jene.
Amtsphysikus: Hr. Josten, d A. D. churpfälz. Hofrath.
Advokaten u. Notarien: Hrn. Franz Euler, Oberschultheiß zu Lamsheim, auch Kollektor und Kirchenschaffner zu Dacken- und Weissenheim.
 Georg Peter Christ.
Amtschirurgus: Hr. Wendel Christiani.
Amtsreiter: Joseph Stitzel.
Nachfolger: Martin Raffel.
Amtsbothen: Adam Raffel. Jakob Fuchs.
Beygeordneter: Martin Raffel.

Freins- und Weissenheim. Oberschultheiß: Hr. Aloys Becker,
zugl. Stadtschreiber und Oberschultheiß zu Weissenheim
am Sand, churpfälz. Hofkammerrath.
Heppenheim auf der Wiese und Ofstein. Oberschultheiß: Hr.
Franz Paul Helfferich, auch Gerichtschreiber allda.
Nawfolger: Hr. Nikola Helfferich.

Oberamt Bacharach.

Landschreiber: Hr. Franz Anton Edler von Albertino, des h. r.
R. Ritter, churpfälz. Regierungsrath, zugl. Zollschreiber
und Amtskeller allda.
Ausfaut u. Oberamtsschreibereyverwalter: Hr. Freudenberg,
auch Oberamtsunkösten- und Gelderempfänger.
Oberamtsphysikus: Hr. Mathäus Gran, d. W. u. A. D.
Oberamtschirurgus: Hr. Paul.
Hospitalverwalter zu Bacharach: Hr. Carl Franz Minola.
zu Diebach: Hr. Daniel Kurz.
Oberamtswachtmeister: Hr. Franz Großmann.
Amtsreiter: Franz Jaither.
Nachfolger: Dessen Sohn.
Amtsboth: Peter Uller, zugl. Landzollvisitator.

Rath der vier Thäler.

Bürgermeister zu Bacharach: Hrn. Anton Härter.
 Obiger Carl Minola. Adam Lauer.
  zu Steg: Hrn. Daniel Hüthwohl. Johann Stolz.
 Erhard Heiderich.
  zu Diebach: Conrad Moritz. Jakob Hepp. Conrad Hölz.
  zu Maubach: Mathias Kolb. Georg Leinhard.
Stadt- und der vier Thäler Rath- und Gerichtschreiber: Hr.
Friderich Anton Schwenk.
Städtischer Empfänger: Hr. Philipp Scheib.
Rathdiener: Ludwig Büttenbender.

Unteramt Caub.

Beamter: Hr. Carl Joseph Edler von Heusser, des h. r. R.
Ritter, churpfälz. Hofgerichtsrath, zugl. Zollschreiber all-
da, dann Obereinnehmer des Oberamts Bacharach und
Unteramts Caub.
Amtsschreiber: Hr. Peter Joseph Schorn.
Amtsphysikus: Obiger Hr. Mathäus Gran.
Amtschirurgus: Obiger Hr. Paul.
Amtsdiener: Johann Jost.

Stadtrath zu Caub. Die Stadtschultheißenstelle ist unbesetzt.
Stadt-und Gerichtschreiber zu Caub, Weissel und Derscheid:
Hr. Wendelin Weiß.
Stadthauptmann: Hr. Daniel Kilp.
Städtischer Rentmeister: Hr. Jakob Beysiegel.
Rathdiener: Johann Weppelmann.

Oberamt Borberg.

Oberamtmann: Titl. Hr. Philipp Freyherr v. Reibeld, s. 121.
Oberamtsverweser und Außfaut: Hr. Joseph Franz v. Kessel.
Oberamtschreiber u. Zentgraf: Hr. Franz Joseph Göhl, s. 128.
Nachfolger: Dessen Kinder.
Oberamtsphysikus: Hr. Johann Michael Henkenius.
Advokat und Prokurator: Hr. Johann Joseph Pfister.
Zentchirurgus: Hr. Carl Kühn.
Oberamtsrenovator: Hr. Moritz Riegler.
Amtsreiter: Peter Schmitt.
Amtsboth: Adam Jäger.
Stadtgericht. Stadtschultheiß: Hr. Franz Edel.
Anwalt in dem der Stadt inkorporirten Dorfe Wölchingen:
Hr. Philipp Bayer.

Oberamt Bretten.

Oberamtmann: Titl. Hr. Joh. Bernard Edler von Reisenbach.
Oberamtsschultheiß: Hr. Franz Dominikus Poetz, churpfälz.
Regierungsrath, auch Obereinnehmer allda.
Nachfolger: Dessen 3 Söhne.
Oberamtschreiber: Hr. Anton Stabler.
Nachfolger: Dessen Söhne.
Oberamtsphysikus: Hr. Johann Philipp Steimig, d. W. u.
A. D. auch Physikus des Zeisenhauser Baades, churpfälz.
Medicinalrath.
Amtschirurgus: Hr. Philipp Jakob Zöllner.
Oberschaffner der Hospitäler zu Bretten u. Heidelsheim: Hr.
Franz Anton Wezel, churpfälz. Hoffkammerrath.
Prokurator: Hr. Conradi.
1. Amtsreiter. 1. Amtsboth.
Stadtrath zu Bretten. Anwaltschultheiß: Hr. Dom. Moderi.
Stadtschreiber: Hr. Johann Hellbach.
Nachfolger: Hr. Johann Anton Glereiße.
Eppingen. Stadtschultheißereyverwalter: Hr. Philipp
Reinecker, churpfälzischer Hofgerichtsrath.
Anwaltschultheiß: Hr. Friderich Stetten.
Stadtschreiber: Hr. Ludwig Dick.

Heidelsheim. Stadtschreiber: Hr. Jakob Staab.
  Stadtschreiber: Hr. Sigismund Eisinger.
Weingarten. Unterbeamter: Hr. Lorenz Erkenbrecht.
  Schultheiß: Hr. Franz Volk.
  Gerichtschreiber: Hr. Johann Franz Brackenheimer.

Oberamt Germersheim.

Oberamtmann: Titl. Hr. Friderich Freyherr v. Reibeld, s. 75.
Landschreiber: Hr. Bernard Siegel, s. 121.
Aus- und Heerfaut: Hr. Michael Maria Küllmann.
Oberamtsschreiber: Hr. Johann Georg Jäger.
Oberamtsregistrator: Hr. Jakob Franz Hoffmann, zugleich
  Chausseegelderkaßier.
Nachfolger: Hr. Wolfgang Hoffmann.
Oberamtsphysikus: Hr. Andreas Franz, d. W. u. A. D.
Oberamtschirurgus ist der Zeit unbesetzt.
Oberamtsunkostenkaßier: Hr. Lorenz Lombardino.
Oberamtsadvokaten: Hrn. Paul Kotschenreuter, auch Stadt-
  schultheiß allda.
  Franz Anton Hoffmann.
Chausseeinspektor: Hr. Christian Leger, s. 121.
Einspänniger: Philipp Adolph Arnoldi. Johann Geisler.
Both: Paul Julien.
Stadtrath zu Germersheim. Stadtschultheiß: Obiger Hr. Paul
  Kotschenreuter.
  1 Bürgermeister. 6 Rathsverwandte.
  Stadt- und Fautenschreiber: Hr. Jakob Wilhelm Jäger.
  Stadtwachtmeister: Johann Gesell.

Unteramt Landecken.

Beamter: Hr. Peter Hetzel.
  Waisenfaut: Hr. Johann Michael Gerlein.
  Amts- u. Gerichtschreiber: Hr. Heinrich Joseph Theodori.
  Einspänniger: Ferdinand Remshagen.
Billigheim. Oberschultheiß: Hr. Franz Philipp Jäger.
  Stadt- und Gerichtschreiber: Hr. Johann Paul Bering.
Bürckenhörd. Unterbeamter: Hr. Peter Frey, zugl. Keller allda.
Eusserthal u. Mörlheim. Oberschultheiß: Hr. Dom. Edler von
  Rogister, des h. r. R. R. churpfälz. geistl. Administrations-
  rath, auch Pfleger zu Eusserthal u. Schaffner zu Mörlheim.
Nachfolger: Dessen Ehefrau und Kinder.
Probstey Hörd. Oberschultheiß: Hr. Franz Spegg, zugl.
  Stift- und Hospitalschaffner allda.
  Gerichtschreiber: Hr. Johann Jakob Werner.

Stift Klingenmeister. Unterbeamter: Hr. Philipp Neubert.
Mechtersheim. Unterbeamter: Hr. Joseph Lievre, zugl. Schaffner allda und Keller zu Speyer.
  Nachfolger: Dessen Frau und Kinder.
Pleißweiler. Unterbeamter: Hr. Raimund Orsolini, zugl. Keller allda.
Siebeldingerthal. Oberschultheiß: Hr. Conrad Frey.
  Gerichtschreiber: Hr. Georg Adam Maintz.

Oberamt Heidelberg.

Oberamtmann: Se. Excellenz Hr. Anton Freyherr von Pergolas ꝛc. s. 22.
Landschreiber: Titl. Hr. Joseph Franz Reichsfreyherr von Wrede, churpfälz. Regierungs- und wirkl. Hofgerichtsrath.
Oberamts-Assessoren: Titl. Hr. Carl Reichsfreyherr von Wrede, s. 83.
Hr. Franz Melchior Reibel.
Ausfaut: Hr. Franz Decker.
Beygeordnete: Dessen Kinder.
Oberamtsschreiber: Hr. Wilhelm Joseph Steinwarz, zugl. Oberamtsunkösteneinnehmer und Chausseegelder Kaßier.
Registrator: Hr. Carl Joseph Dümge.
Oberamts- u. Stadtphysikus: Hr. Stephan Zipf, d. W. u. A. D.
Oberamtsadvokaten u. Prokuratoren: Hrn. Friderich Martin.
  Georg Lehmann, Notar.
  Andreas Burzler, s. 127.
  Franz Gambsjäger, s. 125.
  Anton Barion, zugl. Notar.
  Franz Zerlauth.
  Heinrich Martin.
  Franz Janson, Doktor u. Professor Juris.
  Joseph Mähler.
  Jakob Weber.
  Carl Wund, zugl. Ehegerichtsrath.
  Franz Carl Bachers.
  Johann Christoph Kaufmann, zugl. Notar.
  Georg Martin.
Oberamtsreiter: Johann Paul Fridberger.
  Beygeordneter: Johann Baptist Fridberger.
  Martin Baumbusch.
  Nachfolger: Michael Joseph Will.
Oberamtsbothen: Sebastian Nees. Anton Weikert.

Kirchheimer Zent. Zentgraf, auch Zentschreiber und reißiger Schultheiß: Hr. Anton Dachert.
Zentknecht: Dietrich Schleicher.
Beygeordneter: Joseph Schleicher.
Oberschultheiß zu Schwezingen: Hr. Wilhelm Frey.
Gerichtschreiber: Hr. Carl Faber.
Schrißheimer Zent. Zentgraf und Zentschreiber zu Schreißheim: Hr. Nikola Kissianolo, churpf. titular Rath.
Reißiger Schultheiß: Hr. Heinrich Mathäus Neureuther.
Zenthauptmann: Hr. Georg Caspar Neureuther.
Zentknecht: Michael Siebler.
Stadt Neckargemünd. Stadtschultheiß: Hr. Joh. Michael Gerber, zugl. Zollschreiber allda.
Nachfolger: Hr. Peter Leopold Gerber.
Stadtschreiber: Hr. Valentin Ignaz Schütz.
Stadt Schönau. Stadtschultheiß u. Stadtschreiber: Hr. Ignaz Blanck.
Stadt Weinheim. Stadtschultheiß: Hr. Adam Joseph Heuser, churpfälz. titular Regierungsrath, auch Keller und Obereinnehmer.
Stadtschultheißereyverwalter u. Stadtschreiber: Hr. Franz Joseph Büchler.
Stadt Wiesloch. Stadtschultheiß: Hr. Nikola Stengel, auch herrschaftl. Empfänger allda.
Stadtschreiber: Hr. Simon Creuzberg.

Amt Dilsberg.

Amtmann: Titl. Hr. Franz Reichsfreyherr v. Schmitz. s. 120.
Nachfolger: Hr. Dominikus Algardi.
Amtsverweser: Hr. Ludwig Stockmar, churpfälz. wirkl. Hofgerichtsrath.
Amtsschreiber und Ausfaut: Hr. Franz Beckers, b. R. L. churfl. titular Rath.
Amtsadvokaten: Hrn. Michael Kaiser.
Joseph von Frembgen.
Amtsreiter: Franz Nük.
Amtsboth: Martin Linkenheld.
Nachfolger: Dessen Kinder.
Zentgraf der Meckesheimer Zent, Oberschultheiß und Ausfaut zu Meckesheim: Hr. Franz Anton Schmuck.
Zentknecht: Johann Hessel.
Zent- und Gefällverweserenboth: Burkard Barzer.
Zentgraf der Stüber Zent: Hr. Georg Beckert, zugl. Keller zu Schwarzach und Mineberg.

Oberamt Kreuznach.

Oberamtmann: Titl. Hr. Friderich Freyherr v. Venningen, s. 69.
Oberamtstruchseß: Titl. Hr. Joseph Reichsfreyherr von Schweickhard, churpfälz. Regierungsrath.
Aus- und Waisenkaut, auch Oberamtsassessor: Hr. Joseph Anton Mandel, churpfälz. titular Hofgerichtsrath.
Truchsessereykeller u. Obereinnehmer: Hr. Philipp v. Bäumen.
Nachfolger: Hr. Leopold Maximilian von Bäumen und dessen sämmtl. Geschwistere.
Oberamtsschreiber: Hr. Reinewald.
Oberamtsregistrator: Hr. Hubert Georg Langer, churpf. titular Hofkammerrath, zual. Hospitalverwalter, Fabriken- Almosen- und Guthleypfleger, Amtsunkostenempfänger, Zinsmeister und Schaffner zum heil. Peter allda, s. 128.
Nachfolger: Hr. Franz Anton Langer.
Oberamts- u. Stadtphysikus: Hr. Jost Ant. Grimmel, d. A. D.
Oberamtsprokurator und Notar: Hr. Simon Matern.
Amtschirurgus: Hr. Joseph Macher.
Landhauptmann: Hr. Andreas Ernst, zugl. Stadtwachtmeister.
Nachfolger: Hr. Martin Andreas Ernst.
Gränz- und Marktinspektor: Hr. Mathäus Dietrich, s. 129.
Marktmeister: Isaias Grohe.
Amtsreiter: Johann Deubel. Johann Peter Biscki.
Amtsboth: Joseph Engel.
Amtspedell: Georg Blum.
Stadtrath zu Kreuznach. Stadtoberschultheiß: Hr. Joseph Botthof, churpfälz. titular Hofgerichtsrath.
Anwaltschultheiß und Stadtschreiber: Hr. Nestler, churpfälzischer Rath.
Oberamts- und Stadtgerichtsadvokaten: Hrn. Johann Anton Weber.
Friderich Erinus.
Peter Joseph Kuemer, zugl. Wechsel- und öffentl. Notar.
Franz Born.
Heinrich Herf.
Michael Schneegans.
Joseph Dieffenhard.
Alternierende Hospital- und Guthleyverwalter: Hrn. Friderich Hönes.
Obiger Isaias Grohe.
Stadtmajor: Hr. Joseph Krauß.
Stadtwachtmeister: Obiger Hr. Andreas Ernst.

Chaussee- u. Weggelderheber am Bingerthore: Hr. Anton Sabelberger.
Langenlohnsheim und Gensingen. Oberschultheiß: Hr. Carl Joseph Albertino, churpfälz. Hofkammerrath.
Oberhilbersheim. Oberschultheiß: Hr. Johann Zilles.

Unteramt Böckelheim.
Amtsverweser und Keller: Hr. Carl Philipp Neumann, churpfälz. Hofgerichtsrath.
Amtsschreiber: Hr. Valentin Brand.
Amtsphysikus: Hr. Franz Theodor Hertwig, b. A. D.
Amtsreiter: Andreas Schneider.
Amtsboth: Christian Carl.
Nachfolger: Gabriel Müller.
Monzingen und Langenthal. Oberschultheiß: Hr. Wilhelm Kron, zugl. Stadtschreiber.
Nachfolger: Hr. Friderich Ludwig Fuchs.
Sobernheim. Oberschultheiß: Hr. Johann Heinrich Klock.
Nachfolger: Hr. Heinrich Ludwig Klock.
Stadtschreiber: Obiger Hr. Valentin Brand.
Stadtrentmeister: Hr. Bernard Wolf, zugl. Obereinnehmer.
Wald-Thal-u. Böckelheim-Gerichtschreiber: Hr. Isak Virmont.
Nachfolger: Hr. Johann Peter Pistorius.

Herrschaft Ebernburg.
Die Amtsverwerersstelle ist dermalen unbesetzt.

Oberamt Ladenburg.
Oberamtmann: Titl. Hr. Carl Theodor Graf von Wiser, s. 62.
Landschreibereyverwalter: Hr. Philipp v. Hertling churpfälz. Hofgerichts- und Hofkammerrath.
Oberamtschreiber u. Registrator: Hr. Georg Friderich Wüst, zugl. Hospitalverwalter und Amtsunkostenempfänger.
Oberamtsphysikus: Hr. Conrad Oswald.
Amtsboth: Sebastian Kämmerer.
Stadtrath zu Ladenburg. Stadtschultheiß: Hr. Philipp Jakob Reinecker, zugl. Schaffner zu Weinheim, dann Kollektor, Präsenzmeister und Kirchenschaffner zu Ladenburg.
Anwaltschultheiß: Hr. Michael Eisenhard.
Stadtschreiber: Hr. Anton Patheicher.
Stadtrentmeister: Hr. Philipp Eckard.
Hespach. Oberschultheiß: Hr. Johann Fischer.
Beygeordneter: Hr. Adam Fischer.
Gerichtschreiber: Hr. Kopp.

Oberamt Lauterecken.

Oberamtmann: Titl. Hr. Joseph Freyherr von Brück, f. 75.
Oberamtsverweser: Hr. Carl Micherour.
Oberamtsschreibers-u. Waisenfauts, auchStadt-u. Landschultheißens-Verwalter: Hr. Dünkel für die Huberischen Kinder.
Amtsreiter: Jakob Seybold.
Nachfolger: Franz Joseph Seybold.
Amtsboth: Johann Pfister.

Oberamt Lautern.

Oberamtmann: Se. Ercell. Hr. Carl Reichsgraf v. Schall, f. 94.
Landschreiber: Titl. Hr. Johann Philipp Reichsfreyherr von Horn, churpfälz. wirkl. Hofgerichtsrath.
Oberamtsausfaut: Hr. Heinrich Joseph Martini.
Oberamtsschreiber: Hr. Leopold Joseph Diel.
Nachfolger: Hr. Johann Conrad Diel.
Oberamtsunkösten-Geldempfänger: Hr. Aufschnelder.
Oberamtsphysikus: Diese Stelle ist der Zeit unbesetzt.
Oberamtsadvokaten: Hrn. Joh. Frider. Frank, zugl. Prokurat.
  Jakob Diel, zugl. kaiserl. Notar und Prokurator.
  Lorenz Kebel.
Oberamtsu. Hospitalchirurg.: Hr. Schellhaas, zugl. Accocheur.
Amtsreiter: Johann Philipp Eppenreuter.
Amtsboth: August Cornelius.
Stadtrath zu Lautern. Stadtschultheiß: Hr. Adam Rohr, f. 128.
  Anwaltschultheiß: Hr. Christoph Bonn.
  Stadtschreiber: Hr. Vincenz von Douwe.
  Stadtrentmeister: Hr. Carl Lud. Fliesen, auch Obereinnehmer.
  Hospital- und Spentschaffner: Obiger Hr. Adam Rohr.
Stadtrath zu Otterberg. Stadtschultheiß: Hr. Mathäus Heger, auch Schaffner zu Enkenbach.
  Stadtschreiber: Hr Caspar Anton Wygand, auch zu Mohrlautern, Neukirchen, Alsenborn und Waldfischbach.
Ramstein, Steinwenden u. Weilerbach. Gerichtschreiber: Hr. Nikola Hector.
Nachfolger: Hr. Johann Hector.

Unteramt Rockenhausen.

Unterbeamter: Hr. Georg Adolph Thirion, churpfälz. titular Hofgerichtsrath und Amtskeller allda.
Nachfolger: Eines des Hrn. geh. Sekretärs Herdt Kinder.
Anwaltschultheiß und Stadtschreiber: Hr. Martin Kuhn.

Unteramt Wolfstein.
Unterbeamter: Hr. Franz Witt, auch Amtskeller allda.

Oberamt Lindenfels.
Oberamtmann: Titl. Hr. Joseph Graf von la Tour, s. 55.
Oberamtsverweser u. Zentgraf: Hr. Wilhelm Morlock, churpfälz. Regierungsrath, auch Gefällverweser allda.
Nachfolger: Dessen Kinder.
Amtsreiter: Johann Christian Krenz.
Leibzinsmeister: Hr. Sebastian Sartorius, s. 128.
1 Amtsboth.

Oberamt Moßbach.
Oberamtmann: Titl. Hr. Carl Theodor Reichsfreyherr von Sturmfeder, s. 56.
Beygeordneter Oberamtmann: Se. Excell. Hr. Franz Joseph Freyherr von Leoprechting, s. 23. und dessen Hrn. Söhne.
Oberamtsschultheiß: Hr. Carl Engelbert Müßig, churpfälz. Regierungsrath, zugl. verrechneter Beamter u. Zentgraf.
Oberamts- und Zentamtsbeysitzer: Hr. Bartolome Joseph Emmermann, churpfälz. Hofgerichtsrath.
Oberamtsschreiber: Hr. Andreas Leopold Rauß, zugl. Registrator und Oberamtsunkösten-Kaßier.
Oberamtsphysikus: Hr. Joh. Nep. Gruber, d. W. u. A. D.
Advokaten: Hrn. Johann Carl Ries.
  Franz Anton Hoffmann.
  Franz Aloys Reichard.
Amtsreiter: Carl Engelbert Haller. Peter Achtmann.
Amtsbohten: Franz Eisenhut. Carl Buchert.
Stadtrath zu Moßbach. Stadtschultheiß: Hr. Heinrich Klotten, churpfälz. Hofkammerrath, auch Kaßier bey der Saline Elisabetha Augusta-Halle.
Die Anwaltschulteisenstelle ist unbesetzt.
Stadtschreiber: Hr. Anton Bananomi.

Amtskellerey Eberbach.
Amtskeller u. Zentgraf: Hr. Meyer churpfälz. Hofgerichtsrath.
  Zent- und Stadtschreiber: Hr. Philipp Hoffmann.
  Nachfolger: Hr. Franz Philipp Hoffmann.
Zent- und Stadthauptmann: Hr. Conrad Knecht.
Anwaltschultheiß: Hr. Joseph Hafner.
1 Amtsboth.

Amtskellerey Hilspach.
Unterbeamter: Hr. Franz von Vogel, churpfälz. wirkl. Hofkammerrath, zugl. Amtskeller, s. 128.

Amtsphysikus: Hr. Joseph Sauer, b. W. u. A. D.
Heerfaut und Zollner: Die Haagischen Kinder.
Amtsbothen: Leopold Berger. Friderich Reichert.
  Beygeordneter: Peter Berger.
Stadtschultheiß u. Stadtschreib. zu Hilspach: Hr. Ant. Ortallo.
  Stadtanwalt: Hr. Joseph Trunzer.
Schlüchtern. Reißiger Schultheiß: Hr. Dan. Vanderfor, s. 121.
Sinsheim. Stadtschultheiß: Hr. Carl Joseph Kaul.
  Stadtschreiber: Hr. Preis.

Amtskellerey Lohrbach.

Unterbeamter: Hr. Wilhelm Joseph Minett, churpfälz. Hofgerichtsrath, zugl. Amtskeller.
Schefflenz. Oberschultheiß: Hr. Stephan Leist.

Amtskellerey Neckerelz.

Unterbeamter: Hr. Arnold Heinrich Pattberg, auch Keller allda.
Oberschultheiß und Wasserzollgegenschreiber: Hr. Bernard Gresser, auch Gegenschreiber allda.
Nachfolger: Hr. Johann Christoph Gresser.
Obrigheim. Reißiger Schultheiß: Hr. Bernard Bering, auch Hühnerfaut.

Oberamt Neustatt.

Oberamtmann: Titl. Hr. Heinrich Reichsgraf von Beckers, kaiserl. königl. Oberstwachtmeister.
Nachfolger: Titl. Hr. Carl August Reichsgraf von Beckers, des churfl. General freyherrlich Schwicheldtschen 1ten Feldjäger-Regiments Major.
Landschreiber: Hr. Franz Hyacinth Reichsedler v. Dusch, s. 121.
Ausfaut: Hr. Heinrich Anton Wolf.
Oberamtsschreiber: Hr. Andreas Weckeser.
Fiskal: Hr. Jakob Franz Edler von Täuffenbach, des h. r. R. Ritter, churfl. wirkl. Rath und Oberschultheiß zu Edenkoben, auch Marktrichter allda.
Nachfolger: Dessen Kinder.
Registrator: Hr. Hoffmann.
Nachfolger: Eines dessen Kinder.
Heerfaut: Hr. Johann Wilhelm Weber.
Nachfolger: Hr. Franz Ignatz Weber.
Oberamtsunkösten-Kaßier: Hr. Johann Baptist Herbt.
Oberamts- und Stadtphysikus: Hr. Joseph Krause, d. A. D.
Oberamtschirurgus: Hr. Joseph Schmitz.
Nachfolger: Hr. Philipp Geiger.

Oberamtsadvokaten: Hrn. Franz Joseph Fleischbein. Peter Zinck.
Stadtwachtmeister: Johann Philipp Keller.
Amtsreiter: Johan Baptist Brug. August Zettelmayer.
Amtsboth: Willig.
Stadtrath zu Neustatt. Stadtschultheiß: Hr. Eckenbert Fischer, zugl. Vorsitzer des Fruchtmarktgerichts allda.
Nachfolger u. wirkl. Stadtschultheiserey-Verwalter: Hr. Heinrich Widder.
Stadtschreiber: Hr. Johann Adam Leger.
Stadtphysikus: Obiger Hr. Joseph Krause, s. 140.
2 Bürgermeister:
6 Rathsverwandte:
Stadtgerichts-Advokaten: Die bey dem Oberamte sind.
Stadtrentmeister: Hr. Fried. Oberländer, auch Stadtmajor.
Hospitalschaffner: Hr. Ignatz Merkel.
Edenkoben. Oberschultheiß: Hr. Jak. v. Täuffenbach, s. 140.
Nachfolger: Dessen Kinder.
Amts- u. Gerichtschreiber, auch Marktgerichtschreiber allda, und Oberfaut: Hr. Philipp Jakob Hügler.
Amtsdiener: Jakob Kroneiß.
Marktgerichtsdiener: Moritz Sonau.
Pfleg Hasloch. Faut: Hr. Philipp Reinecker, churpfälz. titular Hofgerichtsrath.
Fautey- und Gerichtschreiber allda, anch zu Böhl und Igelheim: Hrn. Franz Ehemanns hinterlassene Kinder.
Lamsheim. Oberschultheiß: Hr. Franz Euler, s. 130.
Stadtschreiber: Hr. Lothar Zisenitz.
Gerichtschreiber auf der Hardt, Lachen und Dutweiler: Hr. Gottfried Faubel.
Zu Mußbach u. Gimmeldingen: Hr. Joh. Friderich Meilen.
Zu Neidenfels: Hr. Bassenir.
Oggers- und Rheingönheim. Oberschultheiß: Hr. Peter Heuß, churpfälz. Rath.
Stadt- und Gerichtschreiber: Hr. Thomas Leger.
Nachfolger: Hr. Peter Leger.
Physikus: Titl. Hr. Lorenz von Fischer, s. 72.
Beygeordneter: Hr. Stephan von Fischer, auch abjungirter öffentl. Lehrer der Entbindungskunst und Mannheimer Stadtphysikus.
Wachenheim. Oberschultheiß u. Burgvogt: Hr. Joh. Gordona.
Beygeordneter: Hr. Stephan Leist.

Stadtschreiber: Hr. Franz Joseph Hauck, zugl. Gerichtschreiber zu Wöcken und Gauheim.

Oberamt Oppenheim.

Oberamtmann: Titl. Hr. Reichsgraf von Hallberg.
Landschreiber: Hr. Bernard Wenz, zugl. Zollschreiber allda.
Die Oberamts- und Zollschreiberey wird von Hrn. Peter Werner für die Baueschen Kinder verwaltet.
Oberamtsphysikus: Hr. Michael Lauer.
Advokaten und Prokuratoren: Hrn. Franz Casper Kummer. Ferdinand Emonds.
Hospitalschaffner: Hr. Martin Dietrich.
Stadtrath zu Oppenheim. Stadtschultheiß: Hr. Martin, zugl. Vorsitzer des Fruchtmarktgerichts.
Anwaltschultheiß: Obiger Hr. Franz Kummer, zugl. Beysitzer des Fruchtmarktgerichts.
Stadtschreiber: Obiger Hr. Ferdinand Emonds, zugleich Fruchtmarktgerichts Aktuar.
Stadtrentmeister: Hr. Christoph Wallot, f.129.
Stadtwacht- und Marktmeister: Peter Jakob Gilardone.
Beygeordneter: Nikola Gilardone.
Ingelheim. Die Aus- und Weisenfautsstelle in dem Ingelheimer Grunde ist der Zeit unbesetzt.
Faut: Hr. Johann Gerard Utsch, churpfälz. titular Hofkammerrath, zugl. Gefällverweser.
Oberingelheim. Oberschultheiß: Hr. Georg Joseph Risser.
Rathschreiber: Hr. Heinrich Claudi.
Nierstein, Derheim und Schwabsburg. Die Oberschultheißenstelle ist unbesetzt.
Gerichtschreiber: Hr. Johann Georg Preiß.
Chausseeinspektor: Hr. Zechmayr, zugl. Regierungs- und Hofgerichtsadvokat und Prokurator.
Gränz- u. Marktinspektor: Hr. Mathäus Dietrich, f. 129.
Nachfolger: Hr. Carl Joseph Dietrich.
Visitator: Lothar Krämer.
Amtsreiter: Christian Ostermann.
Amtsboth: Obiger Lothar Krämer.
Stadtecken. Amtskeller: Hr. Leonard Michels.
Nachfolger: Hr. Georg Heller.

Oberamt Otzberg.

Oberamtmann: Titl. Hr. Friderich Carl Philipp Graf von Bentheim, auch Oberamtmann zu Umstatt.
Nachfolger: Titl. Hr. Friderich Reichsgraf von Geldern, f.24. und dessen Hrn. Söhne.

Oberamtsverweser: Hr. Conrad Dillmann, churpfälz. titular
Regierungsrath.
Oberamtsschreiber allba u. zu Umstatt: Hr. Anton Vowinkl.
Oberamtsphysikus: Hr. Johann Gräf, b. A. D.
Amtsschultheiß und Zollverwalter: Hr. Carl Münch, auch Ge-
richtschreiber.
Amtsreiter: Johann Adam Schmitt.
Verwalter: Heinrich Pfaff. Amtsboth: Christan Pfaff.

Oberamt Simmern.

Oberamtmann: Se. Excell. Hr. Ludwig Reichsgraf Boos von
Waldeck, s. 20.
Nachfolger: Titl. Hr. Carl Theodor Freyherr v. Haacke, s. 70.
Landschreiber: Hr. Andreas von Reckum, b. R. L. und churpfälz.
wirkl. Hofgerichtsrath.
Oberamtsschreiber, Waisenfaut und Registrator: Hr. Ferdi-
nand Ignatz Weygold.
Oberamtsphysikus: Hr. Helle, b. A. D.
Oberamtschirurgus: Hr. Philipp Stein.
Advokaten und Prokuratoren: Hrn. Heinrich Klauß.
Franz Macher.
Nikola Steinberger.
Joseph Anton Deuster, auch Nachfolger der Gerichtschrei-
bersstelle in der Probstey.
Gränz- und Marktinspektor: Hr. Mathäus Dietrich, s. 142.
Amtsreiter: Hermann Jos. Rothermel, titular Zollverwalter.
Nachfolger: Dessen Söhne.
Amtsbothen: Mathäus Staub. Martin Friderich.
Stadtrath zu Simmern. Stadtschultheiß: Hr. Nikola Ambro-
sius Zipp, Pfalzgraf.
Nachfolger: Obiger Hr. Nikola Steinberger.
Stadtschreiber: Hr. Ludwig Habich.
Schatzungs- und Gemeingelderheber: Hr. Peter Faber.
Argenthal. Oberschultheiß: Hr. Anton Geromont.
Gundershausen. Oberschultheiß: Hr. Joseph Schlüssel.

Oberamt Stromberg.

Oberamtmann: Titl. Hr. Joseph Leopold Reichsfreyherr von
Castell, auf Bedernau, churpfälz. wirkl. Hofgerichtsrath,
auch wirkl. Hoffkammerrath und Hoffkastner zu München.
Oberamtsverweser: Hr. Bernard Anton Soellner, churpfälz.
Hofgerichtsrath, zugl. Amtskeller allba.
Aus- und Heerfaut: Hr. Georg Kohlmann, zugl. Stadtschult-
heiß allba.

Oberamtsschreiber: Hr. Joseph Borosini von Hohenstern, zugl. Stadtschreiber allda.
Oberamtsphysikus: Hr. Franz Theodor Hertwig, d. A.D.
Oberamtschirurgus: Hr. Andreas Wenzel.
Gränz- und Marktinspektor: Hr. Mathäus Dietrich, s. 143.
Amtsreiter: Philipp Valerius.
Nachfolger: Joseph Dasio.
Amtsboth: Franz Adam Kallstatt.
Stadtrath zu Stromberg. Stadtschultheiß: Hr. Georg Kohlmann, s. 143.
 Anwaltschultheiß: Hr. Franz Mühlfelder, s. 129.
 Stadtschreiber: Obiger Hr. Jos. Borosini von Hohenstern.
Waldalgesheim. Oberschultheiß: Hr. Bernard Mörsbach.

Oberamt Veldenz.

Oberamtmann: Titl. Hr. Joseph Freyherr von Brück, s. 75.
Die Oberamtsverweserstelle wird von Hrn. Oberamtsschreiber Duffner für die Wunderlichschen Kinder verwaltet.
Oberamtsschreiber: Hr. Joseph Duffner, Landschultheiß.
Oberamtschirurgus: Hr. Burkardt.
Amtsreiter: Johann Bitzig.
Amtsboth: Michael Joseph Kilburg.

Oberamt Umstatt.

Oberamtmann: Titl. Hr. Friderich Graf von Bentheim, s. 142.
Nachfolger: Titl. Hr. Friderich Reichsgraf von Geldern, s. 24. und dessen Hrn. Söhne.
Oberamtsverweser: Hr. Conrad Dillmann, s. 143.
Oberamtsschreiber: Hr. Anton Vowinkel, s. 143.
Oberamts- u. Stadtphysikus: Hr. Johann Gräf, d.A.D.s.143.
Oberamtschirurgus: Hr. Engau.
Advokaten und Prokuratoren: Hrn. Johann Ludwig Würtemberger.
 Ernest Friderich Wolf.
 Franz Beithorn.
Amtsreiter: Heinrich Schmidt.
Nachfolger: Carl Schmidt.
Amtsdiener: Heinrich Klein.
Nachfolger: Georg Adam Klein.
Stadtrath zu Umstatt. Stadtschultheiß: Hr. Simon Glaser.
 Die Stadtschreibers- und Zollverwaltersstelle ist unbesetzt.
 Stadtrentmeister: Hr. Martin Gottlieb Capeller.

Mannheimer Stadtgericht.
Stadtgerichts-Direktor.
Hr. Carl Rupprecht, churpfälzischer Regierungsrath.
Assessoren.
Hrn. Joseph Rudersheim.
    Anton Pfanner, churpfälz. Hofgerichtsrath und beygeordneter Anwaltschultheiß zu Mannheim.
    Johann Joseph Rapparini.
    Franz Friderich Boos, d. R. L. Stadtsyndikus, wirkl. Rathsverwandter, dann Regierungs- u. Hofgerichtsadvokat und Prokurator.
    Franz Joseph Böhmer, Bürgermeister, wirkl. Rathsverwanter, dann Regierungs- u. Hofgerichtsadvokat und Prokurator.
    Johann Baptist Lucas, auch wirkl. Rathsverwandter und Pupillaramtsassessor, dann Regierungs- und Hofgerichtsadvokat und Prokurator.
    Joseph Heymann, wirkl. Rathsverwandter, Pupillaramtsassessor, dann Regierungs- und Hofgerichtsadvokat und Prokurator.
    Innocens Franz Kobell, zugl. wirkl. Hofgerichtsrath.
    Stephan Brentano, zugl. wirkl. Rathsverwandter und Pupillaramtsassessor.
    Lambert Hout, d. R. L. auch wirkl. Rathsverwandter.
    Carl Ziegler.
Stadtgerichtschreiber: Hr. Joseph Zell, s. 128.
Registrator: Hr. Joseph Kohl, s. 153.
Aktuarien: Hrn. Volpert.
    Geringer. Haut.
    Hotzenlaub. Stark.
    Niernberger. Kissel.
Prokuratoren: Hrn. Georg Friderich Ehehalt, zugl. Salinendepartements- Kassasekretär und Registrator.
    Peter Essert, kaiserl. Notar.
    Franz Friderich Schwerdt, s. 127.
    Andreas Schubauer.
    Johann Goswin Hauck.
    Georg Adam Carl.
    Ludwig Zwenger.
Stadtgerichtsdiener: Johann Mändel.

Mannheimer Stadtrath.
Stadtdirektor.
Hr. Carl Rupprecht, s. 145.
Anwaltschultheiß.
Titl. Hr. Lambert Reichsfreyherr von Babo, s. 96.
Beygeordneter: Hr. Anton Pfanner, s. 145.
Bürgermeister.
Hrn. Joseph Heymann, s. 145.
 Franz Müller.
Wirkl. Rathsglieder.
Hrn. Obiger Franz Müller.
 Franz Boos, s. 145.
 Casimir Fuchs.
 Johann Baptist Lucas, s. 145.
 Obiger Joseph Heymann.
 Georg Schäffer.
 Wilhelm Ackermann.
 Stephan Brentano, s. 145.
 Lambert Hout, s. 145.
 Isak Weiffenbach.
 Joseph Hölzel, Supernumerär.

Stadtsyndikus: Hr. Franz Boos, s. 145.
Stadtrentmeister: Hr. Elias Stengel, churpfälz. wirkl. Hofkammerrath.
Stadtschreiber: Die Leersischen Kinder.
Stadtschreiberey-Verwalter: Hr. Carl Leers.
Registrator: Hr. Joseph Kohl, s. 145.
Aktuarien: Hrn. Spüdt. Andreas Schubauer, s. 145.
 Franz Palm. Arnold. Kieser. Herdt.
Empfänger der städtischen Gelder: Ist unbesetzt.
Oberempfänger der bürgerl. Gelder: Hr. Wilhelm Grua, auch herrschaftlicher Obereinnehmer.
Stadtphysikus: Titl. Hr. Lorenz von Fischer, s. 72.
Beygeordneter: Hr. Stephan von Fischer, s. 141.
Stadtphysikats-Verwalter: Hr. Schule.
Stadtquartierschreiber: Hr Conrad Nedemann.
Stadtrathsprokuratoren: Die beym Stadtgerichte sind, s. 145.
Stadtwachtmeister: Hrn. Joseph Scherer. Felix Fruhmann.
Stadtviertelschreiber: Hrn. Johann Rillius.
 Werner. Gretscher. Burger.
Stadtrathdiener: Clemens Willmann. Beiser. Walter.
Stadtbauknecht: Damm.

Pupillaramt.

Direktor: Hr. Carl Rupprecht, s. 146.
Pupillarräthe: Titl. Hr. Lambert Reichsfreyherr v. Babo, s. 95.
Beygeordneter: Hr. Anton Pfanner, s. 146.
Hrn. Casimir Fuchs, s. 146.
    Johann Baptist Lucas, s. 145.
    Joseph Heymann, s. 145.
    Stephan Brentano, s. 145.
Amtsschreiber: Die Leersischen Kinder.
Amtsschreiberey-Verwalter: Hr. Andreas Schubauer, s. 146.
Registrator: Hr. Joseph Kohl, s. 146.

Heidelberger Stadtrath.

Stadtdirektor.

Diese Stelle ist der Zeit unbesetzt.
Stadtdirektoren-Verwalter: Hr. Jak. Edler v. Traiteur, s. 127.
Anwaltschultheiß: Hr. Caspar Schneck, churpfälz. wirkl. geistl.
    Administrations-Fiskal.
Aelterer Bürgermeister: Hr. Jakob Sieben.
Jüngerer Bügermeister: Hr. Leonard Mezger.

Rathsverwandte.

Hrn. Valentin Muschler.
    Nikola Ernst.
    David Ehrmann.
    Johann Adam Heller.
    Heinrich Gerck.
    Albrecht Ludwig.
    Carl Arnold.
    Daniel Maiß.
    Mathias Eisenrichter.
    Supernumerär: Carl August Heim, zugl. Assessor und
      Ehegerichts-Advokat.
Stadtschreiber: Hr. Franz Georg Sartorius.
Registrator: Hr. Michael Weber.
Aktuarien: Hrn. Gottfried Querban.
    Caspar Mock.
Stadtphysikus: Hr. Stephan Zipf, s. 134.
Stadtaccoucheur: Hr. Heinrich Klunkart.
Stadtrentmeister: Obiger Hr. Michael Weber.
Stadtforstmeister: Obiger Hr. Carl Arnold.
Nachfolger: Hr. Friderich Steinacker.
Stadtbaumeister: Obiger Hr. Adam Heller.
Stadtfeldmesser: Hr. Ernest Haas.

Gemeindeführer u. Viertelmeister: Hrn. Martin Kochenburger, auch Beysassenschultheiß.
Franz Betz. Jakob Treiber. Franz Carl Hafner.
Stadtwachtmeister-Lieutenant: Hr. Jakob Hübinger.
Stadtwachtmeister: Hrn. Johann Voß.
Jakob Ziegler. Jakob Eckert.
3 Rathdiener. 1 Stadtbauknecht.

Stadt-Polizey-Kommission.

Direktor: Hr. Jakob Edler von Traiteur, s. 127.
Assessoren: Hrn. Caspar Schneck, s. 147.
Heinrich Gerck, s. 147.
Albrecht Ludwig, s. 147.
Leonard Metzger, s. 147.
2 Kommissionsdiener.

Schatzungs- und Quartier-Kommission.

Direktor: Obiger Hr. Jakob Edler von Traiteur.
Assessoren: Hrn. Obiger Caspar Schneck.
Nikola Ernst, s. 147.
Obiger Albrecht Ludwig.
Jakob Sieben, s. 147.
Schatzungseinnehmer: Hr. Friderich Candidus.
Aktuar: Hr. Friderich Neuburger.
1 Kommissionsdiener.

Stadtrathsadvokaten und Prokuratoren.

Hrn. Friderich Martin, s. 134.
Georg Lehmann, s. 134.
Andreas Burzler, s. 134.
Franz Gambsjäger, s. 125.
Anton Barion, s. 134.
Heinrich Martin, s. 134.
Joseph Mähler, s. 134.
Jakob Weber, s. 134.
Franz Carl Bachers, s. 134.
Franz Janson, s. 134.
Carl Wund, s. 134.
Joseph Lang. Georg Martin, s. 134.

Fruchtmarktgericht.

Direktor: Obiger Hr. Jakob Edler von Traiteur.
Fruchtmarktmeister: Obiger Hr. Jakob Sieben.
Fruchtmarktschreiber: Hr. Viktor Neuburger.
Fruchtmarktaufseher: Obiger Hr. Albrecht Ludwig.
2 Wagknechte.

Stadtmehlwagmeister: Hr. Gerard Ulrich.
Statbutterwagmeister: Hr. Jakob Hübinger, s. 148.
Krahnenaufseher, Holzzähler u. Acciser: Hr. Peter Burckmann.

Frankenthaler Stadtrath.

Stadtdirektor.

Hr. Carl Bechteler, churpfälzischer Hofgerichtsrath.
Nachfolger: Hr. Andreas Joseph Orsolini, churpfälz. Rath.
Anwaltschultheiß: Obiger Hr. Andreas Orsolini.
Erster Bürgermeister: Hr. Daniel Bechtel.
Zwenter Bürgermeister: Hr. Michael Monne.

Rathsverwandte.

Hrn. Philipp Lang.
    Bernard Reichert.
    Jakob Behagel.
    Johann Platz.
    Christoph Roeder.
    Gottlob Vazgi.
Stadtschreiber: Obiger Hr. Andreas Orsolini.
Aktuarius juratus: Hr. Michael Friderich.
Stadtphysikus: Hr. Josten, s. 130.
Stadt-Fabriken-und Hospital-Chirurgus: Hr. Friderich Burkard, auch Accoucheur.
Stadtrentmeister u. Schatzungsempfänger: Hr. Franz Egenolf.
Stadtmajor: Hr. Georg Schmitt.
Stadtprokuratoren: Hrn. Martin Mager.
    Michael Heberling.
    Theodor Franz.
2 Rathdiener. 1 Beyboth.

Frankenthaler ohnmittelbare Privilegien.

Polizey- und Fabriken-Kommission.

Kommissarien: Titl. Hrn. Freyherr von Reibeld.
    Obiger Carl Bechteler.
Assessoren: Hrn. Obiger Andreas Orsolini.
    Obiger Daniel Bechtel.
    Joseph Heller.
    Obiger Gottlob Vazgi.
    Obiger Michael Monne.
Agent, Sekretär und Expeditor: Hr. Michael Kraus.
Privilegiengelderempfänger und Fabrikenausfaut: Hr. Jakob Philipp.
Stadtpolizeywachtmeister: Hr. Johann Sauter.
2 Polizeydiener.

Churpfälzisches Oberappellationsgericht.
Präsident.
1791. Se. Excellenz Hr. Heribert Reichsfreyherr von Dalberg ꝛc. s. 7.

Vizepräsident.
1796. Titl. Hr. Friderich Freyherr von Koster, s. 53.

Adeliche Räthe.
Titl. Herren.
1775. Carl Reichsgraf von Bieregg, s. 96.
1791. Franz Xaver Reichsfreyherr von Reichlin, s. 62.

Direktor.
1779. Titl. Hr. Peter von Roseneck, s. 96.

Gelehrte Räthe.
Titl. Herren.
177 Franz Reichsfreyherr von Schmitz, s. 120.
1779. Ferdinand Reichsfreyherr von Lamezan, s. 120.
1785. Ignatz Reichsedler von Reichert, s. 121.
1787. Friderich Jung, s. 121.
1791. Sigismund Reichsedler von Dawans, s. 121.
1793. Wilhelm Reichsfreyherr von Weiler, s. 102.
1797. Franz Edler von Zentner, s. 120.
1798. Franz Hiazinth Reichsedler von Dusch, s. 121.

Sekretär, Registrator u. Expeditor.
Hr. Carl Collini, churpfälzischer Hofgerichtsrath.

Kanzelist.
Hr. Johann Sigismund Böhm, s. 122.

Kanzleydiener: Franz Braun.

Gerichtsferien.
1. Von dem 24. Dezember oder heil. Christabend bis auf den 14. Jänner beydes einschlüssig.
2. Vom Fasnachtsonntage bis Invocav. einschlüssig.
3. Vom Palmsonntage bis den ersten Sonntag nach Ostern.
4. Vom Sonntage Vocem Jucunditatis bis Sonnt. Exaudi.
5. Vom Sonntage nach Exaudi einschlüssig bis Sonntag Trinitatis.
6. Vom 13. July bis 10. August beydes einschlüssig.
7. Von Michaeli bis Allerheiligen.
8. Sonsten alle Sonn- und Feyertäge, an welchen in dem Churfürstenthume der Pfalz zu feyern gebothen ist.

Churpfälzisches Hofgerichts = Dikasterium.

Hofrichter.
1756. Se. Excellenz Hr. Franz Albert Reichsgraf von Oberndorff ꝛc. s. 89.

Vizehofrichter.
1796. Titl. Hr. Ignatz Freyherr von Reibeld, s. 75.

Adeliche Räthe.
Titl. Herren.
1770. Ferdinand Graf von Arz, 56.
1780. Joseph Reichsfreyherr von Castell, s. 143.
1780. Carl Graf von Wiser, s. 62.
1784. Joseph Freyherr von Hundheim.
1787. Carl Reichsgraf von Yrsch, s. 66.
1795. Carl Theodor Freyherr von Haacke, s. 70.
1797. Accessist: Carl Graf von Benzel.

Kanzleydirektor.
1757. Titl. Hr. Martin von Steinhausen.

Gelehrte Räthe.
Titl. Herren.
1762. Joseph Belli, d. R. L. churpfälz. Regierungsrath.
1771. Franz Brandenburger.
1772. Joseph Reichsfreyherr von Wrede, s. 134.
1773. Bernard Siegel, s. 121.
1774. Tobias von Sperl.
1777. Christian Freyherr von Fick, s. 75.
1777. Franz Xaver Courtin.
1779. Johann Nikola Freyherr von Stengel, s. 121.
1781. Franz Hiacinth Reichsedler von Dusch, s. 121.
1783. Ludwig von Verschaffelt.
1783. Philipp Reichsfreyherr von Horn, s. 138.
1785. Ludwig Stockmar.
1785. Bernard Schlemmer, s. 107.
1785. Carl Reichsfreyherr von Wrede, s. 83.
1785. Georg Joseph Wedekind.
1787. August Algardi.
1789. Jakob Edler von Traiteur, s. 127.
1787. Franz Adam Edler v. Schmitz, des h. r. R. Ritter, s. 121.
1788. Ernest Reichsfreyherr von Stengel.
1790. Johann Melchior Reichsedler von Dawans.

* Titl. Herren.
1791. Joseph Reichsfreyherr von Stengel.
1796. Innocens Kobell, s. 145.
1797. Georg de Troge.
1788. Accessisten: Carl Collini, s. 150.
1789. Carl von Geiger.
1792. Conrad von Heiligenstein.
1793. Philipp von Hertling, s. 137.
1794. Franz Müssig.
1795. Georg Reichsfreyherr von Weiler.
1795. Mathias Müller.
1796. Georg von Reichert.

Sekretarien.
Hrn. Franz Reuß, churfl. Rath.
    Johann Stein.

Registratoren.
Hrn. Mathias Dietz.
    Carl August Brummer.

Regierungs- und Hofgerichtsadvokaten, auch respektive Prokuratoren.
Hrn. Hieronimus Zentner, b. R. L. auch Prokurator.
    Friderich Caspers, auch Prokurator.
    Joseph August Reichart, b. R. L. churpfälz. titular Rath, auch kaiserl. Pfalz- und Hofgraf, zugl. Prokurator.
    Johann Baptist Haub, b. R. D. churpfälz. titular Hofgerichtsrath, kaiserl. Pfalz- und Hofgraf, und der churpfäl. geistl. Administration Fiskal, zugl. Prokurator.
    Johann Nepomuck Zlwnn, auch Prokurator, s. 122.
    Reinhard Christian Steimmig, churpfälz. wirkl. Konsistorial- und Ehegerichtsrath, auch Prokurator.
    Franz Boos, s. 145.
    Johann Christian Bomatsch, churpfälz. wirkl. Ehegerichtsrath, zugl. Prokurator.
    Anton Bezant, auch Prokurator.
    Ernest von Willers, zugl. Prokurator.
    Jakob Christian Orff, churfl. titul. Rath, auch Prokurator.
    Michael Lippert, zugl. Prokurator.
    Gottfried Wolf, zugl. Prokurator, s. 122.
    Christian Klockart, s. 123.
    Joseph Heymann, s. 145.

Hrn. Johann Baptist Lucas, s. 145.
    Wilhelm Lettenbauer, auch Prokurator.
    Melchior Koblitz, auch Prokurator.
    Johann Baptist Warings, auch Prokurator.
    Joseph Zindel.
    Ignatz Fang, auch Prokurator.
    Müller, auch Prokurator.
    Franz Joseph Böhmer, s. 145.
    Ludwig Brand, auch Prokurator.
    Carl Joseph Schrott, auch Prokurator.
    Franz Westenradt, auch Prokurator.
    Franz Kaucher, zugl. Prokurator.
    Jakob Keßler, zugl. Prokurator.
    Jakob Ponz, zugl. Prokurator.
    Carl Joseph Schies, zugl. Prokurator.
    Carl Ziegler, zugl. Prokurator.
    Leonard Wenz.
    Carl Micheroux, s. 138.

Wechselnotarien.

Hrn. Christoph Wilhelm Wand.
    Nachfolger: Adam Wand.
    Joseph Kohl, s. 146.

Exebitor.

Hr. Wilhelm Kobell, churfl. Rath.

Kanzelisten.

Hrn. Franz Ignatz Müller.
    Carl Brummer, s. 152.
    Sebastian Mayr.
    De Seriere.
    Franz Petit Jean.
    Heinrich Höch.
    Heinrich Weller.
    Joseph Fries.
    Acceissisten: Ferdinand Kunkelmann.
    Joseph Kieser.
Kanzleydiener: Ignatz Klein.
Bothen: Gerstel.
    Klein.
    Träger.
Beyoth: Carl Klein.

Churpfälzische Hofkammer.

Präsident.
1777. Se. Excellenz Hr. Anton Freyherr v. Perglas ꝛc. s. 22.

Vizepräsident.
1796. Titl. Hr. Franz Freyherr von Wrede, s. 57.

Adeliche Räthe.
Titl. Herren.
1777. Nikola Graf von Portia, s. 14.
1784. Carl Graf von Wiser, s. 62.
1788. Wilhelm Freyherr von Koster.
1787. Carl Reichsgraf von Yrsch, s. 66.
1793. Friderich Freyherr von Venningen, s. 69.

Direktor.
1792. Titl. Hr. Albert Lionard, s. 98.

Räthe.
Titl. Herren.
1765. Heinrich Daniel Bingner, auch Kommerzienrath und Mitglied der churpfälz. deutschen Gesellschaft.
1768. Johann Jakob Dyckerhoff.
1768. Philipp Edler von Ebel, auch Fiskal, s. 120.
1769. Johann Wilhelm Soeldner.
1769. Franz Ludwig Speicher.
1770. Franz Griesen, auch Fiskal.
1772. Joseph Greys, auch Fiskal.
1772. Elias Stengel.
1773. Stephan Grua, auch Fiskal.
1775. Carl Reichsedler von Dusch, s. 28.
1780. Johann Peter Kling, s. 80.
1781. Franz von Vogel, s. 139.
1781. Johann Baptist Reichsfreyherr von Villiez.
1783. Ludwig von Maubuisson, auch Fiskal.
1786. Christian Ludwig Wilhelmi, auch Fiskal.
1787. Friderich Christoph Dyckerhoff.
1787. Johann Friderich Dyckerhoff.
1790. Carl von Försch.
1789. Ernest Reichsfreyherr von Stengel, s. 151.
1790. Franz Jakob Edler von Dawans.
1794. Arnold Linck, auch Fiskal, s. 83.
1793. Ferdinand Freyherr von Hartmann, auch Fiskal.

Titl. Herren.

1795. Franz Friderich.
1796. Ferdinand Reichsfreyherr von Lamezan.
1797. Franz Anton van der Mast, auch Fiskal.
1798. Georg Haub.
1798. Ignaz Grua, auch Fiskal.
1793. Accessist: Philipp von Hertling, s. 137.

Sekretarien.

Hrn. Mathias Joseph Müller, churpfälz. Hofkammerrath.
    Sebastian Heinrich Heckmann.
    Nikola Sting.
    Johann Martin Eichholz.
    Adolph Goeck.
    Johann Schletcher.
    Stephan Mayer.

Nebenrathsprotokollist.

Hr. Carl Alexander Brenck.

Zollzeichenverwalter.

Hr. Franz Müller.
Zollzeichencontroleur: Hr. Georg Fleischmann.

Civilregistratoren.

Hrn. Joseph Christoph Bonn.
    Franz Christoh Heckmann.
    Joseph Esser.
    Peter Daninger, s. 46.
    Wilhelm Barazetti.

Schatzungsregistratoren.

Hrn. Joseph Baumann.
    Carl Philipp Coester.
    Franz Xaver Brenck, Accessist.

Rechnungsregistrator.

Hr. Gottfried Hiermayr.

Revisoren.

Hrn. Tobias Vowinkel.
    Leonard Weiß.
    Carl Christian Kirschbaum.
    Georg Eckart.
    Benedikt Jordan.
    Sebastian Haub.
    Ignaz Volkmann.

Hrn. Johann Anton Lamine, s. 127.
 Johann Heinrich Bodenius.
 Georg Heinrich Vowinkel.
Oberrenovator.
Hr. Peter Dewarat, zugl. Generallandfeldmesser.
Renovatoren.
Hrn. Johann Franz.
 Joseph Bolz.
 Adam Dießer.
 Franz Friderich Eiffert.
Expeditor.
Hr. Edmund Hellmayer.
Reproducent.
Hr. Theodor Steinmacher.
Kanzelisten.
Hrn. Heinrich Anton Pöppen, auch Ingrossist.
 Anton Grua.
 Philipp Kreitler.
 Aloys Neuer.
 Georg Schmidiel.
 Carl Kreitler.
 Maximilian Mayer.
 Carl Alexander Brenck, s. 155.
 Friderich Müller.
 Franz Xaver Brenck, s. 155.
 Philipp Joerg
 Carl Rock.
 Sebastian Mathias von Gugel.
 Accessisten: Joseph Waldmann.
 Stephan Holzer.
 Franz Friderich.
 Johann Baptist Zimicker.
 Eberhard Neuhoff.
Kanzleydiener: Nikola Herr. Carl Herburger.
Kammerreiter: Ignaz Docobill.
Kanzleybothen: Ludwig Lettenbauer.
 Ulrich Spohrer. Georg Blasius.
 Nikola Helmling. Franz Jäger.
 Leonard Nikola. Anton Zöller.
Beyboth und Einheizer: Severin Bsundo.

Churpfälzische Hofforstkammer.

Präsident.
Se. Excellenz Hr. Anton Freyherr von Perglas ꝛc. f. 22.

Vizepräsident.
Titl. Hr. Franz Freyherr von Wrede, f. 57.

Adeliche Räthe.
Titl. Hrn. Clemens Reichsgraf von Waldkirch, f. 15.
  Friderich Freyherr von Venningen, f. 69.

Direktor.
Titl. Hr. Stephan Grua, f. 154.

Titl. Herren Räthe.
Johann Peter Kling, erster Forstkommissär, f. 80.
Franz Jakob Edler von Dawans, f. 154.
Arnold Linck, zweyter Forstkommissär, f. 83.
Ignatz Grua, f. 155.

Sekretär.
Hr. Sebastian Heckmann, f. 155.

Registrator.
Hr. Johann Gottlieb Sauer.
Die übrigen, wie bey der churpfälzischen Hofkammer.
Kanzleyboth: Michael Haim.

Kammeral-Departementer und Kommissionen.

General-Kassa.
Kommissarien: Titl. Hrn. Franz Ludwig Speicher, f. 154.
  Joseph Greys, f. 154.
Generalkassier: Hr. Christian Wilhelmi, f. 154.
Controleur: Hr. Franz Denay, churpfälz. Hofkammerrath.
Amanuenses: Hrn. Franz May, wirkl. Generalkassa-Sekretär.
  Friderich Anton Heckler.
  Anton Moll.
Kassadiener: Mathäus Altenhäuser.

Zettel-Departement.
Kommissarien: Titl. Hrn. Johann Wilhelm Soelbner, f. 154.
  Obiger Joseph Greys.
Zettel-Controleur: Hr. Franz Müller, f. 155.
Zettel-Protokollist: Hr. Carl Brenck, f. 155.

Zoll-Oberaufsichts-Kommission.
Direktor: Titl. Hr. Stephan Grua, f. 154.
Kommissär: Hr. Heinrich Bingner, f. 154.

Sekretär: Hr. Sebastian Heckmann, s. 155.
Zollzeichenverwalter: Hr. Franz Müller, s. 155.
Controleur: Hr. Georg Fleischmann, s. 155.
2 Visitatoren.

Mannheimer Rent.

Kommissär: Hr. Stephan Grua, s. 157.
Controleur und Kaßier: Hr. Altert Bodenius.
Nachfolger: Dessen Sohn.
Rechnungsverhörer: Hr. Johann Anton Lamine, 156.
Erster Ungelder: Hr. Friderich Fahrbeck.
Zwenter: Hr. Isaias Eurich.
Nachfolger: Hr. Carl Müller.
Acciser: Hr. Johann Jakob Andriano.
Accisgegenschreiber: Hr. Michael Linz.
Mehlwagemeister: Hr. Franz Xaver Rubersheim, s. 128.
Mehlwagecontroleur: Hr. Franz Coblitz.
Kaufhausgegenschreiber: Hr. Stephan Mayer, s. 155.
Tabacks-Zoll- und Wageinspektor: Hr. Joseph Strunz.
Tabackswagemeister: Hr. Nikola Reichert.
Krahnenmeister: Hr. Johann Mayer.
Verwalter: Hr. Joseph Huber.
Kaufhausschreiber u. Wagenmeister: Hrn. Joh. Meyers Erben.
Gewichtvisirer: Hr. Johann Eberle.
Rheinthor-Accisaufseher: Hr. Franz Joseph Wartersteck.
Neckarthor-Accisaufseher: Hr. Andreas Henninger.
Heidelbergerthor-Accisaufseher: Hr. Andreas Rock.
Nachfolger: Dessen Kinder.
Rentdiener: Johann Kretschmann.
2 Visitatoren. 2 Fleischaufseher.
1 Kaufhauswagenknecht.

Mannheimer Zollschreiberey.

Zollschreiber: Hr. Franz Berüff.
Zollgegenschreiber: Hr. Buzzi.
Beseher: Hr. Georg Bieber.
Nachgänger: Hr. Adam Huber.
Judenschutzgelder-Empfänger: Obiger Hr. Franz Berüff.
Landzöllner und Thorschreiber am Rheinthore: Die Gräulische Wittwe.
Am Heidelbergerthore: Obiger Hr. Andreas Rock.
Nachfolger: Dessen Kinder.
Am Neckarthore: Obiger Hr. Andreas Henninger.
Zollknecht: Franz Kern.

Schatzungs-Kommission.

Kommissarien: Titl. Hrn. Albert Lionard, s. 98.
    Arnold Linck, s. 83.
    Georg Haub, s. 155.
Aktuar: Hr. Joseph Baumann, s. 155.
Obereinnehmer: Hr. Wilhelm Grua.
Schatzungsempfänger: Hr. Andreas Diehl.
Zweyter Empfänger: Hr. Johann Wermerskirchen.
Schatzungsdiener: Jakob Wegmann. Heinrich Albert.

Münz-Kommission.

Kommissarien: Titl. Hrn. Mathias von Klein, s. 96.
    Heinrich Bingner, s. 154.
Aktuar: Hr. Sebastian Haub, s. 155.
Münzmeister: Hr. Anton Schäffer, s. 49.
Münzwardein: Hr. Johann Eberle, s. 158.
Münzgraveur: Hr. Heinrich Boltschhausen.
Münzschlosser: Franz Timanus.
Münzdiener und Portier: Carl Förch.
14 Münzarbeiter.

Hofbau- u. Garten-Kommission.

Kommissär: Obiger Titl. Hr. Albert Lionard.
Baumeister: Hr. Johann Abel Schlicht.
Bauinspektoren: Hrn. Anton Wüstner.
    Anton Graff.
Hofgärtner zu Mannheim: Hrn. Justus Schneider.
    Friderich Eckell.
    zu Schwezingen: Hrn. Johann van Wynder.
    Franz Nawottny.
1 Bauzeichner. 1 Magazinverwalter.
Hofzimmermeister: Hr. Johann Bittenbatz.
Unter Befehl der Kommißion in Betreff der Arbeit stehen:
Die Burgvögte, Schloßportiers u. Schloßwächter zu Mannheim und Schwezingen.
Die Titulirte Hofkünstler und Arbeiter im Bauwesen, sammt den Gärtnergesellen und Gärtenwächtern, der Mechanikus und Pompenmeister.
1 Bauknecht. 7 Stallknechte.

Hofkammer-Bau-Kommission.

Kommissarien: Titl. Hrn. Jakob Dyckerhoff, s. 154.
    Joseph Greys, s. 154.
    Johann Friderich Dyckerhoff, s. 154.

Aktuar: Hr. Joseph Waldmann, s. 156.
Bauinspektoren: Hrn. Franz Griesemer.
   Anton Wüstner, s. 159.
Bauschreiber: Hr. Stephan Holzer.
Bauknecht: Franz Montignon.
Oberrheinbau-Direktor: Hr. Jakob Dyckerhoff, s. 154.
Nachfolger: Hr. Friderich Christoph Dyckerhoff, s. 154.
Krippenknecht: Heinrich Hübers.
Nachfolger: Johann Heinrich Hübers.
Materialverwalter zu Mannheim: Hr. Anton Hölzel.
Controleur: Hr. Michael Weinmann.
Materialverwalter zu Schwezingen: Hr. Theodor Zeller, s. 46.

Erbbestands-Kommission.

Kommissarien: Titl. Hrn. Philipp Edler von Edel, s. 120.
   Franz Ludwig Speicher, s. 154.
Aktuar: Hr. Carl Brenck, s. 155.

Zehend-Kommission.

Kommissarien: Titl. Hrn. Obiger Franz Ludwig Speicher.
   Joseph Greys, s. 154.
   Ferdinand Reichsfreyherr von Lamezan, s. 155.
Aktuar: Hr. Aloys Neuer, s. 156.

Instruktions-Kommission.

Kommissarien: Titl. Hrn. Johann Wilhelm Soeldner, s. 154.
   Obiger Franz Ludwig Speicher.

Frucht- und Fourage-Kommission.

Kommissarien: Titl. Hrn. Elias Stengel, s. 154.
   Ferdinand Freyherr von Hartmann, s. 154.
Aktuar: Hr. Georg Schmidiel, s. 156.
Fourage-Magazinschreiber: Hr. Andreas Dasio.
Fourage-Magazincontroleur: Hr. Johann Denck.
8 Magazingehilfen.

Wein- und Herbst-Kommission.

Kommissarien: Titl. Hrn. Obiger Philipp Edler von Edel.
   Obiger Elias Stengel.
   Franz Friderich, s. 155.
Aktuar: Obiger Hr. Georg Schmidiel.
Kellermeister: Obiger Hr. Franz Friderich.
Beygeordneter: Hr. Peter Joseph Friderich.
4 Kieffer. 2 Fuhrknechte.

Holz-Kommission.

Kommissarien: Titl. Hrn. Albert Lionard, s. 96.
  Johann Peter Kling, s. 80.
Aktuar: Hr. Stephan Mayer, s. 155.
Holzverwalter: Hr. Joseph Klatt, titular Hoffkammerrath.
Holzzähler: Johann Stadelmeyer.
Nachfolger: Dessen Kinder.
Johann Wittner.

Cautions-Kommission.

Kommissär: Titl. Hr. Philipp Edler von Edel, s. 120.
Aktuar: Hr. Carl Alexander Brenck, s. 155.

Kammerstalt-Kommission.

Kommissär: Titl. Hr. Wilhelm Soeldner, s. 154.
Wagenmeister und Kammerkutscheraufseher: Strunz.
14 Kammerknechte.

Kammeral-Fiskalats-Kommission.

Vorsitzer: Titl. Hr. Friderich Freyherr von Venningen, s. 70.
Kommissarien: Titl. Hrn. Joseph Greys, s. 154.
  Stephan Grun, s. 154.
  Ferdinand Freyherr von Hartmann, s. 154.
Prokuratoren: Hrn. Franz Griesen.
  Johann Sartorius.
Aktuar: Hr. Carl Kreitler, s. 156.

Accispapier-Kommission.

Kommissär: Titl. Hr. Christian Wilhelmi, s. 154.
Contrasignator: Hr. Mathias Joseph Müller, s. 155.
Accispapierverwalter: Hr. Franz Müller, s. 155.
Controleur: Hr. Heinrich Bodenius, s. 156.
Aktuar: Hr. Joseph Waldmann, s. 156.
2 Stempsler.

Schreibmaterialien-Kommission.

Kommissär: Obiger Hr. Christian Wilhelmi.
Magazinverwalter: Hrn. Heinrich Poeppen, s. 156.
  Obiger Hr. Franz Müller.

Montirungs-Kommission.

Kommissär: Titl. Hr. Heinrich Binguer, s. 154.
Aktuar: Obiger Hr. Heinrich Poeppen.

Salinen-Departement.

Oberintentant: Se. Excellenz Hr. Heribert Reichsfreyherr
  von Dalberg, s. 7.
Generalsalinenkommissär: Hr. Franz Hiazinth Reichsedler
  von Dusch, s. 121.

Salinensekretär: Hr. Adam Putheiger, zugl. Generalsalinen-Kommißions-Sekretär.
Registrator: Hr. Georg Ehehalt, zugl. Mannheimer Salzmagazinsverwalter, Invalidengelder Hauptkaßier und titular Salinenkassa-Sekretär, s. 145.

Theodors-Haller-Saline.

Direktor: Hr. Hermanni, Pfalzzweybrück. Regierungsrath.
Verwalter: Hr. Johann Christoph Sahler.
Holzfaktor: Hr. Per Krafft.

Carls-Haller-Saline.

Direktor: Obiger Hr. Hermanni.
Verwalter: Obiger Hr. Johann Sahler.

Philipps-Haller-Saline.

Direktor: Hr. Georg Schumacher.
Magazinsinspektor: Hr. Michael Pfeiffer.
Holzfaktor: Hr. Conrad Glöckle, auch Forstmeister zu Neustatt und Neidenfels.
Holzzähler: Franz Lojet.

Saline Elisabetha Augusta-Halle.

Kaßier: Hr. Heinrich Klotten, s. 139.
Verwalter: Hr. Andreas Dieß.

Mannheimer Magazin.

Magazinverwalter: Hr. Georg Ehehalt, s. 145.

Heidelberger Magazin.

Magazinsinspektor: Hr. Piton.

Jagdschiffe-Intendance.

Intendant: Se. Excellenz Hr. Franz Albert Reichsgraf von Oberndorff ꝛc. s. 89.
Kommissär: Titl. Hr. Elias Stengel, s. 154.
Capitainlieutenant: Hr. Franz Berüff, s. 158.
Aktuar: Hr. Stephan Mayer, s. 155.
Schipper: Ist unbesetzt.
7 Matrosen.

Rheinbrücken-Kommission.

Kommissär: Obiger Titl. Hr. Elias Stengel.
Aktuar: Obiger Hr. Stephan Mayer.
Rheinbrückenmeister: Hr. Samuel Brenner.
2 Rheinbrückengelderheber.
5 Rheinbrückenknechte.

Rheinrug-Kommission.

Kommissär: Obiger Titl. Hr. Elias Stengel.
Aktuar: Obiger Hr. Stephan Mayer.

Jagd-Kommission.
Kommissär: Titl. Hr. Arnold Linck, s. 83.

Chaussee-Indendance.
Intendant: Se. Excellenz Hr. Franz Albert Reichsgraf von Oberndorff ꝛc. s. 89.
Kommissarien: Titl. Hrn. Friderich Jung, s. 121.
  Jakob Dyckerhoff, s. 154.
  Johann Friderich Dyckerhoff, s. 154.
Sekretär und Registrator: Hr. Georg Fleischmann, s. 155.
Inspektoren des Oberamts Alzei: Hrn. Peter Müller.
  Bacharach: Fischer.
  Bretten: Schmitz.
  Germersheim: Leger, s. 133.
  Heidelberg: Funck.
  Kreuznach u. Stromberg: Johann Diel.
  Ladenburg: Fischer.
  Lautern: Ficht.
  Moßbach: Bauschenbach.
  Neustatt: Kettner.
  Simmern: Jungblut.
Revisor: Hr. Leonard Weiß, s. 155.
Chausseereiter: Schlund.

Fruchtmarkts- und Seidenbau-Intendance.
Intendant: Se. Excellnz Hr. Franz Albert Reichsgraf von Oberndorff ꝛc. s. 89.
Kommissär: Hr. Carl Bechteler, s. 149.
Sekretär und Registrator: Hr. Michael Kraus, s. 149.

Churpfälzisches Oberbergamt.
Direktor.
Titl. Hr. Georg Reichsfreyherr von Weiler, s. 152.
Verweser: Titl. Hr. Nikola Reichsfreyherr von Stengel, s. 121.

Titl. Hrn. Bergräthe.
Wilhelm Gatterer, s. 126.
Ferdinand Reichsfreyherr von Lamezan, s. 155.
Ludwig Medicus, s. 126.
Sekretär: Hr. Heinrich Pöppen, s. 156.
Accessist: Hr. Georg Römer.
Bergmeister: Hr. Adolph Enich Ludolph.
Berginspektor: Hr. Stockicht.
Berggeschworne: Hrn. Zacharias Rheinfrank. Joh. Peter Weiß.
Oberbergamtsdiener: Carl Förch, s. 159.

Churpfälzische Kammeral-Landbeamte.
Oberamt Alzei.

Gefällverweser: Hr. Jos. Steinberger, churpf. Hofkammerrath.
Verwalter: Hr. Benedikt Jordan, s. 155.
Keller: Hr. Philipp Cloßmann, churpfälz. Hofkammerrath.
Nachfolger: Dessen Kinder.
Obereinnehmer: Hr. Johann Maas.
Obereinnehmer zu Frankenthal: Hr. Schuhemann.
Heersaut: Hr. Nikola Stubenrauch.
Zollbereiter zu Alzei: Die Brüggerischen Kinder.
Verwalter: Hrn. Franz Anton Diel. Andreas Schotti.
Accisinspektor und zweyter Umgelder: Obiger Hr. Franz Diel.
Zollbereiter zu Osthofen: Hr. Adam Wipster.
Beygeordneter: Hr. Jakob Wipster.
   zu Freinsheim: Hr. Heinrich Hornberger.
Zöllner zu Alzei: Hr. Friderich Scharnberg.
   zu Frankenthal: Hr. Arnold Schmidt.
Werkmeister: Hr. Johann Georg Foerle.
Amtskeller zu Erbesbiedesheim: Hr. Peter Job, s. 130.
Zollvisitator: Franz Georg Heines.
Herrschaftl. Empfänger zu Pfedersheim: Hr. Jakob Wolff.
Amtskeller zu Freinsheim: Hr. Friderich Weber, s. 130.
Nachfolger: Dessen Kinder.
Schaffnereyverwalter zu Mölsheim: Hr. Val. Vornberg, s. 130.

Oberamt Bacharach.

Zollschreiber, zugl. Amtskeller: Hr. Fr. Edler v. Albertino, s. 131.
Nachschreiber: Hr. Ignatz Diel.
Nachfolger: Dessen Sohn.
Beseher: Hr. Johann Wilhelm Schieß.
Nachgänger: Hr. Franz Kellermann.
Zollverwalter: Hr. Gerard Itsch.
Landzöllner zu Bacharach: Hr. Sebastian Lipp.
Nachfolger: Hr. Kallbach.
Zollvisitator: Peter Ucker.
Obereinnehmer des Oberamts Bacharach: Hr. Carl Edler von
   Heusser, zugl. Zollschreiber zu Caub, s. 131.
Nachschreiber: Hr. Peter Schorn, s. 131.
Beseher: Hr. Eberhard Korbach.
Nachgänger: Hr. Johann Wermerskirchen.
Zehendleihenstein, Inspektor: Hr. Martin Fertig.
Landzollvisitator: Friderich Weppelmann.
Wasserzolldiener: Philipp Ikrath.

Oberamt Boxberg.
Amtskeller und Obereinnehmer: Hr. Joseph von Kessel, s. 132.
Zollbereiter: Hr. Franz Ebel.

Oberamt Bretten.
Obereinnehmer: Hr. Franz Poetz, s. 132.
Zollbereiter: Hr. Friderich Beiswänger.
Amtskeller zu Weingarten: Hr. Heinrich Theodori, s. 133.
Hünerfaut, Zöllner und Acciser: Hr. Vonderlöhr, zugl. herrschaftl. Baumeister.

Oberamt Germersheim.
Zollschreiber: Hr. Philipp Jett.
Keller: Hr. Jakob Franz Schott, auch Keller zu Gobramstein.
Die Gefällverwesers- und Obereinnehmersstelle wird für die von Pfefferischen Kinder von Hrn. Jäger verwaltet.
Zollbeseher und Nachgänger: Hr. Franz Schott.
Nachfolger: Dessen Kinder.
Zollbereiter: Hrn. Andreas Rohmann.
   Nachfolger: Anton Rohmann.
   Simon Habermann. Anton Zipf.
Oberzöllner an der Speyerwart: Hr. Christian Burtzler.
   zu Impflingen: Hr. Jakob Blättner.
Keller zu Landecken: Hr. Gregor Vornberg.
Keller zu Bürckenhörd: Hr. Peter Frey.

Oberamt Heidelberg.
Gefällverweser: Hr. Johann Carl Schmuck.
Hofkeller: Hr. Joseph Bernard Verhas.
Beygeordneter: Hr. Peter Joseph Friderich.
Kastenmeister: Hr. Johann Michael Seidel.
Küchenschreiber u. Hünerfaut, auch Bauschreiber: Hr. Johann Lebersorg.
Krahnenmeister: Hr. Joseph Klatt, s. 161.
Krahnen- und Holzaufseher: Hr. Peter Burkmann, s. 149.
Obereinnehmer und Ungelder: Hr. Peter Ringel.
Acciser: Obiger Hr. Peter Burkmann.
Herrnfischer: Johann Theobald Hirschel.
Herrnfischer zu Eberbach: Dornberger.
Nachfolger: Johann Jakob Dornberger.
Zollbereiter zu Heidelberg: Hr. Ferdinand Will.
   zu Weinheim, Ladenburg und Lindenfels: Hr. Franz Eckert.
   zu Schwezingen: Hr. Jakob Schalk.
Zollschreiber zu Neckargmünd: Hr. Michael Gerber, s. 135.

Wasserzollbeseher, dann Landzoll- Accis- und Ungelds-Verwalter: Hr. Johann Baptist Brentano.
Keller zu Schwetzingen und Werschau: Hr. Theodor Zeller, s. 46.
Nachfolger: Hr. Peter Danninger, s. 46.
Keller zu Schwarzach und Mineberg: Hr. Georg Beckert, s. 135.
Gefällverweser und Obereinnehmer des Amts Dilsberg: Hr. Franz Anton Schmuck.
Keller u. Obereinnehmer zu Weinheim: Hr. Adam Heusser, s. 135.
Zollner, Acciser und Ungelder zu Weinheim: Hr. Keiler.
Herrschaftl. Empfänger zu Wiesloch: Hr. Nikola Stengel, s. 135.

Oberamt Kreuznach.

Truchsesenkeller u. Obereinnehmer: Hr. Phil. v. Bäumen, s. 136.
Nachfolger: Hr. Leopold von Bäumen und dessen sämmtliche Geschwistere.
Zinsmeister: Hr. Hubert Langer, s. 136.
Nachfolger: Hr. Franz Anton Langer, s. 136.
Zollbereiter: Hr. Carl Kraus.
Nachfolger: Hr. Joseph Kraus.

Unteramt Böckelheim.

Keller: Hr Carl Philipp Neumann, s. 137.
Obereinnehmer zu Sobernheim: Hr. Aloys Regnier.
Schaffner zu Böckelheim und Gefällverweser zu Obernheim: Hr. Aloys Regnier.
Zollschreiber zu Böckelheim: Hr. Anton Leyden.
Amtsverweser zu Ebernburg: Hr. Carl Vola.

Oberamt Ladenburg.

Gefällverweser und Ungelder, auch Keller zu Hemspach: Hr. Philipp von Hertling, s. 137.
Zollbereiter: Hr. Franz Eckert.
Zöller und Acciser zu Ladenburg: Hr. Heinrich Scharnberger.
zu Hemspach: Hr. Franz Anton Wiegant.
Zöllner und Acciser zu Laudenbach: Hr. Lorenz Grab.
auf der Lambertsheimer Hütte: Hr. Leonard Schakl.

Oberamt Lautereken.

Amtskeller u. Obereinnehmer: Hr. Georg Christian Geisweiler.
Zollbereiter: Hr. Georg Boos.
Nachfolger: Dessen Kinder.

Oberamt Lautern.

Gefällverweser: Hr. Philipp Sedelmayr, churpfälz. Hofkammerrath und Keller zu Hohenecken.
Nachfolger: Hr. Daniel Sedelmayr.

Obereinnehmer: Hr. Carl Fliesen.
Zollbereiter: Hr. Bernard Dietrich.
Amtskeller zu Rockenhausen: Hr. Adolph Lirion, s. 138.
Nachfolger: Eines der Herdtischen Kinder.
Amtskeller zu Wolfstein: Hr. Franz Witt, s. 139.

Oberamt Lindenfels.
Gefällverweser: Hr. Wilhelm Morlock, s. 139.
Nachfolger: Dessen Kinder.
Verwalter: Hr. Heinrich Mack.
Leibzinsmeister: Hr. Sebastian Sartorius, s. 139.
Zollbereiter: Hr. Franz Eckert.

Oberamt Moßbach.
Verrechneter Beamter: Hr. Carl Müßig, s. 139.
Zollbereiter und Hünerfaut der Kellerey Lohrbach: Hr. Joseph Mördes, s. 128.
Nachfolger: Dessen Kinder.
Amtskeller zu Hilspach: Hr. Franz von Vogel, s. 139.
Die Zollbereiters- u. Hünerfautsstelle zu Sinsheim wird für die Haagischen Kinder von Hrn. Karr verwaltet.
Amtskeller zu Lohrbach: Hr. Wilhelm Minett, s. 140.
Keller zu Neckerelz: Hr. Arnold Pattberg, s. 140.
Nachgänger: Hr. Franz Xaver Meßner.
Nachfolger: Hr. Joseph Franz Meßner.
Gegenschreiber: Hr. Bernard Gresser, s. 140.
Keller zu Eberbach: Hr. Mayer, churpfälz. Hofgerichtsrath.
Hünerfaut zu Gerau: Hr. Bodenburg.
Obereinnehmer: Die Reibeldischen Kinder.
Verwalter: Obiger Hr. Arnold Pattberg.
Heerfaut zu Neckargerach: Hr. Andreas Rieb.
Zollvisitator: Mathias Krügl.

Oberamt Neustatt.
Burgvogt zu Wachenheim: Hr. Joseph Gordona.
Nachfolger: Hr. Gerard Leist.
Amtskeller zu Neustatt: Hr. Anton Bögel.
Nachfolger: Hr. Peter Ambros Zipp.
Gefällverweser u. Bachstadeninspektor: Hr. Friderich König.
Obereinnehmer: Hr. Johann Baptist Herdt.
Heerfaut: Hr. Johann Wilhelm Weber.
Zollbereiter zu Neustatt: Hr. Carl Cetti.
    zu Frankenzhal: Hr. Carl Eppenauer.
Zollvisitator: Johann Baptist Bruch.

Oberamt Oppenheim.

Zollschreiber: Hr. Bernard Wenz.
Gefällverweser: Hr. Gerard Iltsch, s. 142.
Nachfolger: Dessen Kinder.
Die Nachschreiberey wird von Hrn. Peter Werner für die von Bäumenschen Kinder verwaltet.
Beseher: Hr. Georg Martin Schirmer.
Nachgänger: Hr. Johann Münch.
Obereinnehmer: Hr. Caspar Coblitz, Stiftsschaffner allda.
Zollverwalter: Hr. Peter Maser.
Amtskeller zu Stadtecken: Hr. Leonard Michels.
Nachfolger: Hr. Georg Heller.

Oberämter Otzberg und Umstatt.

Gefällverweser und Obereinnehmer: Hr. Franz Beithorn.
Zollverwalter: Hr. Carl Mathäus Münch.

Oberamt Simmern.

Verrechneter Beamter: Hr. Andreas von Reckum, s. 143.
Truchsesserenkeller: Hr. Peter Weigold, churpf. Hofkammerrath.
Nachfolger: Dessen Kinder.
Obereinnehmer: Hr. Christoph Strasser, s. 121.
Zollverwalter: Hr. Leopold Bachert.

Oberamt Stromberg.

Amtskeller: Hr. Bernard Soellner, s. 143.
Obereinnehmer und Zollbereiter: Hr. Franz Mühlfelder, s. 144.

Oberamt Veldenz.

Kammeralempfänger: Hrn. Wilhelm Wunderlichs Erben.
Verwalter: Hr. Arens.

Churpfälzische Landjägerey.
Oberamt Alzei.

Forstmeister: Hr. Franz Martin, auch Forstmeister zu Oppenheim und Forster zu Kriegsfeld und Rupertseck.
Förster zu Ham: Hrn. Georg Schlindwein.
     Mörsfeld: Johann Michael Haag.
         Nachfolger: Gottfried Haag.
   Offenheim: Wilhelm Breitenstein.
    Standebiel: Franz Wägele.
Hünersänger zu Aspiesheim: Johann König.
     Dienheim: Philipp Sebald.
    Mölsheim: Georg Heinrich Schnatz.
     Osthofen: Stephan Haag.

Hünerfänger zu Weissenheim: Wilhelm Breitenbach, auch Ha-
       am Sand: sensaut zu Laubsheim.
Hasensaut zu Alzei: Nikola Damian.
              Nachfolger: Einer dessen Söhne.
    Haagenweißheim: Joseph Jaud.
    Odernheim: Anton Pries.
      Oberamt Bacharach und Caub.
Forstmeister: Hr. Jos. Benedikt Strasser, auch Forstmeister zu
  Simmern, Stromberg u. Veldenz, dann Forster zu Agenthal.
Forster: Hr. Gerard Utsch.
        Oberamt Boxberg.
Forstmeister: Titl. Hrn. Carl Ludwig Freyherr von Helmstat.
  Simon Frid. Freyherr v. Tubeuf, auch Forster zu Boxberg.
Forster zu Daimbach: Hr. Johann Andreas Müller.
Nachfolger: Einer dessen Söhne.
        Oberamt Bretten.
Forstmeister: Hr. Jakob Scheidt, auch Forster zu Weingarten.
Nachfolger: Titl. Hr. Graf von Chester.
Förster zu Bretten: Hrn. Franz Brugger.
              Beygeordneter: Carl Brugger.
    Eppingen: Andreas Waldmann.
    Heidelsheim: Stephan Gramlich.
              Caspar Dolles.
    Zeisenhausen: Johann Keller.
              Nachfolger: Heinrich Carl Keller.
     Oberamt Germersheim.
Forstmeister: Hr. Anton Ludwig.
Beygeordneter: Hr. Carl Theodor Ludwig.
Förster zu Bellheim: Hrn. Johann Daniel Niederreiter.
              Nachfolger: Franz Niederreiter.
    Dettenheim: Georg Melchior Schlindwein.
    Eusserthal: Sebastian Haag.
    Gossersweiler: Jakob Niederreiter.
    Hördt: Die Brechtlische Söhne.
    Leimersheim: Philipp Jakob Wolff.
    Pleisweiler: Jakob Gramlich.
              Nachfolger: Daniel Haag.
    Schwegenheim: Johann Peter Müller.
    Westheim: Andreas Albrecht.
Hünerfänger zu Göcklingen: Ignatz Gramlich.
    Steinweiler: Valentin Knaubert.
              Nachfolger: Ludwig Knaubert.

Oberamt Heidelberg.

Forstmeister: Titl. Hr. Carl Reichsfreyherr von Wrede, f. 83.
Förster zu Blankstatt: Hrn. Georg Michael Wilhelm.
         Nachfolger: Dessen Söhne.
   Seiberg: Johann Daniel Haag.
         Nachfolger: Jakob Braam.
   Hockenheim: Friderich Borlock.
   Kefferthal: Adam Eberlein.
         Nachf. Dessen Töchtermänner.
  Kirschgartshausen: Peter Lanzer.
         Nachfolger: Franz Hupka.
   Neckarau: Anton Bronn.
   Nußloch: Johann Georg Stauch.
   Schönau: Ignatz Plank.
   Schriesheim: Michal Benning.
   Schwezingen: Adam Breithaupt, f. 83.
         Beygeord. Frider. Breithaupt.
   Waldorf: Johann Montanus.
         Nachfolger: Dessen Kinder.
   Weinheim: Daniel Goth.
   Ziegelhausen: Valentin Bronn, emeritus.
         Georg Bronn.

Amt Dilsberg.

Forstmeister: Hr. Engelhard von Kettner, auch Forstmeister
 zu Moßbach und Forster zu Neukirchen.
Beygeordneter: Hr. Johann von Kettner.
Forster zu Dilsberg und Wimmersbach: Die Kippeische Kinder.
Verwalter: Hr. Friderich Wilhelm, zugl. Hofjäger.

Oberamt Kreuznach.

Forstmeister: Hr. Joseph Bott.
Förster: Hrn. Conr. Melsheimer, des untern Theils Sonnwalds.
 Nachfolger: Aegid. und Janatz Melsheimer.
 Friderich Utsch, des obern Theils Sonnwalds.
 Adam Wasserburger, Forster zu Sobernheim, Waldböckel-
  heim, Wonsingen und Nußbaum Unteramts Böckelheim.
Beygeordneter: Adam Gresse.
Bartolome Lehr, Forster zu Höchstätten.
Philipp Delseid, zu Ebernburg.
Nachfolger: Jakob Lehr.
Hünerfänger zu Freylaubersheim: Hr. Joseph Gresser.
 Hr. Carl Schömenauer, zu Hedesheim an der Guldenbach.
 Nachfolger: Dessen Söhne.

Oberamt Ladenburg.
Forstmeister: Titl. Hr. Carl Reichsfreyherr von Wrede, s. 83.
Forster zu Hemspach: Hr. Philipp Hebenstreit.

Oberamt Lauterecken.
Forstmeister: Hr. Franz Daniel Rettig.
Förster zu Lauterecken: Hrn. Christian Barth.
   Reichenbach: Andreas Neumann.

Oberamt Lantern.
Forstmeister: Obiger Hr. Franz Rettig.
Förster zu Enkenbach: Hrn. Gottfried Hilbert.
   Hochspeier: Friderich Osterheld.
   Hochenecken: Johann Peter Volz.
   Otterberg: Friderich Stauch.
      Nachfolger: Dessen Söhne.
   Ramstein: Daniel Feth.
      Nachfolger: Dessen Söhne.
   Rockenhausen: Dionis Osterheld.
      Beygeordneter: Nikola Osterheld.
   Weilerbach: Johann Ventulet.
   Wolfstein: Michael Hering.
   im Holzlande: David Jaberg.

Oberamt Lindenfels.
Forstmeister: Titl. Hr. Carl Reichsfreyherr von Wrede, s. 83.
Förster zu Lindenfels: Hrn. Georg Gooth.
      Nachfolger: Heinrich Gooth.
   Waldmichelbach: Friderich Stauch, auch Zentschultheiß und Gerichtschreiber.

Oberamt Moßbach.
Forstmeister: Hr. Engelhard von Kettner, s. 170.
Beygeordneter: Hr. Johann von Kettner, s. 170.
Förster zu Dalau: Hrn. Johann Kopp.
   Eberbach: Die Bohrerischen Kinder.
      Verwalter: Sartorius Hofjäger.
   Hilspach: Ferdinand Henkel.
   Lohrbach: Philipp Jakob Louis.
      Beygeordneter: Joseph Louis.
   Obrigheim: Carl Müller.
   Sinsheim: Stephan Rauschmüller.
      Beyg. Georg Frid. Rauschmüller.

Oberamt Neustatt.
Forstmeister: Hr. Con. Glöckle, auch Forster zu Neidenfels, s. 162.
Nachfolger: Dessen Kinder.

Förster zu Elmstein: Hrn. Gottfr. Haag, im BreitscheiderTheil.
Casp. Osterheld, im BläßkülberTheil.
Ingelheim: Engelhard Bohrer.
Neuhofen: Friderich Erlenspiel.
Oggersheim: Franz Kettner.
Oppau: Georg Philipp Schlindwein.
Schifferstatt: Hermann Niederreiter.
Nachfolger: Peter Niederreiter.
Speyerdorf, u.
Haard: Joseph Schmitz.
Hünerfänger zu Mutterstatt: Hr. Massenez.
Verwalter: Hr. Caspar Dolles.

Oberamt Oppenheim.
Forstmeister: Hr. Franz Martin, s. 168.
Förster: Hrn. Stephan Stauch, auf der Knoblauchsaue.
Franz Joseph Walter, zu Gimbsheim.
Beygeordneter: Dominikus Walter.
Johann Wilhelm Dietrich, im Ingelheimer Grunde, auch Hünerfänger zu Essenheim und Stadtecken.
Nachfolger: Einer seiner Söhne.

Oberämter Otzberg und Umstatt.
Forstmeister: Hr. Carl Valentin Gambs.
Gemeinschaftl. reitender Forster: Hr. Aloys Gresser.
Unterförster: Heinrich Beßwald.
Balthasar Kohlenberger.

Oberamt Simmern.
Forstmeister: Hr. Joseph Strasser, s. 169.
Förster zu Biebern: Hrn. Joseph Steiner.
Laubach: Franz Jakob Cornelius.
Mengerschied: Franz Scheffer.
Nachfolger: Franz Melsheimer.
Rheinböllen: David Breitenbach, emeritus.
Bortolome Melsheimer.

Oberamt Stromberg.
Forstmeister: Obiger Hr. Joseph Strasser.
Förster zu Stromberg: Hrn. Joseph Melsheimer.
Wald- und Algersheim: Ludwig Fink.

Oberamt Veldenz.
Forstmeister: Obiger Hr. Joseph Strasser.
Forster zu Veldenz: Hr. Joseph Wenninger.
Nachfolger: Hr. Anton Wirt.

Churpfälzischer reformirter Kirchenrath
zu Heidelberg.
Direktor.
Diese Stelle ist der Zeit unbesetzt.
Titl. Herren Räthe.
1763. Carl Emanuel Fuchs, Polit. churpfälz. Regierungsrath, auch Direktorial-Stellvertreter.
1766. Johann Valentin Hofmeister, Theol. u. Inspektor der Klaß Ladenburg, wie auch Pfarrer zu Schwezingen.
1773. Philipp Jakob Hilspach, Theol. und Inspektor der Klaß Wiesloch, auch erster Pfarrer zu Neckargemünd.
1768. Johann Heinrich Gruber.
1773. Johann Philipp David Falk, Polit. und Oberapellationsgerichtsrath.
1775. Johann Friderich Mieg, Theol. D. und erster Pfarrer zum heil. Geist allda, auch Mitglied der churpfälz. deutschen Gesellschaft.
1784. Georg Daniel Kaibl, Theol. u. zweyter Pfarrer bey der hochdeutschen Gemeinde zu Mannheim.
1797. Daniel Wund, Theol. s. 124.
1797. Johann Peter Wächter, Polit. zugl. Ehegerichtsrath.
Sekretarien.
Hrn. Johann Christoph Leonhard, emeritus.
Johann Wilhelm Ehrhard.
Johann Georg Hecht.
Registratoren.
Hrn. Philipp Reinold Hecht, zugl. churpfälz. reformirter Kirchenraths-Sekretär.
August Friderich Hose.
Johann Peter Wilhelmi.
Expeditor.
Hr. Daniel Hecht.
Accessist: Hr. David Heinrich Eggli.
Kanzlisten.
Hrn. Georg Wilhelm Gerlach.
Obiger Peter Wilhelmi.
Obiger David Eggli.
Carl Ludwig Bauer, und
Benedikt Hecht, Accessisten.
Die Kanzleydienersstelle wird für die Egglischen Kinder verwal.
Kanzleyboth: Johann Rohmann.
Beygeordneter: Dessen Sohn.

Churpf. evangel. lutherisches Konsistorium
zu Heidelberg.
Direktor.
1796. Titl. Hr. Albert Ludwig Rittmann.
Titl. Herren Räthe.
1758. Carl Benjamin List, erster Pfarrer zu Mannheim.
1767. Joh. Friderich Koester, Pfarrer zu Mauer u. Angelloch.
1777. Reinhard Steimmig, auch Ehegerichtsrath, s. 152.
1787. Johann Heinrich Zeller, auch Ehegerichtsrath.
1796. Daniel Pfeiffer, erster Pfarrer zu Heidelberg.
1797. Christian Theodor Wolf, zweyter Pfarrer zu Heidelberg.
1797. Christian Daniel Volz.
Sekretär.
Hr. Christian Berthold.
Registrator.
Hr. Friderich Carl Sevin, zugl. Expeditor und erster Kanzelist.
Kanzelist.
Hr. Georg Volk.
Kanzleydiener: Daniel Lehmann.
Beygeordneter: Johann Schiller.
Kanzleyboth: Gottlieb Zipprich, emeritus.
Beyboth: Christian Weber.

Churpfälzisches Ehegericht zu Heidelberg.
Direktor.
Diese Stelle ist der Zeit unbesetzt.
Titl. Herren Räthe.
1766. Obiger Albert Rittmann.
1768. Abraham Jakob Mieg, b. R. L.
1772. Obiger Johann Heinrich Zeller.
1774. Obiger Reinhard Steimmig.
1774. Christian Bomatsch, s. 152.
1792. Christoph Daniel Müller.
1792. Johann Peter Wächter, s. 173.
1796. Carl Wund, s. 134.
Sekretarien.
Hrn. Johann Valentin Müller.
Georg Carl Hecht.
Registrator.
Hr. Carl Theodor Ullmann, zugl. erster Kanzelist.
Nachfolger: Hr. Ludwig Hecht.

Expeditor.
Hr. Friderich Carl Sevin.

Kanzelisten.
Hrn. Carl Ullmann, s. 174.
    Obiger Friderich Sevin.
    Georg Carl Hecht, s. 174.
    Ludwig Hecht, s. 174.
    Accessist: Wilhelm Kornacher.

Advokaten.
Hrn. Christian Berthold.
    Justus Friderich Wund.
    Carl August Heim.
    Johann Christoph Kaufmann.
    Georg Volck.
    Wilhelm Hofmeister.

Kanzleydiener: Ludwig Schult.
Bothen: Andreas Eberhard.
    Leonard Wiedner.
Beyboth: Georg Wiedner.

Churpfälzische geistliche Administration zu Heidelberg.

Präsident.
1784. Se. Excellenz Hr. Franz Joseph Freyherr von Leoprechting ꝛc. s. 23.

Titl. Herren Räthe.
1766. Anton Georg Edler von Degen, auch churpfälzischer wirkl. Regierungsrath, s. 79.
1770. Casimir Achenbach.
1773. Carl Müller.
1768. Franz Alef, auch churpfälz. wirkl. Hofgerichtsrath.
1768. Johann Adam Schneck.
1774. Theodor Friderich Dörr.
1774. Carl Ludwig Bettinger, zugl. Fiskal.
1776. Albert von Lasser, churpfälz. Regierungsrath.
1776. Benedikt Edler von Mieg, zugl. Kaßier, s. 127.
1778. Jakob Schönemann, zugl. Kaßier.
1784. Franz Theodor Wolf, zugl. Rechnungskommissär.
1784. Friderich Jakob Otto, Rechnungs- und Renovationskommissär.
1785. Daniel Fuchs, zugl. Fiskal.
1789. Andreas Edler v. Traiteur, zugl. Baukommissär, s. 125.

Titl. Herren.

1789. Burkard de Bre.
1791. Franz Ludwig Crommer.
1794. Johann von Bibiena, auch Forstkommissär.
1794. Carl Wilhelm Nettig, auch Forstkommissär.
1796. Wilhelm Heinrich Bettinger, zugl. Controleur.
1798. Johann Baptist Haub, s. 152.

Fiskalen.

1774. Hrn. Carl Bettinger, s. 175.
1782. Obiger Johann Baptist Haub.
1783. Daniel Fuchs, s. 175.
1790. Caspar Schneck, s. 147.

Kassiers.

Hrn. Benedikt Edler von Mieg, katholischer Seits, s. 175.
Jakob Schönemann, reformirter Seits.

Controleurs.

Hrn. Obiger Wilhelm Heinrich Bettinger.
Pfeiffer, geistl. Administrationsrath.

Sekretarien.

Hrn. Philipp Haub, s. 128.
Heinrich Arnold Wilhelmi.
Joseph Molitor.
Dominikus Lippe.
Friderich Christian Wilhelmi.
Johann Heinrich Ludwig de Pre.
Johann Hepp.
Franz Philipp Porta.
Caspar Duhmig.
Franz Ferdinand Zollikofer.
Accessisten: Joseph Bode.
Friederich Achenbach.
Jakob Weber.

Baukommissär.

Hr. Johann Andreas Edler von Trakteur, s. 125.

Prokurator Fisci.

Hr. Carl Schies.

Registratoren.

Hrn. Franz Anton Sourd, geistl. Administrationsrath.
Johann Ludwig Flad.
Johann Wilhelm Schmedes.
Carl Ludwig Faber.
Johann Jakob Manera.

Hrn. Peter Hecht.
 Christian Fasel.
 Franz Xaver Brenck.
   Rechnungsrevisoren.
Hrn. Benedikt Georg Heddäus.
 Franz Joseph Schmiz.
 Daniel Zollikofer.
 Heinrich Gruber, s. 126.
 Anton Cetti.
 Friderich Justus Wund.
 Friderich Adam Ernst.
 Accessisten: Wilhelm Weikert.
 Abraham Wilhelmi.
   Rechnungs-Registratoren.
Hrn. Heinrich Christian Querdan.
 Jakob Erkenbrecht.
 Hubert Huber.
 Obiger Abraham Wilhelmi.
 Accessist: Gottfried Querdan.
   Renovatoren.
Hrn. Peter Emanuel Dahn.
 Daniel Heiliger.
 Gottfried Sartorius, zugl. Renovationskommissär, s.121.
 Joseph Schwarz.
 Johann Conrad.
 Johann Christoph Mühlhäuser.
 Friderich Mühlhäuser.
 Johann Georg Bode.
   Kastenmeister.
Hr. Helmsauer.
   Expeditor.
Hr. Heinrich Wilhelm Schüggens.
   Kanzelisten.
Hrn. Joseph Bode, s. 176.
 Johann Wilhelm Vielliefon.
 Theodor Brauer, titul. geistl. Administrations-Sekretär.
 Johann Hepp, s. 176.
 Mathias Lippe.
 Edmund Manera.
 Franz Ferdinand Zollikofer, s. 176.
 Johann Baptist Reckum.
 Obiger Friderich Ernst.

Hrn. Peter Wanner.
    Johann Jakob Manera, s. 176.
    Franz Xaver Brenk, s. 177.
    August Auz.
    Anton Querban.
    Andreas Chevalier.
    Wilhelm Weikert, s. 177.
    Michael Gaa.
    Carl Wund.
    Valentin Hofmeister.
    Benedikt Bode.
Werkmeister: Hrn. Johann Michael Duchert.
  Carl Schäffer.
Kanzleydiener: Nikola Mühlig.
Nachfolger: Eines Dessen Kinder.
Kanzleyreiter: Johann Zinko.
4 Kanzleybothen.

Der geistl. Administration Landbeamte.
Oberamt Alzei.
Schaffner zu Sion: Hr. Johann Ludwig Bopelius.
Kirchenschaffner zu Alzey: Hr. Werner Georg Bühl, b. K. L.
Schaffner zu St. Johann: Hr. Lorenz August Fuchs.
Kollektor zu Alzei: Hr. Carl Philipp le Pique.
Schaffner zu Sommersheim: Hr. Wilhelm Fuchs.
Kirchenschaffner u. Kollektor zu Odernheim: Hr. Jak. Samson.
Schaffner zu Münchbüschheim: Hr. Franz Peter Lang.
Schaffner und Oberfaut zu Hoch-Leisel Pfistich- und Kriegsheim: Hr. Johann Georg Zentner.
Keller des Sönauerhofs in Worms: Hr. Joh. Heinrich Hauck.
Keller zu Ottenberg in Worms und Schaffner zu Liebenau. Hr. Heinrich Mathias Sandher.
Schaffner zu Frankenthal: Hr. Heinrich Anton Linkenheld.
Kollektor zu Pfedersheim: Hr. Georg Striber.
Schaffner zu Freinsheim: Hr. Christian Heddäus.
Kirchenschaffner zu Dackenheim: Hr. Franz Euler, s. 130.
Die Schaffnerey zu Mittelbockenheim wird dermal verwaltet.
Schaffner zu Bohlanden: Hr. Peter Job, s. 130.
Oberamt Bacharach.
Kollektor zu Caub: Hr. Georg Wilhelm Gotthard.
Nezeptor zu Bacharach: Hr. Hermann Olimart.
Oberamt Boxberg.
Kollektor zu Boxberg: Hr. Hninrich Philipp Weickum.

Oberamt Bretten.
Kollektor zu Bretten: Hr. Johann Adam Raber.
Kollektor zu Eppingen: Hr. Conrad Erkenbrecht.

Oberamt Germersheim.
Stiftschaffner zu Klingenmünster: Hr. Philipp Adam Neubert.
Stift- und Hospitalschaffner zu Germersheim: Hr. Bartolome Tischbein.
Schaffner zu Hörd: Hr. Franz Speeg, s. 133.
Keller zu Speyer und Schaffner zu Mechtersheim: Hr. Joseph Lievre, s. 134.
Nachfolger: Dessen Frau und Kinder.
Keller zu Pleißweiler: Hr. Raimund Orsolini, s. 134.
Kollektor zu Germersheim: Hr. Franz Schott.
Nachfolger: Dessen Kinder.
Pfleger zu Eusserthal und Schaffner zu Mörlheim: Hr. Dominikus Edler von Rogister, s. 133.
Nachfolger: Dessen Ehefrau und Kinder.

Oberamt Heidelberg.
Pfleger zu Schönau: Hr. Johann Philipp Bronn.
Stiftschaffner zu Heidelberg: Hr. Felix Jaudas.
Churhospitalschaffner u. Kollektor zu Heidelberg: Hr. Georg Heinrich Hofmeister.
Pflegkeller zu Heidelberg: Hr. Carl Schmuck.
Kollektor zu Mannheim: Hr. Georg Hepp.
Keller zu Schrießheim: Hr. Carl August Zimmermann.
Schaffner zu Weinheim: Hr. Philipp Reinecker.
Die Schaffnersstelle zu Lobenfeld wird für die Heiligerischen Kinder verwaltet.
Waisenschaffner zu Haubschuhsheim: Hr. Carl Rottmann.

Oberamt Kreuznach.
Die Kellerey zu Dissibodenberg in Kreuznach wird dermalen verwaltet.
Die Admodiation der Schaffnerey Pfaffenschwabenheim ist dermalen unbesetzt.
Der Abtey zum heiligen Martin zu Sponheim: Titl. Hr. Cölestin Isacci, Abt, s. 97.
Kollektor zu Kreuznach: Hr. Wilhelm.
Schaffner zur heil. Catharina zu Kreuznach: Hr. Friderich Wilhelm Beck.
Schaffner zum h. Peter zu Kreuznach: Hr. Hubert Langer, s. 136.
Präsenzmeister zu Kreuznach: Obiger Hr. Friderich Beck.

Oberamt Ladenburg.

Kollektor, Präsenzmeister und Kirchenschaffner: Hr. Philipp Reinecker, s. 179.

Oberamt Lautern.

Pfleger zu Otterberg: Hr. Carl Philipp Witt.
Stiftschaffner zu Lautern: Hr. Friderich Christian Gervinus, churpfälz. titular geistl. Administrationsrath, auch Mitglied der physikalisch-ökonomischen Gesellschaft.
Nachfolger: Hr. Friderich Jakob Gervinus.
Kollektor zu Lautern: Hr. Johann Wilhelm Fliesen.
Schaffner der Kirchenschaffnerey Wolfstein und Kollektor zu Rockenhausen: Hr. Franz Daniel Rettig.
Nachfolger: Obiger Hr. Wilhelm Fliesen.
Schaffner zu Entenbach: Hr. Mathäus Heger, s. 138.

Oberamt Moßbach.

Stiftschaffner zu Moßbach: Hr. Joseph Melchior Brecht.
Kollektor zu Moßbach und Mineberg: Hr. Justus Dietrich Rittmann.
Stiftschaffner zu Sinsheim: Hr. Jakob Fretter.

Oberamt Neustatt.

Keller zu Kallstatt und Stiftschaffner zu Limburg: Hr. Theophilus Fald.
Stiftschaffner zu Neustatt: Hr. Johann Baptist Reichert.
Kollektor zu Neustatt: Hr. Anton Fischer.
Schaffner zu Heilspruck: Hr. Johann Wilhelm Arnold.
Nachfolger: Hr. Zacharias Arnold.
Keller zu Deidesheim: Hr. Johann Peter Wolf.

Oberamt Oppenheim.

Stiftschaffner zu Oppenheim: Hr. Caspar Coblitz, s. 168.
Marienkronschaffner: Hr. Johann Adam Weber.
Keller zu Nierstein: Hr. Franz Xaver Babo, churpfälz. titul. Hofkammerrath.
Schaffner u. Kollektor zu Niederingelheim: Hr. Ludwig Glöckle.

Oberamt Simmern.

Kollektor zu Simmern: Hr. Jakob Weeber.
Schaffner zu Ravengiersburg: Hr. Franz Valer Fischer.
Schaffner zu Chumbt: Hr. Franz Joseph Balbiano.

Oberamt Stromberg.

Die Kollektorey zu Stromberg wird verwaltet.

Oberamt Umstatt.

Kollektor: Hr. Friderich Hundel.

Churpfälzische Akademie der Wissenschaften.

Stifter und Protektor.
Se. Durchleucht der Churfürst ꝛc. ꝛc. ſ. 1.

Präſident.
Se. Excellenz Hr. Franz Albert Reichsgraf von Oberndorff ꝛc. ſ. 89.

Beſtändiger Sekretär: Hr. Andreas Lamey, ſ. 40.

Ordentliche Mitglieder.
Titl. Herren.

Cosmas Collini, ſ. 40.
Daniel Nebel, ſ. 125.
Friderich Caſimir Medicus, Pfalzzweybrückiſcher wirkl. Regierungsrath, der Staatswirthſchafts hohen Schule zu Heidelberg Oberaufſeher u. der phyſik. ökonomiſchen Geſellſchaft Direktor, dann der churpfälz. deutſchen Geſellſchaft Mitglied.
Se. Excell. Caſimir Reichsfreyherr von Häffelin, ſ. 41.
Friderich von Zentner, ſ. 124.
Peter Kling, zugl. Schatzmeiſter, ſ. 80.
Carl Edler von Traiteur, ſ. 40.
Alexander Plaicher, ſ. 39.
Melchior Güthe, ſ. 123.

Ehrenmitglieder.
Titl. Herren.

Se. hochfürſtl. Durchleucht Maximilian Joſeph, Herzog von Pfalzzweybrücken ꝛc. ſ. 2.
Se. Eminenz Kardinal Stephan Borgia von Velletri ꝛc.
Se. Excell. Franz Carl Freyherr von Hompeſch ꝛc. ſ. 6.
Se. Eminenz Kardinal Franz Xaver von Zelada ꝛc.
Johann Ladrian von de Perre, Herr der Nienwerbe, Welſingen und Eberswarb, erſter adelicher Deputirter der Provinz Seeland bey den Generalſtaaten ꝛc.
Sir Bejamin Thompſon, Reichsgraf von Rumford, ſ. 93.
Joseph Banks, Ritter, Präſident der kön. Geſellſchaft zu London.
Beat Anton Freyherr von Zurlauben, Thurn u. Geſtelenburg.

Außerordentliche Mitglieder.
Titl. Herren.

Chriſtian Friderich Pfeffl, herzoglich-Pfalzzweybrückiſcher geheimer Staatsrath.
Joſeph Gottlieb Kölreuter, b. A. D. margräflich-Brabiſcher Rath und der Naturgeſchichte Profeſſor.

Titl. Herren.

Manduit, öffentl. Lehrer der Mathematik zu Paris.
D'Anffe de Vilotsson.
Philipp Reichsfreyherr von Koch, s. 96.
Christoph Wilhelm von Koch, öffentl. Lehrer und Bibliothekär der Universität zu Straßburg.
Johann Ingenhouse, kaiserl. Rath und Leibarzt zu Wien.
Ignatz Reichsedler von Reichert, s. 121.
Lorenz Crell, d. A. D. zu Helmstätt.
Georg Succow, s. 125.
Marsil Landriani, Ritter u. Lehrer der Naturkunde zu Mailand.
Nikola Joseph Jacquin, Lehrer der Chymie, Botanik und Naturgeschichte zu Wien.
Benedikt von Saußure, Lehrer der Weltweißheit zu Genf.
Johann Wilhelm Freyherr Hübsch, von Lonzen zu Köln.
Friderich Carl Achard, Direktor der physikalischen Klasse der königl. Akademie zu Berlin.
Helfrich Bernard Wenk, Hessendarmstädtischer Konsistorialrath und Bibliothekär.
Peter Ferroni, Sr. königl. Hoheit des Großherzogs von Toskana Mathematikus und Professor zu Florenz.
Georg Friderich Schott, fürstl. Salm-Kyrburgischer Regierungsrath zu Kyrn.
Carl Bladgen, der k. Gesellschaft zu London Geschäftverweser.
Gregor Samoilowitz, d. A. D. Russisch-kaiserl. Rath.
Goswin Widder, s. 97.
Theodor Mann, ehemaliger Sekretär der Akademie zu Brüssel.
Johann Müller, kaiserl. königl. Staatsrath.
Albert Höpfner, d. A. D. zu Bern.
Martin von Marum, d. A. D. zu Harlem.
Jovin Beystrzycki, Stiftsherr u. Astronom zu Warschau.
Carl Wilhelm Nose, d. A. D. zu Elverfeld.
Johann Ludwig Weissenburger.
Ludwig Brunel, zu Beziers in Languedok.
Roger Barn, s. 40.
Kommissär in ökonom. Geschäften: Hr. Ferdinand Deurer.

Churpfälz. mit der Akademie der Wissenschaften vereinigte Witterungsgesellschaft.
Mitglieder und Beobachter.
Titl. Herren.

Zu Andex in Baiern: P. Clemens Kettel, Benediktiner.
Berlin: Obiger Friderich Achard.

Titl. rren.

Zu Bononien: Matteuci, der Stern- und Größekunde Lehrer.
Cambridge in Amerika: Samuel Williams, der Größe- und Naturkunde Lehrer.
Chiozza im Venezianischen: Joseph Vianello, der A. D.
Düsseldorf: Abt Ließen.
Genf: Senebier, Büchersaalaufseher und Prediger.
St. Gotthardsberg: Laurentius von Mailand, Kapuziner.
Göttingen: Gatterer, Hofrath und öffenl. Lehrer.
Im Grönlande: Andreas Ginge, kön. Dänischer Sternseher.
Koppenhagen: Bugge, königl. Sternseher.
Marseille: St. Jacques de Silvabelle, Sternseher.
Moskau: Stritter, Hofrath und Ritter.
München: P. Theophilus Huebpauer, und
P. Maximus Imhof, beyde d. G. D. und Augustiner.
Ofen: Franz Bruna, kaiserl. königl. zugesellter Sternseher.
Padua: Abt Vincenz Chiminello, Sternseher.
Peissenberg in Baiern: Albin Schwaiger, regulirter Korherr in Rottenbuch.
Petersburg: Euler, beständiger Sekretär der kaiserl. Akademie der Wissenschaften.
Prag: Strnad, kaiserl. königl. Sternseher.
Pyschminf in Siberin: Johann Hermann, Russisch-kaiserl. Hofrath.
Regensburg: P. Placidus Heinrich, Benediktiner zum heil. Emmeram.
Rochelle: Seignette, Sekretär der Akademie der Wissenschaften allda.
Rom: Abt Calandrelli, Lehrer der Größekunde im römischen Kollegium.
Sagan: Preus, regulirter Korherr des heil. Augustin.
Spideberg in Norwegen: Jakob Nik. Wilse, Pfarrer allda.
Stockholm: Nicander, beständiger Sekretär der königl. Gesellschaft der Wissenschaften.
Tegernsee in Baiern: P. Maurus Magold, Benediktiner.

Physikalisch-ökonomische Gesellschaft.

Präsident.

Diese Stelle ist der Zeit nubesetzt.
Vizepräsident: Titl. Hr. Christoph Freyh. v. Hauzenberg, s. 74.
Direktor: Hr. Friderich Medicus, s. 181.
Beständiger Sekretär: Hr. Georg Succow, s. 125.

Ordentliche Mitglieder.
Titl. Herren.

Einheimische: Friderich Gervinus, s. 180.
Friderich Wund, s. 126.
Engelbert Semer, s. 126.
Adam Völlinger, s. 126.
Wilhem Gatterer, s. 126.
Auswärtige: Krämmer, hochf. Darmstädtischer Hofprediger.
Johann Ludwig Born, churpfälz. Kirchenrath und Inspektor zu Germersheim.
Johann Carl Weber, Pfarrer zu Steinwenden.
Johann Beckmann, der Weltweisheit und Oekonomie Professor zu Göttingen.
Johann Heinrich Jung, öffentlicher Lehrer zu Marburg.
Ludwig Erb, herzogl. Pfalzzweybrückischer Hofrath.
Friderich Roebel, Amtmann zu Tripstadt.

Ehrenglieder.
Titl. Herren.

Se. hochfürstl. Durchleucht Maximilian Joseph, Herzog von Pfalzzweybrücken ɛc. s. 2.
Friderich Carl Freyherr von Moser, des Hessenkasselischen Löwenordens Ritter.
Se. hochfürstl. Durchl. Carl, Marggraf zu Baaden ɛc. s. 1.
Se. Excell. Johann Nepomuck Reichsgraf von Yrsch, s. 45.
Se. Excellenz Anton Freyherr von Perglas, s. 22.
Die hochgebohrne Frau Maria Anna verwittibte Reisgräfin von u. zu derLeyen, Frau zu Hochengerolsegg, Abendorf, Arenfels und Bließkastell, geb. Reichsfreyinn von Dalberg.
Se. Excell. von Wöllner, königl. Preussischer Staatsminister.
Carl Freyherr von Zillenhard, s. 57.
Freyherr von Rotenhan, hochfürstl. Hessendarmstädtischer Kammerer und Hofkammerrath.

Außerordentliche Mitglider
physikalischer Klasse.
Titl. Herren.

Philipp Heinrich Kulp, Pfarrer zu Weinheim.
Philipp Sedelmayr, s. 166.
Ludwig Christian Ueberle, Pfarrer zu Rohrbach.
Albert Rittmann, s. 174.
Joseph Belli, s. 151.
Friderich Jung, s. 121.
Friderich Koester, s. 174.
Weickart, Russisch-kaiserl. Kollegienrath und Leibarzt.

Titl. Herren.

Philipp Falk, s. 173.
Klein, der niederöster. kais. Regierung-Sekretär zu Freyburg.
Arthur Young, Esquier.
Spittler, Kammerexpeditionsrath zu Stuttgard.
Carl Christian Langsdorf, Professor zu Erlang.
Abel, Kammerassessor zu Wißbaden.
David Beyser, s. 49.
Johann Langsdorf, hochf. Darmstädtischer Hofkammerrath.
Von Burgsdorf, kön. Preussischer Forstrath in der Uckermark.
Kästner, königl. Großbritt. Hofrath u. Professor in Göttingen.
Gatterer, kön. Großbritt. Hofrath u. Professor in Göttingen.
Christian Schmid, churpfälzischer Hauptmann und fürstlich-Hohenlohe-Oehringischer Hofkammerrath.
Wibbeing, hochfürstl. Darmstädtischer Hofkammerrath, dann Stadt- und Wasserbaumeister zu Darmstadt.

Churpfälzische deutsche Gesellschaft.

Stifter und Schützer.

Se Durchleucht der Churfürst 2c. 2c. s. 1.
Obervorsteher: Se. Excell. Reichsfreyherr von Dalberg, s. 7.
Vorsteher: Titl. Hr. Stephan Reichsfreyherr v. Stengel, s. 95.
Geschäftverweser: Hr. Anton Reichsedler von Klein, s. 100.

Ordentliche Mitglieder.

Titl. Herren.

Ernest Freyherr von Berlichingen, s. 55.
Ignatz Bernardi, s. 30.
Heinrich Bingner, s. 154.
Otto Freyherr von Gemmingen.
Se. Excell. Casimir Reichsfreyherr von Häffelin, s. 41.
Andreas Lamey, s. 40.
Franz May, s. 125.
Friderich Medicus, s. 181.
Feiderich Mieg, s. 173.
Ignatz Reichsedler von Reichert, s. 121.
Hermann Reichsfreyherr von Schmitz, s. 120.
Christian Schwan, s. 40.
Wilhelm Reichsfreyherr von Weiler, s. 102.
Peter Kling, s. 180.
Friderich Müller, Kabinetsmaler.
Günther.
Sambuga.
Nikola Reichsfreyherr von Stengel, s. 121.

Titl. Herren.

Georg Kaibl, s. 173.
Bonifaz Wiechart, s. 40.
Georg Succow, s. 125.
Friderich Wund, s. 126.
Joseph Wedekind, s. 151.

Auswärtige Mitglieder.
Titl. Herren.

Klopstock, königl. Dänischer Gesandschaftsrath und marggräflich-Baadischer Hofrath.
Edmund von Harold, s. 74.
Kästner, s. 185.
Eugen Freyherr von Westerhold, Churtrierischer Kammerer, adel. Regierungsrath und Oberamtmann zu Hammerstein.
Johann Kazner, hochgräflich-Degenfeldischer Hofrath.
Frau von la Roche.
Heinrich Jung, s. 184.
Johann Christoph Adelung, chursächsischer Rath.
Franz Schiller, Sachsenweinmarischer Hofrath.
Ludwig Meister, Professor in Zürch.
Johann Kistemaker, Professor zu Münster.
Johann Trendelenburg, Professor in Danzig.
Cornel Hermann von Ayrenhof, k. k. Generalfeldwachtmeister und Präses des Militär-Invalidenamts.
Von Birkenstock, k. k. Hofrath.
Feder, geistl. Rath und Professor zu Würzburg.
Johann von Ratschky, in Linz.
Joseph Edler von Sonnenfels, des h. r. R. Ritter, k. k. Hofrath, Professor der Polizey, Handlung u. Finanzwissenschaften, beständ. Sekretär der Akademie der bildenden Künste in Wien.
Posselt, Professor und geheimer Sekretär zu Karlsruhe.
Johann Hottinger, Professor in Zürch.

Churfl. Zeichnungs-Akademie.
Protektor.

Se. Excell. Hr. Franz Albert Reichsgraf von Obendorff, s. 89.
Direktor: Hr. Peter Lamine, s. 48.

Wirkl. Mitglieder.

Hrn. Anton Schäffer, s. 49.
  Aegidius Verhelst, Professor, s. 49.
    Heinrich Sinzenich, s. 49.
  Ferdinand Kobell, s. 43.

Baiern.

Churfl. hohe obere Landesregierung.

Vizepräsident.
1793. Se. Excellenz Hr. Joseph Maria des h. r. R. Freyherr von Weichs ꝛc. ſ. 13.

Vizekanzler.
1797. Titl. Hr. Stephan Reichsfreyherr von Stengel, ſ. 95.

Räthe von der Ritterbank.
Titl. Herren.
1779. Benno Ignaz von Hoffletten, zugleich Hofoberrichter, dann Hof- und Stadtbeleuchtungsamts-Kommiſſär.
1793. Franz von Paula Reichsfreyherr von Fraunberg, ſ. 65.
1798. Maximilian Reichsfreyherr von Gumppenberg, ſ. 72.
1781. Franz Rudolph Freyherr von Schwachheim, ſ. 97.
1779. Carl Albrecht Freyherr von Aretin, ſ. 98.
1790. Gallus Heinrich Baur, Reichsfreyherr v. Heppenſtein, auf Kornburg.
1793. Johann Adam Freyherr von Aretin, zugl. beygeordneter Oberſtlehenhofs-Kommiſſär.

Räthe von der gelehrten Bank.
Titl. Herren.
1789. Johann Nepomuck Edler von Stubenrauch, ſ. 97.
1789. Maximilian Edler von Stubenrauch, ſ. 97.
1781. Maximilian Edler von Dreern.
1790. Johann Nepomuck von Sicherer.
1791. Joseph Reichsedler von Stichaner.
1793. Joh. Nepom. Gottfried Edler von Krenner, des h. r. R. Ritter, offentl. ord. Profeſſor der Rechte zu Ingolſtadt.
1795. Leopold von Bäumen, ſ. 89.
1796. Andreas Anton von Welz.

Wirkl. aber nicht frequentierende Räthe.
Titl. Herren.
1779. Joseph Freyherr von Widnmann, ſ. 55.
1795. Carl Reichsgraf von Arco, ſ. 17.
1785. Franz Xaver Reichsfreyherr von Schneider, ſ. 96.
1788. Dominikus Friderich von Linbrunn, zugl. churfl. Hofkammer- dann Münz- und Bergrath.

Sekretarien.

Hrn. Johann Georg Kroiß.
Conrad Ruprecht.
Franz Blasius Wagner.
Dominikus Joseph Reinprechter.
Johann Georg Naßhofer.
Mathäus Hauser.
Joseph Anton Eisenried.
Franz Michael Prandl, s. 48.
Franz Xaver Kästl, zugl. Repartitor.
Christoph von Schmöger.
Joachim Faber.

Wirkl. aber nicht frequentierender Sekretär.
Hr. Ignatz Joseph Wager, d. R. L.

Expeditor.
Hr. Franz Joseph Hufschmid, churfl. wirkl. Hofkammersekretär.

Rechnungskommissarien.
Hrn. Franz Joseph Fleischmann.
Ignatz Jax.

Registratoren.
Hrn. Norbert Joseph Therer, churfl. wirkl. Sekretär.
Joseph Leopold Khreninger, von und zu Neidenstein, des h. r. R. Ritter, in Kommerziensachen, zugl. wirkl. Hofkammerrechnungs-Kommissär, auch Wechsel- und Merkantilgerichts Expeditor und Registrator.
Beygeordneter: Cajetan Khreninger, von und zu Neidenstein, des h. r. R. Ritter.
Joseph Mayer.
Sebastian Pachmayr.
Maximilian Frey, Supernumerär.

Tabellisten.
Hrn. Carl Maria Fuchs.
Obiger Cajetan Khreninger.

Repartitor.
Obiger Hr. Franz Xaver Kästl.

Kanzelisten.
Hrn. Joseph Ignatz Heß.
Johann Baptist Koll.
Friderich Schauer.
Franz Xaver Ranz.
Johann Nepomuck Obenhin.

Hrn. Joseph Wager.
    Franz Andreas Kneittinger.
    Ferdinand Kammel.
    Joseph Johann Spatny.
    Franz Müller.
    Johann Georg Eckart, der Aeltere.
    Carl Friderich Müller.
    Johann Georg Eckart, der Jüngere.
    Cajetan Khreninger, s. 188.
    Joseph Silberhorn.
    Leoppld von Hofmühlen.
    Joseph Greiner.
    Mathias Gail, Supernumerär.
Rathdiener: Gabriel Spatny.
Beygeordneter: Obiger Joseph Spatny.
Kanzleybothen: Simon Karl.
    Albert Lorenz.
    Johann Romik.

Churfl. hohes Revisorium.

Direktor.
1789. Se. Excellenz Hr. Anton von Schmid, Freyherr von Haßlach ꝛc. s. 92.

Vizedirektor.
1790. Se. Excellenz Hr. Johann Caspar Aloys Reichsgraf von Larosee ꝛc. s. 93.

Räthe von der Ritterbank.
Titl. Herren.
1792. Maximilian Reichsfreyherr von Leyden, s. 63.
1798. Johann Maria Freyherr von Bassus, s. 71.
1777. Clemens Benno Reichsfreyherr von Oeffele, churfl. Pfleger zu Neunburg.
1779. Erasmus von Werner, zu Grafenreith.
1780. Franz von Paula Edler von Perger.
1791. Johann Nepomuck Reichsfreyherr v. Kreittmayr, Nachfolger der Pflegersgerststelle zu Biburg und wirkl. Kastner zu Geisenhausen.

Räthe von der gelehrten Bank.
Titl. Herren.
1755. Georg Gerard Schelf.
1776. Lorenz Aichberger.
1779. Joseph Maria von Ehlingensberg, auf Berg.

Titl. Herren.

1784. Quirin Maria Reichsfreyherr von Käppler.
1791. Joseph Edler von Köstler, des h. r. R. Ritter.
1791. Maximilian von Branca.

Sekretär.

Hr. Johann Georg Fränkl, s. 100.
Kanzleydiener: Peter Kaiser.
Nachfolger: Joseph Pramberger.

Churfl. Hofraths-Dikasterium.

Präsident.

1767. Se. Excellenz Hr. August regierender Graf und Herr zu Gronsfeld, Graf von Törring-Jettenbach ꝛc. s. 6.

Vizepräsident.

1793. Se. Excellenz Hr. Anton des h. r. R. Graf von und zu Sandizell ꝛc. s. 13.

Kanzler.

1787. Titl. Hr. Carl Albrecht Edler von Vacchiery, s. 95.

Vizekanzler.

1791. Titl. Hr. Desiderius von Schneid, s. 97.

Wirkl. verpflicht- und dermalen frequentierende Räthe von der Ritterbank.

Titl. Herren.

1768. Benno von Hofstetten, Hofoberrichter, s. 187.
1793. Franz Reichsfreyherr von Donnersberg, s. 68.
1795. Maximilian Reichsgraf von und zu Hegnenberg, s. 18.
1795. Maximilian Reichsgraf von Lösch, s. 70.
1770. Markus Freyherr von Erdt, Pfleger zu Landsberg.
1770. Franz Freyherr v. la Fabrique, auf Ober- u. Unterbaar.
1793. Christoph Freyherr von Aretin.
1795. Franz Xaver von Prielmayer, Reichsfreyherr von Priel.
1765. Johann Baptist Maria Edler von Vacchiery, auf Aufhofen, des h. r. R. Ritter, zugl. Wechsel- u. Merkantilgerichts erster Instanz Vorstand, Universitäts- und Studien-Kurator, auch Lokalkommissär zu München.
1794. Leopold Reichsedler von Peißer, auf Peißenau, zugl. Wechsel- und Merkantilgerichtsrath.
1797. Johann Nepomuck von Effner.

Wirkl. verpflicht- und dermalen frequentirende Räthe von der gelehrten Bank.
Titl. Herren.

1760. Marquard von Gürtner, s. 72.
1762. Friderich von Courtin, s. 74.
1763. Franz Xaver Edler von Ratterer, des h. r. R. Ritter.
1766. Franz Joseph von Schmöger.
1767. Joseph Engl, s. 79.
1767. Ferdinand von Harscher.
1773. Ignatz Dominikus Kott.
1776. Franz Xaver von Pettenkofen, zugl. geistl. Rath.
1777. Joseph Gouvier.
1777. Joseph Faistenberger.
1779. Ferdinand Edler von Setzger, des h. r. R. Ritter.
1783. Franz Xaver Schell.
1784. Emanuel Maria von Delling, s. 29.
1786. Franz Xaver Edler von Hartmann.
1786. Johann Georg Edler von Zech, des h. r. R. Ritter.
1786. Johann Nepomuck von Mayr.
1790. Philipp Zwack, zugl. Wechsel-und Merkantilgerichtsrath.
1792. Joseph Sigismund Edler v. Stürzer, des h.r.R. Ritter.
1794. Carl Christian Reichsedler v. Mann, von Tüchern, zugl. Bücherzensur- dann Wechsel-u. Merkantilgerichtsrath.
1795. Ferdinand von Branca.
1795. Franz Xaver von Caspar.
1795. Franz Ignatz Reichsedler von Plötz.
1795. Franz von Paula Aichberger, zugl. geistl. Rath.
1796. Joh. Michael Reichsedler von Patz, zugl. Criminalrath.
1796. Joseph Morigotti.
1797. Ignatz Michael v. Grafenstein, auf Gänlaß u. Krumenab.

Wirkl. verpflicht- aber dermalen nicht frequentierende Räthe von der Ritterbank.
Titl. Herren.

1747. Franz Xaver Freyherr von Ruffin, s. 57.
1757. Anton Reichsfreyherr von Donnersberg, s. 52.
1760. Theodor Hund, Reichsgraf von Lauterbach, s. 12.
1763. Maximilian Reichsfreyherr von Lerchenfeld, s. 13.
1768. Maximilian Reichsgraf von Törring-Jettenbach, s. 14.
1769. Friderich Tänzl, Freyherr von Tratzberg, s. 55.
1770. Maximilian Reichsgraf von Daun, s. 14.
1775. Cajetan Freyherr von Vieregg, s. 58.

Titl. Herren.

1775. Ferdinand Freyherr von Gumppenberg, s. 59.
1775. Joseph Reichsgraf von Jonner, s. 62.
1776. Johann Baptist Freyherr von Du Prel, s. 58.
1776. Christian Reichsgraf von und zu Königsfeld, s. 15.
1778. Clemens Reichsgraf von Törring zu Seefeld, s. 15.
1779. Ludwig Freyherr von Eckher, s. 60.
1780. Franz Xaver Reichsfreyherr von Lerchenfeld, s. 16.
1784. Franz Xaver Freyherr von Ruffin, s. 62.
1792. Maximilian Freyherr von Prugglach, s. 69.
1768. Joseph Freyherr von Pauli, s. 97.
1761. Joseph Ponkraz Freyherr von Schönhub, churfl. Landrichter zu Hengersberg.
1747. Franz Xaver von Steinheil.
1775. Carl von Eckartshausen, churfl. geheimer Archivar u. der Akademie der Wissenschaften in München Mitglied.

Wirkl. verpflicht-aber dermalen nicht frequentierende Räthe von der gelehrten Bank.
Titl. Herren.

1752. Franz Xaver von Lachenmayr, churfl. Landrichter, Bräuverwalter und Ungelder zu Weilheim.
1764. Ignatz Carl von Spitzl, churfl. Landrichter, Kastner und Gränzmautner zu Marquartstein.
1767. Joseph Anton Grainer, zugl. wirkl. Hofkammerrath.
1768. Martin Joseph Balan Edler von Thiereck, auf Rebenfeld und Wranick, des h. r. R. Ritter, churfl. wirkl. Regierungsrath zu Landshut, dann Schloßpfleger und Landkameral-Registraturs-Inspektor zu Trausnitz.
1769. Ferdinand Reichsedler von Hosson, s. 19.
    Franz Xaver Menrad von Vorwaltern, s. 73.
1770. Carl Joachim Edler von Pellet, auf Hochenheidelfing, churfl. wirkl. Regierungsrath und Hauptmautner zu Straubing.
1772. Peter Joseph Edler von Schiltberg, churfl. Landrichter, Kastenamtskommissär und Mautner zu Neumarkt.
1773. Franz Xaver von Münsterer, churfl. Pflegskommissär zu Rottenburg.
1774. Franz Xaver Mayr.
1784. Hubert von Mayr, auf Starzhausen, churfl. Pflegs- und Kastenamtskommissär zu Aichach.
1789. Peter Paul Edler von Schneeweiß, des h. r. R. Ritter, churfl. Gränzmautner zu Lechhausen.

Titl. Herren.

1793. Johann Nepomuck Edler von Fürst, des h. r. R. Ritter, churfl. Pflegskommissär zu Deggendorf u. Natternberg.
1795. Johann Baptist von Hofstetten, zugl. wirkl. Hofkammer- und Salzrath.
1797. Georg Ernest von Rohrbach.

In- und Ausländer,
die mit dem churfl. Hofraths-Karakter begnadet sind.
Titl Herren.

1772. Gottlieb Maria Freyherr von Cretier, auf Fiminshofen, hochfürstl. Augsburgischer Rath und Straßvogt.
1790. Georg Daniel Reichsfreyherr von Häffelin.
1761. Ludwig Maria von Bally.
1765. Johann Ferdinand Götz, von Götzen.
1766. Joseph von Betz.
1772. Franz Xaver Schönhammer, churfl. Landrichter, Kastenamtskommissär u. Gränzmautner zu Schongau.
1775. Ruprecht Edler v. Ehrne, fürstl. Freysingis. Hofkanzler.
1776. Christian Friderich Birkel, Archivar zu Colmar.
1781. Judas Thadäus Ziegler, auf Pürggen.
1782. Joseph Augustin Reichsedler von Stichanner, Stiftwaldsassischer Oberhauptmann und Banrichter.
    Anton Edler von Reichel, des h. r. R. Ritter, churfl. Pflegskommissär zu Dingolfing und Reispach.
1783. Johann von Zelling.
1784. Johann Georg Seybold.
    Johann Georg Reichsedler von Meyer, fürstl. Passauischer Hofrath und Domkapitel-Rentmeister.
    Ignatz von Gullingstein, fürstl. Passauischer Hofrath.
1785. Johann Baptist Staudinger, s. 102.
    Anton Aloys Welz, fürstlich-Würzburgischer Hofbibliothekär.
1787. Casimir von Greiffenzell, fürstl. Passauischer Hofkammerrath und Domkapitel-Kastner.
    Mathias Lori, s. 48.
1788. Franz Xaver Crammer, fürstl. Freysingischer Pfleger zu Eisenhofen.
    Ignatz Joseph Reichsedler von Obernberg, churfl. Vogtrichter zu Schliersee u. Bräuverwalter zu Miesbach, der churfl. Akademie der Wissenschaften in München Mitglied.

Titl. Herren.
1789. Joseph Aloys Ströber, churfl. Administrations- Kommissär zu Wiesensteig, und der churfl. Akademie der Wissenschaften in München Mitglied.
1790. Joseph Anselm Edler von Gruber, des h. r. R. Ritter, churfl. Pflegskommissär zu Dietfurth u. Riedenburg.
Joseph Andreas Eber, churfl. Landrichter, Kastner, Mautner und Lehenverwalter zu Eggenfelden.
Joseph Augustin Schäffer, hochfürstl. Johannitermeisterischer Hof- und Regierungsrath, auch Amtmann und Administrator der Kommende Kleinedlingen.
Friderich Englert.
1791. Martin Rheinl, Reichsedler von Großhausen, churfl. Landrichter, Kasten- Gränzmaut- und Salzbeamter zu Tölz.
Carl Eckhel, Klosterrichter zu Planckstätten.
1793. Friderich Ludwig Woschitka, d. R. L. des hohen Maltheser- Ritterordens Donat und des baierisen Provinzialkapitels Konsulent.
1795. Johann Nepomuck von Caspar, s. 80.
1796. Johann Evangelist Martin, d. R. L. Oberamtmann des Reichsstifts Wettenhausen.

Titular Hofrath.
1783. Hr. Mathias Joseph Mayer.

Banrichter.
Hr. Johann Michael Reichsedler von Patz, s. 191.

Aeusserer Archivsverweser.
Hr. Georg Carl Mayr, wirkl. Hofraths- Sekretär.

Hofraths-Sekretarien.
Hrn. Philipp Joseph Haas, churfl. wirkl. Rath, Senior, dann Condepositär und Immatrikulations- Sekretär.
Franz Carl Piendl, d. R. L. churfl. wirkl. Rath.
Johann Andreas Pößl, churfl. wirkl. Rath, zugleich beym Wechsel- und Merkantilgerichte Sekretär.
Paskal Attenkofer, churfl. wirkl. Rath.
Maximilian Joseph Lueger, zugl. freyherrl. Pienzenauischer Stiftungskaßier.
Joseph Anton Reichsedler von Weizenbeck, churfl. wirkl. Rath, zugl. beym Wechsel- und Merkantilgerichte zwoter Instanz Sekretär.
Joseph Hunold.

Hrn. Georg Carl Mayr, s. 194.
    Joseph Anton Wibmer, d. R. E.
    Johann Baptist Joseph Piendl, churfl. wirkl. Rath.
    Johann Peter Praun, s. 74.
    Franz Michael Schmid, s. 72.
    Joseph Diezenberger, s. 79.
    Bartolome Beiß, s. 29.
    Joseph Caspar Oettel, freyherrl. Ruffinischer Verwalter
      zu Weyern.
    Franz Xaver Stamler, d. R. L.
    Franz von Paula Feneberg, d. R. E.

Wirkl. aber nicht frequentierende Sekretarien.
Hrn. Johann Andreas Perthold.
    Joseph Ferdinand Müller, landschaftlicher Registrator.

Expeditor.
Hr. Joseph Weinhäckl, churfl. Rath, Depositär und Taxator,
  auch des geistl. Rath-Kollegiums Expeditor.
Amanuensis: Hr. Sebastian Hergoth, karakterisirter wirkl.
  Hofraths-Sekretär.

Registratoren Rentamts München.
Hrn. Joseph Johann Graupner, Oberregistrator.
    Obiger Georg Carl Mayr.
    Bernard Attenkofer.
    Maximilian Seidl.

Registratoren der Regierungen.
Hrn. Obiger Bartolome Beiß.
    Obiger Johann Peter Praun.
    Carl Beiß, d. R. E. s. 29.

Protokolls-Registrator.
Hr. Felix Andreas Rechthaller.

Repartitor.
Hr. Aloys Fischer.

Kanzelisten.
Hrn. Franz Scherer, Senior.
    Johann Baptist Hainz.
    Johann Anton Veith.
    Joh. Christoph Bärner, zugl. Komißionen-Tag Ansetzer.
    Joseph Stimmelmayr.
    Joseph Schönbucher, Direktorial- u. Kanzleramtsaktuar.
    Joseph Benno Gnäß.

Hrn. Friderich Joseph Knilling, zugl. Präsidial-Kanzelist.
Franz Schmalzbauer.
Florian Werffer, zugl. Falkenthurmschreiber.
Bernardin Sellis.
Sebastian Praun, s. 74.
Supernumerarien: Cajetan Hayber.
Franz Werner.
Joseph Ignatz Resch.
Dominikus Aufhauser.
Accessisten: Johann Baptist Reitmayr.
Franz Xaver Bauhof.

Rechnungsjustifikant.

Hr. Maximilian Emanuel Funck.
Beygeordneter: Hr. Johann Nepomuck Praun.

Rathschreiber.

Hr. Georg Kornfelder, zugl. Rathdiener.
Nachfolger: Hr. Joseph Berg, s. 73.
Kanzleyboth: Andreas Vizthum.
Registraturbothen: Johann Nepomuck Niedmayr.
Joseph Moser.
Joseph Enzinger, zugl. Direktorial- und Kanzeramts-Both.
Beygeordneter Kanzleramts-Both: Heinrich Dumbruch.
Hofrathswächter: Sebastian Reisperger.

Churfl. Hofgerichts-Advokaten,
bie sich dermalen in München ansäßig befinden.

Herren Lizentiaten.

1755. Wolfgang Franz Xaver von Prifling, des h. r. R. Ritter, Edler auf Rittersfeld, d. R. D. churfl. wirkl. Rath, fürstbischöflich-Freysing- und Regensburgischer, auch reichsfürstl. Berchtesgabischer Hofrath und accreditirter Agent, Senior.
1756. Joseph Ziegler.
Johann Adam Nott.
1759. Johann Christoph Täfelmayr, zugl. beym Wechsel- und Merkantilgerichte.
Franz Xaver Feichtmayr.
1760. Georg Ignatz Keth.
1765. Johann Martin Berger.
Joseph Schärl, zugl. beym Wechsel- u. Merkantilgerichte.
Johann Joseph Anton Paur.

Herren Lizentiaten.

1765. Mathias Dellerer, päbstl. Notar, zugl. beym Wechsel- und Merkantilgerichte, dann des churfl. Kollegiatstifts in München freyresignirter Kapitel-Syndikus.
Franz von Paula Knebel, churfl. wirkl. Rath und Fiskal, dann fürstbischöflich-Regensburgescher Hofrath.
Mathias Mayr, Reichsedler von Wandelheim.
Franz Andr. Leeb, fürstl. Passauischer Hofrath u. Agent.
1768. Nikola Tol. Sedelmayr, churfl. wirkl. Rath und Fiskal.
Simon Rottmanner, gräflich-Preysingischer Verwaltungs-Beamter.
1775. Franz Xaver Edler von Hämmerl.
1777. Caspar Deutinger.
1778. Franz Georg Hueber, zugl. immatriculirt. offentl. Notar.
1781. Johann Georg Obermayr.
1784. Gerard Joseph Edler von Faßmann, des h. r. R. Ritter.
Joseph Maria Zintl.
Joseph Anton Sigritz.
1786. Stephan Schön.
Anton Edler von Stoixner.
1787. Joseph Leonard Schaffner, churfl. wirkl. Rath.
Sebastian Aibel, des churfl. Kollegiatstifts in München Kapitel-Syndikus.
1788. Franz Melchior Paur.
1789. Philipp Jakob Sengel, Korgerichts-Advokat zu Freysing.
Franz Xaver Schattenhofer, des hochadelichen Damenstifts zur heil. Anna in München Kanzler.
1790. Johann Baptist Grundler.
Johann Evangelist Hintermayr, s. 32.
Franz Xaver Reichsedler von Gailer, churfl. Landgerichtschreiber und Lehenverwalter zu Landsberg.
Johann Nepomuck Schlemmer, churfl. wirkl. Rath, zugl. beym Wechsel- und Merkantilgerichte.
Andreas Luzenberger.
Adrian Gruber, des churfl. Leib- u. 1ten Grenadier-Regiments Auditor, dann des hohen Domstifts zu Augsburg und des löbl. Reichsstifts zu Ottobaiern Agent.
Anton Köllmayr, Damenstiftskonsulent in München.
Mathias Schlutt.
Franz Xaver Nibler, zugl. Stadtgerichts-Prokurato zu München.
1791. Aloys Duschl.

Herren Lizentiaten.

1791. Joseph Nikola Nißl.
Ludwig Jakob, churfl. wirkl. Rath, zugl. beym Wechsel- und Merkantilgerichte, dann reichsgräflich-von Fugger-Kirchheimischer accreditirter Konsulent.
Joseph Daubenmerggl. s. 106.
1792. Joseph Müller.
1795. Corbinian Schärl, kaiserl. Pfalz- und Hofgraf, churfl. immatr. offentl. auch Wechsel- u. Merkantilgerichts-Notar und Stadtgerichts-Prokurator in München.
1796. Wendelin Fleischmann.
1797. Johann Adam Miller.
Anton Primbs, zugl. beym Wechsel- u. Merkantilgerichte.
1798. Friderich August Edler von Speckner, des h. r. R. Ritter.
Maximilian von Sedlmaier.

Churfl. Hofgerichts-Advokaten,
die sich dermalen in anderen Diensten befinden.

Herren Lizentiaten.

1755. Johann Melchior Grimb.
1758. Joseph Molitor, Verwalter zu Bärbing.
1760. Franz von Paula Wegle, Klosterrichter zu St. Zenno.
Franz Xaver Syroth, immatr. Pfalzgraf.
1762. Franz Vogt, auf Vagen.
1765. Joseph Maximilian Vischer, immatr. Pfalzgraf.
Georg Joseph Peer, Hofrichter zu Niederaltaich.
1766. Franz Ignaz Kazner, churfl. Rentdeputationsrath und Fiskal zu Burghausen.
Johann Jakob Yeberle.
1767. Franz Xaver Walch.
1769. Johann Evangelist Fleschhut, Regierungs-Advokat und Stiftskapitel-Syndikus zu Straubing.
1772. Franz Jos. Fleißner, Klosterrichter zu Frauenchiemsee.
Johann Baptist Edler von Pögl, des h. r. R. Ritter, Kloster Waldsaßischer Konsulent.
1777. Ignaz Hübner, des churfl. Rathkollegiums zu Ingolstadt Rath und Stadtsyndikus allda.
Johann Michael Riederer.
1779. Johann Georg Danzer, Regierungsadvokat und Kollegiatstifts-Kapitelsyndikus zu Landshut.
Aloys Steger, Klosterrichter zu Fürstenfeld.
1782. Franz Borg. Edler v. Ott, Klosterrichter zu Rottenbuch.

Herren Lizentiaten.
1783. Joseph Anton Köck, churfl. wirkl. Rath, landschaftl. Landbankokassa-Buchhalter u. Schuldenablebigungs-werks Kaßier.
Johann Georg Ebler von Dormater, des h. r. R. Ritter, Stadtsyndikus zu Neuenoetting.
1787. Franz Anton Edler von Flembach, des h. r. R. Ritter, kaiserl. Pfalzgraf, auch päbstl. kaiserl. u. churfl. offentl. immatr. Notar, fürstbischöflich-Freysing-und Regensburgischer Hofrath und Klosterrichter zu Michelfeld.
1790. Aloys Bairhammer, Kloster Ettal. Pfleger zu Murnau.
Franz Anton Stich, Repetitor der Rechte zu Ingolstadt.
1791. Joh. Nep. Oeggl, Klosterrichter zum heil. Berg Andechs.
1792. Franz Pisot, churfl. Landgerichtsadvokat zu Pfaffenhofen.
Anton Reithmahr, Klosterrichter zu Rohr.
1793. Anton Hochenadel, Klosterrichter zu Steingaden.
1795. Michael Haubner.
1796. Quirin Ruprecht, Pfleggerichts-Prokur. zu Abensberg.
Franz Xaver Versch, des churfl. General Graf Preysingischen 9ten Fusilier-Regiments Auditor.
Franz Schmid, freyherrlich-Hörwarthischer Hofmarkts-Verwalter zu Hohenburg.
1798. Martin Augustin Schmidt, auch fürstbischöflich-Regensburgischer Hofraths- und Konsistorialadvokat, dann churfl. immatrikulirter Notar.

Churfl. immatrikulirte kleinere Pfalzgrafen.
Hrn. Andreas v. Ruland, auf Holnbrun, auch kaiserl. Pfalzgraf.
Johann Georg Reichsedler von Silberauern, auf Satlbeilnstein u. Tragenschwand, auch offentl. immatr. Notar.
Michael Schicker, Klosterrichter im Sellingthal.
Johann Carl Barr, Verwalter zu Weyersberg.
Johann Michael Gäßler, churfl. wirkl. Regierungs-Sekretär und Malthesergüter-Verwalter zu Landshut.
Joh. Jakob Reichsedler v. Hirschberg, churfl. Pflegs u. Kastenamtsverweser zu Landau, auch Lehenverwalter zu Landau, Dingolfing u. Natternberg, dann offent. Notar.
Corbinian Schärl, s. 198.
Joseph Anton Freund, Stifts-Kapitelrichter zu Wilshofen.
Franz Jos. Heiß, Pfleggerichts-Prokurator in Krandsberg.
Ferdinand Baltasar Fertl, churfl. wirkl. Hoskammer-Sekretär und Malteserordens-Offiziant, auch kaiserl. Pfalz- und Hofgraf, dann immatrikulirter Notar.

Churfl. immatrikulirte offentl. Not.

Hrn. Cajetan Joseph Schauberger, churfl. Hofkammer-Sekretär und Stadtschreiber zu Weilheim.

Franz Carl Molitor, landschaftlicher Aufschläger und Marktschreiber zu Pfarrkirchen.

Franz Anton Gerstner, d. R. L.

Max Joseph v. Coullon, churfl. Salzbeamter zu Landsberg.

Franz Georg Huber, f. 197.

Joseph Xaver Haslböck, zugl. beym Wesel- und Merkantilgerichte, auch hochfürstl. Erzbischöflich-Salzburgischer und hochfl. Thurn- und Taxischer accreditirter Agent.

Andreas Baumgartner, churfl. Landgeometer zu Hengersberg.

Franz Conrad Weiß, d. R. C.

Martin Augustin Schmid, f. 199.

Joseph Demmer.

Heinrich Carl Taxer, des hohen deutschen Ritterordens Kastner und Hofmarktsrichter zu Weyhl.

Joseph Nikola Prasser, d. R. C. Pfleggerichts-Prokurator zu Deggendorf.

Mathias Wiest.

Ignatz Cajet. Heberger, Stadtprokurator zu Burghausen.

Ignatz Prinner, Prokurator in Rosenheim.

Franz Anton Edler von Flembach, f. 199.

Johann Baptist Joachim Rieser, d. R. C. auch kaiserl. dann des churfl. Wechsel- und Merkantilgerichts Notar.

Johann Caspar Ziser, d. R. C. auch kaiserl. immatr. Notar, dann Pfleggerichts- und Stadtprokurator zu Mindelheim und Türkheim.

Georg Joseph Sandner, auch kaiserl. immatrikul. Notar.

Churfl. geistl. Raths-Kollegium.

Präsident.
1791. Se. Excellenz Hr. Cajetan Reichsfreyherr von Reisach ꝛc. f. 29.

Vizepräsident.
1783. Se. Excell. Hr. Casimir Reichsfreyherr v. Häffelin, f. 41.

Direktor.
1783. Titl. Hr. Franz von Paula Kumpf, b. S. D. Dechant und Pfarrer zum heil. Peter in München.

Vizedirektor.
1797. Titl. Hr. Franz Ignatz Streber, f. 41.

Räthe von der geistlichen Bank.
Titl. Herren.

1787. Franz Joseph Reichsfreyherr von Stengel, s. 95.
1773. Ildephons Kennedy, auch Bücherzensurrath, dann beständiger Sekretär und Zahlmeister der churfl. Akademie der Wissenschaften in München.
1777. Carl Adam Manzini, zugl. Dezimationskommissär und des churfl. Kollegiatstifts in München Kapitular.
1786. Lorenz Westenrieder, auch Bücherzensurrath u. der churfl. Akademie der Wissenschaften in München Mitglied.
1790. Johann Nepomuck von Schneider, auf Negelsfürst, des churfl. Kollegiatstifts in München Kapitular, dann Kanonikus und Scholaster zu Kaiserswerth.
1791. Joseph Klein, s. 29.
1797. August Joseph Reichsedler von Degen, b. W. u. G. D. Patrizier zu München und des churfl. Kollegiatstifs allda Kapitular.

Räthe von der weltlichen Bank.
Titl. Herren.

1786. Joseph Engl, s. 79.
1784. Franz Xaver von Pettenkofen, s. 191.
1795. Franz Felix Schober, zugl. Fiskal in geistlichen Sachen, auch wirkl. Hofkammerrath.
1797. Franz von Paula Aichberger, s. 191.
1798. Franz Xaver Prentner, zur Aushilf in Fiskalats-Sachen.

Wirkl. geistl. Kirchenrechnungsaufnahms-Räthe.
Titl. Hrn. Carl Michael Weiß, s. 78.
Joseph Edler von Prebl.

Wirkl. und verpflicht. dermalen aber nicht frequentierende geistl. Räthe.
Titl. Herren.

1767. Wolfgang Reichsedler von Tein, s. 98.
Conrad Ignaz Stich, d. G. u. b. R. D. resignirter Pfarrer zu Pressath.
1771. Felix Sigler, Pfarrer zu Einspach.
1773. Georg Ant. Fritz, Pfarrer zu Schambach u. Riedenburg.
Simon Zwack, freyresignirter Pfarrer zu Ottmaring.
1774. Franz Xaver Mutschelle, d. G. D. des churfl. Kollegiatstifts in München Kapitular, dann Offizial zu Ilmünster und Schliersee.

Titl. Herren.

1776. Philipp Jakob v. Huth, Edler v. Desendorf, d. h. r. R. Ritter u. des churfl. Kollegiatstifts in München Kapitular.
Joseph Maria von Dufrene.
1777. Joh. Anton Oberpaur, d. G. L. u. b. R. D. hochfl. Salzburg. geistl. Rath, Dechant und Pfarrer zu Buchbach.
1780. Johann Baptist Freyherr von Ifstatt, d. G. D. und des churfl. Kollegiatstifts zu Landshut Kapitular.
1783. Christoph Deckelmann, f. 30.
1786. Joseph Danzer, des churfl. Kollegiatstifts zu Altenoetting Dechant und des zu München Kapitular.
Baltasar Kirschenhofer, Landdechant und Stadtpfarrer zu Landau.
1789. Joseph Vitus Hueber, Pfarrer zu Mettenheim.
1790. Joseph Rudolph Braam, d. G. D. des churfl. Kollegiatstifts zu Vilshofen Kapitular.
1791. Joseph Stöger, Ruraldechant und Pfarrer zu Dachau.
Peter Speckert, auch Bücherzensurrath und Pfarrer zu Ruppersberg im Bistume Speyer.
Theodor Kieser, f. 99.

In- und Ausländer,
die mit dem churfl. geistl. Rathskarakter begnadet sind.
Titl. Herren.

1765. Alons Schab, Pfarrer zu Herrnwald.
1772. Paulus Pauer, d. G. u. b. R. D. churfl. wirkl. Regierungsrath und Kirchherr zu Burghausen.
1775. Franz Xav. Sautermeister, Stadtpfarrer zu Schongau.
Franz Jos. Kirchhofer, Pfarrer zu Molzheim im Elsoß.
1776. Benno von Hofstetten, freyresignirter Benefiziat zu Leysdorf, Professus des Klosters Scheyern.
1777. Franz Wolfgang Schmid, d. G. D. Pfarrer zu Leibelfing, fürstbischöflich-Regensburgischer wirkl. geistl. Rath u. fürstbischöflich-Freysingischer Hofkapellan.
1779. Philipp von Schmid, Freyherr von Haßlach, Pfarrer zu Birnbach.
Wigand Schider, d. G. D. churfl. Hofkapellan und Stadtpfarrer zu Neustadt, auch päbstl. Protonotar.
1781. Joh. Baptist Bueller, Ritter und edler Herr von Büel, des churfl. Kollegiatstifts zu Landshut Kapitular.
1782. Johann Felix Eisel, des hohen Maltheser-Ritterordens geistl. Kommenthur zu Altenoetting.

Titl. Herren.
1784. Roman Zirngiebl, Benediktiner zum heil. Emmeram in Regensburg.
Johann Michael Sailer, d. G. D.
Johann Baptist Bruno, Konventual-Priester und des hohen Maltheser-Ritterordens Sekretär zu Maltha.
1785. Johann Nepomuck Dimperle, Pfarrer zu Pfarrkirchen.
Joseph Cölestin Haltmayr, d. W. u. b. R. D. fürstl. Eichstädtischer Konsistorialrath, Fiskal und Hofkapellan.
1786. Franz von Paula Gerhardinger, d. G. D. des löbl. Kollegiatstifts zum heil. Andrä zu Freysing Kanonikus und Pfarrer zu Sittenbach.
1787. Anton Moritz Faber, Kanonikus des kaiserl. Nebenstifts zum heil. Stephan in Bamberg.
1788. Sebastian Bacher, resignirter Pfarrer zu Ottmaring.
Joh. Nepomuck Wirnsperger, freyresignirter Pfarrer zu Altheim, dermaliger Curat-Benefiziat zu München.
Joseph Aloys Jansens, d. R. L. päbstl Notar, Kollegiatstifts-Kapitular und Schatzmeister zu Altenoetting, auch fürstl. Freysingischer wirkl. geistl. Rath.
1789. Maximilian Ludwig Edler von Klessing, auf Adelstein, d. G. D. päbstl. Protonotar, Schulinspektor des Landgerichts Neumarkt und Pfarrer zu Rattenkirchen.
1790. Albertin Schott, zu Düsseldorf.
Maximilian Augustin Freyherr von Egckher, des hochadel. Ritterordens des heil. Michaels Ritter, Kammerer u. Stadtpfarrer zu Neumarkt in der obern Pfalz.
Franz Sebast. Schmid, d. G. u. b. R. L. Pfarrer zu Ergolding u. Schulinspektor des Pfleggerichts Rottenburg.
Joseph Mayr, s. 79.
1791. Peter Haag, d. G. D. Kanonikns zum heil. Veit ob Freysing und Dezimations-Kommißions-Subdelegatus in Freysing.
Andreas Christoph Freyherr von Lilgenau, Dechant und Stadtpfarrer zu Aichach, dann Schulkommissär dortiger Gegend.
Joseph Anton Atterer, Pfarrer zu Börkirchen.
1792. Franz Xaver Reisch, Dechant des mindelheimischen Ruralkapitels und Pfarrer zu Kamlach.
Georg Joseph Siegert, Stadt- und Rural Dechant, auch Stadtpfarrer zu Sulzbach, dann herzogl. Pfalzzweybrückischer geistlicher geheimer Rath.

Titl. Herren.
1792. Franz Samuel Schwab, b.G.L. Kollegiatstifts-Kapitular zu Vilshofen und Pfarrer zu Kirchberg.
1793. Melchior Lechner, Pfarrer zu Steinach.
Franz Xav. Thurer, Dechant u. Pfarrer zu Mammendorf.
Joseph Conrad, Dechant des rheinischen Ruralkapitels und Pfarrer zu Holzheim.
1794. Johann Nepomuck von Barth, b.W.M. und Kollegiatstifts Dechant zu Wiesensteig.
Andreas Forster, b. G.D. Pfarrer zu Oberhausen.
Joseph Reindl, freyresig. Pfarrer und Dechant zu Essing.
Anton Zuber, Pfarrer zu Lindkirchen
1797. Johann Philipp Göttler, b. G.B. Ritter des päbstl. Ordens vom heil. Peter und Paul, Kollegiatstifts-Kapitular und Scholaster zu Wiesensteig.
Theodor von Fabris, Senior des Stifts zum heil. Paul in Worms.
1798. Caspar Schmitz, Professor zu Heidelberg, s. 124.
Aloys Plank, Pfarrer zu Waltersberg.

Titular geistl. Herren Räthe.

Franz Anton Baader, b. G.L. Pfarrer zu Erisried.
Sebastian Wochinger, b. W. Bacal. Pfalzgraf, päbstl. auch churfl. immatr. Notar und churköllnischer Benefiziat zu Altenoetting.
Adam von Sattelbogen, Pfarrer zu Höselwang.
Joseph Kolbinger, Benefiziat zu Innkofen.
Franz Xaver Bayr, s. 31.
Aloys Wolfgang Schmid, Kollegiatstiftskapitular in München.
Mathäus Gerhardinger, b. G.D. des churfl. Kollegiatstifts zu Vilshofen Dechant und fürstbischöflich-Passauischer geistl. Raths Vizedirektor.
Johann Michael Radler, Pfarrer zu Neukirchen.
Franz Anton Trenz, b. G.D. Kanonikus zu Straubing, auch fürstbischöflich-Regensb. geistl. Rath u. Pfarrer zu Otzing.
Anton Orelli, s. 30.
Peter Joseph Reesen, Weltpriester.
Marquard Ignaz Freyherr von Correth, freyresignirter Pfarrer zu Kallmünz.

Sekretarien.

Hrn. Simon Ignatz Auracher, b. R. L.
Joseph Köllmayr, churfl. aufgestellter Agent der im Rentamte Landshut entlegenen Gotteshäusern.

Hrn. Joseph Anton Mühlbauer.
  Franz Michael Schmid, s. 72.
  Franz Xaver Weyer, wirkl. aber nicht frequent. Sekretär.

Expeditor.
Hr. Joseph Weinhäckl, s. 195.

Rechnungskommissarien,
zugl. wirkl. Setretarien.
Hrn. Anton Hausmann, zugl. Kirchenkonkurenz=Kaßier.
  Johann Baptist Aurbach.
  Georg Löffler, zugl. bey der Deximations=Kommission.
  Franz Jeremias Utz. d. R. L. churfl. aufgestellter Agent der in den Rentämtern Burghausen und Straubing gelegenenen Gotteshäusern.
Kaßier und Rechnungsführer des deutschen Schulfonds: Hr. Anton Schmid.

Registratoren.
Hrn. Joseph Köllmayr, s. 204.
  Nachfolger: Joseph Arsen Köllmayr.
  Obiger Franz Xaver Weyer.

Kanzelisten.
Hrn. Joseph Lipowsky, d. R. L.
  Johann Michael Sturm.
  Johann Nepomuck Schmid.
  Johann Hafner.
  Johann Paul Hilburger.
  Accessist: Johann Nepomuck Graff.
Rathdiener: Franz Gugemos.
Beygeordneter: Conrad Wieber.
Kanzleyboth: Johann Hoftnecht.

Churfl. Hofkammer=Kollegium.

Präsident.
1789. Se. Excellenz Hr. Joseph August des h. r. R. Graf von Törring und Gronsfeld, zu Ittenbach ꝛc. s. 12.

Direktor.
1769. Tttl. Hr. Joseph Hermann von Planck, s. 94.

Vizedirektor.
Diese Stelle ist der Zeit unbesetzt. —

Wirkl. frequentierende Räthe.
Titl. Herren.

- 1770. Se. Excell. Anton Reichsgraf von u. zu Hegnenberg, s. 15.
- 1786. Ferdinand Freyherr von Gumppenberg, s. 59.
  - Franz Xaver Reichsfreyherr von Lerchenfeld, s. 16.
- 1789. Carl Reichsgraf von Prensing, 63.
  - Christoph Freyherr von Schütz, s. 65.
- 1793. Carl Reichsgraf von Oberndorff, s. 67.
  - Christoph Reichsgraf von Waldkirch, s. 69.
- 1795. Ludwig Reichsgraf von Arco, s. 71.
- 1797. Sigismund Graf von Spreti, s. 70.
- 1758. Johann Nepomuck Edler von Weizenfeld, s. 42.
- 1756. Joachim Edler von Paur, zugl. Salzrath.
- 1767. Joseph Anton Grainer, s. 192.
- 1768. Johann Adam Pöckl, zugl. Salzrath.
- 1770. Johann Baptist Casimir Edler von Hahn, b. R. L. und des hochadel. Ritterordens des hl. Michaels Sekretär.
  - Franz von Paula Leopold von Hagn.
  - Markus Ambrosius Kölle, d. R. L.
- 1772. Michael von Distl.
  - Adrian von Riedl.
- 1773. Sebastian Reichsedler von Krempelhuber, s. 87.
  - Dominikus v. Linbrunn, zugl. Münz- u. Bergrath, s. 187.
- 1775. Johann Evangelist Kittreiber, zugl. Fiskal.
- 1777. Michael Riedl.
- 1779. Johann Wolfgang Edler von Müller.
- 1780. Franz Xaver Schießl.
- 1783. Johann Baptist Edler von Rogister, s. 7.
  - Georg Christoph Ellerstorfer, Hofzahlmeister.
  - Joseph Andres, zugl. Salzrath.
- 1784. Joseph Utzschneider, b. R. L. u. d. W. D. churfl. Geschäftsträger in Berchtesgaden und Haupt-Salzamtsadministrator allda.
  - Dominikus Edler von Schwaiger, zu Wiesenfeld, des h. r. M. Ritter.
- 1785. Franz Edler von Krenner, des h. r. R. Ritter zugl. Fiskal und des Hofanlagewesens Hauptbuchhalter.
  - Franz Thomas Schlierf, b. R. L.
- 1786. Johann Nepomuck von Thoma, b. R. L. u. d. W. D. churfl. geheimer Archivar, Münz- u. Bergrath, dann Fiskal.
  - Mathias Flurl, zugl. Salz-Münz- und Bergrath.

Titl. Herren.

1787. Aloys von Planck, des h. r. R. Ritter, zugl. Münz- und Bergrath, dann Landbauamts Kommissär.
1790. Anton von Linbrunn.
" Joseph Benedikt Edler von Grundner, des h. r. R. Ritter.
1791. Cajetan Stürzer, d. R. L. zugl. Salzrath.
Georg Grünberger.
1794. Martin Pöllner, zugl. Salzrath.
1795. Joseph Billich, zugl. Fiskal.
Johann Baptist von Hofstetten, zugl. Salzrath, s. 193.
Joseph Reichsedler von Wenger, s. 84.
Johann Joseph Kirschbaum.
1796. Franz Felix Schober, zugl. Fiskal, s. 201.
Joseph Hazzi, zugl. Fiskal.
Maximilian von Verschaffelt, s. 47.
Augustin von Münsterer.
Joseph Martin Kleber, zugl. Fiskal.
1797. Hubert Steiner.
1798. Joseph Baader, zugleich Münz- und Bergrath, dann Brunnwerk- und Wassermaschinen-Inspektor.
Joseph Ludwig Wolf, d. R. L. zugl. Salzrath.

Churfl. Fiskalen und wirkl. Räthe.
Titl. Herren.

1789. Nikola Colentin Sedelmayr, s. 197.
Franz von Paula Knebel, s. 197.
1796. Johann Nepomuck von Caspar.

Wirkl. aber nicht frequentierende Titl. Herren Räthe.

1766. Wilhelm Freyherr von Pechmann, s. 57.
1786. Ferdinand Freyherr von Lerchenfeld, s. 13.
1791. Friderich Reichsgraf von Yrsch, s. 45.
1771. Joseph Maximilian Freyherr von Erdt.
1781. Johann Baptist Reichsfreyherr von Villiez, s. 154.
1784. Joseph Freyherr von Castell, s. 143.
1785. Wilhelm Reichsfreyherr von Herttling, s. 104.
1786. Anton Freyherr von Wildenau, churfl. Pflegskommissär und Salinenkastner zu Reichenhall.
1748. Mathias Joseph von Mayr, dieses Kollegiums Senior.
1757. Franz Xaver Prunner, churfl. Stadtzahlmeister zu Donauwörth und freyresignirter Salzbeamter allda.

Titl. Herren.

1758. Cajetan von Lachenmayr, churfl. Salzbeamter zu Ingolstadt.
1761. Joseph Maurer.
1764. Franz Sales Reichsfreyherr von Käppler, auf Saudelshausen und Ellkofen.
1765. Johann Joseph Arnold.
1767. Georg Friderich Edler von Dittmer, des h. r. R. Ritter, churfl. Hofbanquier und Hauptsalzfantrahent zu Regensburg.
1768. Franz Peter von Göhl, auf Pothorstein, churfl. Hauptmautner und Salzbeamter zu Burghausen.
1770. Johann Baptist von Pirchinger.
1771. Franz Xaver Frey, churfl. Forst- See- und Marktrichter zu Diessen.
1772. Burghard von Haasi, churfl. Pflegs- und Kastenamtskommissär, dann Bräu- und Lehenverwalter zu Hals, auch Pflegs- und Kastenamtsverweser zu Diessenstein.
       Felix von Grimming, auf Niederrhain, churfl. Pflegs- und Kastenamtskommissär zu Wasserburg.
       Franz Xaver von Hueber, auf Greifenfeld, Nachfolger der Gränzmautnersstelle zu Mittenwald.
1773. Franz von Paula Feichtmayr, Hoffuttermeister.
       Joseph Carl von Linbrunn, churfl. Vogtgerichts- dann Kasten- und Mautamtsverweser zu Kehlheim.
       Joseph Anton von Hofweller, freyresignirter Pflegskommissär zu Türkheim.
       Eustach Cajetan Egger, d. R. L. churfl. Pflegskommissär zu Wolfrathshausen.
1774. Joseph Heinrich Strobl, zugl. Dezimations-Kommissär.
       Maximilian Joseph von Schmädel, d. R. L. churfl. Pflegskommissär zu Voheburg.
1775. Carl Ludwig Verlohner, auf Pichl, churfl. Pflegskommissär zu Abensberg und Altmannstein.
1776. Martin Edler von Poschinger, auf Oberanzenberg, des h. r. R. Ritter, churfl. 1ter Bräuverwalter in München.
       Johann Michael Kemnitzer, churfl. Hauptmautner zu München.
1777. Franz Xaver Edler von Stubenrauch, churfl. Salinen-Oberinspektor zu Traunstein.

Titl. Herren.
1777. Max v. Coullon, churfl. Salzbeamter zu Landsberg, s. 200.
1782. Johann Philipp Weiß.
Michael Edler von Finck, zugl. Hauptkaßier, s. 100.
Dominikus Aulizeck.
Johann Michael Valentin von Prandl, churfl. Gränz-hauptmautner zu Stadt am Hof.
1783. Johann Nep. von Ernst, Salzoberanschaffer zu Hallein.
Mathias Schreiner, d. R. L. Stadtpflegskommissär zu Donauwörth und Reichspflegwörtischer Obervogt.
Maximilian Joseph Edler von Stubenrauch, churfl. Salzbeamter zu München.
Martin Notter, wirtenberg. Salzfaktor zu Kalb.
Friderich Philipp Eckard.
1784. Cajetan Wagner, d. R. L. churfl. Pflegs- und Kastenamts-kommissär zu Weissenstein und Zwisel.
Franz Xaver Prumer, churfl. Salzbeamter und beyge-ordneter Stadtzahlmeister zu Donauwörth.
Franz Benno von Krez, Hofzahlamts-Controleur.
Anton von Planck, des h. r. R. Ritter, churfl. Haupt-mautner zu Regensburg, dann Salzbeamter und Lot-tokommissär zu Stadt am Hof.
1785. Joseph Obich, churfl. Forst- u. Wildmeister zu Kösching.
Johann Michael Edler von Dormayr, des h. r. R. Ritter, churfl. Pflegs- u. Kastenamtskommissär zu Osterhofen.
Cajetan Endorffer, d. R. L. churfl. Pflegskommissär zu Traunstein.
Thomas Franz Xaver von Bose.
Thadäus Reisenegger, auf Schönstett und Stephanskir-chen, churfl. Landrichter zu Auerburg.
1786. Franz Joseph Pöckert, zweyter churfl. Bräuverwalter in München.
Franz Joseph von Spitzl.
Emanuel Edler von Passauer, des h. r. R. Ritter, churfl. Bräuverwalter zu Wörth.
Caspar Zariwari, churfl. freyresignirter Gränzmautner und Salzbeamter zu Rosenheim.
Franz Anton Edler von Stubenrauch.
Johann Ignaz von Holzschuher, des h. r. R. Ritter und Edler von Schmühen.
Heinrich Kellner, d. R. L. Probsteyverwalter zu Alten-oetting.

Titl. Herren.
1790. Franz Joseph Edler von Paur, churfl. Salinen-Oberinspektor zu Reichenhall.
Ferdinand Paur, b. N. L. Hohenschulkammer-Amtsverwalter zu Ingolstadt.
1791. Johann Theodor Edler von Lippert, churfl. Landrichter zu Dachau.
1793. Wolfgang Michael Edler von Burger, des h. r. R. Ritter, Wechselgerichtsrath.
1794. Franz Wolfgang Schmitt, d. N. L. churfl. Pflegskommissär zu Haydau und Pfätter.
1798. Felix Adam Edler von Griennagl, auf Kümerspruck, des h. r. R. Ritter, Gränzhauptmautner, Oberungelder, dann Wasser- u. Straßenbauinspktor zu Ingolstadt.
Johann Nepomuck Freyherr von Kleist, Confinwachten-Inspektor.

Herren titular Hofkammerräthe.
1773. Joseph Maximilian Freyherr v. Lütgendorf, auch churfl. Regierungsrath zu Burghausen, dann fürstl. Taxischer Hofrath.
1783. Wilhelm Engelbert Tils.
1786. Conrad Kolb, b. N. L. und kaiserl. Notar.

Churfl. Herren Kommerzienräthe.
1782. Franz Anton Reichsfreyherr von Pilgram, auf Schmidmühlen, Pilsheim u. Bubach, zugl. Wechsel- u. Merkantilgerichtsrath, dann pfalzneuburgischer Landstand.
1774. Jakob Wilhelm Binder.
1776. Richard Reichsedler von Reuß.
1786. Peter Paul von Ritsch.
1786. Franz von Paula Fleischmann.
1788. Joseph Stephani.
1795. Johann Nikla Albert Reinhard.
1798. Johann Leopold Michael Bresselau, auf Carlskron, Innhaber des Donaumooses.

Wirkl. frequentierende Hofkammer-Sekretarien.
Hrn. Joseph Leopold Baumgarten, churfl. wirkl. Rath.
Johann Nepomuck Edler von Faßmann, des h. r. R. Ritter, b. N. L. zugl. Oberungelder zu München, Wolfrathshausen und Starenberg.
Bernard Klausewitz, emeritus.

Hrn. Johann Nepomuck Krauß.
Johann Georg Fischer.
Carl Casimir Petzl, Rentdepudationsrath zu Straubing.
Martin Renner.
Jakob Ignatz Moser, zugl. beym Münz- und Bergwesen
Johann Nepomuck Constantin Sölch.
Johann Nepomuck Schießl, s. 77.
Maximilian Joseph le Feubure.
Conrad Ueberreiter.
Martin Franz Horwath, Oberungelder zu Schwaben, s. 19.
Joseph Dominikus Edler von Mayr, von und zu Holz-
 hausen, auf Thäning, des h. r. R. Ritter und d. R. L.
Joseph Weinbuch.
Johann Michael Kreittmaier.
Franz Xaver Edler von Schwaiger, des h. r. R. Ritter.
Franz Xaver Schießl.
Aloys Georg Niggl, d. R. L.
Corbinian Babhauser, zugl. beym Münz- und Bergwesen.
Joseph Aloys Heinleth, d. R. L. zugl. Präsidial-Sekretär.
Michael Ignatz Werndl, d. R. L.
Supernumerär: Andreas Straucher, d. R. L.

Wirkl. aber nicht frequentierende Hofkammer-Sekretarien.

Hrn. Franz Sigismund Schneid, churfl. wirkl. Rath.
Michael Anselm Haider, freyresignirter churfl. Gericht- u.
 Kastenamtsgegenschreiber zu Dingolfing und Reispach.
Nikola Pracher.
Franz Xaver Grosch, Hofzahlamts-Buchhalter und Land-
 oekonomie-Rechnungsführer.
Johann Nepomuck Michl, churfl. Hofkammer-Expeditor.
Emanuel Mayer, Dezimationskommißions-Sekretär.
Franz Xaver Voland, Hofkammer-Expeditionsamts Con-
 troleur und Rechnungsführer.
Engelbert Lizlkirchner, churfl. Hauptsalzamts-Controleur
 in Bertesgaden.

Karakterisirte Hofkammer-Sekretarien.

Hrn. Joseph Adam Neumiller, freyresignirter churfl. Gericht-
 Kasten- und Bräuamtsgegenschreiber zu Mehring.
Joachim Cajetan Roser, churfl. freyresignirter Tristamts-
 Verwalter.
Ferdinand Fertl, s. 199.

Hrn. Johann Georg Tischhöfer.
    Johann Jakob von Rogenhofer, freyresignirter Salzamtsgegenschreiber und Beymautner zu Friedberg.
    Anton Sigismund Heberlein, Repartitor in der churfl. Hofkammerkanzley.
    Wolfgang Gruber, freyresignirter Gerichtschreiber zu Traunstein.
    Franz Joseph Mayr, Verwalter zu Sanderstorf.

Expeditionsamt.

Expeditor: Hrn. Johann Nepomuck Michl, s. 211.
    Bonaventura Ludwig, churfl. wirkl. Rath, Schreibmaterialien und Papiermagazins-Verwalter.
    Franz Xaver Voland, Controleur des Amts und Rechnungsführer, s. 211.
    Wolfgang Moller, emeritus.

Wirkl. frequentierende Rechnungskomissarien, zugl. churfl. wirkl. Räthe.

Hrn. Franz Andreas Hieretsberger.
    Aloys Braunmüller.
    Joseph Kellermann.
    Carl Weiß, s. 201.
    Joseph Edler von Prebl, s. 201.
    Michael Gallinger.
    Franz Xaver Anblinger.

Wirkl. frequentierende Rechnungskomissarien, die keine churfl. Räthe sind.

Hrn. Jakob Hörteis.
    Joseph Menzinger, zugl. beym Münz- und Bergwesen.
    Maximilian Zeiler, zugl. beym Münz- und Bergwesen.
    Franz Xaver Weigl.
    Caspar Bauernfeind.
    Joseph Aloys Kerschner, in Salzspeditionswesen.
    Georg Michael Lottner.
    Johann Baptist Hörteis.
    Menas Ziegler.
    Carl Schießl.

Wirkl. aber nicht frequentierende Rechnungskommissarien.

Hrn. Bartolome Mayr, churfl. wirkl. Rath.
    Georg Philipp Zwack, churfl. wirkl. Rath und Lottokammer-Kaßier.

**Wirkl. frequentierende Rechnungskomissarien
in Maut- und Hofanlags-Sachen.**

Hrn. Joseph Hölzl.
    Michael Reisenegger.
    Anton Riß.
    Franz Baader.
    Joseph Anton Arzt.
    Georg Aloys Edler von Zwerger, des h. r. R. Ritter.
    Johann Carl Harter.
    Anton Casimir Köller.
    Johann Nepomuck Hofbauer.
    Franz Xaver Nistler.
    Andreas Franz Xaver Klier.
    Aloys Dobmayr.
    Franz Schiffelholz.
    Ferdinand Michael Kolbinger.
Mautjustifikations-Accessist: Hr. Joseph Massenhauser.
Mautjustifikationsgehilf: Hr. Joseph Widmer.

**Wirkl. aber nicht frequentierende Rechnungs-
Kommissarien.**

Hrn. Johann Michael Kaufmann.
    Franz von Paula Sigl.

Oberregistrator.
Hr. Franz Joseph Samet, d. R. L. churfl. wirkl. Rath.

Registratoren.
Hrn. Johann Nepomuck Peter Fritscher.
    Franz Xaver Ertl.
    Johann Georg Baudrexel.
    Johann Martin Krebs.
    Franz Xaver von Sänfftel.
    Franz von Paula Krauß.
    Johann Nepomuck Kandler, zugl. beym Münz- u. Berg-
      wesen Registrator.
    Carl Neumann.
    Anton von Kosler.
    Accessisten: Sigismund Eder.
    Joseph Burgholzer, d. R. L.
    Franz Paul Kranzmaier, Registraturs-Contoleurs-Ad-
      junkt.

Protokollisten.
Hrn. Emanuel Burger.
Carl von Göhl, auf Pothorstein.
Nonos Weichslbaumer.

Labellist.
Hr. Joseph Hergoth.

Repartitor.
Hr. Anton Sigismund Heberlein, s. 212.

Kanzelisten.
Hrn. Gallus Hayder.   Hrn. Joseph Schmid.
    Carl Rottenberg.   Carl Weingard.
    Franz Xaver Viechhauser.   Johann Baptist Schaller.
    Joseph Kastenmayr.   Cajetan Lieb.
    Anton Distler.   Joseph Kraus.
    Mathäus Mansag.   Johann Georg Lori, zugl. beym
    Franz Jakob Thaller.   Münz- und Bergwesen.
    Johann Erhard Spann.   Martin Watzl.
    Joseph Obenhin.   Alons Maylinger, zugl. beym
    Joseph Weiß.   Münz- und Bergwesen.
    Johann Nepomuck Rapp.   Caspar Ländlsperger.
    Johann Martin Sutor.   Andreas Kandler.
    Anton Wagenecker.   Peter Eder.
    Bartolome Baucq.   Michael Haberkorn.
    Felix Dietl.   Joseph Hueber.

Wirkl. aber nicht frequentierende Kanzelisten.
Hrn. Michael Vilsmayr, bey der geheimen Dezimations-Kommißion Kanzlist.
    Johann Nep. Fridl, Malzschreiber im churfl. Bräuhause.
    Maximilian Reinweller.
    Josep Emanuel Mayer, bey der geheimen Dezimations-Kommißion Kanzlist.

Rathdiener: Carl Bayr.
    Johann Nepomuck Kleber.
Kanzleybothen: Ant. Widmann.   Georg Vizdum.
    Franz Xaver Wepfer.   Sigismund Widmann.
    Friderich Seelhamer.   Caspar Hueber.
    Joseph Meischinger.   Johann Molt.
    Wolfg. Reitmayr, s. 29.   Leopold Püningstorfer.
    Franz Baumann.   Anton Knoller.
    Anton Sieber.   Peter Urban.
    Friderich Eschenwanger.   Jakob Widmann.
    Mathias Ammer.   Ignatz Walter, zur Aushilf.

Churfl. geheime Dezimations-Kommission
Vorstand.
Se. Excell. Hr. Cajetan Reichsfreyherr von Reisach rc. s. 29.

Räthe und Kommissarien.
Titl. Hrn. Se. Excell. Casimir Reichsfreyherr v. Häffelein, s. 41.
Se. Excell. Anton Reichsgraf von Hegnenberg, s. 15.
Joseph Strobl, s. 208.
Carl Manzini, s. 201.
Ignatz Streber, s. 41.

Sekretär: Hr. Emanuel Mayer, s. 211.
Rechnungskommissär: Hr. Georg Löffler, s. 205.
Registrator: Hr. Franz von Paula Krauß, s. 213.
Kanzelisten: Hrn. Michael Vilsmayr, s. 214.
Joseph Mayer, s. 214.
Both: Wolfgang Reitmayr, s. 214.
Nachfolger: Eines dessen Kinder.

Die Ausfertigungen dieser Kommission werden von dem churfl. geheimen Expeditionsamte besorget.

General-Strassen- und Wasserbau-Direktion.
Direktor.
Titl. Hr. Adrian von Riedl, churfl. Oberst und Oberlandes Marschkommissär, s. 206.
Wasserbaumeister: Titl. Hrn. Michael Riedl, s. 206.
Franz von Busch.
Die Landfeldmesser siehe Seite 47.
Praktikanten: Hrn. Wenzel Wodizka.
Joseph Ellerstorfer.
Amtsschreiber: Hr. Michael Martin Krazer.
Oberwegbereiter zu München: Hr. Franz Xaver Sinipöck.
Wegbereiter zu Straubing: Adam Engl.
Traunstein: Reinhard Domibion.

Churfl. Hauptkassa.
Hauptkaßier: Hr. Michael Edler von Finck, s. 100.
Controleur: Hr. Johann Jakob Simet, churfl. Rath.
Nebenkaßier: Hr. Franz Xaver Knocher.
Buchhalter: Hr. Joseph Pürner.
Offizianten: Hrn. Franz Xaver Machbolf, emeritus.
Peter Vorbauer.
Martin Aigner.
Franz Xaver Schmid.
Both: Johann Baptist Dilger.
Beygeordneter: Einer seiner Söhne.

Hofzahlamt.

Hofzahlmeister u. Kaßier: Hr. Georg Christ. Ellerstorfer, s. 206.
Beygeordneter Kaßier: Hr. Philipp Joh. Nep. Ellerstorfer.
Controleur: Hr. Benno von Kretz, s. 209.
Buchhalter: Hr. Franz Xaver Grosch, s. 211.
Offiziant: Hr. Benno Nachtmann.
Zahlamtsdiener: Anton Karer.

Bräuamt.

Erster Bräuverwalter: Hr. Martin Edler v. Poschinger, s. 208.
Zweyter Bräuverwalter: Hr. Franz Joseph Pöckert, s. 209.
Bräuamtsbuchhalter: Hr. Joseph Tschann.
Malzschreiber: Hrn. Johann Nepomuck Fridl, s. 214.
    Ferdinand Reitter.
    Johann Michael Steer, emeritus.
Bräumeister im weißen Bräuhause: Joseph Hölzl.
    Im braunen Bräuhause: Franz Obermiller.
Schäftermeister im Weißen Bräuhause: Joh. Georg Kaltner.
    Im braunen Bräuhause: Balthasar Neumayr.
Kastenmesser: Franz Xaver Kaltner.
Bräuamtsdiener: Johann Georg Lindtner.

Obersiegelamt.

Papierverwalter: Hr. Johann Nepomuck Lehrbecher.
Buchhalter und Gegenschreiber: Hr. Anton Kazensteiner.
Siegelmeister: Hr. Ignatz Benno Pfleger.
Kartenbuchhalter: Hr. Franz Xav. Hofmann, zugl. Amtsdiener.

Hauptmautamt.

Hauptmautner: Hr. Johann Michael Kemnitzer, s. 208.
Gegenschreiber: Hr. Max Edler von Kienle, des h. r. R. Ritter.
Hallverwalter: Hr. Johann Nikola Zechmayr.
Beygeordneter: Hr. Johann Kaspar Stich.
Weinvisirer: Benno Steigenberger.
Beygeordneter: Anton Fischer.

Salzamt.

Salzbeamter: Hr. Maximilian Edler von Stubenrauch, s. 209.
Salzamtscontroleur: Hr. Franz Xaver Weller.
Amtsschreiber: Hr. Jakob Beer.
Stadelmeister: Hr. Johann Baptist Huber.
Nachfolger: Hr. Johann Georg Gassner.
Salzconducteurs: Hrn. Johann Hammerschmied.
    Caspar Ebenbeck.
Salzspeditionsschreiber: Hr. Anton Leibl.

Hofkastenamt.
Hofkastner: Titl. Hr. Joseph Reichsfreyherr v. Castell, s. 143.
Gegenschreiber: Hr. Johann Michael Scheirl, d. R. L.
Kastenmesser: Franz Xaver Kaltner, s. 216.

Hofkammer- und Landbauamt.
Landbauamtsinspektor: Hr. Franz Thurn.
Hofmaurermeister über Land: Hr. Joseph Deiglmayr.
Hofzimmermeister über Land: Hr. Martin Heilmayr.

Hof- und Stadtbeleuchtungsamt.
Kommissär: Titl. Hr. Benno von Hofstetten, s. 187.
Beamter: Hr. Dominikus Edler von Schwaiger, s. 206.
1 Amtsschreiber. 1 Rottmeister. 1 Korporal. 3 Lampenfüller.
6 Hof- und 26 Stadt-Laternenanzünder.

Hoffuttermeisteramt.
Hoffuttermeister: Hr. Franz von Paula Feichtmayr. s. 208.
Magazinverwalter: Hr. Johann Nepomuck Fahrer.
Heumeister: Anton Baumeister.
5 Heubinder. 4 Futter- u. 1 Heuwageknecht.

Hofkrankenhaus zu Giesing.
Kommissär: Hr. Georg Christoph Ellerstorfer, s. 206.
Physikus: Hr. Anton Edler von Leuthner, s. 38.
Curati: Die Hrn. Patres Paulaner.
Pfleger: Hr. Johann Eberhard Adolph, churfl. Oberlieutenant.
Nachfolger: Dessen Ehefrau u. Kind.
Wundarzt: Hr. Joseph Fernbacher.
1 Krankenwärter. 1 Krankenwärterinn.
1 Medicinträgerin.

Hofwaisenhaus.
Kommissär: Obiger Hr. Christoph Ellerstorfer.
Inspektor: Hr. Joseph Kellermann, s. 212.
Physikus: Hr. Johann Nepomuck Heinleth, s. 38.
Pfleger: Hr. Joseph Puz.

Churfl. Waisenhaus in der Au.
Kommissär: Hr. Franz Xaver Schießl, s. 211.
Inspektor: Hr. Joseph Wolfanger, d. R. L. Gerichtsherr ob der Au und Giesing.
Pfleger: Hr. Rudolph Brunner.

Churfl. Forstkammer.
Präsident.
Se. Excellenz Hr. Joseph Reichsgarf von Törring u. Gronsfeld, zu Ittenbach rc. s. 12.

Direktor.
Titl. Hr. Johann Peter Kling, s. 80.

Titl. Herren Räthe.
Carl Reichsgraf von Oberndorff, Oberforstmeister Oberlands Baiern, s. 67.
Christoph Reichsgraf von Waldkirch, Oberforstmeister Unterlands Baiern, s. 69.
Johann Nepomuck von Thoma, s. 206.
Georg Grünberger, s. 207.
Joseph Reichsedler von Wenger, s. 84.
Joseph Hazzi, zugl. Forstfiskal, s. 207.
Johann Georg Seybold, s. 193.

Forstkommissarien u. Taxatoren.
Hrn. Mathäus Schilcher, im Oberlande.
    Franz Sales Schilcher, im Unterlande.

Sekretarien.
Hrn. Johann Nepomuck Sölch, s. 211.
    Johann Michael Kreittmaier, s. 211.

Controleur u. Tabellist.
Hr. Joseph Ferdinand Wilhelm.

Kanzelisten.
Hrn. Joseph Obenhin, s. 214.
    Johann Baptist Schaller, s. 214.
    Cajetan Lieb, s. 214.
    Joseph Kraus, s. 214.
    Caspar Ländlsperger, s. 214.
Kanzleybott: Johann Molt, s. 214.
NB. Die Kanzley, Expedition und Registratur sind bey der Churfl. Hofkammer.

Churfl. Forstschule.
Kommissär: Obiger Hr. Georg Grünberger.
Professoren: Hrn. Anton Däzl, s. 80.
    Eligius Maier.
Lehrer: Hrn. Dismas Berchtold.
    Franz Xaver Seifferd.
Pedell: Aloys Dändler.

Triftamt.
Kommissär: Obiger Hr. Georg Grünberger.
Triftverwalter: Hr. Joseph Faber.
Gegenschreiber: Hr. Valentin Berüff.
Triftmeister: Lorenz Strohschneider.

Churfl. Bücherzensur-Kollegium.
Direktor.
1791. Titl. Hr. Franz Xav. Reichsfreyher v. Schneider, s. 96.

Titl. Herren Räthe.
1769. Ildephons Kennedy, s. 201.
1780. Lorenz Westenrieder, s. 201.
1792. Mathias Flurl, s. 206.
1793. Johann Nepomuck Heinleth. s. 38.
1792. Joseph Klein, s. 29.
Franz Georg von Dietrich, b. R. D. zugl. churfl. Oberlandesregierungsrath, Ritter des portugiesis. Christusordens, dann fürstbischöflich-Speyerischer und fürstl. Hohenlohe-Bartensteinischer geheimer Rath.
1793. Joseph Marius Babo, s. 99.
Joseph Saal, s. 38.
Aloys Wölfinger, Kirchenprobst zum heil. Michael.
Ludwig Seccard, Präses der lateinischen Kongregation.
Theophilus Huebpauer, d. G. Mag. des Eremiten-Ordens der Hrn. P. Augustiner in Baiern Provinzial.
1796. Carl Reichsedler von Mann, s. 191.
1795. Marinonius von Voit, Theatiner.
Johann Baptist Fischl, der churfl. Kollegiatstiftskirche in München Custos.
Ignatz Hardt, s. 40.
Johann Nepomuck von Moser, Benefiziat bey des heil. Peterspfarrkirche in München.
Peter Speckert, s. 202.
1796. Maximus Imhof, d. G. D. des Augustiner-Eremiten-Ordens d. Z. in München Prior, s. 183.
1798. Paul Arezzo von Thoma, Probst der Hrn. P. Theatiner in München.
Friderich Reischl, s. 40.

Sekretär.
Hr. Christoph von Schmöger, zugl. Expeditor, s. 188.

Registrator.
Hr. Aloys von Schintling.

Kanzelisten.
Hrn. Joseph Stettner.
Peter Schrankello.
Rathdiener: Carl Aschlehner, s. 72.

Bücher-Speditions-Aemter.

Zu München. Spediteur: Hr. Wilhelm v. Bube, churfl. Rath.
Zu Landshut wird die Spedition von Titl. Hrn. Regierungskanzler von Poesl versehen.
  Speditionsamtsschreiber: Hr. Joseph Theodor Manner, Regierungskanzelist allda.
  Speditionsamtsdiener: Sebastian Kranzmayr.
Zu Straubing. Spediteur: Hr. Aloys Wagner, Acciseinnehmer.

Churfl. Kollegium Medicum.
Direktor.

1792. Titl. Hr. Lorenz von Fischer, f. 72.

Wirkl. verpflicht = u. dermalen frequentierende Titl. Herren Räthe.

1764. Anton Edler von Winter, f. 116.
1772. Joseph Greindl, f. 38.
1774. Anton Edler von Leuthner, f. 38.
1777. Philipp Fischer, f. 38.
1782. Erhard Winterhalter, f. 38.
1785. Anton Will, f. 113.
1787. Gottfried Edler von Orff, f. 118. in Fällen die Entbindungskunst betreffend.
1789. Lukas Mußinan, f. 39. in dem Wundarzney - und Hebammenfache.
  Stephan Holzer, Stadtphysikus zu München, in Vorfällen die Stadt München betreffend.
  Bernard Hartz, f. 38.
  Balthasar Edler von Brentano, in Pharmaceuticis, f. 39.
1790. Joseph Poetzenhammer, Stadtphysikus zu München, in Vorfällen die Stadt München betreffend.
1791. Lukas Schubauer, f. 38.
1797. Franz Xaver Häberl, d. A. D.

Wirkl. verpflicht. aber nicht frequetierende Titl. Herren Räthe.

1782. Bernard Joseph Schleiß von Loewenfeld, d. W. u. A. D. sulzbachischer Hofrath und Leibarzt, auch Stadt - und Landphysikus, dann kaiserl. Pfalz-und Hofgraf.
1785. Egidius Strell, f. 117.
1787. Johann Nepomuck Heinleth, f. 38.
1790. Melchior Güthe, f. 123.
  Franz Joseph Edler von Oswald, f. 38.
1790. Ignatz von Eyb, Hofapothecker zu Neuburg, in Pharmaceuticis.

1791. Maximilian Keller, s. 119.
Joseph Anselm Böck, Stadt- und Landschafts-Physikus zu Burghausen, der sittlich- u. landwirthschaftlichen Gesellschaft allda Mitglied.
1793. Joseph Mauritz Fleischmann, d. W. u. A. D. ausserordentl. Professor zu Ingolstadt und Regierungs-Medikus in Amberg.

Sekretär.
Hr. Franz Xaver Streicher, d. R. L.
Kanzelist: Hr. Ignatz Carl Reger.
Both: Magnus Litz.

Churfl. Wechsel= und Merkantilgericht
Zwoter und letzter Instanz.

Präsident.
1798. Se. Excell. Hr. Sigismund Graf von Spreti ꝛc. s. 4.

Vorstand.
1785. Titl. Hr. Joseph Hermann von Planck, s. 94.

Titl. Herren Räthe.
1776. Friderich von Courtin, s. 74.
1785. Franz Anton Reichsfreyherr von Pilgram, s. 210.
1792. Wolfgang Edler von Burger, s. 210.
1796. Philipp Zwack, s. 191.
1797. Leopold Reichsedler von Peisser, s. 190.
1798. Carl Reichsedler von Mann, s. 191.

Herren Assessoren.
1787. Franz Caliat de Lorcy.
1793. Joseph Hepp.
1793. Andreas Dall'Armi.
1796. Vitus Fleckinger.

Sekretär und Registrator.
Hr. Joseph Reichsedler von Weizenbeck, s. 294.

Expeditor.
Hr. Joseph Weinhäckl, s. 195.

Kanzelisten.
Hrn. Franz Müller, s. 189.
Cajetan Khreninger, s. 189.
Rathdiener: Johann Nepomuck Kleber.
Gerichtsansager: Friderich Seelhamer, s. 214.

Churfl. Wechsel- und Merkantilgericht
Erster Instanz.
Wechsel- und Merkantilrichter.
Titl. Hr. Johann Baptist von Bacchiery, s. 190.
Assessoren.
Hrn. Mathias Anton Reichsedler von Schweller.
Anton Miller.
Franz Sporer.
Johann Nepomuck Schmietterer.
Martin Riezler.
Johann Baptist Hopfner.
Joseph Bruckbräu.
Sekretär: Hr. Andreas Pöstl, s. 194.
Registrator und Expeditor: Hr. Joseph Khreninger, s. 188.
Beygeordneter: Hr. Cajetan Khreninger, s. 188.
Kanzlisten: Hrn. Franz Müller, s. 189.
Obiger Cajetan Khreninger.
Gerichtsansager: Friderich Seelhamer, s. 214.
Advokaten.
Hrn Joseph Schärl, s. 196.
Mathias Dellerer, s. 197.
Christoph Täfelmayr, s. 196.
Ludwig Jakob, s. 198.
Johann Nepomuck Schlemmer, s. 197.
Anton Primbs, s. 198.
Notarien.
Hrn. Corbinian Schärl, s. 198.
Joseph Haslböck, s. 200.
Johann Baptist Nieser, s. 200.
Sensal: Hr. Andreas Cassian Schüdl.
Profoslieutenant: Hr. Joseph Schießl, s. 78.
Schätzmann: Joseph Gerbel.

Churfürstliche
Akademie der Wissenschaften
in München.
Präsident.
Se. Excell. Hr. Anton Reichsgraf v. Törring zu Seefeld ec. s. 6.
Vizepräsident.
Se. Excell. Hr. Sigismund Graf von Spreti ec. s. 9.

Direktoren.

Der historischen Klasse: Titl. Hr. Carl Edler von Vacchiery, s. 95.
Der philosophischen Klasse: Titl. Hr. Stephan Reichsfreyherr von Stengel, s. 95.

Sekretär und Zahlmeister.

Hr. Ildephons Kennedy, s. 201.

Frequentierende Mitglieder
historischer Klasse.
Titl. Herren.

Se. Excell. Felix Reichsgraf Zech von Lobming, s. 92.
Lorenz Westenrieder, s. 201.
Carl von Eckartshausen, s. 192.
Se. Excell. Casimir Reichsfreyherr von Häffelin, s. 41.
Se. Excell. Joseph Reichsfreyherr von Weichs, s. 13.
Johann Georg von Sutner, innerer Stadtrath zu München.

Philosophischer Klasse.
Titl. Herren.

Se. Excell. Joseph Graf von Salern, s. 90.
Se. Excell. Joseph Reichsgraf von Törring und Gronsfeld, zu Jettenbach, s. 12.
Se. Excell. Maximilian Reichsgraf von Seinsheim, s. 12.
Philipp Fischer, s. 38.
Georg Grünberger, s. 218.
Se. Excell. Sir Benjam. Thompson, Reichsgr. v. Rumford, s. 93.
Maximus Imhof, s. 219.
Christoph Freyherr von Schütz, s. 65.
Adrian von Riedl, s. 215.
Joseph Baader, s. 207.
Mathias Flurl, s. 206.
Hausmeister: Georg Amman.

Churfl. Schulwesen.

Protektor
des ganzen Schulwesens in Baiern, der oberen Pfalz und des Herzogthums Neuburg,

Se. Durchleucht der Churfürst rc. rc.

Churfl. gnädigst-angeordnete geheime Universitäts-Kuratel.

Präsidium.

Se. Excellenz Hr. Friderich des h. r. R. Freyherr von Hertling rc. s. 89.

Kuratoren.

Titl. Hrn. Johann Caspar Edler von Lippert, s. 28.
Anton von Eyb, s. 89.
Johann Baptist Edler von Vacchiery, s. 192.
Sekretär: Hr. Johann Georg Nemmer, s. 99.
Registrator: Hr. Clemens Hesenacker, s. 100.
Registraturdiener: Valentin Zehetmayr.

Churfl. Universität zu Ingolstadt.

Rektor Magnifikus.

Titl. Hr. Gabriel Knogler, Benediktiner von Schevern, b. G. u. W. D. churfl. wirkl. geistl. Rath, offentl. ordentl. Professor der Physik und Astronomie.

Prokanzler.

Titl. Hr. Johann Nepomuck Mederer, d. G. u W. D. churfl. auch fürstl. Eichstädtischer wirkl. geistl. Rath, Lokalschulkommissär im lateinischen Schulwesen, offentl. ordentl. Professor der vaterländischen Geschichte, Kritik, Chronologie, Diplomatik, Numismatik und Heraldik, unterer Stadt- und Garnisonspfarrer, auch der churfl. Akademie der Wissenschaften iu München Mitglied.

Theologische Fakultät.
Titl. Herren.

Marian Dobmayr, Benediktiner von Weisenohe, d. G. u. W. D. churfl. wirkl. geistl. Rath, offentl. ordentl. Professor der Dogmatik, der theologischen Encyclopädie und Methodologie, der theoretischen und praktischen Patrologie und der theologischen Literärgeschichte, der Zeit dieser Fakultät Dekan.

Paul Schönberger, Benediktiner aus dem fürstl. Reichsstifte zum heil. Emmeram in Regensburg, d. G. u. W. D. churfl. wirkl. geistl. Rath, dann offentl. ordentl. Professor der heil. Schrift und morgenländischen Sprachen, Universitäts-Bibliothekär, zugl. Inspektor des churfl. Seminariums.

Veit Anton Winter, d. G. u. W. D. churfl. und fürstl. Regensburgischer wirkl. geistl. Rath, Domkanonikus zu Eichstädt, oberer Stadtpfarrer zu Ingolstadt, der Kirchengeschichte und der historischen Patrologie offentl. ordentl. Professor, dann der königl. gelehrten Gesellschaft zu Florenz und der Arkadischen zu Rom Mitglied.

Dominikus Gollowitz, Benediktiner von Oberaltaich, d. G. u. W. D. churfl. wirkl. geistl. Rath, offentl. ordentl. Professor der Moral- und Pastoral-Theologie, Liturgie und geistl. Beredsamkeit.

Juridische Fakultät.
Titl. Herren.

Caspar Edler von Kandler, des h. r. R. Ritter, b. R. D. churfl. wirkl. Hofrath, öffentl. ordentl. Professor der römischen Alterthümer, der Instituten des römischen Rechts, dann des longobardischen und deutschen Lehenrechtes, wie auch des churfl. albertinischen Stipendien-Instituts Ephorus und Kaßier, Lokalschulkommissär, des akademisch- und bürgerlichen Waisenhauses Inspektor, dann des dasig churfl Rathkollegiums Rath, dieser Fakultät der Zeit Dekan.

Franz Giardi, b. R. D. churfl. wirkl. Hofrath, öffentl. ordentl. Professor des baierischen Judiciar- u. Criminal-Codicis, des allgemeinen und deutschen Criminalrechtes, Universitäts-Archivar, dann des dasig churfl. Rathkollegiums Direktor.

Franz Spengel, b. R. D. churfl. wirkl. Hofrath, öffentl. ordentl. Professor des deutschen Staatsrechtes, der Reichspraxis und des deutschen Privatfürstenrechtes, dann des dasig churfl. Rathkollegiums Rath.

Franz Xaver Edler von Moshamm, auf Penzing und Neubeck, des h. r. R. Ritter, b. R. D. churfl. wirkl. Hofrath, öffentl. ordentl. Professor des baierischen Civil-Codex, des gemein- und baierischen Wechselrechtes, der Staatswirthschaft, Polizey- und Finanzwissenschaft, wie auch des dasig churfl. Rathkollegiums Rath.

Johann Nepomuck Gottfried Edler von Krenner, des h. r. R. Ritter, b. R. D. churfl. frequentierender Oberlandes-Regierungsrath und wirkl. Hofrath, öffentl. ordentl. Professor der deutschen Alterthümer und Reichsgeschichte, der europäischen Staatenkunde, der juridischen Praxis, dann des baierischen Staats- und Fürstenrechtes, zweyter Universitäts-Archivar, der churfl. Akademie der Wissenschaften in München und der ökonomischen Gesellschaft zu Burghausen Mitglied.

Georg Xaver Semer, b. R. D. churfl. wirkl. Hofrath, öffentl. ordentl. Professor des Natur- allgemeinen Staats- und Völkerrechts, dann der Pandekten.

Ulrich Riesch, Benediktiner von Benediktbeyern, b. R. d. G. u. d. W. D. churfl. wirkl. geistl. Rath, öffentl. ordentl. Professor des geistl. Rechtes.

Medizinische Fakultät.
Titl. Herr.

Heinrich Maria Edler von Leveling, des h. r. R. Ritter, b. A. u. W. D. churfl. wirkl. Rath, öffentl. ordentl. Professor der

Titl. Herren.

Antropologie und der medizinischen Institutionen, der kaiſ. Akademie der Naturforſcher Mitglied, und der helvetiſchen Geſellſchaft korreſpondirender Aerzte und Wundärzte Ehrenmitglied, dann Landſchafts=Phyſikus im Bezirke Ingolſtadt, der Zeit dieſer Fakultät Dekan.

Joſeph Anton Earl, d. A. D. churfl. wirkl. Rath, Univerſitäts-Senior, der Entbindungskunſt und Botanik offentl. ordentl. Profeſſor, der kaiſerl. Akademie der Naturforſchung, der churfl. Akademie der Wiſſenſchaften in München und der ökonomiſchen Geſellſchaft in der Lauſiz Mitglied.

Philipp Fiſcher, d. A. u. W. D. der Chirurgie Profeſſor emeritus, ſ. 38.

Anton Will, ſ. 113.

Peter Theodor Edler von Leveling, des h. r. R. Ritter, d. A. u. W. D. churfl. wirkl. Rath, offentl. ordentl. Profeſſor der Therapie, Medicinä clinicä und der medizinischen Literärgeſchichte.

Georg Auguſtin Bertele, der A. Chir. u. W. D. churfl. wirkl. Rath, offentl. ordentl. Profeſſor der Naturgeſchichte, Chymie, Materiä medicä und des Formulars.

Aloys Winter, d. A. u. Chir. D. churpfälziſcher Medizinalrath, offentl. ordentl. Profeſſor der theoretiſchen und praktiſchen Chirurgie.

Philoſophiſche Fakultät.
Titl. Herren.

Benedikt Schneider, Benediktiner von Oberaltaich, d. G. u. W. D. churfl. wirkl. geiſtl. Rath, offentl. ordentl. Profeſſor der Logik, Metaphyſik und der praktiſchen Philoſophie, der Zeit dieſer Fakultät Dekan.

Johann Nepomuck Mederer. ſ. 224.

Franz von Paula Schrank, d. G. u. W. D. churfl. wirkl. geiſtl. Rath, offentl. ordentl. Profeſſor der Oekonomie und ökonomiſchen Botanik, dann der Forſtwiſſenſchaft und Bergwerkskunde, der churfl. Akademie zu München und Erfurt, der naturforſchenden Geſellſchaft zu Berlin und zu Zürch, der phyſiographiſchen zu Lunden, der ökonomiſchen zu Leipzig und der arkadiſchen zu Rom und Görz, dann der botaniſchen zu Regensburg Mitglied.

Gabriel Knogler, ſ. 224.

Maurus Magold, Benediktiner von Tegernſee, d. G. u. W. D. churfl. wirkl. geiſtl. Rath, offentl. ordentl. Profeſſor der Mathematik, ſ. 183.

Titl. Herr.
Amand Lieschmann, Benediktiner von Prüfening, d.G.u.W.D. churfl. wirkl. geistl. Rath, offentl. ordentl. Professor der Aesthetik und der zwoten Rhetorik.

Ausserordentliche Herren Professoren.

Joseph Fleischmann, s. 221.

Joseph Oeggl, d.G.u.W.D. churfl. geistl. Rath, Professor der Philologie, Universitäts-Subbibliothekär, des churfl. georgianisch. Kollegiums Regens, dann Kanonikus zu Straubing.

Andreas Rohr, b. R. D. der Rechtsgeschichte, dann der juridischen Encyclopädie und Methodologie, dann des praktischen Kollegiums Professor.

Carl von Hellersperg, herzoglich-Pfalzzweybrückischer wirkl. Hofrath, Professor der deutschen Alterthümer, Reichsgeschichte, baierischen Staats- und Fürstenrechtes und der europäischen Staatenkunde, dann der kön. u. churfl. Akademien der Wissenschaften zu Göttingen u. München Mitglied.

Carl Joseph Niederhuber, d. A.u. Chir. D. Professor der Anatomie, der gerichtlichen und Staatsarzneykunde, dann Accoucheur.

Universitäts-Notar.

Hr. Ignatz Lichtenstern, b. R. L. kaiserl. immatr. Notar und Universitäts-Vizearchivar, auch des dasig churfl. Rathkollegiums Sekretär.

Churfl. Universitätfonds-Administrations-Deputation.

Direktor.
Titl. Hr. Gabriel Knogler, s. 224.

Titl. Herren Räthe.
Franz Siardi, s. 225.
Heinrich Edler von Leveling, s. 225.
Franz von Paula Schrank, s. 226.
Caspar Edler von Kandler, s. 225.
Ferdin. Paur, d. R. L. Hohenschulkameramts-Verwalter, s. 210.
Freyresignirter Hohenschulkameramts-Verwalter: Hr. Johann Mathias Paur, churfl. wirkl. Hofkammerrath.

Churfl. akademische Bibliothek.
Bibliothekär: Hr. Paul Schönberger, s. 224.
Subbibliothekär: Hr. Joseph Oeggl, s. 227.

Churfl. Sprach- und Exercitienmeister auf der Universität.
Zeichnungsmeister: Hr. Martin Maurer.
Lehrer der Tanzkunst: Hr. Johann Georg Fladt.

Ballmeister: Hr. Joseph Inderst.
Fechtmeister: Hr. Joseph Strobl.
Sprachmeister: Hr. Dominikus Wrasba.
Bereiter: Hr. Johann Heinrich Völter.
Pedell: Thomas Schleifer.
Substitut: Joseph Luz.
Botanischer Gärtner: Joseph Halbmayr.

Churfl. albertinisches Stipendien-Institut.
Ephorus und Kaßier: Hr. Caspar Edler von Kandler, f. 225.
Repetitor der Rechte: Hr. Andreas Rohr, f. 227.
Pedell: Obiger Joseph Luz.

Churfl. Georgianisches Kollegium.
Regens: Obiger Hr. Joseph Oeggl.
Subregens: Hr. Leonhard Schärbl.
Anwalt und Amtsschreiber: Hr. Joseph Westermayr.

Churfl. geheime Schulkuratel
im lateinisch- und deutschen Schulwesen.

Präsidium.
Se. Excell. Hr. Friderich Reichsfrenherr v. Hertling ꝛc. f. 89.

Kuratoren.
Titl. Hrn. Johann Caspar Edler von Lippert, f. 28.
Anton von Erb, f. 89.
Johann Baptist Edler von Vacchiern, f. 190.
Sekretär: Hr. Johann Georg Remmer, f. 99.
Registrator und Expeditor: Hr. Joseph Rosenberger, d. R. E. und churfl. Sekretär.
Nachfolger: Hr. Valentin Zehetmayr.
Rechnungsrevisor der Seminarien: Hr. Jakob Hörteis, f. 212.
Kanzleyoffiziant: Hr. Johann Baptist Bernhart.
Pedell und Registraturgehilf: Hr. Valentin Zehetmayr.

Generaldirektoren
der churfl. Lyceen und Gymnasien.
Titl. Herren.

Rupert, Probst und Lateranensischer Abt des Ordens der regulirten Korherren zu Wenarn.
Gottfried, Abt des Prämonstratenser-Korherrenordens zu Schäftlarn.
Carl, Abt des Benediktinerordens zu Benediktbeyern.
Alphons, Abt des Benediktinerordens zu Ettal.
Edmund, Abt des Cisterzienserordens zu Fürstenzell.
P. Conrad Heldmeyer, des Predigerordens in dem Kloster zu Landshut, der Zeit Prior.

Lyceum und Gymnasium zu Amberg.

Lokalkommissär: Hr. Jakob Joseph de Battis, churfl. oberpfälzischer wirkl. Regierungsrath allda.

Aus dem Benediktinerorden.

Herren.

P. Superior: Maurus Schenkl, aus dem Kloster Prüfening, Lehrer des Kirchenrechtes, der Moral- und Pastoraltheologie, auch Inspektor des Seminariums.

Rektor: Maximilian Prechtl, aus dem Kloster Michelfelden, Lehrer der Dogmatik und Kirchengeschichte.

Benedikt Muck, aus dem Kloster Reichenbach, Lehrer der Philosophie zweyten Kurses.

Benedikt Wisnet, aus dem Kloster Prüfening, Lehrer der Philosophie ersten Kurses.

Benedikt Gulder, aus dem Kloster Michelfelden, Lehrer der zwoten Rhetorik.

Lukas Biederer, aus dem Kloster Scheyern, Lehrer der ersten Rhetorik.

Nonnos Feil, aus dem Kloster Weichenstephan, Lehrer der dritten Grammatik.

Ernest Heilmair, aus dem Kloster Mallersdorf, Lehrer der zwoten Grammatik.

Bernard Münzer, aus dem Kloster Ensdorf, Lehrer der ersten Grammatik.

Gymnasium zu Burghausen.

Lokalkommissär: Hr. Joseph Edler von Mußinau, des h. r. R. Ritter, churfl. wirkl. Regierungsrath allda.

Aus dem Cisterzienserorden.

Herren.

Superior und Rektor: Siegfried Greindl, aus dem Kloster Aldersbach, Lehrer der zwoten Rhetorik, auch Inspektor des Seminariums.

Theobald Cröuner, aus dem Kloster Raitenhaslach, Lehrer der Physik und Mathematik.

Philipp Brunemayr, aus dem Kloster Aldersbach, Lehrer der Logik, Metaphysik und praktischen Philosophie.

Robert Föcerer, aus dem Kloster Fürstenzell, Lehrer der ersten Rhetorik.

Benno Räschmair, aus dem Kloster Raitenhaslach, Lehrer der dritten Grammatik.

Herren.

Benedikt Märkl, aus dem Kloster Fürstenzell, Lehrer der zwoten Grammatik.

Theobald Hofanzell, aus dem Kloster Fürstenzell, Lehrer der ersten Grammatik.

Akademisches Gymnasium zu Ingolstadt.

Lokalkommissär: Hr. Johann Nepomuck Mederer, s. 224.

Aus dem Benediktinerorden.

Herren.

P. Superior: Marian Dobmayr, s. 224.

Rektor und Präfekt: Benedikt Schneider, s. 226.

Amand Lieschmann, aus dem Kloster Prüfening, Lehrer der zwoten Rhetorik, s. 227.

Joseph Maria Wagner, aus dem Kloster Benediktbeyern, d. W. D. Lehrer der ersten Rhetorik.

Ottmar Weiß, aus dem Kloster Ettal, b. W. D. Lehrer der dritten Grammatik.

Cölestin Ostermann, aus dem Kloster Andechs, b. W. D. Lehrer der zwoten und ersten Grammatik.

Gymnasium zu Landshut.

Lokalkommissär: Hr. Johann Nepomuck von Prielmayer, Reichsfreyherr von Priel, churfl. wirkl. Regierungsrath und Hofkastner allda.

Aus dem Prediger- oder Dominikanerorden.

Herren.

P. Rektor: Emmeram Grötsch, aus dem Kloster zu Regensburg, Lehrer des Kirchenrechtes und der Kirchengeschichte.

Albert Sailer, aus dem Kloster Medlingen, Lehrer der Dogmatik und Moraltheologie.

Bonaventura Wimmer, aus dem Kloster zu Landshut, Lehrer des zweyten philosophischen Kurses.

Fidelis Albert, aus dem Kloster zu Eichstädt, Lehrer des ersten philosophischen Kurses.

Thomas Aquin Scheyrer, aus dem Kloster zu Regensburg, Lehrer der zwoten Rhetorik.

Florian Hofmann, aus dem Kloster zu Bamberg, Lehrer der ersten Rhetorik.

Antonin Pfaller, aus dem Kloster zu Eichstädt, Lehrer der dritten Grammatik.

Johann Baptist Kreitmaier, aus dem Kloster zu Landshut, Lehrer der zwoten Grammatik.

Herren.

Bernhard Bernlochner, aus den Kloster zu Landshut, Lehrer der ersten Grammatik.

Inspektor des churfl. Seminariums: Candidus Wiedaller, aus dem Kloster zu Landshut.

Lyceum und Gymnasium zu München.

Lokalkommissär: Hr. Johann Bapt. Eler v. Bacchiery, f. 190.

Aus dem Benediktinerorden.

Herren.

P. Placidus Schärl, aus dem Kloster Andechs, Generalkassier und Sekretär bey dem churfl. Studiendirektorium, u. d. z. Rektor des Lyceums.

Georgius Stangl, aus dem Kloster Rott, Lehrer der Dogmatik, Moral- und Pastoraltheologie.

Benignus Wilhelm, aus dem Augustiner-Eremitenorden, Lehrer des Kirchenrechtes und der Kirchengeschichte.

Albert Baur, aus dem Augustiner-Eremitenorden, Lehrer der theoretischen Physik und der höheren Mathematik.

Bonifaz Trenner, aus dem Kloster Aspach, Lehrer der Logik, Methaphysik, praktischen Philosophie u. Mathemathik.

Rektor des Gymnasiums: Benno Ortmann, aus dem Kloster Prüfening, Lehrer der zwoten Rhetorik, dann Mitinspektor des churfl. Seminariums.

Roman Baumgärtner, aus dem Kloster Andechs, Lehrer der ersten Rhetorik.

Beda Lospichl, aus dem Kloster Wessobrunn, Lehrer der britten Grammatik.

Rupert Schmid, aus dem Kloster Weltenburg, Lehrer der zwoten Grammatik.

Benedikt Dusch, aus dem Kloster Tegernsee, Lehrer der ersten Grammatik.

Hrn. Franz Alberti, Lehrer der italiänischen Sprache.

Anton Reis, Lehrer der französischen Sprache.

Joseph Young, Lehrer der englischen Sprache, f. 80.

Hermann Mitterer, Zeichnungsmeister.

Lorenz Gärtner, Fechtmeister, f. 80.

Churfl. Seminarium allda.

Inspektor: P. Bonifaz Koller, aus dem Kloster Benediktbeyern.

Mitinspektor: Obiger P. Benno Ortmann.

Gymnasium zu Neuburg an der Donau.

Lokalkommissär: Titl. Hr. Carl Freyherr v. Hartmann, churfl. geheimer Rath und Regierungskanzler allda.

Aus dem Orden der reguliirten Korherren.
Herren.
Superior und Rektor: Albert Rieg, aus dem Stifte Polling, Lehrer der Philosopihe zweyten Kurses.

Mansuet Zill, aus dem Stifte Diessen, Lehrer der Philosophie ersten Kurses.

Gilbert Kirchmair, aus dem Stifte Dietramszell, Lehrer der zwoten Rhetorik.

Aldobrand Fendt, aus dem Stifte Raitenbuch, Lehrer der ersten Rhetorik.

Theoton Kloo, aus dem Stifte Raitenbuch, Lehrer der dritten Grammatik.

Remigius Stegmair, aus dem Stifte Dietramszell, Lehrer der zwoten Grammatik.

Ildephons Hacklinger, aus dem Stifte Weyarn, Lehrer der ersten Grammatik.

Gymnasium zu Straubing.
Lokalkommissär: Hr. Carl Edler von Pellet, s. 192.

Aus dem Prämonstratenser Korherrenorden.
Herren.
Superior: Milo Kriegseis, aus dem Stifte Schäftlarn, Lehrer der Physik und Mathematik.

Rektor: Gereon Wöhrl, aus dem Stifte Speinshart, Lehrer der zwoten Rhetorik.

Alberik Biersaf, aus dem Stifte Speinshart, Lehrer der Philosophie ersten Kurses.

Godefried Holzinger, aus dem Stifte Schäftlarn, Lehrer der ersten Rhetorik und Inspektor des Seminariums.

Ewernod Groll, aus dem Stifte Schäftlarn, Lehrer der dritten Grammatik.

Maximilian Stegmühler, aus dem Stifte Windberg, Lehrer der zwoten Grammatik.

Churfl. Stadt= und Land=Schulwesen.
Direktorium: Siehe das churfl. geistl. Rathskollegium, s. 200.

Amberg.
Lokalkommissär: Titl. Hr. Ludwig Freyherr von Egckher, s. 60.

Inspektor: Hr. Johann Baptist Bauer, Präses der größeren Kongregation und Pfarrbenefiziat zum heil. Martin.

Lehrer der höheren bürgerl. Vorbereitungsklasse. Hr. Andreas Petzler, Weltpriester.

Zeichnungsmeister: Hr. Ignatz Rößler.

Burghausen.

Lokalkommissär: Hr. Joseph Edler von Mußinan, s. 229.
Inspektor: Hr. Joseph Kiecher, Weltpriester.
Lehrer der höhern bürgerl. Klassen: Hr Franz Paul Sauer, Weltpriester, und
Hr. Balthasar Ludwig.

Ingolstadt.

Lokalkommissär: Hr. Caspar Edler von Kandler, s. 225.
Inspektoren der obern Stadtpfarr: Hr. Joseph Hertele, Kapellan allda.
der untern Stadtpfarr: Hr. Joseph Reißer, Kapellan allda.
Lehrer der höhern bürgerl. Vorbereitungsklassen: Hr. Martin Ziegaus, Weltpriester.

Landsberg.

Lokalkommissär: Hr. Franz von Oberndorf, churfl. wirkl. Regierungsrath zu Straubing, dann Kastner, Oberungelder und Gränzmautner zu Landsberg.
Schulinspektor: Hr. Joseph Job Hagentheiner, d. G. L. Dechant und Stadtpfarrer allda.
Rektor: Hr. Ignatz Gast, Weltpriester und Lehrer der Logik.
Hr. Joh. Carl Weiß, Weltpriester u. Lehrer der zwoten Rhetorik.
Hr. Franz Xaver Trautwein, Weltpriester, Lehrer der ersten Rhetorik und dritten Grammatik.
Hr. Johann Nepomuck Pössinger Weltpriester, Lehrer der zwoten und ersten Grammatik.
Hr. Johann Georg Suiter, Weltpriester und Lehrer der lateinischen Vorbereitungsklassen.
Hr. Ignatz Gilg, Lehrer der untern bürgerlichen und Trivialklassen.

Landshut.

Lokalkommissär: Titl. Hr. Johann Nepomuck von Prielmayr, Reichsfreyherr von Priel, s. 230.
Schulinspektoren: Titl. Hrn. Friderich Karg, Freyherr von Bebenburg, Stiftspfarrer, und
Franz Xaver Freyherr v. Staader, Pfarrer zum hl. Jobst, s. 7.
Magistrats-Deputirte: Hrn. Mathias Eichhorn, Bürgerm. Anton Weber, des Raths allda.
Lehrer der höhern bürgl. Klasse: Hr. Andreas Forstner, Profes.
Lehrer der niedern bürgerl. Klasse: Hr. Johann Brunner, zugl. Normalschullehrer

Mindelheim.
Lokalkommissär: Titl. Hr. Wilhelm Reichsfreyherr von Hertling, s. 104.
Inspektor: Titl. Hr. Marquard Freyherr von Donnersberg, Stadtpfarrer allda.
Lehrer der höhern bürgerl. und latein. Vorbereitungsklassen: Hr. Joh. Nepom. Froschmayr, Weltpriester und Professor.

München.
Rektor: Hr. Johann Michael Steiner, Weltpriester und des deutschen Schulfonds-Bücherverlags Inspektor.
Inspektor: Hr. Franz Andreas Römer, Weltpriester und Katechet in des heil. Michaels Kirche.
Lehrer der höhern bürgerl. Klassen: Hrn. Anton Winkler.
 Franz Xaver Fischer.
 Martin Haimerl, freyresignirter Lehrer.
 Franz Xaver Fuchs.
Lehrer der philosophisch- und historischen Gegenstände bey gedachten Klassen: Hr. Simon Schmid.
 Markus Wankerl, und
 Cajetan Weiler, beyde Weltpriester.
Pedell: Valentin Zehetmayr, s. 228.

Neuburg.
Lokalkommissär: Titl. Hr. Friderich Reichsfreyherr v. Hertling, churfl. wirkl. Regierungsrath allda.
Inspektor: Hr. Thomas Kränzl, Kollegiatstiftskapitular allda.
Lehrer der höhern bürgerlich- und lateinischen Vorbereitungsklassen: Hr. Joseph Anton Simon.

Straubing.
Lokalkommissär: Titl. Hr. Franz Xaver Freyherr von Leoprechting, s. 65.
Inspektor: Hr. Martin von Barth, Kollegiatstifts-Kapitular und Pfarrer zum heil. Peter allda.
Lehrer der höhern bürgerl. und latein. Vorbereitungsklassen: Hr. Joseph Griller, Weltpriester.

Churfl. oberster Lehenhof,
und die demselben untergebenen churfl. Lehenämter und Verwaltungen in Baiern und der obern Pfalz.

München.
Oberstlehenprobst.
Se. Excellenz Hr. Friderich Reichsfreyherr v. Hertling rc. s. 89.

Kommissär.

Titl. Hr. Carl Freyherr von Aretin, f. 98.
Beygeordneter: Titl. Hr. Joh. Adam Freyherr v. Aretin, f. 187.
Archivar und Expeditor: Hr. Dominikus Hohenaicher.
Offizianten, zugl. Hofkammer-Kanzelisten: Hrn. Benno Theodor von Reindl.
   Jakob Roßmann.
   Franz Xaver Burger.
   Franz Xaver von Mayr.
Lehenboth: Andreas Roßmann.
Beygeordneter: Aloys Roßmann.

Landshut.

Lehenprobst: Titl. Hr. Friderich Poesl, f. 98.
Lehensekretär: Hr. Andreas Dominikus Sperl, zugl. Regierungs-Kanzelist allda.

Straubing.

Lehenprobst: Titl. Hr. Joseph Reichsfreyherr v. Pruckberg, f. 98.
Lehen- und Regierungssekretär. Hr. Martin Schmid.

Burghausen.

Lehenprobst: Titl. Hr. Franz Xaver Hohenrieder, churf. Regierungskanzler allda.
Lehensekretär. Hr. Joseph Viktorin Schmalhofer.

Herzogthum der obern Pfalz.

Lehenprobst der obern Pfalz und Landgraffschaft Leuchtenberg:
   Titl. Hr. Wilhelm Reichsfreyherr von Weinbach, f. 98.
Leben- u. Regierungs-Sekretär: Hr. Martin Gerngroß, d. R. L.
Leuchtenbergischer Lehensekretär: Hr. Anton Eusebius Meixner.

Lehenverwalter.

Abensberg.
Hr. Franz Xaver Pauer.

Byburg.
Hr. Benedikt Edler von Peyrer.

Cham.
Hr. Johann Theodor von Köpelle.

Eggenfelden.
Hrn. Joseph Andreas Eder, f. 194.
Georg Friderich Ellerstorfer.

Fuchsstein.
Hr. Jakob Dollhof.

Griesbach.
Hr. Johann Nepomuck Mayr.

Hals.
Hr. Burghard von Haasi, s. 208.
Hirschau.
Hr. Johann Jakob Rogenhofer.
Hohenschwangau.
Hr: Theobald Thoma.
Kemnath.
Hr. Joseph Ebler von Cammerloher, auf Ober- und Unterschönreuth, des h. r. R. Ritter.
Landau, Dingolfing und Natternberg.
Hr. Johann Jakob Reichsedler von Hirschberg, s. 199.
Landsberg.
Hr. Franz Xaver Ebler von Gailer, s. 197.
Mindelheim.
Hr. Wolfgang Heiling.
Neumarkt in der oberen Pfalz.
Hr. Johann Nepomuck Mehrl.
Pfaffenhofen in der oberen Pfalz.
Hr. Michael Plöser.
Rauchenlechsberg.
Hr. Ignatz von Ockel.
Rieden.
Hr. Johann Michael Maul, zugl. Staabslehenverwalter zu Amberg.
Schnaittach.
Hr. Franz Anton Kleber.
Teysvach.
Hr. Peter Milhanns, Marktschreiber zu Frontenhausen.

Churfl. Administration
der sämmtlichen Kabinetsherrschaften in Baiern und der oberen Pfalz.

Administrator: Se. Excell. Hr. Johan Reichsgraf v. Yrsch, s. 45.
Administrationssekretär: Hr. Georg Reichsedler v. Plötz, s. 98.
Beygeordneter: Hr. Carl von Kleissing, s. 99.
Offizianten: Hrn. Christoph Strach, und Johann Conrad Eisele, d. R. L. beyde churfl. wirkl. Sekretärs. Franz Maria Reichsedler von Orthmayr, zugl. Rechnungs-Revisor.
Kanzelist: Hr. Franz Figglischer, s. 100.
Both: Joseph Fetz, s. 101.

Churfl. Hauptlottokammer in München.
Generaldirektor.
Se. Excell. Hr. Sigismund Graf von Spreti ꝛc. s. 9.
Ziehungskommissarien.
Se. Excell. Hr. Joseph Graf von Seeau, s. 34.
Titl. Hr. Benno von Hofstetten, s. 187.
Archivar.
Hr. Carl Edler von Rauffer, s. 98.
Nachfolger: Hr. Anton Edler von Rauffer, s. 99.
Administrator.
Hr. Michael Geiser, s. 98.
Kaßier: Hr. Philipp Zwack, s. 212.
Nachfolger: Hr. Leonard Schaffner, s. 197.
Fiskal: Obiger Hr. Leonard Schaffner.
Kastelletti: Hrn. Joseph, und
   Hieronimus Bramanti.
Nachfolger: Hr. Joseph Bramanti.
Buchhalter und Registrator: Hr. Joseph le Feubure, s. 211.
Nachfolger: Hr. Johann Baptist le Feubure.
Sekretär: Hr. Christoph Strach, s. 236.
Kollektinspektoren: Hrn. Johann Widder.
   Joseph Kleber.
Revisor: Hr. Ferdinand Ziegelmayr.
Offizianten: Hrn. Michael Gött.
   Franz Xaver Raab.
   Anton le Feubure.
Amtsboth: Joseph Kunst.

Churfl. Lottokammer zu Stadt am Hof.
Generaldirektor.
Se. Excell. Obiger Hr. Sigismund Graf von Spreti.
Ziehungkommissarien.
Hrn. Anton von Planck, s. 209.
   Johann Nepomuck von Kleber, s. 103.
Administrator: Obiger Hr. Michael Geiser.
Kaßier: Obiger Hr. Philipp Zwack.
Comtoirdirektor: Hr. Franz Adam Dehaibe.
Offizianten: Hrn. Ignatz Asam.
Nachfolger: Hr. Jakob Asam.
Georg Heubelmayr.

Hochlöbl. Landschaft.

Ober- und Unterlands Baiern, Hrn. Hrn. verordnete Kommissarien und Rechnungsaufnehmer.

Prälatenstand.

Der hochwürdige Hr. Ignatz, Abt des Klosters Niederaltaich, Verordneter Rentamts Straubing.

Se. Excell. Hr. Cajetan Reichsfreyherr von Reisach, Probst zu Habach, verordneter Rechnungsaufnehmer, f. 29.

Se. Excell. Hr. Joseph Reichsgraf von Königsfeld, Probst zu Altenoetting, Verordneter Rentamts Burghausen, f. 9.

Der hochwürdige Hr. Amand, Abt des Klosters Aspach, Verordneter und Kommissär Rentamts Landshut.

Der hochwürdige Hr. Gerard, Abt des Klosters Weihenstephan, Verordneter Rentamts München.

Ritter- und Adelstand.

Se. Excell. Hr. Hermann Reichsfreyherr von Lerchenfeld, anwesender Verordneter Rentamts Burghausen, f. 74.

Se. Excell. Hr. Joseph Reichsgraf von Ezdorf, anwesender Verordneter Rentamts Straubing, f. 91.

Se. Excell. Hr. August Reichsgraf von Törring, Verordneter Rentamts Landshut, f. 6.

Se. Excell. Hr. Carl Reichsgraf von Perchem, Verordneter und Kommissär Rentamts Straubing, f. 91.

Se. Excell. Hr. Johann Nepomuck Reichsfreyherr von Dachsberg, Verordneter Rentamts Landshut, f. 90.

Se. Excell. Hr. Anton Reichsgraf von Törring-Seefeld, Verordneter Rentamts München, f. 6.

Se. Excell. Hr. Johann Maximilian Reichsgraf von Preysing, Verordneter und Kommissär Rentamts München, f. 11.

Se. Excell. Hr. Anton von Schmid, Freyherr von Haßlach, verordneter Rechnungsaufnehmer, f. 92.

Titl. Hr. Ignatz Reichsgraf von und zu Arco, genannt Bogen, Verordneter Rentamts Burghausen, f. 96.

Se. Excell. Hr. Anton Reichsgraf von Sandizell, verordneter Rechnungsaufnehmer, f. 13.

Kanzler.

Der wohlgebohrne Hr. Maximilian Joseph Edler von Mayrhofen, churf. wirkl. Hofrath und gemeiner löbl. Landschaft in Baiern Ober- u. Unterlandes Kanzler.

Bürgerstand.
Titl. Herren.

Franz Carl von Barth, auf Harmating, Päsenbach, Ascholting, Reinthal und Langenpreysing, Bürgermeister zu München, dann erster Verordneter.

Joseph Benno von Barth, auf Harmating, Päsenbach, Humbach, Fräshausen, Ascholting, Reinthal und Langenpreysing, zwenter Verordneter und Kommissär.

Joseph Anton Sailler, d. R. L. anwesender Verordneter und Bürgermeister zu Landshut.

Christoph Anton Edler von Spizel, auf Unterspann, dann Egl-und Huglfing, churfl. wirkl. Rath und freyresignirter Bürgermeister zu Ingolstadt, verordneter Rechnungsaufnehmer.

Johann Baptist Pronath, d. R. L. Verordneter Rentamts Straubing.

Kanzley Oberlandes.

Sekretär und Hauptkassier: Hr. Franz Joseph Edler von Binder, churfl. wirkl. Rath.

Wirtl. beygeord. Sekretär u. Steuerrevisor: Hr. Jos. Sebastian Edler v. Mangstl, d. h. r. R. Ritter, zugl. Rechnungsjustifikant.

Archivar: Hr. Georg Johann Baptist Panzer, d. R. L.

Expeditor: Hr. Joseph Ruedorfer, d. R. L. zugl. Schuldenwerks-Sekretär und Prälatensteuerschreiber.

Registrator: Hr. Franz Michael Ertl, d. R. L.

Vizeregistrator und Protokollist: Hr. Franz von Paula Held, zugl. Rittersteuerschreiber.

Kanzlisten: Hrn. Joseph Edler von Reichel.
    Joseph Saur, zugl. beygeordneter Rechnungsjustifikant.
    Johann Michael Seelbach, und
    Johann Urban Schmid, Supernumerarien.

Landhauspfleger: Hr. Johann Michael Kellermann.

Kanzleybothen: Georg Schöttner.
    Christoph Enzensperger.

Kanzley Unterlandes.

Sekretär: Hr. Joseph Grätzl, Bürgermeister zu Landshut, zugl. Rittersteuerschreiber.

Beygeordneter Sekretär: Hr. Anton Franz Xaver Grätzl, d. R. L.

Kanzlisten: Hrn. Joseph Gabriel Wieland, zugl. Prälatenstandssteuerschreiber.
    Joseph Ferdinand Müller, zugl. wirkl. Registrator, §. 195.
    Michael Mayrhofer.

Acceßist: Hr. August Edler von Reichel.
Kanzleybothen: Thomas Grienwald.
Anton Rainer.

Landschaftl. Zinszahlamt.

Zinszahlmeister: Hr. Franz Anton Edler von Schmabel, auf Babing, Bürgermeister zu München.
Kaßier: Hr. Johann Jakob Wildfeuer.

Landsteuerer
Rentamts München.

Titl. Hr. Carl, Abt zu Benediktbeuern, s. 228.
Se. Excell. Hr. Sigismund Reichsgraf von Haslang, s. 8.
Se. Excell. Hr. Joseph Reichsfreyherr von Weichs, s. 13.
Hr. Joseph von Barth, auf Harmating und Päsenbach, Stadtsyndikus zu München.
Landobersteuerschreiber: Hr. Johann Baptist Demmel.

Rentamts Landshut.

Titl. Hr Franz, Abt zu St. Salvator.
Se. Excell. Hr. Joseph Reichsfreyherr von Leyden, s. 90.
Titl. Hr. Christian Reichsgraf von und zu Königsfeld, s. 15.
Hr. Anton Martin Cajetan Popp, b.R.L. Bürgermeister und Stadtoberrichter zu Landshut.
Landsteuerschreiber: Hr. Mathias Aichhorn, b. R. L. s. 233.

Rentamts Straubing.

Titl. Hr. Benedikt, Abt zu Weltenburg.
Titl. Hr. Nikola Reichsfreyherr von Pienzenau, s. 11.
Se. Excell. Hr. Maximilian Reichsgraf von Seinsheim, s. 12.
Hr. Aloys Ertl, Bürgermeister zu Straubing.
Landsteuerschreiber: Hr. Christian Mayr, zugl. Rittersteuerschreiber.

Rentamts Burghausen.

Titl. Hr. Emanuel, Abt zu Raitenhaslach.
Se. Excell. Hr. Caspar Reichsgraf von Preysing, s. 92.
Titl. Hr. Franz Reichsgraf von Lamberg, s. 52.
Hr. Johann Michael Salmansperger, freyresignirter Bürgermeister zu Burghausen.
Landsteuerschreiber: Hr. Franz Xaver Edler von Prebl.

Bezirks Ingolstadt.

Se. Excell. Hr. Georg Anton Reichsgraf von und zu Hegnenberg, genannt Dux, s. 15.

Hr. Carl Edler Sprunner von Merz, des h.r.R. Ritter, Bürgermeister zu Ingolstadt.
Landsteuerschreiber und Gränzaufschläger: Hr. Lorenz Kellermann, Bügermeister zu Ingolstadt.

Prälatenstand-Steuerer.
Titl. Hr. Dominikus, Abt zu Attel, Rentamts München.
Titl. Hr. Edmund, Abt zu Fürstenzell, Rentamts Landshut, s. 228
Titl. Hr. Rupert, Abt zu Prüfening, Rentamts Straubing.
Titl Hr. Franz, Probst u. Erzdiakon zu Baumburg, Rentamts Burghausen.

Rittersteuerer Rentamts München.
Titl. Hr. Joseph Reichsgraf von Tauffkirch, s. 15.
Titl. Hr. Franz Xaver Reichsfreyherr von Lerchenfeld, s. 16.
Rittersteuerschreiber: Hr. Franz von Paula Held, 239.

Rentamts Landshut.
Titl. Hr. Franz Xaver Reichsgraf von Jonner, s. 60.
Die zweyte Stelle ist der Zeit unbesezt.
Rittersteuerschreiber: Hr. Joseph Grätl, s. 239.

Rentamts Straubing.
Se. Excell. Hr. Maximilian Reichsgraf von Berchem, s. 93.
Titl. Hr. Clemens Reichsgraf von Törring-Seefeld, s. 15.
Rittersteuerschreiber: Hr. Christian Mayr, s. 240.

Rentamts Burghausen.
Se. Excell. Hr. Felix Reichsgraf Zech von Lobming, L 02.
Titl. Hr. Maximilian Reichsfreyherr von Leyden, s. 63.
Rittersteuerschreiber: Hr. Martin Kaltenegger, zugl. Landaufschläger.

Landbankokassa.
Die Kaßiersstelle ist der Zeit unbesezt.
Buchhalter: Hr. Joseph Köck, zugl. wirkl. Schuldenablegungswerks-Kaßier, s. 199.
Amtsdiener: Georg Schöttner, s. 239.

Landschaftliche Landfeldmesser.
Hrn. Joseph Lindauer, s. 47.
  Johann Michael Beer.
  Joseph Allerdinger, s. 47.
  Mathias Lori, s. 48.
  Aloys Edler von Reichel.
  Joseph Quirin Nikendey.

Magistrat
der churfl. Haupt= und Residenzstadt München.

Titl. Herren Bürgermeister.
Franz Carl von Barth, Senior, s. 239.
Franz Anton Edler von Schmadel, Stadtquartieramts erster Kommissär, s. 240.
Markus Clemens von Mayr.
Carl Leonard Sedelmayr, d. R. L. zugleich Stadtoberrichter.

Titl. Herren innere Räthe.
Johann Carl Faig, churfl. Rath, geschworner Siegelherr, Mühl= und Gastrichter, und des heil. Geistspitals= Kinder= Leihhaus= auch Hebammen= Kommissär.
Franz von Paula Reichsedler von Mittermayr, d.R.L. Stadtkämmerer und Hochzeitamts= Kommissär.
Franz Schärl, d. R. L. zweyter Stadtquartier, dann Oberungeldamts= und Stadtbruderhauses Kommissär, auch Pfändermeister.
Joseph Edler von Schneeweis, des h.r.R. Ritter, zweyter Obervormundschafts= Kommissär.
Maximilian Emanuel Müller, d. R. L. erster Vormundschafts= und Criminalkommissär.
Joh. Georg v. Sutner, d. R L. zugl. Criminalkommissär, s.223.
Gottlieb Ferdinand Höger, d. R. L. Bürgerbegleitungs= und Criminal= Conkommissär.
Nikola Schedl von Greiffenstein, churfl. Ingenieur= Hauptmann und Stadtoberbaudirektor.

Wirkl. aber nicht frequentierender Rath.
Hr. Max Bernard v. Ehlingensberg, freyresignirter u. Senior.

Titular Rath.
Hr. Joseph Abel, Stadthauptmann.

Stadtsyndikus.
Hr. Franz Carl Edler von Stoixner, churfl. Rath, emeritus.
Hr. Joseph von Barth, zugl. städischer Archivar, s. 240.
Beygeordneter: Obiger Hr. Georg von Sutner.

Aeussere Räthe.
Hrn. Johann Ulrich Miller.
   Benno Banhof.
     Joseph Hepp, s. 221.
      Joseph Kerch.

Hrn. Benno Aloys Danner.
    Joseph Lindtner.
    Joseph Lindauer.
    Johann Nepomuck Schnetterer, s. 222.
    Johann Georg Teufelhart.
    Mathias Scheichenpflug.
    Anton Hirschabeck.
    Joseph Ignatz Strigl.
    Carl Albert.
    Joseph Anton Steiner.
    Ignatz Schreiber.
    Michael Spiridion Hofmann.
    Michael Egcker.
    Joseph Anton Oberhuber.
    Johann Baptist Oettl.
Prokuratoren: Hrn. Corbinian Schärl, s. 198.
    Franz Xaver Nibler, s. 197.
Registrator, zugl. Protokollist: Hr. Michael Braun.
Rathdiener, zugl. Bürgermeisteramts - Aktuar: Hr. Johann
    Caspar Höglmayr.
Bauamtsschreiber: Hr. Georg Joseph Sandtner.
Baustadlmeister: Johann Baptist Zötl.
Zimmermeister: Franz von Paula Mayr.
Maurermeister: Mathias Widmann.
Brunnmeister: Joseph Geisenhofer.
Wassermeister: Mathias Eberl.
Pflastermeister: Philipp Zistl.
4 Stadtsöldner.

                Stadtgericht.

Erster Kommissär: Hr. Carl Leonard Sedelmayr, s. 242.
Zwenter Kommissär: Hr. Franz von Paula Reichsedler von
    Mittermayr, s. 242.
Assessoren: Hrn. Jakob Hitzlsperger, Burger und Stadtglaser.
    Jakob Adrian Mautz, Burger und Eisenhändler.
                Stadtphysici.
Hrn. Franz Ant. Pachauer, zugl. Stadtkrankenhaus-Physikus.
    Nikola Grill.
    Stephan Holzer, zugl. heil. Geistspital-Physikus, s. 220.
    Johann Friderich Kanzler, zugl. der beyden bürgerl. La-
      zarethen am Gasteig und zu Schwäbing Physikus.
    Franz Xaver Siber.
    Lukas Schubauer, s. 38.

Hrn. Jos. Poetzenhamer, zugl. Stadtbruderhaus-Physik., s. 220.
Johann Baptist Pachauer, s. 33.
Pius Mauser.
Franz von Paula Lechner.
Stadtlieutenant: Hr. Joseph Schoggl.
Stadtkammerschreiber: Hr. Johann Baptist Schlutt.
Stadtsteuerschreiber: Hr. Thomas Vogl.
Stadtkammer-Rechnungsrevisor u. heil. Geistspitals-Schreiber: Hr. Johann Michael Hueber.
Stadtkammerrechnungs-Justifikant und heil. Geistspitals-Zehrgadenschreiber: Hr. Sebastian Hauttmann.
Kirchen- u. milder Stiftungen Rechnungsjustifikant: Hr. Franz Sales Dätzel, b. R. L. zugl. Mühlrichteramts-Aktuar.
Stadtquartieramts-Aktuarien: Hrn. Felix Morasch.
Joseph Westermayr.
Pupillenamts-Aktuar: Obiger Hr. Felix Morasch.
Bußamts-Aktuar: Hr Joseph Staudacher.
Polizey- und Personalbeschreibungs-Buchhalter: Hr. Julius Drechsel.
Stadtkammer- und Gantdiener: Johann Georg Waltl.
Stadtviertelschreiber im Hackenviertel: Joh. Bapt. Schoderer.
Im Angerviertel: Corbinian Lechner.
Im Graggenauerviertel: Franz Hienle.
Im Kreuzviertel: Johann Baptist Elbel.

Churfl. Landbeamte Rentamts München.

Aichach.

Diese Pflege gehört zum hohen Ritterorden des heil. Georgs.
Pflegs- und Kastenamtskommissär: Hr. Hubert v. Mayr, s. 192.
Gericht- und Kastengegenschreiber: Hr. Simon Reichsedler von Zwack, zugl. Forstamtsverweser und ingolstädtischer Hohenschulkastner.
Stadtphysikus: Hr. Caspar Häckl, b. A. D.
Die Beymaut versehen die beyde Hrn. Beamte.

Ammergau.

Beymautner: Hr. Georg Caspar Scherer.

Anger.

Administrator: Se. Exc. Hr. Joh. Nep Reichsgraf v. Yrsch, s. 45.
Nachfolger: Titl. Hr. Friderich Reichsgraf von Yrsch, s. 45.

Au bey Eschenlohe.

Beymautner: Hr. Johann Paul Fuchs.

Au und Giesing.
Gerichtsherr: Hr. Joseph Wolfanger, d. N. L.

Auerburg.
Pflegsgenus-Innhaberinn: Die hochgebohrne Frau Josepha Reichsgräfinn v. Törring zu Seefeld, geb. Gräfinn v. Minuci.
Landrichter: Hr. Thadäus Reisenegger, s. 209.

Aybling.
Erbpfleger: Titl. Hr. Anton v. Schmid, Freyh. v. Haßlach, s. 92.
Pflegskommissär: Hr. Wolfgang Schmid, d. N. L.
Kasten- und Mautgenus-Innhaber: Hr. Emmeram Edler von Schönberg, des churfl. Fürst Bretzenheimischen 2ten Chevaux legers Regiments Oberstlieutenant.
Gerichtschreiber: Hr. Sebastian Edler von Rieger, auf Irlach, des h. r. R. Ritter, zugl. Kastenamtsverweser und Mautner.

Bornbach.
Beymautner u. Ungelder: Hr. Joseph Anton Hausböck, d. N. L.

Buchhorn.
Salzbeamter: Hr. Johann Baptist Dietrich, d. N. L. churfl. wirkl. Rath.
Salzamtscontroleur: Hr. Mathias Demleithner.
Stadlmeister: Hr. Ferdinand Laumer.
Salzbereiter: Joseph Selb.
Fahrender Salzamtsboth: Johann Adam Elsenrieder.

Dachau.
Pfleger: Se. Excell. Hr. Theodor Reichsgraf von Waldkirch, s. 9.
Nachfolger: Titl. Hr. Christoph Reichsgraf v. Waldkirch, s. 69.
Landrichter: Hr. Johann Theodor Edler von Lippert, s. 210.
Kastner: Hr. Johann Baptist Edler von Rogister, s. 7.
Gericht- und Kastenamtsgegenschreiber: Hr. Christian Adam Hendolph, d. N. L. churfl. wirkl. Sekretär.
Mautner u. Holzinspektor: Hr. Joh. Nep. Lemel, von Seedorf.
Weg- und Bruckzollner: Hr. Peter Götz.

Diessen.
Forst- See- und Marktrichter: Hr. Franz Xaver Frey, s. 208.

Donauwörth.
Pfleger: Titl. Friderich Reichsgraf von Yrsch, s. 45.
Pflegsgenus-Innhaberinn: Ihre Excell. die hochgebohrne Fr. Josepha Gräfinn v. Minuci, gebohrne Gräfinn v. der Wahl.
Stadtpflegskommissär: Hr. Mathias Schreiner, auch reichspflegwörthischer Obervogt, s. 209.
Stadtzahlmeister: Hr. Franz Xaver Prumer, s. 207.

Salzbeamter: Hr. Franz Xaver Prumer, zugl. beygeordneter Statzahlmeister, s. 209.
Salzamtsgegenschreiber: Hr. Joh. Nep. Zech, zugl. zu Lauingen.
Stadt- und Kammerschreiber: Hr. Johann Georg Reiner, churfl. Rath, zugl. Gerichts- und Kastenamtsgegenschreiber der Reichspflege zu Wörth.
Stadtphysikus: Hr. Anton Borans, d. A. D.
Hr. Nikola Carron Duval, emeritus, s. 119.
Stadtzollner und Mautner: Hr. Georg Laumer.
Nachfolger: Hr. Johann Michael Lechner.
Stadtzollgegenschreiber: Hr. Franz Joseph Schoch.
Salzstadlschreiber: Hr. Thomas Karl.

Erlicholz.
Gränzmautner. Hr. Johann Georg Sutor.

Freysing.
Maut- und Acciseinnehmer: Hr. Mathias Giesl.

Friedberg.
Pfleger: Se. Excell. Hr. Sigismund Graf von Spreti ꝛc. s. 9.
Nachfolgerinn: Ihre Excell. die hochgebohrne Frau Clementina Gräfinn von Spreti, gebohrne Freyinn von Schurff.
Stadt- und Landrichter, dann Kastner: Titl. Hr. Cajetan Freyherr von Vieregg, s. 58.
Salzbeamter: Hr. Michael Anton Dirnberger, zugl. Landgericht-, Kasten- und Ungeldsgegenschreiber.
Nachfolger der Landgerichts-, Kasten- und Ungeldsgegenschreiberen: Hr. Johann Anton Dirnberger.
Salzamtsgegenschreiber: Hr. Aloys von Rogenhofer, zugl. Beymautner in der Stadt.
Freyresignir. Gegenschreiber: Hr. Jakob v. Rogenhofer, s. 211.
Gränzmautner, Oberungelder und Lechbauinspektor: Titl. Hr. Joseph Johann Nepomuck Boischotte Reichsgraf von Erps, churfl. wirkl. Regierungsrath zu Landshut.
Gränzmautamts- u. Lechbauinspektions-Gegenschreiber: Hr. Joh. Bapt. Geiger, churfl. Hofkammerrechnungskommissär.
Landgerichts- u. Stadtprokuratoren: Hrn. Math. Jos. Müller. Franz Xaver Niederrheiter, d. R. E. auch Pfleggerichtsprokurator zu Mehring.

Gabl.
Beymautner: Hr. Andreas Rohrmiller.

Gammersham.
Beymautner: Hr. Aloys Fischer.

Geisenfeld.
Beymautner und Ungelder: Hr. Maximilian Cajetan Huber.
Gerolfing.
Pfleger: Titl. Hr. Maximilian Freyherr von Lerchenfeld, s. 13.
Gericht- und Kastenamtsgegenschreiber: Hr. Ferdinand Jehlin, d. R. L. und churfl. Rath.
Haag.
Administrator: Se. Exc. Hr. Joh. Nep. Reichsgraf v. Yrsch, s. 45.
Landrichter, dann Kasten- und Lehenprobstamtsverweser: Hr. Johann Baptist Edler von Lößl, des h. r. R. Ritter.
Oekonomieinspektor: Titl. Gabriel Franz Freyherr v. Mousin.
Landgericht- Kasten- und Lehenprobstamtsgegenschreiber: Hr. Florian Mösil, churfl. wirkl. Sekretär.
Strasseninspektor: Hr. Joseph Ant. Edler v. Kropf, d. h. r. R. R.
Erster Bräuverwalter: Hr. Wilhelm Kollbeck.
Zweyter Bräuverwalter: Hr. Joseph Edler v. Kropf, d. h. r. R. R.
Schloßverwalter: Hr. Alons Hauptmann.
Hepperg.
Püchsenmautner: Hr. Johann Joachim Gmelling.
Hohenschwangau.
Der Genuß dieser Pflege ist der hochwohlgebohrnen Frau Franziska Xaveria Reichsfreyfrau von Leyden, gebohrnen Gräfinn von Lobron, seiner Zeit gnädigst zugesichert worden.
Pflegskommissär: Hr. Theobald Thoma, d. R. L. s. 236.
Illerdiessen.
Administrator: Se. Exc. Hr. Joh. Nep. Reichsgraf v. Yrsch, s. 45.
Oberamtmann: Hr. Maximilian Joseph Paul, d. R. L.
Rent- und Bräuverwalter: Hr. Johann Michael Leixl.
Gerichtschreiber: Hr. Ignaz Kastner.
Schultheiß in Böringen: Hr. Franz Xaver Lezler.
Illmendorf.
Beymautner: Hr. Franz Xaver Anton Fischer.
Ingolstadt.
Churfl. Raths-Kollegium.
Präsident.
Se. Excell. Hr. Sigismund Reichsgraf von Preysing ꝛc. s. 10.
Direktor: Hr. Franz Giardi, s. 225.
Titl. Herren Räthe.
Franz Spengel, s. 225.
Caspar Edler von Landler, s. 225.
Franz Xaver Edler von Moshamm, s. 225.

Titl. Herren.
Felix Edler von Griennagl, s. 210.
Anton Braun, d. R. L. zugl. Stadtoberrichter.
Nicht frequentierender Rath: Hr. Ignatz Hübner, s. 198.
Sekretär: Hr. Ignatz Lichtenstern, s. 227.
Rathdiener: Sebastian Stegmayr.

Churfl. Beamte allda.
Herzogkastner: Titl. Hr. Max Freyherr von Lerchenfeld, s. 13.
Gericht= und Kastenamtsgegenschreiber: Hr. Ferdinand Jehlin, zugl. zu Kösching, Oetting und Stammham, s. 247.
Gränzhauptmautner, Oberungelder, auch Wasser- und Strassenbauinspektor: Hr. Felix Adam Edler v. Griennagl, s. 210.
Gränzhauptmaut- und Ungelbamtsgegenschreiber: Hr. Peter Joseph Rheinl, Reichsedler von Großhausen.
Salzbeamter: Hr. Cajetan von Lachenmayr, s. 208.
Salzamtsgegenschreiber: Hrn. Johann Baptist Fleischmann.
  Mathias Köstler.
Salzstadlmeister: Hr. Sebastian Augustin Wagner.
Kammeralmaurermeister: Hr. Rabl.
Wasserbauwerkmeister: Hr. Ignatz Manhard.

Stadtmagistrat.
Herren Bürgermeister.
Carl Edler Sprunner von Merz, s. 241.
Lorenz Kellermann, s. 241.
Obiger Anton Braun.

Stadtsyndikus.
Obiger Hr. Ignatz Hübner.

Innere Räthe.
Hrn. Joseph Heuslmayr.
  Johann Michael Schuegraf, Stadtunterrichter und landschaftlicher Weinmarkts-Aufschläger.
  Franz Xaver Rinck.

Aeussere Räthe.
Hrn. Anton Diepold.
  Johann Repomuck Wolfram, titular innerer Rath und Stadthauptmann.
  Joseph Adam Greiner, zugl. Stadtbezirks- und landschaftl. Weinmarktsaufschlags-Gegenschreiber.
  Anton Rauscher.
  Joh. Christian Hierl, Landaufschlagamts-Gegenschreiber.
  Jakob Bauer.

Hrn. Mathias Ginshofer.
  Michael Pertold.
  Theodor Decret.

Stadtgericht.

Stadtoberrichter: Hr. Anton Braun, auch Amtsverweser des stadtingolstädt. gefreyten Hofmarktgerichts Dinzlau, s. 248.
Stadtunterrichter: Hr. Michael Schuegraf, auch Gerichtschreiber zu Dinzlau, s. 248.
Assessoren: Hrn. Lorenz Kellermann, s. 241.
  Joseph Heuslmayr, s. 248.
Stadtphysikus: Hr. Johann Michael Steinle, b. W. u. A. D.
Stadtzollner u. Wagmeister: Hr. Johann Nepomuck Heuzer.
Stadt- u. Stadtgerichts-Prokuratoren: Hrn. Andreas Galler.
  Joseph Past.
Stadtrathdiener: Georg Kreittmair.
Zimmermeister: Joseph Schieller.
Maurermeister: Johann Reischl.
3 Stadtthorschreiber.

Inning.

Weg- und Bruckzollner: Hr. Balthasar Rampolt.

Kösching, Oetting und Stamham

Sind dem Herzogkastenamte Ingolstadt beygelegt, s. 248.

Kiefersfelden.

Beymautner: Hr. Martin von Feneberg.

Krandsberg.

Pfleger: Se. Excell. Hr. Max Reichsgraf von Tauffkirch, s. 93.
Nachfolgerinn: Ihre Excell. dessen Frau Ehegattinn Theresia, gebohrne Reichsgräfinn von Lerchenfeld-Köfering.
Pflegskommissär: Hr. Joseph Edler v. Gröller, des h. r. R. Ritter.
Gerichtschreiber: Hr. Franz Nikola Schachner.
Nachfolger: Ein Sohn des churfl. Gerichtschreibers zu Pfaffenhofen, Hrn. Johann Michael Auer.

Kreuth.

Gränzbeymautner: Hr. Franz Quirin Werther.

Landsberg.

Pfleger: Titl. Hr. Markus Freyherr von Erbt, s. 190.
Pflegsgenus-Nachfolgerinn: Die hochwohlgeb. Fr. Elisabetha Freyfrau von Prugglach, geb. Reichsfreyinn v. Schleitheim.
Stadt- und Landrichter: Titl. Hr. Maximilian Freyherr von Prugglach, mal. Landhauptmann, s. 69.
Gerichtschreiber: Hr. Franz Xaver Reichsedler v. Galler, s. 197.

Kastner, Oberungelder und Gränzmautner: Hr. Franz von Oberndorf, s. 233.
Kasten- Ungelds- und Gränzmautamts-Gegenschreiber: Hr. Joseph Anton Königsberger.
Salzbeamter: Hr Maximilian von Coullon, s. 200.
Salzamtsgegenschreiber: Hr. Johann Anton Lochmayr.
Salzstadlmeister: Hr. Franz Xaver Eisenried.
Beymautner u. Bruckzollner am Lechthore: Hr. Thabe Graf. Hr. Michael Schußmann, emeritus.
Am Sandauerthore: Hr. Andreas Sartori.

Stadtmagistrat allda.

Bürgermeister: Hrn. Mathäus Gigl.
    Johann Nepomuck Welshofer.
    Johann Georg Trautwein.
    Franz Xaver Münch.
Innere Räthe: Hrn. Jakob Widemann.
    Joseph Wankmiller.
    Franz Xaver Arnhard.
    Bernard Mayer.
Gemeinderedner: Hr. Friderich Ott.
12 äußere Räthe.
Stadtschreiber: Hr. Jakob Stickhl, b. R. L.
Stadtphysikus: Hr. Franz von Paula Winterhalter, b. A. D.

Langenbruck.

Beymautner und Ungelder: Hr. Andreas Maximilian Reuser.

Lechhausen.

Gränzmautner: Hr. Peter Paul Edler von Schneeweis, zugl. Holzgarteninspektor und landschaftl. Aufschläger, s. 192.
Gränzmautamts- u. Holzgarteninspektions- dann Aufschlags-Gegenschreiber: Hr. Joseph Peitelrock.
Lendtmeister: Thomas Fuhreisen.

Lindau.

Salzbeamter: Hr. Maximilian Maillinger, churfl. wirkl. Rath und Agent allda.
Salzamts-Controleur: Hr. Joseph Baitzer, versieht zugl. den Stadlmeistersdienst.
Salzspediteur: Hr. Franz Anton Reisenegger, b. R. L.
Salzbereiter: Franz Xaver Stöcklmayr.
Salzamtsboth: Johann Adam Eisenrieber, s. 245.

Mainburg.

Pflegsgenus. Innhaberinn: Die hochgebohrne Frau Antonia Reichsgräfinn von Holnstein, gebohrne Reichsgräfinn von Törring-Seefeld.

Pflegsverweser: Hr. Franz Xaver Schmid, b. R. L.

Mehring.

Pflegsgenus. Innhaberinn: Ihre Excellenz die hochgebohrne Frau Josepha Reichsgräfinn von der Wahl, gebohrne Reichsfreyinn von Neuhaus, Wittwe.

Pflegs- u. Kastenamtskommissär: Hr. Sigismund Carl Edler von Burger, auf Flos und Holzhammer, des h. r. R. Ritter, churfl. Hofkammerrath, zugl. Bräuverwalter.

Nachfolger: Eines dessen Kinder.

Gericht- Kasten- u. Bräuamtsgegenschreiber: Hr. Franz Xaver Neumiller.

Freyresign. Gegenschreiber: Hr. Joseph Neumiller, s. 211.

Pfleggerichts-Prokurator: Hr. Joseph Anton Leithner.

Miesbach.

Bräuverwalter: Hr. Joseph Reichsedler v. Obernberg, s. 193.

Mindelheim.

Pfleger und Kastner: Titl. Hr. Wilhelm Reichsfreyherr von Hertling, s. 104.

Gericht- u. Kastengegenschreiber: Hr. Ignatz Jos. Wager, s. 188.

Landvogt: Hr. Wolfgang Heiling, s. 236.

Stadtphysikus: Hr. Thadäus Benz, d. A. D.

Wegzollner zu Kirchdorf: Joseph Ritter.

Weggeldeinnehmer: Christoph Samstag.

Mittenwald.

Gränzmautner: Hr. Wolfgang Clemens von Hierneis.

Nachfolger: Hr. Franz Xaver von Hueber, s. 208.

Gränzmautamtsgegenschreiber: Hr. Joseph Steber.

Freyresignirter Gränzmautamtsgegenschreiber: Hr. Ferdinand Steininger.

Niederaudorf.

Gränzmautner: Hr. Maximilian Gailler.

Niederhofen.

Salzspediteur: Hr. Anton Reisenegger, s. 250.

Pfaffenhofen.

Pfleger: Se. Excell. Hr. Joseph Graf von Seeau, s. 34.

Nachfolger: Titl Hr. Maximilian Graf v. Seyssell d'Aix, s. 54. und dessen Frau Ehegattinn Augusta Gräfinn v. Seyssell d'Aix, geb. Freyinn von Reitzenstein, Sternkreuz-Ordensdame.

Pflegs- u. Kastenamtskommissär, zugl. Mautner und Oberungelder: Hr. Aloys Edler von Schiltberg, churfl. wirkl. Regierungsrath zu Straubing.
Gericht- Kasten= Maut- und Ungeldamtsgegenschreiber: Hr. Johann Michael Auer, churfl. wirkl. Hofraths- Sekretär.
Nachfolger: Eines dessen Kinder.
Stadtphysikus: Hr. Bernard Knoblauch, b. A. D.
Landgerichtsadvokat: Hr. Franz Pisot. s. 199.
Prokurator: Hr. Anton Kopf.

Pobenhausen.
Beymautner: Hr. Johann Baptist Pettenkofer.

Rauchenlechsberg.
Pfleger, Kastner, Beymautner und Lehenverwalter: Hr. Ignatz Edler von Ockel, b. R. L.

Rhain.
Pfleger: Se. Excell. Hr. Anton Reichsgraf v. u. zu Sandizell, s. 13.
Landrichter: Hr. Franz Tünermann, zugl. Kastner, Ungelder, und Gränzmautner.
Gericht- Kasten- und Gränzmautamtsgegenschreiber: Hr. Sebastian Grädl, b. R. L.
Bruckzollner: Hr. Franz Michael Pettenkofer.
Freyresignirter Bruckzollner: Hr. Caspar Sutor.
Maut- und Acciseinnehmer: Hr. Franz Xaver Ott.

Römerkessel.
Beymautner: Hr. Andreas Thrum.

Rosenheim.
Pfleger: Se. Excell. Hr. Max Reichsgraf von Preysing, s. 11.
Pflegskommissär u. Kastner: Hr. Joseph Franz Wegstein, b. R. L.
Gerichtschreiber: Hr. Raimund Stecher.
Gränzmautner und Salzbeamter: Hr. Johann Baptist Edler von Seel, b. R. L.
Freyresignirter Gränzmautner u. Salzbeamter: Hr. Caspar Zariwari, s. 209.
Gränzmaut- u. Kastenamtsgegenschreiber: Hr. Crisant Edler von Peyrer, des h. r. R. Ritter.
Salzfertiger: Hr. Adolph Graichwich.

Herrschaftsgericht Rotteneck.
Administrator: Se. Excell. Hr. Maximilian Reichsgraf von Holnstein aus Baiern ꝛc. s. 92.
Verwalter: Hr. Franz Xaver Schmid, s. 251.

Schliersee.
Vogtrichter: Hr. Joseph Reichsedler von Obernberg, s. 193.

Schongau.

Pflegsgenus-Innhaberinn: Ihre Excell. die hochgebohrne Frau Maria Anna Reichsgräfinn v. Seinsheim, gebohrne Reichsfreyinn von Hohenegg.

Landrichter: Hr. Franz Xaver Schönhammer, zugl. Kastenamtskommissär und Gränzmautner, s. 193.

Schrobenhausen.

Pfleger: Se. Excell. Hr. Anton Reichsgraf von Hegnenberg, s. 15.

Nachfolger: Titl. Hr. Maximilian Reichsgraf von Hegnenberg, s. 18.

Landrichter: Titl. Hr. Joseph Freyherr von Pauli, auch Forstbeamter in der Hagenau und Gränzmautner, s. 97.

Stadt- und Landphysikus: Hr. Franz Xaver Schlager, b. A. D.

Schwaben.

Diese Pflege gehört zum hohen Ritterorden des heil. Georgs.

Pflegskommissär: Hr. Gabriel Bernard Wibder, d. R. L.

Freyresignirter Pflegskommissär: Hr. Joh. Nep. Bonin, d. R. L.

Gerichtschreiber: Hr. Maximilian Paur, d. R. L.

Oberungelder: Hr. Martin Horwath, s. 19.

Schwabsoyen.

Beymautner: Hr. Anton Dorner, d. R. L.

Starenberg.

Pflegskommissär: Hr. Joseph Anton Weltin von Rosen, zugl. Kastner und Seerichter am Würmsee.

Oberungelder: Hr. Johann Nep. Edler v. Faßmann, s. 210.

Kastenwärter: Benedikt Mörz.

Staudheim.

Beymautner: Hr. Joseph Kappler.

Steingaden oder Grindl.

Beymautner: Hr. Sebastian Ott.

Die Anwarthschaft auf diese Beymaut ist der Fr. Maria Anna Horneis, gebohrnen von Wisinger gnädigst zugesichert.

St. Salvator.

Beymautner: Hr. Carl Weinberger.

Stuben.

Beymautner: Hr. Joseph Maria von Spitzl, zugl. Ungelder, Strasseninspektor und landschaftlicher Aufschläger.

Thierhaupten.

Beymautner: Hr. Franz Xaver Schießl.

Tölz.

Pflegsgenus Innhaberinn: Ihre Excell. die hochgebohrne Frau Friderika Gräfin v. der Wahl, gebohrne Freyin v. Schönberg.

Nachfolgerinn: die hochgebohrne Frau Augusta Reichsfrau v. Bassus, gebohrne Gräfinn von Wittgenstein.

Landrichter: Hr. Martin Rheinl, Reichsedler von Großhausen, zugl. Kasten-Gränzmaut-und Salzbeamter, s. 194.

Salzbereiter: Joseph Schederer.

Gerichts-Salz-und Mautamtsboth: Mathias Hueffschmid.

Türkheim.

Administrator: Se. Excell. Hr. Maximilian Reichserbtruchseß Graf von Zeil, s. 91.

Pflegskommissär: Hr. Aloys Edler v. Predl, zugl. Gerichtschreiber.

Freyresign. Pflegkommissär: Hr. Joseph v. Hofweller, s. 208.

Kastner: Hr. Cajetan Preßl.

Uffing.

Holz- und Triftamtsverwalter: Hr. Jakob Wüstner.

Triftmeister: Georg Marktsteiner.

Unterbruck.

Weg- und Bruckzollner: Hr. Johann Michael Baur.

Voheburg.

Pfleger: Titl. Hr. Joseph Graf von Rambaldi, s. 66.

Nachfolgerinn: Die hochgebohrne Fr. Antonia Gräfinn von Rambaldi, gebohrne Freyinn von Prugglach.

Pflegs-u. Kastenamtskommissär: Hr. Max. v. Schmadel, s. 208.

Gericht-und Kastengegenschreiber: Hr. Mathias Pöckenbauer.

Die Beymaut ist beyden Hrn. Beamten beygelegt.

Walchensee.

Beymautner: Hr. Johann Nepomuck Weltin von Rosen.

Wälda.

Beymautner: Hr. Joseph Neysinger.

Nachfolger: Hr. Michael Höggenstaller.

Wasserburg.

Diese Pflege gehört zum hohen Ritterorden des heil. Georgs.

Pflegs-u. Kastenamtskommissär: Hr. Felix v. Grimming, s. 208.

Gericht-und Kastenamts Gegenschreiber: Hr. Cajetan Stecher.

Mautner u. Salzbeamter: Hr. Franz Joseph Edler von Peyrer, des h. r. R. Ritter.

Nachfolger: Hr. Vincenz Pall, Edler von Pallhausen, s. 100.

Mautamtsgegenschreiber u. Ungelder: Hr. Peter Pauer.

Salzamtsgegenschreiber: Hr. Johann Nepomuck Gaigl.
Pfleggerichts=Pokuratoren: Hrn. Joseph Stiller.
Johann Anton Thaller.

Sadtmagistrat allda.

Herren Bürgermeister.

Joseph Robann, landschaftl. Aufschläger, Stadtkammerer, Ungelder und Steuereinnehmer, dann der herzogl. georgischen Stiftung Verwalter und Servis-Einnehmer.
Johann Georg Schard, Oberbauamtskommissär.

Innere Räthe.

Hrn. Maximilian Siferlinger, Oberkirchen=dann der gumpeltshammer= und fröschlischen Stiftung Verwalter.
Johann Jos. Graf, des heil. Geistspitals Oberverwalter.
Franz Xaver Gießler, des reichen Almosens Verwalter.
Simon Steinbeiß, des Leprosenhauses Ober= und des heil. Geistspitals Unterverwalter.

Stadtsyndikus.

Hr. Anton Zeller, d. R. L. jugl. Stadtrichter und landschaftlicher Aufschlagsgegenschreiber.

Aeussere Räthe.

Hrn. Wendelin Diez, der herzogl. georgischen Stiftung Unterverwalter.
Anton Pundinger.
Joseph Edlmayr, zweyter Bauamts Kommissär.
Franz Xaver Stechel, Unterkammerer und Bruderhaus-Verwalter.
Georg Krois.
Anton Irlbeck.
6 von der Gemeinde des Raths.

Stadtgericht.

Stadtrichter: Obiger Hr. Anton Zeller.
Stadtphysikus: Hr. Franz Strixner, d. A. D.
Stadtprokuratoren: Obige Hrn. Joseph Stiller.
Anton Thaller.

Weilheim.

Pfleger: Se. Excell. Hr. Joseph Graf von Salern, s. 90.
Nachfolger: Titl. Hr. Peter Freyherr von Vierega, auf Pibenstorf, churfl. Oberforstmeister zu Pruck, u. dessen Fr. Ehegattin Maria, gebohrne Gräfinn von Salern.

Landrichter: Hr. Franz Xaver von Lachenmayr, zugl. Bräu-
  verwalter und Ungelder, s. 192.
Beygeordneter: Hr. Thadäus von Lachenmayr.
Gerichtschreiber: Hr. Anton Döger, zugl. Bräu- und Ungeld-
  amts Gegenschreiber.
Das Mautamt ist beyden Hrn. Beamten beygelegt.

Wemding.
Pfleger: Titl. Hr. Carl Reichsgraf von Pappenheim, s. 19.
Pfleger: Hr. Joseph Sebastian Lippert, d. R. L. zugl. Kasten-
  amtsverweser und Mautner.
Freyresignirter Pfleger: Hr. Johann Ignatz Lippert.

Wertingen, Hohenreichen und Rechbergreiten.
Administrator: Se. Exc. Hr. Joh. Nep. Reichsgraf v. Yrsch, s. 45.
Administrationskommissär: Hr. Franz Xaver Rheinl, Reichs-
  edler von Großhausen.
Gericht- und Stadtschreiber: Hr. Franz Xaver von Michl.
Wegzollner zu Wertingen: Franz Blasius Höggenstaller.

Wiesensteig.
Administrator: Se. Exc. Hr. Max. Reichsfhr. v. Rechberg, s. 9.
Administrationskommissär: Hr. Joseph Ströber, s. 194.
Physikus: Hr. Benno Obermayr, d. A. D.

Wolfrathshausen.
Pfleger: Titl. Hr. Maximilian Reichsgraf von Lodron, s. 59.
Pflegskommissär: Hr. Cajetan Egger, s. 208.
Gerichtschreiber: Hr. Jakob Edler von Schultes, des h. r. R.
  Ritter, churfl. Hofkammer-Rechnungskommissär.
Oberungelder: Hr. Johann Nep. Edler von Faßmann, s. 210.

Wörth, Reichspflege.
Obervogt: Hr. Mathias Schreiner, s. 209.
Gericht- und Kastenamts Gegenschreiber: Hr. Franz Pündter.
Beygeordneter: Hr. Georg Reiner, s. 246.
Wegzollner: Johann Leonard Meißner.

Wunzhausen.
Beymautner: Hr. Simon Straßburger.

Zell.
Beymautner: Hr. Ferdinand Klausewitz.

Zolling.
Weg- und Bruckzollner: Hr. Johann Baptist Wailleder.

Churfl. Regierung zu Landshut.

Vizedom.

1795. Titl. Hr. Maximilian Reichsgraf von Lodron, zu Haag an der Amber, auf Gerlhausen und Wolferstorf, churfl. Kammerer und Pfleger zu Wolfrathshausen.

Kanzler.

1791. Titl. Hr. Friderich Poesl, f. 98.

Räthe von der Ritterbank.
Titl. Herren.

1787. Franz Ferdinand von Prielmayer, Reichsfreyherr von Priel, auf Asch und Wankhausen, zugl. Rentmeister.
1767. Se. Excell. Ferdinand Freyherr von und zu Asch, f. 93.
1755. Se. Excell. Joseph Reichsgraf von Ezdorf, f. 91.
1761. Franz Maria Freyherr von Gugomos, f. 53.
1772. Ignatz Thade Reichsfreyherr von Pfetten, f. 57.
1773. Sigismund Freyherr von Gugomos, f. 55.
1784. Thade Reichsgraf von Deyring, f. 62.
1784. August Reichsfreyherr von Fraunhofen, f. 62.
1785. Anton Freyherr von Griessenbeckh, f. 63.
1787. Joseph Reichsgraf von Ezdorf, f. 17.
1787. Franz Xaver Reichsfreyherr von Schleich, f. 64.
1788. Clemens Reichsgraf von Nys, f. 66.
1790. Joseph Graf von Rambaldi, f. 66.
1791. Anton Reichsgraf von Pletrich, f. 67.
1784. Friderich Karg, Freyherr von Bebenburg, Kollegiatstifts Kapitular und Pfarrer zu Landshut, auch Ruraldechant und fürstl. Freysing. Obersthofkapellan, f. 233.
1796. Franz Xaver Freyherr von Staader, f. 7.
1745. Franz Joseph von Gugel, auf Prand und Diepoltstorf.
1784. Johann Nepomuck von Prielmayr, Reichsfreyherr von Priel, zugl. Hofkastner, f. 230.
1798. Accessist: Franz Freyherr von Seraing.

Räthe von der gelehrten Bank.
Titl. Herren.

1784. Franz Xaver Edler von Schiltberg.
1784. Johann Martin von Siben.
1787. Joseph Aloys Adam.
1787. Franz Johann Baptist von Kirmeyer, auf Allerstorf.

Titl. Herren.

1790. Johann Baptist Schieber, zugl. Fiskal.
1791. Johann Baptist Fischer, zugl. Kirchenfiskal.
1791. Martin Edler von Thiereck, s. 192.
1795. Franz Maria Mayr.

Wirkl. aber nicht frequentierende Räthe von der Ritterbank.
Titl. Herren.

1784. Christian Reichsgraf von und zu Königsfeld, s. 15.
1765. Johann Joseph Reichsfreyherr von Gugler, churfl. Landrichter zu Reichenberg und Pfarrkirchen.
1791. Joseph Boischotte Reichsgraf von Erps, s. 246.

Von der gelehrten Bank.
Titl. Herren.

1771. Ferdinand Eisenhut, churfl. wirkl. Hofkammerrath zu Neuburg.
1795. Franz Edler von Hecg, zu Heegberg, churfl. Vogtkastner und Gräzmautner zu Traunstein.

Banrichter.

Hr. Johann Christian Kimmerl, d. R. L. zugl. Regierungs= und Landschafts=Advokat Unterlands.

Beygeordneter: Hr. Joseph Ulrich Silbernagl, d. R. L.

Wirkl. frequentierende Sekretarien.

Hrn. Johann Georg Augenthaler, d. R. L.
Johann Ignatz Biechl, der sittlich-ökonomischen Gesellschaft zu Burghausen Mitglied.
Johann Georg Prandtmayr.
Georg Grasmayr.
Benno Wuffa.
Johann Michael Mayr, zugl. Kirchensekretär und Rechnungs=Justifikant.
Anton Puchinger.

Wirkl. aber nicht frequentierende Sekretarien.

Hrn. Mathias Sedelmayr.
Joseph Molitor, emeritus.
Cajetan Burger, d. R. L.
Michael Gäßler, s. 199.
Carl August von Schneider, auf Negelsfürst, churfl. wirkl. Rath.

Expeditor.

Obiger Hr. Carl August von Schneider, zugl. Depositär.

Registratoren.
Hrn. Joseph Radl, Oberregistrator.
Bartolome Hohenest.r.

Protokollist.
Hr. Benno Wuska, s. 258.

Kanzelisten.
Hrn. Carl Anton Nemmer, Senior.
Andreas Dominikus Sperl, s. 235.
Cajetan Köller.
Joseph Zuber.
Franz Xaver Nottmayr.
Johann Nemmer.
Supernumerarien: Felix von Dercum.
Joseph Theodor Manner.
Florian Möstl.
Johann Michael Reindl.
Rathdiener: Paul Korbseder, zugl. Interims Hoffourier.
Beygeordneter: Philipp Glas.
Kanzleybothen: Joh. Sellmayr, zugl. Aktenträger u. Heizer.
Beygeordneter: Johann Sellmayr, der Jüngere.
Franz Glas.
Augustin Höcht.
Bartolome Popp.

Churfl. Kirchendeputation.

Vorstände.
Se. Excell. Hr. Johann Nep. Reichsfreyherr v. Dachsberg, s. 90.
Titl. Hr. Maximilian Reichsgraf v. Lobron, s. 59.

Titl. Herren Räthe.
Se. Excell. Ferdinand Freyherr von und zu Asch, s. 93.
Anton Freyherr von Griessenbeckh, s. 63.
Friderich Karg, Freyherr von Bebenburg, s. 257.
Franz Xaver Freyherr von Staader, s. 7.
Franz Xaver Edler von Schiltberg, s. 257.
Joseph Aloys Adam, s. 257.
Johann Baptist Fischer, Fiskal, s. 258.
Sekretär: Hr. Ignaz Biechl, zugl. Rechnungsjustifikant, s. 258.
Rechnungsjustifikant: Hr. Johann Michael Mayr, zugl. Kirchen-Sekretär.
Kanzleyboth: Obiger Johann Sellmayr.

Rentamt.

Rentmeister: Titl. Hr. Ferdinand von Prielmayer, Reichsfreyherr von Priel, s. 257.
Fiskal: Hr. Johann Baptist Schieber, s. 258.
Land- und Rentschreiber: Hr. Maximilian Edler von Ockel, zugl. Hofbauamts Inspektor.
Freyresignirter Land- und Rentschreiber: Hr. Peter Jakob Edler von Ockel, churfl. Rath.
Rentzahlamtskaßier: Hr. Johann Baptist Karth, churfl. Rath.
Rentamtsphysikus: Hr. Maximilian Keller, s. 119.
Rentamtschirurgus: Hr. Franz Kopp.
Rentboth: Jakob Lorenz.
Beygeordneter: Joseph Stürzlhamer.

Hauptmaut- und Salzamt.

Hauptmautner u. Salzbeamter: Titl. Hr. Franz Xaver Freyherr von Schleich, s. 64.
Freyresignirter Hauptmautner u. Salzbeamter: Hr. Joseph von Gugel, s. 257.
Hauptmaut- und Salzamts-Gegenschreiber: Hr. Johann Reindl.
Freyresignirter Gegenschreiber: Hr. Jakob Geratskirchner.
Maut- und Acciseinehmer: Hr. Clemens Haßlinger.
Mautdiener: Carl Keill.

Hofkastenamt.

Hofkastner: Hr. Johann Nepomuck von Prielmayer, Reichsfreyherr von Priel, s. 257.
Kastenamtsgegenschreiber: Hr. Joseph Pichler.
Kastenbereiter: Hr. Johann Michael Bauer.
Beygeordneter: Hr. Franz Xaver Bauer.

Hofbauamt.

Inspektor: Obiger Hr. Maximilian Edler von Ockel.
Bauverwalter: Hr. Anton Landinger.
Beygeordneter: Hr. Georg Grasmaier, s. 258.
Hofbauamtsübersteher: Hr. Joseph Schuch.
Hofmaurermeister: Hr. Joseph Hacker.

Hofkeller- und Heumeisteramt.

Hofkeller- und Heumeister: Obiger Hr. Michael Bauer.
Beygeordneter: Obiger Hr. Franz Xaver Bauer.
Bierniederlagsverwalter: Hr. Franz Xaver Fischer.
Hofbinder: Johann Michael Baumann.

Schloß zu Trausnitz ob Landshut.
Schloßpfleger, zugl. Registraturs-Inspektor: Hr. Martin Edler von Thiereck, s. 192.
Beygeordneter: Hr. Joseph Edler von Thiereck.
Hofgärtner: Hr. Johann Stark, zugl. Belzmeister.
Nachfolger: Hr. Ludwig b'Eruvrois, s. 78.

Curfl. Regierungs-Advokaten.
Herren Lizentiaten.
1750. Johann Christian Kimmerl, s. 258.
1757. Johann Michael Jehrler.
1763. Joseph Franz Xaver Schwaiger.
1765. Johann Nepomuck Schuyrer.
1770. Johann Georg Danzer, s. 198.
1773. Johann Michael Beer, s. 241.
1788. Johann Andreas Schmeller.
1789. Philipp Dennerl.
1790. Joseph Silbernagl, s. 258.
      Johann Adam Rott.
1791. Joseph Martin Denk, zugl. Stadtsyndikus.
1797. Georg Ludwig Ehrne, von Melchthal.
      Michael Peßl.

Stadtmagistrat.
Herren Bürgermeister.
Anton Martin Popp, zugl. Stadtoberrichter, s. 240.
Joseph Anton Sailler, s. 239.
Joseph Gräzl, zugl. Landanschläger, s. 239.
Franz Xaver Schmid, d. N. L. churfl. wirkl. Rath, zugl. abjungirter Stadtaufschläger.
Mathias Aichorn, s. 240. und
Anton Franz Xaver Grä̈zl, Supernumerarien, s. 239.

Innere Räthe.
Hrn. Johann Martin Heim, d. N. L. zugl. Stadtaufschläger.
    Ignatz Schmid, verschiedener Herrschaften Verwalter.
    Joseph Mathias Silbernagl.
    Franz Anton Puttenhauser.
    Joseph Thomas Neuhauser.
    Franz Xaver Farmbacher, freyresignirter.

Stadtsyndikus.
Obiger Hr. Joseph Martin Denk.
Stadtschreiber: Hr. Johann Georg Aichhorn.

Aeussere Räthe.
Hrn. Joseph Denk, zugl. Spitalverwalter.
   Franz Xaver Reßl.
   Maximilian Stöckl.
   Sebastian Auer.
   Bernard Keller.
   Alous Pachmaier.
   Johann Georg Schmid.
   Anton Weber, s. 233.
   Franz Xaver Peringer.
   Sebastian Prantner.
   Georg Joseph Fellerer, zugl. gräfl. Egdorfischer Verwalter.
   Johann Baptist Kircher.
Stadtbauschreiber: Hr. Johann Nepomuck Ignatz Schwaiger, churfl. Sekretär.

Stadtgericht.
Stadtoberrichter: Hr. Anton Popp, s. 261.
Stadtgerichtschreiber: Hr. Joseph Huber.
Stadtphysikus: Hr. Johann Thomas Kreuzeber, b. A. D.
Stadt- u. Stadtgerichts-Prokuratoren: Hrn. Franz Sebastian Meidinger.
Ignatz Gäßler, zugl. herrschaftlicher Verwalter.
Sebastian Prauner.

Churfl. Landbeamte Rentamts Landshut.

Byburg und Geisenhausen.
Pflegsgenus-Inhaberinn zu Byburg: Die hochwohlgebohrne Frau Maria Antonia Freyfrau v. Zündt, gebohrne Freyinn von Lerchenfeld, Wittwe.
Nachfolger: Titl Hr. Johann Nepomuck Freyherr von Kreittmayr, zugl. wirkl. Kastner zu Geisenhausen, s. 189.
Pflegskommissär: Hr. Benedikt Joseph Edler von Peyrer, des h. r. R. Ritter, churfl. Hofkammerrath, zugl. Mautner zu Byburg, dann Pfleger- u. Kastenamtsvermeser zu Geisenhausen.

Dingolfing und Reispach.
Pfleger und Kastner: Se. Excellenz Hr. Carl Reichsgraf von Berchem, s. 91.
Nachfolger: Titl. Hr. Franz Xaver Reichsfreyherr von Reichlin, s. 62.
Pflegskommissär: Hr. Anton Edler von Reichel, s. 193.
Gericht- und Kastenamtsgegenschreiber: Hr. Joseph Haider

Freyresignirter Gericht- und Kastenamtsgegenschreiber: Hr. Michael Anselm Haider, s. 211.

Eggenfelden.

Diese Pflege gehört zum hohen Ritterorden des heil.Georgs.
Landrichter und Kastner: Hr. Joseph Andreas Eder, s. 194.
Landgericht- und Kastenamts-Gegenschreiber: Hr. Georg Friderich Ellerstorfer, b. R. C. s. 235.
Kastenbereiter: Hr. Joseph Paur.
Kastenknecht: Jakob Neuner, zugl. Gerichtsboth.
Die Beymaut versehen beyde Hrn. Beamte.
Bruckzollner: Hr. Joseph Paur.

Eggmühl.

Pflegs- u. Kastenamtsgenus-Innhaber: Die gräflichen Max von Lerchenfeldischen Kinder.
Pflegs- und Kastenamtsverweser: Hr. Aloys Brunner, b.R.L.

Erding und Dorffen.

Die Pflege Erding gehört zum Ritterorden des heil. Georgs.
Landrichter: Titl. Hr. Joseph Freyherr von Widnmann, s.55.
Nachfolger: Titl. Hr. Franz Freyherr von Seraing.
Gerichtschreiber zu Erding: Hr. Johann Balthasar Reichsedler von Klöckl, churfl. Rath.
Die Beymaut zu Erding versehen beyde Hrn. Beamte.

Geislhöring.

Mautner: Hr. Lorenz Aschauer.
Maut- und Acciseinnehmer: Hr. Joseph Hölzl.

Kirchberg.

Pfleger: Se. Excell. Hr. Joseph Reichsgraf von Exdorf, s.91.
Pflegskommissär: Hr. Johann Reichsedler von Scherer, zugl. Gerichtschreiber.

Landau.

Pfleger: Titl. Hr. Franz Anton Reichsgraf von Oexle, s. 56.
Kastenamtsgenus-Innhaberinn: Die hochwohlgebohrne Frau Maria Adelheid Freyfrau von Deyring, gebohrne Freyinn von Cronega.
Nachfolger: Obiger Titl. Hr. Franz Anton Reichsgraf von Oexle, dann dessen Frau und Kinder.
Pflegs- und Kastenamtsverweser: Hr. Johann Jakob Reichsedler von Hirschberg, s. 199.

Mosburg.

Diese Pflege gehört zum hohen Ritterorden des heil. Georgs.
Pflegs-u.Mautamtsadministrator: Hr.Ant.Richard v. Khuen
Gericht- u. Mautamtsgegenschreiber: Hr. Joh. Nep. Miller.

Neumarkt.
Diese Pflege gehört zum hohen Ritterorden des heil. Georgs.
Landrichter, Kastenamtskommissär und Mautner: Hr. Peter Edler von Schiltberg, s. 192.
Landgerichts- Kasten-und Mautamts Gegenschreiber: Hr. Peter Aschenbrenner, b. R. L.

Osterhofen.
Pfleger: Se. Excell. Hr. Joseph Reichsfreyherr v. Leyden, s. 90.
Pflegs- u. Kastenamtskommissär: Hr. Johann Michael Edler von Dormayr, s. 209.
Prokuratoren: Hrn. Johann Georg Scheller.
Franz Xaver Mayr.
Feldmesser: Adam Dorfmeister.

Reichenberg und Pfarrkirchen.
Pflegsgenus-Innhaberinn: Ihre Excell. die hochgebohrne Frau Maria Anna Reichsgräfinn v. Berchem, gebohrn: Gräfinn von Minuci, Sternkreuzordensdame, Wittwe.
Nachfolgerinn: Die hochwohlgebohrne Fräule Magdalena Freyinn von Sazenhofen.
Landrichter: Titl. Hr. Joseph Reichsfreyherr von Gugler, s. 258.
Gerichtschreiber: Hr. Joseph Anton Steurer.
Die Beymaut zu Pfarrkirchen versehen diese Hrn. Beamte.

Rottenburg.
Pflegsgenus-Innhaberinn: Ihre Excell. die hochgebohrne Frau Maria Franziska Reichsgräfinn von Lerchenfeld, geb. Freyinn von Leoprechting.
Pflegskommissär: Hr. Franz Xaver von Münsterer, s. 192.
Gerichtschreiber: Hr. Johann Aloys Raith.

Teyspach.
Pflegs- und Kastenamtsgenus- Innhaberinn: Ihre Excellenz die hochgebohrne Frau Josepha Maria Reichsgräfinn von Holnstein aus Baiern, gebohrne Prinzeßinn von Hohenlohe-Waldenburg-Schillingsfürst.
Pflegs-und Kastenamtskommissär: Hr. Ignaz Edler von Prebl, b. R. L. zugl. Landhauptmann.
Gericht-u. Kastenamtsgegenschreiber: Hr. Joseph Visino.
Freyresignirter Gericht- und Kastenamts-Gegenschreiber: Hr. Martin Winhard.

Wohlnzach.
Herrschaftspfleger: Hr. Johann Nepomuck Märkehl.

Wörth.
Amts-u. Bräuverwalter: Hr. Emanuel Edler v. Passauer, s. 209.

Churfl. Regierung zu Straubing.

Vizedom.
1793. Se. Excellenz Hr. Johann Nepomuck Felix Reichsgraf Zech von Lobming ꝛc. s. 92.

Kanzler.
1791. Titl. Hr. Joseph Franz Xaver Reichsfreyherr von Pruckberg, s. 98.

Räthe von der Ritterbank.
Titl. Herren.
1739. Joseph Freyherr von und zu Asch, Senior, s. 51.
1777. Joseph Reichsgraf von Armansperg, s. 59.
1782. Franz Xaver Reichsgraf von Seyboltsdorf, s. 17.
1788. Franz Xaver Freyherr von Leoprechtinge s. 65.
1789. Johann Nepomuck Freyherr von Pelkhoven, s. 66.
1793. Christian Reichsgraf von Yrsch, s. 68.
1795. Ignatz Freyherr von Asch, s. 70.
1750. Zacharias von Voith, Reichsfreyherr von Voithenberg, auf Herzogau und Au.
1790. Aloys Emanuel Voischotte, Reichsgraf von Erps.

Räthe von der gelehrten Bank.
Titl. Herren.
1791. Johann Peter von Ernesti, Reichsedler von Faulbach, Stifts-Dechant.
1777. Johann Sigismund Jung.
1783. Joseph Anton Auer.
1783. Cornel Ernest Kummer.
1784. Maximilian Joseph Wetzstein.
1784. Franz von Paula von Schmid.
1796. Franz Xaver Reittmayr.
1797. Maximilian von Planck, des h. r. R. Ritter.

Wirkl. aber nicht frequentierende Räthe von der Ritterbank.
Titl. Herren.
1765. Se. Excell. Gottlieb Reichsgraf von Egdorf, s. 91.
1760. Johann Nepomuck Freyherr von Pelkhoven, s. 53.
1770. Maximilian Reichsgraf von Daun, s. 14.
1763. Heinrich Freyherr von Pechmann, s. 60.
1774. Wilhelm Freyherr von Franken, s. 62.
1779. Maximilian Freyherr von Asch, s. 60.

Titl. Herren.
1783. Maximilian Freyherr von Berger, s. 63.
1786. Franz von Paula Freyherr von Asch, s. 64.
1791. Joseph Freyherr von Limpöck, s. 68.
1795. Joseph Freyherr von Pechmann, s. 70.
1796. Sebastian Freyherr von Schrenk, s. 72.
1778. Johann Nepomuck von Gundelfingen.

Von der gelehrten Bank.
Titl. Herren.
1740. Franz Xaver von Hueb, freyresignirter churfl. Landrichter zu Bernstein.
1769. Franz von Oberndorf, s. 233.
1769. Peter Joseph Edler von Schiltberg, s. 264.
1770. Carl Edler von Pellet, s. 192.
1772. Alons Edler von Schiltberg, s. 252.
1783. Florian von Rüdt, auf Lintum, churfl. Pfleger, Kastner und Bräuverwalter zu Schwarzach.
1784. Quirin Reichsedler von Stichanner, auf Rinkam.

Banrichter.
Hr. Theodor von Klessing, zugl. Regierungsadvokat.

Sekretarien.
Hrn. Johann Caspar Höpfl, zugl. Kirchensekretär und Rechnungsjustifikant.
Christoph Weissenberger.
Ferdinand Koll.
Franz Joseph Prändl, b. R. L.
Martin Schmid, s. 235.
Franz Xaver Maximilian Petres, zugl. Direktorial- und Kanzlersamts Protokollist.
Franz Sighart.

Wirkl. aber nicht frequentierender Sekretär.
Hr. Johann Gabriel Zeigler, Stadtschreiber zu Deggendorf.

Expeditor.
Hr. Franz von Paula Edler von Ockel, Sekretär, zugl. Taxator und Konvertitenamtskassier.

Registratoren.
Hrn. Johann Michael Mobel, b. R. L. Oberregistrator und Sekretär.
Ludwig Anton Miller.

Kanzelisten.
Hrn. Anton Ascher, emeritus.
Johann Michael Lanz, zugl. Protokollist.

Hrn. Johann Nikola Ludwig.
    Christian Rausch.
    Johann Ferdinand Ludwig.
    Franz Xaver Petres, s. 266.
    Franz Xaver Koller.
    Jakob Baur, versiehet zugl. die Registratur.
    Mathäus Kammerlander.
    Martin von Kern.
Rathdiener: Johann Michael Nies.
Kanzleybothen: Franz Kraus, fahrender Both.
    Ulrich Röglmayr. Franz Troſt. Georg Gruber.
Beyboth: Michael Steinkirchner.

Churfl. Kirchendeputation.
Titl. Herren Räthe.
Joseph Reichsgraf von Armansperg, s. 59.
Franz Xaver Reichsgraf von Seyboltsdorf, s. 17.
Peter von Ernesti, s. 265.
Joseph Auer, 265.
Maximilian Wetzstein, s. 265.
Sekretär u. Rechnungsjustifikant: Hr. Caspar Höpfl, s. 266.
Beygeordneter: Hr. Carl Maurer, zugl. Stadt-Straubingischer Kirchen-und milder Stiftungen Rechnungsjustifikant.

Rentdeputation.
Rentmeister: Titl Hr. Maximilian Reichsgraf von Daun, s. 14.
Rentamtskommissär: Titl. Hr. Joseph Reichsfreyherr von Limpöck, s. 68.
Fiskal: Hr. Thadäus Liebl.
Land-Rent-und Kastenamts Gegenschreiber: Hr. Dominikus Edler von Rogister, des h.r.R. Ritter, Rentdeputationsrath.
Rentzahlamtskaßier: Hr. Jakob Dollhof, auch Rentdeputationsrath, s. 235.
Rechnungskommissär u. Hofbauschreiber: Hr. Georg Stöttner.
Regierungs-und Rentamtsphysikus: Hr. Nikola Edler von Lengrieser, des h.r.R. Ritter, zugl. Lehrer der Entbindungskunst und landsachftl. Accocheur.
Hofmaurermeister: Hr. Georg Förg.
Hofzimmermeister: Hr. Gregor Leißmüller.
Fahrender Münchnetboth: Johann Georg Seblmair.

Kastenamt.
Kastner: Titl. Hr. Maximilian Reichsgraf von Daun, s. 14.
Kastengegenschreiber: Obiger Hr. Dominikus Edler v. Rogister.
Kastenbereiter: Hr. Joseph Stöttner.

Landgericht.

Landrichter: Titl. Hr. Joseph Reichsfreyherr v. Limpöck, s. 68.
Landgerichtschreiber allda und zu Leonsberg: Hr. Martin Haubenschmid, churfl. Regierungs-Sekretär.

Hauptmautamt.

Hauptmautner: Hr. Carl von Pellet, s. 192.
Hauptmautamts-Gegenschreiber: Hr. Jakob Altenaichinger, churfl. wirkl. Hofkammer-Rechnungskommissär.
Acciseinnehmer: Hr. Aloys Wagner, zugl. Hallverwalter, s. 220.

Salzamt.

Salzbeamter: Titl. Hr. Joseph von Cabillian, s. 64.
Salzamtsgegenschreiber: Hr. Franz Xaver Pracher.
Freyresignirter Salzamtsgegenschreiber: Hr. Lorenz Schlißlmayr.
Amtsdiener: Joseph Altmann.

Churfl. Regierungs-Advokaten.

Anwesende Herren Lizentiaten.

1755. Franz Xaver Eckher.
1780. Peter Aezenberger.
1787. Joseph Bayer, zugl. landschaftl. Landaufschläger.
1788. Johann Georg Fränkl.
1790. Thadäus Liebl, s. 267.
1794. Philipp Jakob Pracher, zugl. Stadtsyndikus.
      Franz Xaver Borgawitz.
      Aloys Brändl.
      Joseph Ransonnet.
      Franz von Paula Schlißlmayr.
      Anton Kronen.
      Michael Schuch.
1798. Theodor von Kleffing, s. 166.

Abwesende Herren Lizentiaten.

1798. Franz Xaver Eimering.
1775. Franz Xaver Billich, Klosterrichter zu Prüfening und Syndikus der alten Kapelle in Regensburg.
1780. Georg Vizdom.
1785. Franz Xaver Ellerstorfer, Stadtsyndikus zu Cham.
1789. Carl Dietz.
1790. Samuel Zizmann, Klosterrichter zu Windberg.
      Anton Kaufmann, Stadtschreiber zu Furth.
1793. Joseph Matern Bossi, hochfürstl. Hohenzollerischer Hofrath u. fürstbischöflich-Regensburgischer Hochstifts- und Konsistorial-Advokat.

Stadtmagiſtrat.

Herren Bürgermeiſter.

Johann Peter Weingartner, Stift- u. Pfarrgotteshauſes zum heil. Jakob Oberverwalter, dann Oberſteuerkammerer.

Franz Xaver Attenhauſer, unterer Stadtapothecker, des heil. Nikola Gotteshauſes und Stadtkaſtenamts Oberverwalter.

Aloys Borgawitz, Brück- und Pflaſterzoll Oberverwalter.

Franz v. Paula Edler von Nomayer, des h. r. R. Ritter, churfl. Rath, fürſtbiſchöflich-Regensburgiſcher, und Freyſingiſcher wirkl. Hof- und Kammerrath, Wachtamts Oberverwalter, Stadt-Schützenhauptmann und Lehen- dann Gerichts-Verwalter zu Geltolfing.

Stadtſyndikus: Hr. Philipp Jakob Pracher, ſ. 268.

Innere Räthe.

Hrn. Joſeph Höber, Grenadier-Oberlieutenant, des heil. Michaels Gottes- u. Bethbruderhauſes Oberverwalter.

Joſeph Grimberger Grenadier Hauptmann, des heil. Peters Gotteshauſes u. unſer Frau auf dem Platz Oberverwalter.

Mathias Fuchs, Stadtſteuernebenkammerer, Bau- und Brück- dann Serviceamts Oberverwalter.

Joſeph Raab, des heil. Veits Gotteshauſes Oberverwalter.

Aeuſſere Räthe.

Hrn. Paul Salzmann des heil. Peters Gotteshauſes Neben- und des Unterſchweſterhauſes Oberverwalter.

Franz Pelzendorfer, Oberſchweſterhauſes- dann Stadt-Almoſenamts Oberverwalter.

Franz Xaver Karl, Stadtſteuer-Nebenkammerer, Ziegelamts-Ober- und Serviceamts Nebenverwalter.

Sebaſtian Hausgnos, Stift- und Pfarrkirchen- dann Krankenhauſes Nebenverwalter.

Simon Wurm, Sadtfahnen-Oberlieutenant, des heil. Michaels Gotteshauſes Neben- und des Waiſenhauſes Oberverwalter.

Paul Prändl, des Debrauer Gotteshauſes Ober- und Zollamts Nebenverwalter.

Johann Voglmayr, des Leproſenhauſes Ober- und des Blatter= dann des Waiſenhauſes und Ziegelamts Nebenverwalter.

Joſeph Mayer, des heil. Veits- und Debrauer Gotteshauſes- dann des Oberſchweſterhauſes Nebenverwalter.

Hrn. Adam Himmelstoß, des heil. Nikola Gatteshauses-Neben- zur heil. Dreyfaltigkeits Saule, und Krankenhauses Ober- dann Bethbruderhauses- und Bau- dann Brückenamts Nebenverwalter.

Michael Weninger, des Blatterhauses Ober- dann des Leprosen- und Unterschwesterhauses Nebenverwalter.

Stadtoberrichteramt.

Stadtober- und Bauricher: Hr. Philipp Pracher, s. 268.
Stadtunterrichter: Hr. Jakob Pezzendorfer, b. R. L.
Stadtphysici: Hrn. Franz Joseph Reichsedler v. Oswald, s. 41. Johann Nepomuck Edler von Fils, s. 124.
Stadtkastengegenschreiber: Hr. Jakob Maria Seehann, auch Stadtfahnen Hauptmann.
Stadtkammerschreiber: Hr. Aloys Pronath, Bürgerspital-Nebenverwalter und Gegenschreiber.
Stadtober- u. Rathschreiber: Hr. Johann Evang. Fuhrmann.
Stadtregistrator: Hr. Johann Nepomuck Koller.
Stadtgerichts- Prokuratoren: Hrn. Joseph Schmid, b. R. E. und verschiedener Herrschaften Verwalter.
Georg Weiß.
Stadtbrunnmeister: Hr. Joseph Spannagl, Stuck- u. Glockengießer.
Stadtzimmermeister: Albrecht Leismühler.
Stadtmaurermeister: Felix Ignaz Hirschstetter, zugl. Zeichnungsmeister.
Bauhofmeister: Joseph Haaß.
Zollschreiber: Martin Alexander Past.
Zeugwarth: Thobias Mäsl.
Bruckzollner: Edmund Phenner.
Stadtrathdiener: Fr. v. Paula Aman. Joseph Wolfering.
Stadtdiener: Sebast. Swarzensteiner. Franz Schrettinger.

Churfl. Landbeamte Rentamts Straubing.

Abbach.

Pfleger: Se. Excell. Hr. Philipp Reichsgraf von Lerchenfeld, s. 7.
Pflegsverweser u. Gränzmautner: Hr. Fr. Michael v. Velhorn.

Abensberg und Altmannstein.

Diese Pflege gehört zu den hohen Ritterorden des heil. Georgs.
Pflegskommissär: Hr. Carl Verlohrner, s. 208.
Die Beymaut u. das Accisamt versieht obiger Hr. Beamte.
Maut- und Acciseinnehmer: Hr. Franz Xaver Pauer.

Bernstein.
Diese Pflege gehört zu dem hohen Ritterorden des heil. Georgs. Die Landrichtersstelle ist zur Zeit unbesetzt.

Burgweinting.
Gränzinspektor: Hr. Joseph Wurmsthaller, churfl. Hofkammerrath.
Beygeordneter: Hr. Franz Wurmsthaller.
Gränzschreiber: Hr. Felix Mayer.

Cham.
Hauptpfleger: Titl. Hr. Max Reichsgraf von Tauffkirch, s. 16.
Pflegskommissär: Hr. Joseph von Geisler, von Düning.
Nachfolger: Hr. Johann Nepomuck von Geisler.
Mautner und Acc. seinnehmer: Hr. Joseph Schuegraf.
Gerichtschreiber: Hr. Johann Theodor von Köpelle, s. 235.
Nachfolger: Eines dessen Kinder.
Bräuverwalter, Ungelder u. Aufschläger: Hr. Clemens Peitlhauser.
Physikus: Hr. Joseph Bonin, d. A. D.

Deggendorf und Natternberg.
Pfleger: Se. Excell. Hr. Caspar Graf von Preysing, s. 92.
Pflegs- und Kastenamtskommissär, dann Landhauptmann und Mautner: Hr. Johann Nepomuck Edler von Fürst, s. 193.
Gericht-, Kasten- und Mautamtsgegenschreiber: Hr. Franz Wilhelm Eckert.
Physikus: Hr. Joseph Gierl, d. A. D.
Landgeometer: Hr. Johann Mathias König, der ökonomischen Gesellschaft zu Burghausen Mitglied.

Diessenstein.
Pflegs- und Kastenamtsverweser: Hr Burghard v. Haasi, s. 208.

Dietfurt und Riedenburg.
Pflegsgenus-Innhaberinn: Die hochgebohrne Frau Josepha Reichsgräfinn von Paumgarten, gebohrne Reichsfreyinn von Lerchenfeld-Siesbach, Wittwe.
Pflegskommissär: Hr. Joseph Edler von Gruber, s. 194.
Gränzmautner: Hr. Paul Ueblacker.

Donaustauf.
Gränzmautner: Titl. Hr. Georg Freyherr von Schleich.

Eschelkam.
Gränzmautner: Hr. Franz Xaver Stopfer.
Gränzmautamtsgegenschreiber: Hr. Carl Anton Ruesch.

Furth.

Landrichter, Landhauptmann, Hauptmautner, Kastner und Bräuverwalter: Hr. Johann Nep. Emanuel Müller, b. R. L.
Resignirter Pfleger: Hr. Max Anton Walser von Sierenburg.
Hauptmaut-und Bräuamtsgegenschreiber: Hr. Adrian Reichsedler v. Solatii, zugl. Strasseninspektor u. Acciseinnehmer.
Mautbeschauer: Franz Anton Samer.

Grafenau und Schönberg.

Bräuverwalter: Hr. Joseph Carl Sauer.
Beymautner: Hr. Joseph Forster.

Haslbach.

Gränzmautner: Hr. Michael Hörmann.

Haydau und Pfätter.

Pfleger: Titl. Hr. Ignaz Freyherr von Kreittmayr, auf Hatzkofen und Ofenstetten.
Pflegskommissär: Hr. Franz Wolfgang Schmitt, s. 210.

Hengersberg.

Pfleger und Kastner: Se. Excell. Hr. Hermann Reichsfreyherr von Lerchenfeld, s. 74.
Landrichter: Titl. Hr. Joseph Freyherr von Schönhub, s. 192.
Gerichtschreiber: Hr. Carl Schattenhofer, b. R. L.
Landgeometer: Hr. Andreas Baumgartner, s. 200.

In der Lahm.

Gränzbeymautner: Hr. Joseph Graber.

Irl.

Gränzschreiber: Hr. Jakob Stabl.

Kelheim.

Pfleger und Kastner: Se. Excellenz Hr. Joseph Reichsgraf zu Rheinstein und Tattenbach 2c. s. 6.
Pflegskommissär: Hr. Peter Joseph von Welz.
Gerichtschreiber: Hr. Wolfgang Schwarzer.
Vogtgerichts-Kasten-und Mautamtsverweser: Hr. Joseph von Linbrunn, s. 208.
Bräuverwalter: Hr. Johann Baptist Zeppert, churfl. Rath.
Bräuamtsgegenschreiber: Hr. Johann Georg Kaiser.
Bierverschleißaufseher: Mathias Fischer.

Kleinschönthall.

Beymautner: Hr. Franz Anton Franck.

Kötzting.

Pflegsgenus-Innhaberinn: Ihre Excell. die hochwohlgebohrne Frau Josepha Freyfrau von Wezl, Wittwe.
Nachfolger: Titl. Hr. Maximilian Reichsgraf von Daun, s. 14.

Landrichter und Mautner: Titl. Hr. Wilhelm Freyherr von Frauken, s. 62.
Gericht-Maut- u. Kastenamtsgegenschreiber: Hr. Jos. Preiß.
Markt- und Landgerichts-Physikus: Hr. Franz von Paula Lechner, b. A. D. s. 244.

Kumpfmühl.
Gränzschreiber: Hr. Franz Pruner.

Leonsberg.
Landrichter: Titl. Hr. Joseph Reichsfreyherr v. Limpöck, s. 68.
Landgerichtschreiber: Hr. Martin Haubenschmid, s. 268.

Mitterfels.
Pfleger und Landrichter: Titl. Hr. Max Freyherr v. Asch, s. 60.
Gerichtschreiber: Hr. Anton Merkl.

Neukirchen.
Gränzbeymautner: Hr. Franz Joseph Denzl.

Neustadt.
Pflegsgenus-Inhaberinn: Die hochgebohrne Fr. Maria Anna Gräfinn von Nainbaldi, geb. Freyinn v. Herdon, Wittwe.
Nachfolger: Titl. Hr. Ferdinand Freyherr v. Lerchenfeld, s. 13.
Pfleggerichtsverweser u. Mautner: Hr. Franz Michael Rißl, b. R. L.

Plätling.
Mautner: Hr. Joseph Gabriel Thaller.
Freyresignirter Mautner: Hr. Maximilian Zariwari.

Prunn.
Beymautner: Hr. Anton Sedlmayr.

Rainhausen.
Hozlgarteninspektor: Hr. Joseph Ferd. Reichsedler v. Wurzer.

Regen.
Landrichter und Bräuverwalter: Titl. Hr. Joseph Freyherr von Pechmann, s. 70.
Freyresignirter Landrichter u. Bräuverwalter: Titl. Hr. Heinrich Freyherr von Pechmann, s. 60.
Gericht- u Bräuamtsgegenschreiber: Hr. Franz Xaver Baader.
Die Beymaut versehen diese Hrn. Beamte.

Schamhaupten.
Gränzmautner: Hr. Franz Xaver Spingruber, churfl. Rath, zugl. Ungelder und landschaftlicher Aufschläger.

Schwarzach.
Pfleger, Kastner u. Bräuverwalter: Hr. Florian v. Rúdt, s. 266.
Gericht-Kasten-u. Bräuamtsgegenschreiber: Hr. Sigismund Zottmann, d. R. L.

Stadt am Hof.
Erblandrichter: Se. Excell. Hr. Joseph Reichsfreyherr von Weichs ꝛc. s. 13.
Landrichter: Titl. Hr. Franz von Paula Freyherr von Asch, auch Richter und Forstamtsinspektor zu Salern u. Zeitlarn, s.64.
Hauptmautner und Salzbeamter zu Regensburg: Hr. Anton von Planck, s. 209.
Hauptsalzkontrahent: Hr. Friderich Edler von Dittmer, s. 208.
Gränzhauptmautner zu Stadt am Hof: Hr. Johann Michael von Prandl, s. 209.
Die Anwarthschaft auf diese Gränzhauptmautnersstelle ist des Hrn. von Prandls Tochter Maria Anna gnädigst zugesichert.
Hauptmautamtsgegenschreiber zu Regensburg: Hr. Franz Sales Braunberger, zugl. Acciseinnehmer.
Landgericht- und Salzamtsgegenschreiber: Hr. Johann Peter Steindl, d. R. L. auch Gerichtschreiber zu Salern u. Zeitlarn.
Gränzschreiber zu Prüfening: Hr. Johann Nep. Nerschmann.
Stadlmeister: Hr. Johann Sebastian Hosang.
Salzinspektor: Hr. Johann Gotthard Praßer.
Resignirter Salzinspektor: Hr. Georg Mayr.
Geleitsbereiter: Hr. Wolfgang Braun.
Erbrechtsschifmeister: Hr. Johann Georg Kellner.

Steinweg.
Gränzbeymautner: Hr. Franz von Jung, zugl. Brücken- und Wegzollner.

Viechtach und Lindten.
Pfleger: Titl. Hr. Ferdinand Freyherr v. Gumppenberg, s.59.
Pflegskommissär: Hr. Franz Ignatz Edler von Schmidbauer, des h. r. Ritter u. d. R. L.
Freyresignirter Pflegskommissär: Hr. Benedikt Mitterhofer.
Gerichtschreiber: Hr. Schärtl, d. R. L.
Bräuverwalter u. freyresignirter Gerichtschreiber: Hr. Franz Paul Edler von Predl, d. R. L.
Die Beymaut ist beyden Hrn. Beamten beygelegt.

Weissenstein und Zwisel.
Pfleger u. Kastner: Titl. Hr. Xaver Freyhr. v. Leoprechting, s.65.
Pflegs- und Kastenamtskommissär, dann Gränzmautner: Hr. Cajetan Wagner, s. 209.

Gränzmautamtsgegenschreiber zu Zwisel: Hr. Andreas Agner, zugl. Kuefwerksinspektor.

Wolfsbuch.
Beymautner: Hr. Lorenz Marbar.

Wunzer.
Beymautner: Hr. Carl Landsberger.

Churfl. Regierung zu Burghausen.

Vizedom.
1784. Se. Excellenz Hr. Carl des h. r. R. Graf von Berchem ꝛc. s. 91.

Kanzler.
1793. Titl. Hr. Franz Xaver Hohenrieder, s. 235.

Räthe von der Ritterbank.
Titl. Herren.
1787. Se. Excell. Maximilian Reichsgraf von Berchem, zugl. Rentmeister und Hofbauamtsinspektor, s. 93.
1749. Maximilian Freyherr von Hofmihln, s. 56.
1755. Wilhelm Freyherr von Huber, s. 52.
1759. Theodor Reichsfreyherr von Ingenheim, s. 14.
1775. Franz Xaver Reichsgraf von Jonner, s. 60.
1783. Franz Seraph Reichsgraf von Armansperg, s. 62.
1793. Franz Xaver Freyherr von Hofmihln, s. 70.
1793. Carl Reichsgraf von Berchem, s. 70.
1795. Maximilian Reichsgraf von Paumgarten, s. 70.
1753. Max Freyherr von Schönbrunn, zu Mittich u. Mattau.
1777. Anton Freyherr von Kern, zu Zellerreith.
1792. Adam Friderich Freyherr von Reisach, auf Tiefenbach.

Räthe von der gelehrten Bank.
Titl. Herren.
1787. Paulus Pauer, Kirchherr, s. 202.
1771. Joseph Anton von Planck, des h. r. R. Ritter.
1777. Joseph Hufnagel.
1783. Markus Joseph von Göhl.
1789. Joseph Edler von Mußinan, s. 229.
1791. Franz Xaver Ott.
1792. Joseph Maximilian Leeb.
1793. Franz Cajetan Stock.

Wirkl. aber nicht frequentierende Räthe von der Ritterbank.
Titl. Herren.
1753. Maximilian Reichsgraf von Tauffirch, s. 51.
1771. Ferdinand Freyherr von Riesenfels, s. 57.
1776. Joseph Reichsgraf von Jonner, s. 62.
1753. Maximilian Reichsfreyherr v. Meggenhofen, emeritus.

Von der gelehrten Bank.
Titl. Herren.
1763. Georg Wolfgang Edler von Herg, zu Heegberg, churfl. Salzbeamter zu St. Nikola.
1791. Joseph Schmalhofer, churfl. Landrichter zu Schnaittach.

Banrichter.
Hr. Joseph Mayer, churfl. wirkl. Rath u. Regierungsabvokat.

Sekretarien.
Hrn. Maximil. Thade Oberpaur, zugl. Siegelpapierverwalter.
Carl Anton von Hellersperg, d. R. L.
Johann Gottlieb Rättenböck.
Thomas Joseph Hübner.
Joseph Carl Sallete.
Johann Jakob Dozer.

Expeditor.
Hr. Sebastian Nikola Weiser, zugl. Depositions-Kaßier.

Rechnungsjustifikant.
Hr. Johann Nep. Maier, zugl. Kirchendeputations-Sekretär.

Registratoren.
Hrn. Markus Weiser, erster Registrator, emeritus.
Franz Xaver Senfried.
Franz Anton Kammerlohr, d. R. L.

Protokollist.
Hr. Franz Joseph Kunst, emeritus.

Kanzelisten.
Hrn. Peter Martin Graf, Senior.
Mathäus Wöhr.
Joseph Fraunhuber.
Franz Xaver Hüerl, d. R. L.
Michael Bruckthaller, versiehet indessen die Protokollistensgeschäfte.
Supernumerär: Jakob Wanner.

Rathdiener: Mathias Nebel.
Kanzleywärter: Franz Seidl. Einspänniger: Joseph Rastner.
Kanzleybothen: Jos. Hechenberger, fahrend. Münchnerboth.
Joseph Max. Anton Bauer. Beyboth: Aloys Endl.

Churfl. Kirchendeputation.
Titl. Herren Räthe.
Maximilian Freyherr von Hofmühln, S. 56.
Wilhelm Freyherr von Huber, S. 52.
Maximilian Freyherr von Schönbruun, S. 275.
Paulus Pauer, Kirchherr, S. 202.
Joseph Hufnagel, S. 275.
Sekretär: Hr. Johann Nepomuck Maier, zugl. Rechnungsjustifikant, S. 276.

Rentdeputation.
Rentmeister.
Se. Excell. Hr. Maximilian Reichsgraf von Berchem, S. 93.
Rentamtskommissarien.
Se. Excell. Hr. Carl Reichsgraf von Berchem, S. 91.
Titl. Hr. Franz Reichsgraf von Armansperg, S. 62.
Frequentierende Hrn. Räthe.
Anton Freyherr von Kern, S. 275.
Franz Ignatz Kazner, Fiskal.
Clemens Neumayr, Land- und Rentschreiber, Hofanlagskommissär und Fischmeister auf der Alz.
Clemens Neumayr, der ältere, freyresign. Land- u. Rentschreiber.
Andreas Weyhrauch, Rentzahlamtskaßier und Bauverwalter.
Dermalen nicht frequentierende Hrn. Räthe.
Wilhelm Freyherr von Pechmann, S. 57.
Franz Borgias Kühn.
Rentamtsphysikus: Hr. Georg Plöberl, S. 118.
Rechnungsjustifikant: Hr. Franz Joseph Dirank.
Ord. Münchnerboth: Jakob Hermann.
Gehender Rentamtsboth: Mathias Passer.

Zuchthaus-Kommission.
Kommissarien: Titl. Hrn. Wilhelm Freyherr von Huber, S. 52.
   Joseph von Planck, S. 275.
   Joseph Schmalhofer, S. 235.
Physikus: Obiger Hr. Georg Plöberl.
Wundarzt: Hr. Felix Wegler.

Kastenamt.
Kastner: Titl. Hr. Franz Reichsgraf von Armansperg, S. 62.
Kastenamtsgegenschreiber: Hr. Joseph Ant. Stahlmann, S. 110

Hauptmaut- und Salzamt.
Hauptmautner und Salzbeamter: Hr. Peter von Göhl, S. 208.
Beygeordneter: Hr. Christoph Jakob von Göhl.

Hauptmaut- und Salzamtsgegenschreiber: Hr. Johann Nepomuck Winderich, zugl. Accisseinnehmer.
Salzstadlmeister: Hr. Peter Paul Graf.
Freyresignirter Salzstadlmeister: Hr. Peter Graf, f. 275.
Churfl. Erbrechtsschifmeister: Hr. Xav. Reichsedl. v. Moshamm.

Bauamt.

Bauamtsinspektor: Se. Excell. Hr. Maximilian Reichsgraf von Berchem, f. 43.
Bauverwalter: Hr. Andreas Weyhrauch, f. 277.
Hof- und Stadtmaurermeister: Hr. Anton Gloner.
Hof- und Stadtzimmermeister: Hr. Anton Stuber.

Churfl. Schloßkapelläne.

Hrn. Joh. Joseph Reiger, kaiserl. Notar, in der inneren Kapelle.
Georg Prems, in der äußeren Kapelle.

Churfl. Regierungsadvokaten.
Anwesende Herren Lizentiaten.

1785. Joh. Georg Lermer, zugl. Bürgermeister u. Stadtrichter.
1785. Joseph Mayer, f. 276.
1789. Lorenz Biller.
1794. Marian Laar.
1796. Joseph Haindl.
1798. Joseph Ferdinand Mayer, der Jüngere.
1781. Abwesender: Viktorin Käser, Verwalter zu Arnstorf.

Stadtmagistrat.
Herren Bürgermeister.

Obiger Johann Georg Lermer, zugl. Stadtrichter, Stadthauptmann und landschaftlicher Stadtaufschläger.
Felix Loferer, freyresignirter Bürgermeister.
Philipp Jakob Mayr, freyresignirter Bürgermeister.

Innere Räthe.

Hrn. Anton Lehrer, des heil. Geistspitals Oberverwalter.
Franz Nagler, des heil. Jakobs Stadtpfarr-Gotteshauses Oberverwalter.
Cajetan Forster, Bruderhauses Verwalter.
Franz Nikola Hochenrainer.
Johann Georg Sinzinger, Stadtkammerer und Serviskommissär, dann des reichen Almosens Verwalter.
Anton Weißbrod, Stadtbaukommissär und der herzogl. Georgischen Stiftung Verwalter.
Joseph Gassenmayr, des heil. Alban Gotteshauses und des Leprosenhauses Verwalter.
Joh. Michael Andtbichler, Stadt- und Stadtgerichtschreiber, dann landschaftl. Stadtaufschlagsgegenschreiber.

Aeussere Räthe

Hrn. Adam Orthler, Spitals Unterverwalter.
    Andreas Seidl.
    Johann Baptist Feyer, des heil. JakobsPfarrgotteshauses Unterverwalter.
    Andreas Kulnick.
    Franz Xaver Ruprecht.
    Joseph Weizensteiner.
    Christian Flexenberger.
    Franz Lederer.

Stadtgericht.

Stadtrichter: Hr. Johann Georg Lermer, s. 278.
Stadtgerichtschreiber: Hr. Michael Aydtbichler, s. 278.
Stadtphysikus: Hr. Joseph Böck, s. 221.
Stadt- u. Stadtgerichts-Prokuratoren: Hrn. Joseph Reindl.
    Joseph Weiß.

Churfl. Landbeamte Rentamts Burghausen.

Altenmarkt.

Gränzmautner: Hr. Jakob Haasi, d. R. L. churfl. Hofkammerrath. Die Nachfolge ist dessen Ehegattinn gnädigst zugesichert.
Gränzmautamtsgegenschreiber: Hr. Johann Blumberger.

Altenoetting.

Churfl. Kapelldirektion.

Geistlicher Direktor: Titl. Hr. Joseph Danzer, s. 202.
Weltlicher Direktor: Hr. Johann Conrad Schelf, d. R. L.
Schatzmeister: Hr. Jos. Jansens, der heil. Kapelle Custos, s. 203.
Votivarius: Hr. Sigismund Züntl, d. G. D. Kollegiatsstifts Kapitular allda.
Kapellamtsschreiber: Hr. Joseph Dennerl.
Votivschreiber: Hr. Joh. Michael Lechner.
Amtsboth: Joseph Kiener, zugl. Kapellwächter.

Churfl. Kapellmusik.

Kapellmeister: Hr. Johann Georg Reinprechter.
Sopranen: 2 Knaben.
Altisten: 2 Knaben.
Tenoristen: Hrn. Joseph Mayr.
    Christoph Weinmann.
    Joseph Renck.
Bassisten: Hrn. Lorenz Mayr.
    Johann Nepomuck Seitz.

Organisten: Hrn. Anton Röll.
 Michael Rückl, d. N. L.
Instrumentalisten: Hrn. Joseph Aegid Gollwiz.
 Joseph Anton Fisch.
 Anton Werner.
 Alons Buchinger.
 Michael Hiebel.
 Jakob Krautgartner.
 Anton Huber.
Kalkant: Franz Anton Karl.
Kapelldiener: Michael Lechner, s. 279.
 Carl Haid. Andreas Kreitmeyer.
Kirchendiener: Michael Keindl.

Berchtesgaden.

Hauptsalzamts-Administrator: Hr. Johann Baptist von Hofstetten, s. 207.
Controleur: Hr. Engelbert Litzlkirchner, s. 211.
Sudverwalter zu Frauenreuth: Hr. Philipp Lindner.
Sudverwalter zu Schellenberg: Hr. Johann Nepom. Krueger.
Bergverweser: Hr. Andreas Lindner.
Bergmeister: Hr. Johann Lindner.
Waldmeister: Hr. Cajetan Krammer.
Amtsschreiber: Hr. Sigismund Krueger.
Markscheider: Hr. Georg Lindner.
Griesanschaffer: Hr. Peter Krammer.
Obersteiger: Hr. Erasmus Lindner.
Holzschaffer: Hr. Erasmus Vogl.
Forster der Revier Ramsau: Hr. Wolfgang Datz.
Forster der 2ten Revier jenseits des Hochwassers: Hr. Anton Stangastinger.
Forster der 3ten Revier diesseits des Hochwassers: Hr. Johann Wein.
Salinenbereiter: Franz Veit.
Polletenschreiber: Leopold Kolb.

Brodhausen im Erzstifte Salzburg.
Gemeinschaftlicher Beymautner: Ist zur Zeit unbesetzt.

Chiemsee.
Fischmeisteramts-Verweser: Hr. Johann Baptist Oswald.

Dorfbach.
Beymautner: Hr. Paul Dirlinger.

Egging.
Beymautner: Hr. Alexander Zuber.

Ehring.
Beymautner: Hr. Paul Holzinger.
Engertsham.
Beymautner: Hr. Johann Nepomuck Dantler.
Griesbach und Hofmarkt Gögging.
Pfleger und Kastner: Titl. Hr. Franz Xaver Reichsfreyherr von Gugler.
Gericht- u. Kastenamtsgegenschreiber: Hr. Johann Nepomuck Mayr, churfl. wirkl. Rath, s. 235.
Die Beymaut besorgen diese Hrn. Beamte.
Hallein.
Salzoberanschaffer: Hr. Johann Nepomuck von Ernst, s. 209.
Salzgegenschreiber: Hr. Franz Xaver Hilber.
Salznebenanschaffer: Hrn. Carl Joh. Nepomuck von Ernst.
Bernard Prumer.
Franz Benedikter.
Cosmas Damian Scheib.
Nachfolger: Franz Paul Wimber.
Hals.
Pflegsgenus. Innhaberinn: Die hochgebohrne Frau Rupertina Reichsgräfinn von Arco, gebohrne Gräfinn von Trauner.
Nachfolger: Titl. Hr. Sebastian Freyherr von Schrenk, s. 27.
Pflegskommissär: Hr. Burghard von Haasi, zugl. Bräuverwalter, Gerichtschreiber und Beymautner, s. 208.
Heining.
Beymautner: Hr. Andreas Groppner.
Julbach.
Landrichter: Titl. Hr. Franz Reichsgraf von Armansperg, s. 62.
Landgerichtschreiber: Hr. Johann Nepomuck Fink.
Kirchheim.
Beymautner: Hr. Franz Anton Stubenrauch.
Kling.
Pflegsgenus. Innhaberinn: Die hochgebohrne Frau Theresia Reichsgräfinn von Lobron, gebohrne Freyinn von Helmstätt, Elisabethenordens-Dame.
Pflegskommissär: Hr. Franz Gängkofer, b. R. L.
Gerichtschreiber: Hr. Joh. Michael Petzl, Ungelder zu Obing.
Kranburg und Mörmosen.
Pfleger: Se. Excell. Hr. Sigismund Reichsgraf v. Haslang, s. 8.
Pflegskommissär und Mautner: Hr. Adam Paur.
Nachfolger: Eines von den von Berüffschen Kindern.

Gericht-u. Mautamtsgegenschreiber: Hr. Franz Jos. Wagner.
Nachfolger: Dessen Frau und Kinder.
Churfl. Leib-u. Hofschifmeister: Hr. Franz Dominikus Thadey.
Bruckzollner: Hr. Michael Schauer.

Lauffen.
Salzfertiger: Hr. Joseph Wimber.
Salznebenfertiger: Hr. Johann Paur.

Märktl.
Gränzmautner: Hr. Carl Edler von Wanderer.

Marquartstein.
Pflegsgenus. Innhaberinn: Ihre Excell. die hochgebohrne Frau Maria Elisabetha Reichsgräfinn von Törring-Jettenbach, gebohrne Reichsfreyinn von Lerchenfeld.
Landrichter: Hr. Ignatz Carl von Spitzl, zugl. Kastner und Gränzmautner, 192.
Beygeordneter: Hr. Joseph von Spitzl.

Mauthausen.
Mautner: Ist zur Zeit unbesetzt.

Meleck.
Beymautner: Hr. Georg Holzer.

Mühldorf.
Beymautner und Acciseinnehmer: Hr. Franz Xaver von Stubenrauch.

Neuenoetting.
Pfleger, Mautner und Landhauptmann: Titl. Hr. Joseph Reichsgraf von Jonner, f. 6.
Pflegskommissär: Hr. Johann Nepomuck von Doß.
Pfleggerichts- u. Mautamtsgegenschreiber: Hr. Mich. Agrikola.
Maut- und Acciseinnehmer: Hr. Anton Braam.

Plättenberg.
Beymautner: Hr. Joseph Bierdempfel.

Reichenhall.
Churfl. Pfleggericht.
Pflegsgenus-Innhaber: Titl. Hr. Franz Jakob Freyherr von Thiboust, f. 106.
Pflegskommissär: Titl. Hr. Anton Freyherr v. Wildenau, f. 207.
Gerichtschreiber: Hr. Franz Xaver Wieland.
Freyresignirter Gerichtschreiber: Hr. Aloys Bauer.

Churfl. Hauptsalzamt.
Salinen-Oberinspektor: Hr. Joseph Edler von Paur, f. 210.

Churfl. Salinen Oberoffiziers.

Salinenkaſtner: Titl. Hr. Anton Freyherr v. Wildenau, ſ. 207.
Salinenkaßier: Hr. Franz Borgias Kühn, ſ. 277.
Sudverwalter: Hr. Maximilian Laumer.
Waldmeiſter der obern Verweſung: Hr. Fr. Xav. Heldenberger.
Beygeordneter: Hr. Joseph Heldenberger.
Waldmeiſter der untern Verweſung, zugl. Kueſwerksverwalter: Hr. Johann Adam Sandner.
Nachfolger: Hr. Andreas Frid. Edler von Winter, des h. r. R. R.
Sakinengeometer: Hr. Max Mayr, bey beyd. Hauptſalzämtern.
Futter- u. Kaſtengegenſchreiber: Hr. Franz Xav. Wieland, ſ. 282.
Freyreſign. Futter- u. Kaſtengegenſchreiber: Hr. Aloys Bauer.
Salzfertiger: Hr. Maximilian Quido Hausböck.
Bauſchreiber: Hr. Johann Wolfgang Liendlbauer.
Hammerverwalter: Hr. Joseph Carl Rißner.
Brunnkapellan: Hr. Johann Michael Riffer.
Salinen-Medikus: Hr. Franz Anton Kößler.

Churfl. Salinen Unteroffiziers.

Amtsſchreiber: Hr. Carl Aurich.
Hausmeiſter: Hr. Joseph Poſſert.
Wagmeiſter: Hr. Joseph Spingruber.
Wachtmeiſter: Hr. Joseph Pals.
Griesanſchaffer: Hr. Georg Pleybner.
Sudenmaurermeiſter: Hr. Joseph Pauli.
Amtsmaurermeiſter: Hr. Georg Scheibleker.
Griesmeiſter: Hr. Michael Grumpacher.
Holzſchaffer: Hrn. Andreas Kaltenbacher.
  Franz Ferchel.
6 Waldknechte.

Churfl. Gränzmautamt.

Gränzmautner: Hr. Joseph Ferandini.
Gränzmautamsgegenſchreiber: Hr. Franz Lochmaier.
Beygeordneter: Hr. Joseph Hoppichler.

Reitwinkel.

Beymautner: Hr. Johann Georg Prückner.

Risbeyhals.

Gränzmautner: Hr. Michael Steinleithner.

Sacharang.

Beymautner: Hr. Ludwig Czermack, auch Beyungelder und landſchaftlicher Beyaufſchläger.

Sallerwörth.

Mautner: Hr. Philipp Popp, fürstlich-Freysingischer titular Hofkammerrath.

In die Ruhe versetzter Mautner: Hr. Joseph Aloys Kurz, churfl. Rath.

Manualführer: Hr. Casimir Grespeck.

Schleching.
Beymautner: Hr. Christoph Fränkl.

Schwarzbach.
Beymautner: Hr. Ferdinand Freyherr von Bärtels.

Simbach.
Gränzbeymautner: Hr. Joseph Schmid.

Söldenau.
Beymautner: Hr. Franz Simon Leuthner, zugl. landschaftl. Aufschläger.

St. Nikola vor Passau.
Salzbeamter: Hr. Wolfgang Edler von Heeg, s. 276.
Nachfolger: Dessen Kinder.
Salzamtsgegenschreiber: Hr. Anton Dimler.
Salzstadlschreiber: Hr. Johann Nepomuck Schnierl.
Salzschifschreiber: Hrn. Joseph Maximilian Mariny.
 Joseph Moshamer.
 Benedikt Achleutner.
 Franz Holmer.
 Anton Schlißlmayr.
 Franz Xaver Penkofer.
Churfl. Leibschifmeister: Hr. Franz Paul Freudenberger.
Erbrechtsschifmeister: Hr. Andreas Vogel.
Gränzmautner: Obiger Hr. Philipp Popp.
In die Ruhe versetzter Gränzmautner: Hr. Franz Casimir Grespeck, churfl. Hofkammersekretär, zugl. landschaftlicher Aufschläger.

Am Thurm nächst Schärbing.
Gränzmautner: Hr. Johann Ivo Gogl.
Weinschifs-Conducteur: Hr. Philipp Fahrer.

Traunstein.
Churfl. Pfleggericht.
Pflegsgenus-Innhaberinn: Titl. Fräule Maria Ther. v. Unertl.
Nachfolgerinn: Die hochgebohrne Frau Maria Anna Reichsgräfinn von Pletrich, gebohrne Freyinn von Kreittmayr.
Pflegskommissär: Hr. Cajetan Endorffer, s. 209.

Churfl. Hauptsalzamt.

Salinen-Oberinspektor: Hr. Franz Xaver Edler von Stubenrauch, s. 208.

Churfl. Salinen-Oberoffiziers.

Salinenkastner: Hr. Christoph Sigismund von Waltenhofen.
Salinenkaßier: Hr. Joseph Müller.
Subverwalter: Hr. Joseph Kagerbauer.
Waldmeister der äußern Verwesung, zugl. Kuefwerksverwalter: Hr. Johann Oettl.
Waldmeister der innern Verwesung: Hr. Franz Xaver Heldenbenberger, s. 283.
Salinengeometer: Hr. Maximilian Mayr, s. 283.
Salinenkasten-u. Bräuamtsgegenschreiber: Hr. Fidel Mittesser.
Salzfertiger des Speditionsamts Reichenhall: Hr. Franz Ludwig Meilböck.
Salzfertiger neuen Wesens auf der Au: Hr. Johann Nepomuck Guggenberger.
Bauschreiber: Hr. Joseph Franz Bauer.
Brunnkapellan: Hr. Johann Bernard Eberhardinger.
Salinen-Medikus: Hr. Georg Osterhammer.

Churfl. Salinen-Unteroffiziers.

Amtsschreiber: Hr. Ignaz Prandl.
Hausmeister: Hr. Ignatz Richtmann.
Wagmeister: Hr. Joseph Guggenberger.
Wachtmeister: Hr. Joseph Reich.
  Hr. Johann Paul Häckl, emeritus.
Salzconducteur: Hr. Reinhard Domibion, s. 215.
Griesanschaffer: Hr. Anton Obermaier.
Amtsmaurermeister: Hr. Michael Zwerger.
Amtsgriesmeister: Hr. Georg Hinterleitner.
Holzschaffer: Hrn. Andreas Edler von Winter, s. 283.
  Johann Georg Weydacher.
5 Waldknechte.

Churfl. Vogtkasten- und Gränzmautamt.

Vogtkastner u. Gränzmautner: Hr. Franz Edler v. Heeg, s. 258.
Freyresignirter Vogtkastner u. Gränzmautner: Titl. Hr. Anton Freyherr von Kern, s. 56.

Churfl. Bräuamt.

Bräuverwalter: Obiger Hr. Christoph von Waltenhofen.
Bräuamtsgegenschreiber: Obiger Hr. Fidel Mittesser.

Trosberg.

Erbpfleger: Se. Excell. Hr. August Reichsgraf v. Törring, f. 6.
Pflegs- und Kastenamtsverweser, auch Gränzmautner: Hr. Johann Andreas Pracher, d. R. L.

Varnbach.

Beymautner: Hr. Johann Nepomuck Effner.

Vilshofen.

Pflegsgenus-Innhaber: Titl. Hr. Emmeram Edler von Schönberg, f. 245.
Pflegs- u. Kastenamtskommissär: Hr. Aloys Mathäus Mayr, zugl. Gericht- und Kastenamtsgegenschreiber.
Gränzmautner und Salzbeamter: Hr. Hieronimus Schmid, churfl. Hofkammerrath.
Bräuamtsverwalter: Hr. Emanuel Reichsedler von Aybling, auf Hof und Zangerfels.
Maut- und Salzamtsgegenschreiber: Hr. Wolfgang Müller.
Landschaftlicher Gränz- und Stadtaufschläger: Hr. Wolfgang Ignatz Mößpauer, churfl. Hofkammer-Sekretär.
Landschaftlicher Gränz- u. Stadtaufschlagamtsgegenschreiber: Hr. Franz Joseph Freund.
Pfleggerichtsprokuratoren: Hrn. Johann Georg Scheller. Franz Bernard Brunner.

Wald.

Administrator: Se. Excell. Hr. Johann Nepomuck Reichsgraf von Yrsch, f. 45.
Pflegs- Kastenamts- und Bräuverwalter: Hr. Joseph Müller.
Gränzbeymautner: Hr. Ignatz Aloys Prislinger.

Würting.

Beymautner: Hr. Johann Caspar Bindter.

Churfl. Kollegiatstifter in Baiern.

Rentamts München.

Churfl. Kollegiatstift zu München.

Probst.

Titl. Hr. Franz Seraph Reichsgraf von Törring-Jettenbach &c. f. 10.
Vizeprobst: Se. Excell. Hr. Casimir Reichsfreyherr von Häfelin &c. f. 41.

Dechant.

Titl. Hr. Joseph Felix von Effner, d. G. D.
Vizedechant: Titl. Hr. Leopold Krieger, f. 29.

Titl. Herren Kapitularen.

Franz Xaver von Scherer, churfl. Hoftheolog u. Stiftspfarrer.
Anton Maximilian von Reindl, auf Gütting und Grueb, Senior und des hochadel. Ritterordens vom heil. Michael Kapellan.
Franz Xaver Benno Reichsedler von Kreittmayer.
Franz Xaver Mutschelle, Offizial zu Illmünster und Schliersee, s. 201.
Philipp von Huth, summus Custos, s. 202.
Wolfgang Eberhard Reichsedler von Tein, s. 98.
Carl Manzini, s. 201.
Aloys Schmid, Scholaster, s. 204.
Maximilian Joseph Klem.
Philipp Waquier de la Barthe, s. 98.
Joseph Danzer, s. 202.
Joseph Darchinger, d. G. L. Offizial zu Inderstorf.
Christoph Deckelmann, s. 30.
August Joseph Reichsedler von Degen, s. 201.
Johann Nepomuck von Schneider, s. 201.
Franz Ignaz Streber, s. 41.
Jakob Anton Hertel, d. G. D.
Syndikus: Hr. Sebastian Aibel, s. 197.
Stiftspfarr.Cooperatoren: Hr. Johann Baptist Pickl, fürstbischöflich-Freysingischer Hofkapellan und kaiserl. Notar. Hr. Thomas Schmid.
Stiftsprediger: Hr. Michael Lechner, Weltpriester.
Kapiteldiener: Franz Xaver Altenhauser.

Churfl. Kollegiatstift zu Häbach.

Probst.
Se. Excell. Hr. Cajetan Reichsfreyherr von Reisach 2c. s. 29.

Dechant.
Titl. Hr. Jakob Ertl, zugl. Pfarrer zu Häbach.

Titl. Herren Kapitularen.
Augustin Puchner, Senior, Pfarrer zu Riegsee u. Froschhausen.
Johann Nepomuck Walser, Pfarrer zu Hofheim.
Johann Baptist Floßmann, Offizial und Pfarrer zu Diernhausen und Frauenthain.
Franz Xaver Kuile, Pfarrer zu Sindelsdorf.
Johann Grünwald, Pfarrer zu Hechendorf.
Kapitelrichter: Hr. Joseph Anton Ulmaier.

Churfl. Kollegiatstift zu Wiesensteig.
Probst.
Se. Excellenz Hr. Clemens Reichsgraf von Lodron ꝛc. s. 8.
Dechant.
Titl. Hr. Johann Nepomuck von Barth, s. 204.
Titl. Herren Kapitularen.
Joseph von Cabalzar, d. G. D. Senior und summus Custos.
Simon Franz Xaver Daser, d. R. D. Offizial.
Johann Philipp Göttler, d. G. Bac. Scholaster, s. 204.
Anton Brenner, d. W. D. und Prediger.
Joseph Damberger, d. W. D. Stadtpfarrer.
Adam Clarmann, d. W. D.
Ignatz Joseph Edler von Leuthner, Patrizier von München.
Dominikus von Crignis, d. G. D. und Prediger.
Stiftspfleger: Hr. Johann Nepomuck Mielach, churfl. Sekretär und kaiserl. immatrikulirter Notar.

Churfl. Kollegiatstift zum heil. Wolfgang.
Probst.
Titl. Hr. Damian Hugo Reichsgraf von und zu Lehrbach, s. 11.
Dechant.
Titl. Hr. Franz Krimer, d. G. L. fürstbischöflich-Freysingischer wirkl. geistl. Rath.
Titl. Hr. Joseph Carl Hetzer, d. R. L. fürstbischöflich-Freysingischer wirkl. Konsistorialrath, freyresignirter Dechant und Pfarrvikarius in Tölz.
Titl. Herren Kapitularen.
Caspar Geigl, d. R. L. Vikarius in Rechtenmehring.
Johann Aichhorn, d. R. L. Vikarius in Griendegenbach.
Johann Georg Reiter, d. R. L.
Jakob Alons Bonin, d. G. D.
Franz Xaver Seidl, d. G. L.
Joseph Hatzl, d. G. L. Vikarius in Oberbergkirchen.
Johann Baptist von Sieben, d. G. L. Benefiziat in Thalkirchen.
Paulus Oswald, d. R. L.
Johann Baptist Dornhofer, d. R. L.
Syndikus: Hr. Jakob Hopf, d. R. L.

Rentamts Landshut.
Churfl. Kollegiatstift in Landshut.
Probst.
Se. Excellenz Hr. Sigismund Reichsgraf von Portia, s. 10.
Dechant.
Se. Excell. Hr. Ferdinand Freyherr von und zu Asch, s. 93.
Vizedechant: Titl. Hr. Franz Xaver Freyherr von Staaber, s. 7.
Titl. Herren Kapitularen.
Friderich Karg, Freyherr v. Bebenburg, Stiftspfarrer, s. 257.
Johann Baptist Maria Reichsgraf von Nys, Senior.
Franz Joseph Edler von Sänfftel.
Johann Baptist Freyherr von Ikstatt, Offizial, s. 202.
Franz Xaver Freyherr von Gugler, summus Custos.
Johann Baptist Büeller, Ritter und Edler Herr von Büel, s. 202.
Johann Martin Ambach, von Grienfelden.
Johann Martin Popp, b. G. L.
Joseph Carl Braun.
Franz Anton Prugger.
Domizellaren.
Hrn. Joseph Valentin Schick.
    Carl Theodor Kettner.
    Felix Aloys Edler von Rauscher, des h. r. R. Ritter.
    Joseph Ferdinand Grimeisen.
    Franz Joseph von Günther.
    Franz Joseph Grässl.
Syndikus: Hr. Johann Georg Danzer, s. 198.
Kapitelrichter: Hr. Johann Jakob Edler von Rauscher, auf Weeg, des h. r. R. Ritter.

Rentamts Straubing.
Churfl. Kollegiatstift in Straubing.
Probst.
Titl. Hr. Franz Friderich Reichsfreyherr von Sturmfeder, s. 11.
Dechant.
Titl. Hr. Johann Peter von Ernesti, Reichsedler von Faulbach, päbstl. Protonotar, Schatzmeister u. Stiftsbauherr, s. 265.
Titl. Herren Kapitularen.
Franz Xaver Dosch, b. G. L. Stadtpfarrer und Scholaster.
Friderich Christian Reichsedler von Beer, Senior und summus Custos.

Titl. Herren.

Martin von Barth, Offizial und Pfarrer zum heil. Peter, s. 234.
Johann Franz Erasmus Rued'Or, d. G. D. summus Cantor, fürstbischöflich-Freysingischer geistl. Rath, des königl. portugiesischen Christusordens Ritter, päbstl. Protonotar und der churfl. Akademie der Wissenschaften in München Mitglied.
Caspar Ignatz Hoeber, d. G. L.
Franz Joseph Reichsedler von Plötz.
Die 7te Kapitularstelle ist zu Tilgung der Brandschulden bestimmt.

Domizellaren.

Hrn. Franz Xaver Heinleth.
  Joseph Oeggl, s. 257.
  Anton Trenz, s. 204.
Kapitelrichter: Hr. Johann Michael Kirchmayr.

Rentamts Burghausen.
Churfl. Kollegiatstift zu Altenoetting.
Probst.

Se. Excell. Hr. Joseph Reichsgraf von Königsfeld 2c. s. 9.

Dechant.

Titl. Hr. Joseph Danzer, s. 202.
Vizedechant: Titl. Hr. Felix Joseph Frankl, Senior.

Titl. Herren Kapitularen.

Philipp Jakob Schmieg, d. R. D.
Johann Christian von Kaizmann.
Aloys Maria Freyherr von Feuri, auf Hilling und Biebelspach.
Joseph Nikola Mayer, d. G. L.
Joseph Aloys Jansens, s. 203.
Anton Maria Kobolt, d. W. D. und der churfl. Akademie der Wissenschaften Mitglied.
Sigismund Züntl, Scholaster, s. 279.
Johann Adam Wening, Pfarrvikarius zu Eggenfelden.
Johann Jakob Kretzer.
Ferdinand Fridl, fürstbischöflich-Freysingischer Hofkapellan.
Joseph Anton Freyherr von Feuri, auf Hilling u. Biebelspach.
Carl Freyherr von Widmer.

Domizellar.

Hr. Joseph Franz von Paula Dosil, Pfarrer zu Straußdorf.
Stifts-Kapitelaktuar: Hr. Michael Nürfl, d. R. L. s. 280.
Kapiteldiener: Ignatz Peterbauer.

Churfl. Kollegiatstift zu Vilshofen.
Probst.
Titl. Hr. Joseph Prünner, b.G.L. fürstbischöflich-Passauischer wirkl. geistl. Rath.

Dechant.
Titl. Hr. Mathäus Gerhardinger, s. 204.

Titl. Herren Kapitularen.
Johann Georg Wießner, d.R.D. fürstbischöflich-Passauischer wirkl. geistl. Rath und Pfarrer zu Triftern.

Franz Xaver Viertel, b.G.D. Stifts=und Stadtpfarrer, auch Scholaster.

Mathias Alberts, b.G.D. fürstbischöflich=Passauischer wirkl. geistl. Rath.

Johann Michael Gerhardinger, d. G.D.

Joseph Rudolph Braam, s. 202.

Franz Ignaz Tröster, d. G.D. fürstbischöflich. Freysing. und Regensburgischer wirkl. geistl. Rath, Pfarrer zu Atting.

Theodor Kieser, s. 99.

Franz Samuel Schwab, s. 204.

Lukas Spitzenberger, d. G.D. fürstbischöflich. Passauischer wirkl. geistl. Rath und Pfarrer zu Gräfling.

Anselm Aloys Prinnl, d. G.L. und der Kommende des hohen Maltheser. Ritterordens in Altenoetting Provisor.

Stiftskapitelrichter: Hr. Joseph Freund, s. 199.

Abt= und Probsteyen in Baiern.
Rentamts München.
Die hochwürdig=wohlgebohrne Hrn. Hrn.

Altomünster: Abtißinn Fr. Generosa, des Brigittinerordens, erwählt den 23. Heumonats 1792. liegt im Bißthume Freysing, Gerichts Aichach.

Andechs, oder der heil. Berg: Abt Gregorius, des Benediktinerordens, erwählt den 3. Jänner 1791. Bißthums Augsburg, Gerichts Weilheim.

Attel: Abt Dominikus, des Benediktinerordens, erwählt den 20. April 1789. Bißthums Freysing, Gerichts Wasserburg, s. 241.

Benediktbeyern: Abt Carl, des Benediktinerordens und Präses der baierischen Benediktiner-Kongregation, erwählt den 15. März 1796. Bißthums Augsburg, Gerichts Weilheim, s. 240.

Titl. Herren.

Bernried: Probst Albert, des Ordens der regulirten Korherren des heil. Augustin, erwählt den 7. Hornung 1787. Bißthums Augsburg, Gerichts Weilheim.

Beyerberg: Probst Otto, des Ordens der regulirten Korherren des heil. Augustin, erwählt den 20. August 1794. Bißthums Freysing, Gerichts Wolfrathshausen.

Beyharding: Probst Joseph, des Ordens der regulirten Korherren des heil. Augustin, erwählt den 19. November 1794. Bißthums Freysing, Gerichts Aybling.

Diessen: Probst Ferdinand, des Ordens der regulirten Korherren des heil. Augustin, erwählt den 23. August 1797. Bißthums Augsburg, Gerichts Landsberg.

Dietramszell: Probst Dietram, des Ordens der regulirten Korherren des heil. Augustin, erwählt den 25. September 1798. Bißthums Freysing, Gerichts Wolfrathshausen.

Ettal: Abt Alphons, des Benediktinerordens, erwählt den 3. Oktober 1787. Bißthums Freysing, und des dem Kloster angehörig-gefreyten Pfleggerichts Murnau, s. 228.

Fürstenfeld: Abt Gerard, des Cisterzienserordens, erwählt den 18. Heumonats 1796. Bißthums Freysing, Gerichts Dachau.

Geisenfeld: Abtissinn Fr. Amanda, des Benediktinerordens, erwählt den 9. Oktober 1794. Bißthums Regensburg, Gerichts Pfaffenhofen.

Heil. Kreuz in Donauwörth: Abt Coelestin, des Benediktinerordens, erwählt den 15. Jänner 1794. Bißthums Augsburg, Gerichts Donauwörth.

Hochenwarth: Abtissinn Fr. Amalia, des Benediktinerordens, erwählt den 8. May 1798. Bißthums Augsburg, Gerichts Pfaffenhofen.

Kühebach: Abtissinn Fr. Gertrudis, des Benediktinerordens, erwählt den 23. Jänner 1786. Bißthums Augsburg, Gerichts Aichach.

München am Anger: Abtissinn Frau Maria, des Ordens der Klarissinnen, erwählt den 12. Jänner 1775.

Neustift: Abt Casulus, des Prämonstratenser-Korherrenordens, erwählt den 8. Heumonats 1794. Bißthums Freysing, Gerichts Krandsberg.

Nieder-Schönenfeld: Abtissinn Fr. Maria Juliana, des Cisterzienserordens, erwählt den 17. Jäner 1763. Bißthums Augsburg, Gerichts Rhain.

Titl. Herren.

Polling: Prost Johann Nepomuck, des Ordens der regulirten Korherren des heil. Augustin, erwählt den 19. April 1796. Bißthums Augsburg, Gerichts Weilheim.

Raitenbuch: Probst Herkulan, des Ordens der regulirten Korherren des heil. Augustin, erwählt den 27. Hornung 1798. Bißthums Freysing, Gerichts Landsberg.

Rott: Abt Gregorius, des Benediktinerordens, erwählt den 17. Brachmon. 1776. Bißthums Freysing, Gerichts Wasserburg.

Schäftlarn: Abt Gottfried, des Prämonstratenser-Korherren-Ordens, erwählt den 11. Wintermon. 1776. Bißthums Freysing, Gerichts Wolfrathshausen, s. 228.

Scheyern: Abt Martin, des Benediktinerordens, erwählt den 13. May 1793. Bißthums Freysing, Gerichts Pfaffenhofen.

Schlechdorf: Prost Tertulinus, des Ordens der regulirten Korherren des heil. Augustin, erwählt den 2. September 1788. Bißthums Freysing, Gerichts Weilheim.

Steingaden: Abt Gilbert, des Prämonstratenser-Korherrenordens, erwählt den 26. September 1786. Bißthums Augsburg, Gerichts Schongau.

Tegernsee: Abt Gregorius, des Benediktinerordens, in Ober- und Niederbaiern Primas, erwählt den 4. Christmonats 1787. Bißthums Freysing, Gerichts Wolfrathshausen.

Thierhaupten: Abt Michael, des Benediktinerordens, erwählt den 12. August 1771. Bißthums Augsburg, Gerichts Rhain.

Weihenstephan: Abt Gerard, des Benediktinerordens, postulirt den 18. März 1769. Bißthums Freysing, Gerichts Krandsberg, s. 238.

Wessobrunn: Abt Damascen, des Benediktinerordens, erwählt den 17. April 1798. Bißthums Augsburg, Gerichts Landsberg.

Weyarn: Probst Rupert, des Ordens der regulirten Korherren des heil. Augustin, erwählt den 18. Brachmonats 1765. Bißthums Freysing, Gerichts Aybling. s. 228.

Rentamts Landshut.
Die hochwürdig-wohlgebohrne Hrn. Hrn.

Au: Probst Florian, des Ordens der regulirten Korherren des heil. Augustin, erwählt den 1. August 1785. Bißthums Salzburg, Gerichts Neumarkt.

Gars: Probst und Erzdiakon Augustin, des Ordens der regulirten Korherren des heil. Augustin, erwählt den 29. Oktober 1794. Bißthums Salzburg, Gerichts Neumarkt.

Titl. Herren.
Mallersdorf: Abt Augustin, des Benediktinerordens, erwählt den 7. Heumonats 1795. Bißthums Regensburg, Gerichts Kirchberg.

Sellingthall: Abtißinn Fr. Floriana, des Cisterzienserordens, erwählt den 12. April 1796. Bißthums Regensburg, Gerichts Rottenburg.

St. Veit: Abt Coelestin, des Benediktinerordens, erwählt den 20. Brachmonats 1796. Bißthums Salzburg, Gerichts Neumarkt.

Rentamts Straubing.
Die hochwürdig-wohlgebohrne Hrn. Hrn.

Frauenzell: Abt Heinrich, des Benediktinerordens, erwählt den 14. Heumonats 1788. Bißthums Regensburg, Gerichts Mitterfels.

Gottszell: Abt Amadeus, des Cisterzienserordens, erwählt den 25. April 1796. Bißthums Regensburg, Gerichts Viechtach.

Metten: Abt Coelestin, des Benediktinerordens, erwählt den 20. Jänner 1791. Bißthums Regensburg, Gerichts Mitterfels.

Niederaltaich: Abt Janaz, des Benediktinerordens, erwählt den 16. May 1775. Bißthums Passau, Gerichts Hengersberg, s. 238.

Oberaltaich: Abt Beda, des Benediktinerordens, erwählt den 27. Herbstmonats 1796. Bißthums Regensburg, Gerichts Mitterfels.

Prüel: Abt Nikolaus, des Karthäuserordens, erwählt den 30. December 1789. Bißthums Regensburg, Gerichts Haydau.

Prüfening: Abt und churfl. oberster Kapellan, Rupert, des Benediktinerordens, erwählt den 8. Hornung 1790. Bißthums Regensburg, Gerichts Kelheim, s. 241.

Rohr: Probst Anton, des Ordens der regulirten Korherren des heil. Augustin, erwählt den 1. Brachmonats 1796. Bißthums Regensburg, Gerichts Abensberg.

St. Mang: Die Probstensstelle ist unbesetzt, die Kapitularen sind des Ordens der regulirten Korherren des heil. Augustin, Bißthums Regensburg, Gerichts Stadt am Hof.

Weltenburg: Abt Benedikt, des Benediktinerordens, erwählt den 18. September 1786. Bißthums Regensburg, Gerichts Kelheim, s. 240.

Windberg: Abt Joachim, des Prämonstratenser-Korherrenordens, erwählt den 14. April 1777. Bißthums Regensburg, Gerichts Mitterfels.

Rentamts Burghausen.
Die hochwürdig = wohlgebohrne Hrn. Hrn.

Albersbach: Abt Urban, des Cisterzienserordens, erwählt den 18. Dezember 1797. Bißthums Passau, Gerichts Vilshofen.

Aspach: Abt Amand, des Benediktinerordens, erwählt den 15. März 1787. Bißth. Passau, Gerichts Griesbach, s. 238.

Baumburg: Probst und Erzdiakon Franz, des Ordens der regulirten Korherren des heil. Augustin, postulirt den 8. März 1790. Bißthums Salzburg, Gerichts Trosberg, s. 241.

Frauenchiemsee: Abtißinn Fr. Marialutgardis, des Benediktinerordens, erwählt den 31. Jänner 1776. Bißthums Salzburg, Gerichts Kling.

Fürstenzell: Abt Edmund, des Cisterzienserordens, erwählt den 28. Nov. 1792. Bißthums Passau, Gerichts Griesbach, s. 241.

Herrnchiemsee, Dom = und Regularstift: Probst und Erzdiakon Augustin, des Ordens der regulirten Korherren des heil. Augustin, erwählt den 20. Dezember 1792. Bißthums Chiemsee, Gerichts Kling.

Raitenhaslach: Abt Emanuel, des Cisterzienserordens, erwählt den 22. August 1792. Bißthums Salzburg, Gerichts Neuenoetting, s. 240.

Seeon: Abt Lambert, des Benediktinerordens, erwält den 3. Dezember 1793. Bißthums Salzburg, Gerichts Kling.

St. Nikola vor Passau: Probst Franz Seraph, des Ordens der regulirten Korherren des heil. Augustin, erwählt den 11. August 1795. Bißthums Passau, Gerichts Vilshofen.

St. Salvator: Abt Franz, des Prämonstratenser=Korherrenordens, erwählt den 5. May 1789. Bißthums Passau, Gerichts Griesbach, s. 240.

St. Zenno: Probst Bernard, des Ordens der regulirten Korherren des heil. Augustin, erwählt den 19. Brachmonats 1782. Bißthums Salzburg, Gerichts Reichenhall.

Varnbach: Abt Placidus, des Benediktinerordens, erwählt den 19. Heumonats 1784. Bißth. Passau, Gerichts Griesbach.

NB. Seite 291. ist bey den Abt = u. Probsteyen in Baiern zu bemerken, daß in der baierischen Landtafel und landschaftlichen Verfassung das Kloster St. Zenno, dem Rentamte München, Albersbach, Aspach, Fürstenzell, St. Nikola, St. Salvator u. Varnbach aber dem Rentamte Landshut einrotuliret sind, sohin ernannte Klöster von Seite einer hochlöbl. Landschaft der im Jahre 1784. veränderten Rentämtereintheilung ohngeachtet ersagten Rentämtern einverleibt verbleiben.

Churfl. zum Oberstjägermeisteramt s. 84. gehörige Jägerey.

Churfl. Wildbahn jenseits der Isar.
Wildbahner: Hr. Johann Baptist Kollstätter, s. 84.
Jäger zu Aschheim: Franz Deibl.
      Grasbrunn: Simon Hizelsperger.
      Meiching: Fidel Freyherr von Osterberg.
      Paarstorf: Anton Schuster.
      Pogenhausen: Benedikt Lesti.

Oberjägeramt Haag.
Oberjäger: Hr. Johann Nepomuck Vorherr.
Förster zu Aschmayr: Hrn. Georg Seidl.
      Kemmating: Carl Schmid.
      Pfäffing: Ignatz Dobler.
      Stauden: Wilibald Waldherr.
      St. Wolfgang: Georg Kiendlbacher.

Oberjägeramt Illerdiessen.
Oberjäger: Hr. Johann Michael Leixel, s. 247.
Forster zu Böringen: Hr. Franz Xaver Lezler.

Oberjägeramt Schleißheim.
Oberjäger und Oberforster zu Schleißheim: Hr. Franz Anton Heiß.
Jäger zu Gärching: Peter Schmid.

Oberjägeramt Wald.
Oberjäger: Hr. Michael Schwarzenberger.

Jagdamt Wertingen.
Förster zu Wertingen: Hrn. Joseph Zintler.
      Hohenreichen: Andreas Seemiller.
      Illemad: Michal Riggl.
      Nordheim: Joseph Brunner.

Revierjäger im churfl. reservierten Wildbahn.
Zu Gern: Hrn. Johann Georg Rottenfusser.
    Germering: Johann Georg Schmid.
    Senbling: Anton Holzapfel.

Churfl. Oberforstmeisteramt Oberlands Baiern.
Oberforstmeister.
Titl. Hr. Carl August Reichsgraf von Obernborff, s. 67.
Forstmeisteramt München.
Forstmeister: Obiger Titl. Hr. Carl Reichsgraf von Obern-
borff.
Oberforster: Hr. Ignatz Dillis.
Forster zu Anzing: Hr. Wolfgang Dillis, s. 84.
Unterförster zu Ebersberg: Aloys Oswald.
    Lindach: Joseph Echter.
    Pöring: Hieronimus Mayr.
    Purcka: Nikola Anderl.
    Schwaben: Joseph Seidl.
Forster zu Eglharding: Hr. Michael Schweizer.
Forster zu Forstenried: Hr. Max Anton Jägerhuber.
Unterförster zu Neuried: Franz Aichbichler.
    Paybrunn: Johann Hörmann.
    Puchendorf: Joseph Jägerhuber.
Forster zu Grünwald: Hrn. Wolfgang Manhart.
Nachfolger: Wolfgang Manhart.
Unterförster zu Deisenhofen: Philipp Anderl.
    Sarching: Michael Mauser.
    Perlach: Corbinian Straucher.
Forster zu Hechenkirchen: Hr. Michael Michl.
Unterforster zu Pfrämering: Franz Jägerhuber.
Forster zu Hofolding: Hr. Johann Baptist Heiß.
Unterförster zu Helfendorf: Dominikus Reisberger.
    Arget: Johann Näßl.
    Otterfing: Balthasar Kirchmayr.
Forster zu Stötten: Hr. Benedikt Lemle.
Forster zu Wolfrathshausen: Hr. Felix Kloiber.
Unterforster zu Farchach: Lorenz Hilgenthainer.
Förster zu Allach: Hrn. Michael Jägerhuber.
    Kranzberg: Joseph Klaß.
    Perchting: Joseph Krueg.
    Prunnen: Stephan Kirchmayr.
    Puech: Paul Mayr.
    Schneck: Leonard Hainerl.

Forstmeisteramt Aichach.

Forst- und Wildmeister: Titl. Hr. Maximilian Reichsfreyherr von Leyden, s. 71.

Förster zu Lindling: Hrn. Nepomuck Vötter.
    Eratsburg: Joseph Aumiller.
    Friedberg: Franz Xaver Kollmann.
    Haunstetten: Carl Pleyer.
    Illemat: Andreas Stigl.
    Mehringerau: Obiger Carl Pleyer.
    Nordheim: Joseph Prumer.
    Schiltberg: Quirin Härtl.
    Simpert Kauß.
    Schrobenhausen: Anton Ligsalz.
    Wechtering: Michael Kramer.

Forstmeisteramt Landsberg.

Forst- und Wildmeister: Hr. Wilibald Anton Jägerhuber.
Oberforster, Oberjäger, dann Revier-Forster zu Scheyring: Hr. Joseph Jägerhuber, s. 46.
Förster zu Eismannsberg: Hrn. Georg Kolb.
    Diessen: Thomas Riedl.
    Dünzlbach: Franz Xaver Neßl.
    Erisried: Johann Krauttner.
    Hofstetten: Peter Kirchmayr.
    Kaufering: Franz Xaver Miller.
    Mehring: Franz Xaver Völkh.
    Mihlhausen: Johann Früholz.
    Olching: Joseph Straucher.
    Pfluegdorf: Nepom. Schilcher, Oberjäger.
    Schwabhausen: Maximilian Maxhofer.
    Utting: Franz Sales Jägerhuber.
    Wildenroth: Obiger Franz Xaver Neßl.
    Zillenberg: Caspar Puttner.
Revierjäger zu Landsberg: Joseph Bacher.

Forstmeisteramt Miesbach.

Forst- und Wildmeister: Hr. Franz Xaver Edler von Rothhammer, des h. r. R. Ritter.
Förster zu Auerburg: Hrn. Paul Gruber.
    Auerdorf: Joseph Simon Gruber.
    Aybling: Franz Xaver Lambert.
    Brannenberg: Jakob Reiserer.

Förster zu Ellbach: Hrn. Joseph Weissenbacher.
In der vordern Riß: Peter Lettner.
Am Kolber: Andreas Anderl.
Neukdorf: Anton Kruger.
Rosenheim: Augustin Katz.
Schliersee: Joseph Paur, Oberjäger.
Freyresig. Math. Paur, Oberj.
Tirwang: Wolfgang Katz.
Tölz: Joseph Riesch.
Wäkirchen: Caspar Auracher.
Warngau: Martin Jägerhuber.
Zell: Michael Reindl.

Forstmeisteramt Neuenoetting.

Forst- und Wildmeister: Titl. Hr. Christoh Reichsgraf von Waldkirch, s. 69.
Forstgefäll-Einnehmer, Rechnungsführer und Forstrichteramts-Verweser: Hr. Joseph Alexius Riedl.
Oberforster: Hr. Wolfgang Peter.
Förster zu Alzgern: Hrn. Paul Rekseisen.
Daxenthall: Peter Sutor.
Holsfeld: Gallus Führer.
Ilbach: Thomas Gasteiger.
Kastl: Aloys Heiß.
Kaustanden: Joseph Pfliegel.
Mörmosen: Joseph Mayr.
Simbach: Andreas Gasteiger.
Ueberreiter zu Ampfing: Engelbert Sandner.

Forstmeisteramt Peissenberg.

Forst- und Wildmeister: Hr. Johann Nepomuck Mengwein.
Oberforster: Hr. Jakob Wüstner, s. 254.
Förster zu Apfeldorf: Hrn. Albert Heiß.
Eberfing: Joseph Heiß, Oberjäger.
Grossenweil: Eustach Dillis, Oberjäger.
Häbach: Magnus Vogler.
Horn: Franz Ostler.
Niederhofen: Johann Georg Straubinger.
Oberpeissenberg: Thomas Frühholz.
Schongau: Joseph Cammerer.
Traubing: Ferdinand Föderl.
Trakau: Joseph Straubinger.
Uffing: Joseph Poeckl.
Revierjäger zu Schwabsoyen: Balthasar Klöck.

Formeisteramt Wasserburg.

Forst- und Wildmeister: Titl. Hr. Fidel Freyherr von Osterberg, auf Pühl und Osterberg.
Oberforster zu Wasserburg, Oberjäger, dann Revierforster zu Kling: Hr. Joseph Hörmann.
Förster zu Pittenbach: Hrn. Georg Sachenbacher.
        Pruting: Joseph Fürholzer.
        Schönstätt: Michael Finsterwald.
        Steinbuch: Ignatz Dobler.
        Trosberg: Johann Georg Keller.

Forstmeisterämter
der churfl. Reichsherrschaften in Schwaben.

Mindelheim.

Forst- und Wildmeister: Hr. Joseph Schilcher.
Förster zu Anglberg: Hrn. Anton Unterberger.
        Darberg: Joseph Streitl.
        Dirlewang: Joseph Scherer.
        Dorschhausen: Johann Scherer.
        Erisried: Benno Höringer.
        Ettringen: Johann Kolbinger.
        Hildesing: Johann Härtl.
        Mindelheim: Jakob Hund, Oberjäger.
        Preitenbrunn: Benedikt Dayser.
        Rämingen: Jakob Heiß.
        Salgen: Leonard Geyer.
        Türkheim: Joseph Kleinhenne, Oberjäger.
        Zeisertshofen: Silvest Marx.
Zeugdiener zu Türkheim: Anton Dolch.
    zu Unterkamlach: Franz Xaver Mörth.

Wiesensteig.

Forst- und Wildmeister: Hr. Erasmus Kollmann, emeritus.
Oberforster und Oberjäger zu Wiesensteig: Hr. Franz Martin.
Förster zu Deggingen: Hrn. Michael Pindter.
        Ganslosen: Ist unbesetzt.
        Gruebingen: Michael Reiter.
        Macholsheim: Jakob Reiter.
        Schlatt: Bernard Binder.
        Trachstein: Ist unbesetzt.
        Westerheim: Johann Vogler.
        Wiesensteig: Ist unbesetzt.

Churfl. Oberforstmeisteramt Unterlands Baiern.

Oberforstmeister.

Titl. Hr. Christoph Reichsgraf von Waldkirch, s. 69.

Forstmeisteramt Dorffen.

Forst- und Wildmeister: Titl. Hr. Fidel Freyherr von Osterberg, s. 300.
Förster zu Siebing: Hrn. Wolfgang Dillis.
      Wartenberg: Georg Manhart.
Ueberreiter zu Reiching: Obiger Freyherr v. Osterberg.
Wildbahner zu Niederbierg: Sebastian Stark.

Forstmeisteramt Furth.

Forst- u. Wildmeister: Hr. Johann Benedikt von Sonnenburg.
Beygeordneter: Hr. Maximilian von Sonnenburg.
Förster zu Furth: Hrn. Caspar Reitter.
                    Joseph Peter.
      In der Lahm: Georg Gigl.
                    Franz Frisch.
      Kamerau: Joseph Schwarz.
      Köhting: Ist unbesetzt.
      Zisting: Ignatz Franzis.

Forstmeisteramt Geisenfeld.

Forst- und Wildmeister: Hr. Joseph Carl von Guttmann.
Förster zu Apperstorf: Hrn. Ludwig Peter.
      Ensgaden: Anton Schreiner.
      Högg: Georg Schreiner.
      Mainburg: Lukas Weber.
      Milhausen: Andreas Dichtl.
      Münchsmünster: Bernard Hörmann.
      Neustadt: Michael Micheler.
      Neustraßberg: Maximilian Deibl.
      Pfaffenhofen: Joseph Kainz.
      Rotteneck: Philipp Gerhauser.
      Siegenburg: Franz Höringer.
      Wohlnzach: Sigismund Zirkl.

Forstmeisteramt Griesbach.

Forst- u. Wildmeister: Titl. Hr. Heinrich Reichsfreyherr von Schleich, s. 71.
Förster zu Eggenfelden: Hrn. Jakob Hundtl.
      Inkam: Wilhelm Messert.

Förster zu Köstlarn: Hrn. Georg Pfriendtner.
Pintered: Joseph Lang.
Plainting: Joseph Sellmair.
Reittern: Joseph Pfriendtner.

Forstmeisteramt Kelheim.

Forst- und Wildmeister: Hr. Georg Joseph Schmid.
Freyresignirter Forst- und Wildmeister: Hr. Johann Erhard Schmid.
Förster zu Abensberg: Hrn. Andreas Sachenbacher.
Euchendorf: Anton Mayr.
Resignirter: Andreas Arnold.
Kelheim: Michael Schweitzer.
Carl Rotthammer.
Resignirt. Thomas Schreiner.
Ried: Joseph Zauner.
Sausagger: Mathias Kammel.

Forstmeisteramt Kösching.

Forst- und Wildmeister: Hr. Joseph Obich, s. 209.
Förster zu Appertshofen: Hrn. Thomas Hörmann.
Ingolstadt: Aloys Jägerhuber.
Kösching: Leonard Hörmann.
Neuhat: Georg Lukas.
Riedenburg: Michael Keindl.
Salvator: Joseph Mayr.
Wemding: Joseph Jägerhuber.

Forstmeisteramt Landshut.

Forst- und Wildmeister: Titl. Hr. Anton Reichsgraf von Pletrich, s. 67.
Oberforster, zugl. Revierjäger zu Mosburg: Hr. Melchior Auerbach.
Förster zu Berg: Hrn. Georg Mayr, Wildbahner.
Ergoltsbach: Johann Adam Huber.
Essenbach: Ignatz Carl.
Ganghofen: Sebastian Gerhager.
Isaregg: Johann Baptist Kirchmayr.
Languardt: Joseph Strallberger.
Mandlstadt: Joseph Kögel.
Ohnersdorf: Mathias Gerbl.
Siebensee: Joseph Baptist Stipart.

Forstmeisteramt Straubing.

Forst- und Wildmeister: Titl. Hr. Christian Reichsgraf von Yrsch, s. 68.
Förster zu Eschlbach: Hrn. Joseph Hundtl.
        Hofdorf: Johann Deigl.
        Landau: Sebastian Auerbach.
        Leonsberg: Clemens Kiendlbacher.
        Mündraching: Mathias Weinzierl.
        Natternberg: Martin Wepper.
        Schwarzach: Johann Georg Schuhmann.
        Streifenau: Philipp Rueland.
        Weibing: Joseph Haban.

Forstmeisteramt Zwisel.

Forst- und Wildmeister: Hr. Maximilian v. Stadlershausen.
Oberforster: Hr. Johann Sethaller.
Forster am Sonnenwald: Hr. Anton Ilgmayr.
Förster am Waldhause: Hrn. Georg Forster.
    an den Waldhäusern: Ignaz Muckenschnabel.
    zu Auerkiel: Franz Reisner.
       Bernstein: Cajetan Schreiner.
       Bischofsmais: Anton Beyerer.
       Brändern: Joseph Brunnbauer.
       Deggendorf: Joseph Vilsmayr.
       Gfrädert: Jakob Gigl.
       Ickenbach: Georg Laus.
       Langdorf: Michael Stöckl.
       Lembach: Joseph Mauser.
       Marktbüchen: Joseph Hörmann.
       Regen: Georg Aerdinger.
       Wünzer: Jakob Vogl.

Herzogthum der obern Pfalz.

Churfl. hohe Regierung.

Statthalter.
1784. Se. Excellenz Hr. Maximilian des h. r. R. Graf von Holnstein aus Baiern ꝛc. s. 92.

Vizepräsident.
1792. Se. Excellenz Hr. Guido Aloys Reichsgraf von Laufkirch, s. 94.

Kanzler.
1795. Titl. Hr. Wilhelm Reichsfreyherr von Weinbach, s. 98.

Räthe von der Ritterbank.
Titl. Herren.
1769. Anton Freyherr von Ruml, s. 55.
1772. Joseph Freyherr von Froschheim, s. 60.
1779. Ludwig Freyherr von Egckher, s. 60.
1780. Philipp Freyherr von und zu Leonrodt, s. 67.
1787. Friderich Gemmingen Freyherr von Massenbach, s. 69.
1791. Ignatz Reichsgraf von Preysing, s. 70.
1793. Clemens Freyherr von Burgau, s. 72.
1794. Franz Xaver Reichsgraf von Holnstein aus Baiern, s. 69.
1795. Joseph Freyherr von Franck, s. 70.
1752. Johann Michael Franz Freyherr von Wildenau, genannt Kastner, auf Kröbliz.
1760. Ferdinand Michael von St. Marie Eglise.
1761. Franz Christoph Griessenbeckh, Freyherr v. Griessenbach.
1794. Franz Reichsfreyherr von Geiswciler.

Von der gelehrten Bank.
Titl. Herren.
1770. Franz v. Paula Reichsfreyherr von Ruprecht, auf Erasbach, Pruck und Troglau, zugl. wirkl. Hofkammerrath.
1774. Johann Caspar Wolf.
1776. Ant. Engelbert Reinfeld, zugl. Fiskus Causarum piarum.
1783. Bernard Joseph Reichsedler von Reichert.
1783. Georg Martin Edler von Ibscher, des h. r. R. Ritter, zugl. wirkl. Hofkammerrath.
1783. Ulrich Edler v. Birzele, des h. r. R. Ritter, zugl. Archivar.
1784. Christoph von Gropper.
1784. Philipp Reichsedler von Closmann, herzoglich-Pfalzzweybrückischer geheimer Rath.
1785. Joseph Anton Samuel von Schenkl.

Titl. Herren.

1786. Philipp Jos. v. Schmitt, oberpfälzischer Marschkomissär.
1786. Jakob Joseph de Battis, s. 229.
1789. Johann Michael Edler von Lehner, des h. r. R. Ritter.
1791. Joseph von Korb, auf Püchersreith.
1793. Joseph Anton Edler von Röckl.
1795. Joseph Aloys von Paur.
1795. Joseph von Schenkl.

Wirkl. aber nicht frequentierende Räthe von der Ritterbank.
Titl. Herren.

1754. Wilhelm Freyherr von Ruml, s. 52.
1760. Oswald Freyherr von Anethan, s. 71.
1765. Johann Georg Tucher von Simelsdorf und Winterstein, auf Rüssenbach und Mayach, königl. preußischer Kammerer und churpfalzbaierisch-wirkl. Hofrath, des königl. preußischen großen rothen Adlerordens Ritter und der unmittelbar freyen Reichsritterschaft in Franken Mitglied.
1768. Hubert Reichsfreyherr von Pfetten, s. 51.
1771. Joseph Freyherr von Franck, s. 59.
1776. Johann Baptist Freyherr von Du Prel, s. 58.
1777. Franz Anton Reichsgraf Oexle, von Friedenberg, s. 56.
1783. Philipp Freyherr von Gise, s. 62.
1784. Clemens Reichsgraf von Holnstein aus Baiern, s. 24.
1784. Franz Xaver Freyherr von Anethan, s. 70.
1791. Maximilian Freyherr von Gravenreuth, s. 69.
1775. Joseph Freyherr von Obermayr.
1760. Johann Leopold von Schmaus, churfl Pfleger und Landhauptmann zu Waldmünchen.
1760. Franz Joseph von Miller, churfl. Pfleger und Forstinspektor zu Thurndorf und Hollenberg.
1790. Anton von Schmaus, beygeordneter churfl. Pfleger und Landhauptmann zu Waldmünchen.
1792. Carl Edler von Godin, des h. r. R. Ritter, churfl. Pfleger, Lehenpropst, Kastner und Forstmeister zu Parßberg, dann Pfleger, Kastner und Ungelder zu Breitteneck.
1792. Heinrich Michael Edler von Rosenstein, des h. r. R. Ritter, churfl. Pflegs Kosten- und Hauptmautamts-Kommissär zu Hemau.
1793. Leonard von Depra, Edler von Plain, auch wirkl. Hofkammerrath.

Von der gelehrten Bank.
Titl. Herren.

1771. Joseph Ignatz von Fernberg.
1776. Simon Andreas von Grafenstein, auf Genlas, chrfl. Landrichter, Kastner u. Landhauptmann zu Auerbach.
1784. Leonard Magnus von Köhler, zugl. wirkl. Hofkammerrath, dann der simultanischen Religions- und Kirchendeputation zu Sulzbach Rath.
1790. Franz Xaver Edler von Sutor, des h. r. R. Ritter, des hohen Maltheserritterordens Pfleger und Banrichter zu Kastl.
1790. Johann Michael Bedall, zugl. der simultanischen Religions-und Kirchendeputation zu Sulzbach Vorstand, auch Landrichter und Lehenprobsteyamts- Administrator allda.
1790. Tobias Bayer, zugl. der simultanischen Religions- und Kirchendeputation zu Sulzbach Rath, dann Hofkastner und Landschreiber allda.
1791. Georg Christoph Tretzel, zugl. der simultanischen Religions- und Kirchendeputation zu Sulzbach Rath.
1791. Heinrich Cornel von Sechser, auch wirkl. Hofkammerrath und herzoglich-Pfalzzweybrückischer Hofrath.
1792. Georg Joseph Siegert, zugl. der simultanischen Religions- und Kirchendeputation zu Sulzbach Rath, s. 203.

Archivarien.
Hrn. Ulrich Edler von Birzele, s. 204.
    Franz Richter, emeritus.
    Anton Cerone, d. R. L.
    Simon Wisinger, d. R. E.

Archivs-Kanzelisten:
Hrn. Christoph Alons Hüttenkofer.
    Friderich Schwarz.

Regierungs-Medikus.
Hr. Joseph Fleischmann, s. 221.

Regierungs-Sekretarien.
Hrn. Bartolome von Hötzendorf, d. R. L. churfl. wirkl. Rath, zugl. Militär-Sekretär.
    Georg Michael Gartner.
    Rudolph Koller.
    Maximilian Joseph Stoll.
    Ildephons Merkl.

Hrn. Franz Martin Gerngroß, s. 235.
    Simon Plank.
    Maximilian Schleiß, von Löwenfeld.
    Johann Nikola Mayr.
    Franz Xaver Stockmayer, zugl. Kirchendeputations-Sekretär und Rechnungs-Revisor.
    Franz Xaver Sedlmayr, zugl. Zucht- und Arbeitshaus-Verwalter und Rechnungsführer.
    Mauriz Soliva.

Expeditor, Taxator und Bothenmeister.
Hr. Georg Michael Lautenschlager, churfl. Regierungssekretär.

Registratoren.
Hrn. Samuel Weingärtner.
    Franz Albert, churfl. Sekretär.
    Joseph Lueger, Leuchtenbergischer Archivar u. Registrator.
    Bartolome Deichlein.
    Jakob Weinig.
    Maximilian Emanuel Rosner.

Regierungs-Kanzelisten.
Hrn. Franz Anton Steinsdorf.
    Johann Joseph Paur.
    Thade Streicher.
    Anton Tretscher.
    Christoph Aloys Hüttenkofer, s. 306.
    Franz Baltasar Lederer.
    Georg Jakob Lautenschlager.
    Peter Steinmetz.
    Johann Michael Weber.
    Joseph Wesselberger.
    Johann Georg Kurtsch.
    Cajetan Edler von Peyrer, des h. r. R. Ritter.
    Friderich Schwarz, s. 306.
    Franz Joseph Lobenhofer.
    Mathias Emanuel von Münster.
    Franz Georg Ritzer.
    Johann Nepomuck Beitlhauser.
    Franz Xaver Schweikart.
    Christoph Schaumlöffel.
    Georg Michael Stephinger, emeritus.
Rathdiener: Joseph Schermbrucker.
Einspänniger: Leonard Rieth.

Kanzleyboth: Ignatz Hüttenkofer.
  Johann Georg Nest, fahrender Münchnerboth.
  Die fahrende Regensburger Bothensstelle versieht die Wildfeurische Wittwe.
Bothen über Land: Georg Franz Gerber.
  Tobias Seitz.
  Christian Dallbez, zugl. Lehenboth.
  Johann Baptist Kastner.
  Supernumerarien: Primian Hüttenkofer.
  Johann Banner. Paul Seidenbusch.

Churfl. Kirchendeputation.
Vorstand.
Se. Excellenz Hr. Guido Aloys Reichsgraf von Tauffkirch, s. 94.
Direktor.
Titl. Hr. Wilhelm Reichsfreyherr von Weinbach, s. 98.
Titl. Herren Räthe.
Ludwig Freyherr von Eckher, s. 60.
Michael Freyherr von Wildenau, s. 304.
Ferdinand von St. Marie Eglise, s. 304.
Anton Reinfeld, s. 304.
Christoph von Gropper, s. 304.
Joseph Anton von Schenkl, s. 304.
Jakob de Battis, s. 305.
Johann Michael Edler von Lehner, s. 305.
Secretär: Hr. Franz Xaver Stockmayer, s. 307.
Revisoren: Hrn. Obiger Franz Xaver Stockmayer, und Franz Xaver Sutor, in Städt- und Märktischen Kirchenrechnungswesen.

Churfl. Regierungs-Advokaten,
die sich dermalen in Amberg ansäßig befinden.
Herren Lizentiaten.
Georg Jakob Pösenecker, churfl. Rath.
Anton Rith.
Joseph Obernberger.
Joseph Anton Edler von Röckl, zugl. Stadtsyndikus.
Johann Baptist Sebastian Yeberer.
Joseph Anton Weich.
Jakob Anton Kurz.
Georg Mathias Edler von Zehnter, auf Oberlauterhofen.
Balthasar Zottmayr.

Herren Lizentiaten.

Johann Nepomuck Schwemmer, churfl. wirkl. Rath.
Franz Joseph Edler von Sämmerler, des h. r. R. Ritter, Nachfolger der Pflegsverweserstelle zu Pruck und Rötz.
Carl Joseph Birett, churfl. wirkl. Rath.
Georg Erhard Schmall, d. W. M. und Stift Waldsaßischer Generalanwalt.
Wilhelm Edler von Vincenti, des h. r. R. Ritter.
Maximilian Lautenschlager.
Johann Müller.
Martin Plank.
Conrad Wilhelm Sämmerler.
Mathias Männer.
Georg Johann Baptist Reichsedler von Schmid.
Georg Markus Steinsdorf.

Abwesende Herren Lizentiaten.

Simon Deichlein, Stadtschreiber zu Vilseck.
Johann Sebastian Michael Eberl, Stifts Waldsaßischer Richter zu Waltershofe.
Conrad Joseph König, resignir. Klosterrichter zu Speinsharb.
Franz Joseph Wels, Stadtschreiber zu Kemnath.
Michael von Thoma, zu Tresetzen.
Ernest Dorner, Stadtschreiber zu Tirschenreith.
Joseph Göschl, Stadtschreiber zu Auerbach.

Notar.

Hr. Franz Anton Edler von Flembach, s. 199.

Lehrer der Entbindungskunst.

Hrn. Joseph Fleischmann, s. 221.
Johann Evangelist Weber.

Churfl. Hofkammer.

Vizepräsident.

1794. Titl. Hr. Joseph Sigismund Reichsgraf v. Kreith, s. 18.

Direktor.

1797. Titl. Hr. Franz Anton von Schenkl.

Titl. Herren Räthe.

1771. Joseph Freyherr von Franck, s. 59.
1776. Johann Baptist Freyherr von Duprel, s. 58.
1777. Franz Anton Reichsgraf Oerle von Friedenberg, s. 56.
1784. Clemens Reichsgraf von Holnstein, s. 24.

Titl. Herren.

1787. Johann Baptist Reginald Reichsfreyherr von Ott.
1791. Casimir Freyherr von Gravenreuth, auf Weikenried.
1793. Joh. Georg Freyherr v. Aretin, zugl. Straßendirektor der oberpfälzischen Herzogthümer.
1796. Gottfried Reichsfreyherr von Stengel, zugl. Forstkommissär.
1759. Adam Christoph Weiß, freyresignirter Hauptkaßier.
1760. Carl Jakob Edler von Vicenti, des h. r. R. Ritter.
1767. Johann Philipp Miller, auf Damelsdorf, zugl. Jagdbeamter.
1770. Johann Wenzel Arnold.
1772. Georg Michael Edler von Ibscher, auf Siegeritz, des h. r. R. Ritter.
1780. Johann Baptist von Heeg, auf Altenweyer, zugl. der Stadt- und Märktischen Rechnungen Superrevisor.
1782. Johann Nepomuck von Reißen, zugl. Salzbeamter.
1784. Johann Peter Penner.
1787. Johann Georg Diener, b. R. L.
1790. Joseph von Destouches, b. R. L. und der sittlich-ökonomischen Gesellschaft zu Burghausen Mitglied, zugl. Fiskal.
1791. Heinrich von Sechser, zugl. Fiskal, s. 306.
1791. Franz Xaver Reisenegger, zugl. Ungelder und Marktrichter zu Hambach.
1792. Joseph Thanhauser, zugl. Hauptkaßier.
1793. Edmund Goes.
1793. Joseph Dorner.
1793. Leonard von Depra, s. 305.
1794. Leonard Dobmaier, zugl. sulzbachischer Fiskal.
1795. Joseph Heinrich Thoma, zugl. Fiskal.
1793. Accessist: Christoph von Brodreis.

Wirkl. aber nicht frequentierende Räthe.
Titl. Herren.

1793. Theobald Graf Buttler von Clonebuch, s. 55.
1770. Franz v. Paula Reichsfreyherr von Ruprecht, s. 304.
1183. Georg Martin Edler von Ibscher, s. 304.
7784. Leonard Magnus von Köhler, s. 306.
1786. Johann Melchior Edler von Peter, des h. r. R. Ritter, churfl. Landrichter zu Bernau, zugl. Oberamtskommissär und Oberungelder des Stifts Waldsaßen, dann churfl. auch kaiserl. Pfalz- und Hofgraf.

Titl. Herren.
1793. Joh. Ferdinand Arkauer, Hofkammerkassa-Controleur.
1793. Aloys Micheler, Oberungelder u. Kastengegenschreiber zu Amberg, auch Gerichtschreiber zu Hirschau.

Titular Hofkammerräthe.
Hrn. Georg Oettl, Hofmarkts-Innhaber zu Salla.
Carl Ludwig Momberger, Hauptmautamts-Gegenschreiber zu Amberg.

Wirkl. frequentierende Sekretarien.
Hrn. Sebastian Roth.
Franz Joseph Ellerstorfer.
Franz Seraph Bscherer, zugl. Salzamtsgegenschreiber.
Franz Xaver Schrödl.
Heinrich Weingärtner.
Adam Zwack.
Johann Michael Reiß.
Carl von Geisler, auf Düning.
Michael Zanner.
Georg Forster.
Balthasar Hiltl.
Jakob Kellermann, zugl. Siegelamts Buchhalter u. Verwalter.

Expeditor und Taxator.
Hrn. Franz Joseph Stöttner.
Beygeordneter: Hr. Daniel Friesl.
Controleur: Hr. Christoph Gareis.

Rechnungsrevisoren.
Hrn. Anton Karl, wirkl. Rechnungskommissär.
Obiger Franz Joseph Ellerstorfer, zugl. Ungeldsrevisor.
Johann Baptist Edler von Cammerloher, auf Ober- und Unter-Schönreuth, des h. r. R. Ritter.
Obiger Franz Xaver Schrödl, in Leuchtenbergischen Amts-Städt- und Märktischen Sachen Revisor.
Michael Kern, wirkl. Hofkammersekretär, dann in Strassen- und Forstwesen Revisor.
Michael Loritz, wirkl. Hofkammersekretär und Steuerrechnungsrevisor.
Johann Baptist Kopf.
Franz Xaver Loritz.
Carl Dietl, in Städt- und Märktischen Rechnungswesen.
Ludwig Karl.

(312)

Regiſtratoren.
Hrn. Franz Joſeph Ertl, zugl. wirkl. Hofkammerſekretär.
    Georg Joſeph Weiß.
    Chriſtian Krauß.

Repartitor.
Hr. Jakob Philipp Vettermann, Hofkammerſekretär.

Kanzeliſten.
Hrn. Maximilian Lohefeyer.
    Wolfgang Weiß.
    Nikola Joſeph Veher.
    Wilhelm Pius Landshuter.
    Joseph Kugler.
    Johann Baptiſt Gietl.
    Michael Vettermann.
    Andreas Lazarus.
    Franz Xaver Ehrensperger.
    Johann Nepomuck Niedermayr.
    Benedikt Wagenſchwanz.

Rathdiener: Joſeph Fertl.
Bothen: Georg Anton Haarfolk.
  Andreas Schlaffer, fahrendet Aemterboth.
Beybothen: Heinrich Renner.
    Georg Beringer.

Churfl. Land- und Forſtgeometers.
Hrn. Corbinian Mayer.
    Franz Schemenauer.
    Leonhard Wilhelm.

Churfl. Hauptkaſſa.
Hauptkaſſier: Hr. Joſeph Lhanhauſer, ſ. 310.
Controleur: Hr. Johann Ferdinand Arkauer, ſ. 311.
Buchhalter: Hr. Joſeph v. Vaccani, wirkl. Hofkammerſekretär.
Offiziant: Hr. Joſeph Müller.
Amtsſchreiber: Hr. Leopold Grotsky.
Kaſſadiener: Johann Thumbeck.

Sieglamt.
Buchhalter u. Siegelamtsverwalter: Hr. Jakob Kellermann, ſ. 311.
Controleur und Siegelmeiſter: Hr. Ulrich Stephinger, karakteriſirter Regiſtrator.
Kartenbuchhalter, zugl. Amtsdiener: Hr. Joſeph Stapf.

Landrichteramt Amberg.

Landrichter und Landhauptmann: Titl. Hr. Franz Xaver Reichsgraf von Holnstein aus Baiern, f. 69.
Unterrichter: Hr. Johann Jakob Roßner.
Landgerichts-Prokuratoren: Hrn. Joseph Paul Schlößl.
Johann Michael Beck.

Hofkasten-und Hauptmautamt.

Hofkastner und Hauptmautner: Titl. Hr. Johann Baptist Freyherr von Du Prel, f. 58.
Oberungelder und Kastengegenschreiber: Hr. Aloys Micheler, zugl. Gerichtschreiber zu Hirschau, 311.
Hauptmautamtsgegenschreiber: Hr. Carl Momberger, f. 311.
Nachfolgerin: Fr. Barbara Mombergerin u. derselben Tochter.
Ungeldsgegenschreiber und Hofzehenter: Hr. Anton Kandl, zugl. Bauschreiber und Holzverwalter.
Waarenbeschauer: Mathias Wolf
Beygeordneter: Bartolome Wolf.

Salzamt.

Salzbeamter: Hr. Johann Nepomuck von Reissen, f. 310.
Salzamtsgegenschreiber: Hr. Franz Bscherer, f. 311.
Salzconducteur: Hr. Simon Kirchberger.
Schifmeister: Hr. Carl Gausrab.
Salzstadlmeister: Wolfgang Graf.
Salzamtsdienerinn: Ignatz Soyers Wittwe.

Bauamt.

Baukommissär: Hr. Gallus Wolfgang Dobmaier, Architekt und Geometer.
Freyresignirter Baukommissär: Hr. Wolfgang Anton von Löw, Architekt und Geometer.
Bauschreiber zu Amberg: Obiger Hr. Anton Kandl.
Bauamtsgegenschreiber zu Sulzbach: Hr. Joseph Lohefeyer.
Hofmaurermeister: Hr. Wolfgang Diller.
Nachfolger: Hrn. Franz Xaver Thurban.
Michael Rhein.
Hofzimmermeister: Hr. Johann Michael Graf.

Sadtmagistrat.

Herren Bürgermeister.

Adam Faßmann, zugl. Kirchen-dann des reichen Almosenamts, auch St. Catharinaspitals u. Gotteshaus Verwalter.
Franz Michael Gürisch, Stadthauptmann, dann der Hofmarkt großen Schönbrun und Spital-Verwalter.

Stadtsyndikus.
Hr. Joseph Edler von Röckl, s. 308.
Stadtschreiber: Hr. Johann Georg Klier, churfl. Rath, zugl. Viertelamtsverwalter.

Innere Räthe.
Hrn. Augustin Gebhard.
  Ulrich Mayr.
  Michael Maul, Waisen- u. weißen Bräuamts Verwalter.
  Joseph Allioli.
  Mathias Platzer, des weißen Bräuamts Gegenschreiber.
  Joseph Mayrhofer.
  Georg Koch, Schul- Seel- und Lazarethhaus Verwalter.
  Christoph Schönbert.
  Jakob Liersch.
Stadtmedikus: Hr. Christoph Mändl, b. W. u. A. D.
Stadtarzt: Hr. Caspar Pock.
Stadtprokuratoren: Hrn. Joseph Schlößl.
  Michael Beck, s. 313.

Churfl. Landbeamte.

Auerbach.
Landrichter: Titl. Hr. Simon Andreas von Grafenstein, zugl. Kastner und Landhauptmann, s. 306.
Nachfolger: Hr. Jakob von Sonnenburg.
Oberungelder und Oberaufschläger: Hr. Friderich von Müller, zugl. Landgericht- und Kastenamtsgegenschreiber.
Oberungeldamtsgegenschreiber: Hr. Maximilian Eder.
Stadt- u. Landgerichts-Physikus: Hr. Martin Kühn.
Wöhrmautner u. Acciseinnehmer: Hr. Joseph Anton Weinberger, churfl. Hofkammersekretär.

Bernau.
Pfleger: Titl. Hr. Johann Bapt. Reichsfreyherr v. Villiez, s. 154.
Landrichter: Hr. Johann Melchior Edler von Peter, s. 310.
Gränzmautner u. Ungeldsgegenschreiber: Hr. Phil. Krauthan.

Breiteneck.
Das Pfleg- Kasten- und Ungeldamt ist dem Pflegamte Pratzberg im Herzogthume Neuburg beygelegt.
Mautner: Hr. Benedikt Mayer.
Waarenbeschauer: Johann Theodor Lippert.

Eppenreuth.
Wöhrmautner: Hr. Georg Adam Lachner.

Eschenbach, Grafenwörth u. Kirchenthumbach.

Pfleger: Se. Excell. Hr. Maximilian Reichsgraf von Holnstein aus Baiern ꝛc. s. 92.
Pflegsverweser u. Oberungelder: Hr. Andreas Semmer, d. R. L.
Oberungeldamtsgegenschreiber: Hr. Christoph Mayer.

Eslarn.
Wöhrmautner: Hr. Christoph Widmann.

Floß.
Pfleger, Richter, Kastner u. Mautner, dann Steuer- und Ungeldeinnehmer: Hr. Jakob Franz von Hözendorf.
Kasten- und Ungeldamtsgegenschreiber: Hr. Johann Andreas Wirth, d. R. E. zugl. Marktschreiber.
Waarenbeschauer: Conrad Braun.
Kleinmautner zu Glashütten: Hrn. Joh. Ott, Revierjäger.
Püchersreuth: Joseph Wimmer.
Mautaufseher zu Flossenbürg: Christoph Beyer.

Marktsrath allda.
Churfl. Bürgermeister: Hrn. Joseph Abraham Baumgartner. Wolfgang Andreas Stahl.
Bürgerliche Bürgermeister: Hrn. Christoph Anton Koller. Franz Bernard Wisender.
Marktskammerer: Hr. Simon Lindtner.
Marktschreiber: Obiger Hr. Andreas Wirth.

Freudenberg.
Pfleger: Titl. Hr. Joseph Freyherr von Franck, s. 59.
Nachfolger: Titl. Hr. Joseph Freyherr von Franck, s. 70.
Pflegskommissär: Hr. Benno Parst, zugl. Ungelder.
Ungeldamtsgegenschreiber: Hr. Erhard Göppel.

Freystadt.
Stadtrichter, Mautner, Ungelder, Spitalpfleger und Straßeninspektor: Hr. Johann Ulrich Wieland.

Gleissenberg.
Kleinmautner: Hr. Beregrin Freyherr von Hohenhausen.

Gmünd.
Wöhrmautner: Hr. Franz Alexander Wager.

Gnadenberg.
Wöhrmautner: Hr. Franz Xaver Wimmer.

Haag.
Wöhrmautner: Hr. Johann Georg Dorner.

Hambach.
Ungelder u. Markttrichter: Hr. Franz Xav. Reisenegger, s. 310.
Ungeldamtsgegenschreiber: Hr. Martin Gleich.

Hartenstein.
Pfleger: Se. Excell. Hr. Maximilian Reichsgraf von Holnstein aus Baiern ꝛc. s. 92.
Die Pflegs-Kastenamtskomissär u. Mautnersstelle ist unbesetzt. Die Anwartschaft auf diese Dienststellen ist des verstorbenen Hrn. Fischers Ehefrau gnädigst zugesichert.

Helffenberg.
Pfleger, Kastner und Ungelder: Hr. Wilhelm Strasser.

Hirschau.
Pfleger: Titl. Hr. Johann Baptist Freyherr von Duprel, s. 58.
Gerichtschreiber. Hr. Alons Micheler, s. 311.
Ungelder: Hr. Johann Jakob Rogenhofer.
Ungeldamtsgegenschreiber: Hr. Bartolome Dorffner.

Höfen.
Wöhrmautner: Hr. Franz Joseph Feichter.

Hohenfels.
Pfleger u. Lehenverwalter: Hr. Ignatz Brebauer, churfl. Rath.

Kirchenpingarten.
Wöhrmautner: Hr. Thomas Rossmann.

Konnersreith.
Wöhrmautner: Hr. Johann Baptist Unger, zugl. Beyungelder.
Resignir. Wöhrmautner u. Beyungelder: Hr. Andreas Unger.

Krottensee.
Wöhrmautner: Hr. Joseph Vogl.

Lauterhofen.
Mautner und Ungelder: Hr. Hieronimus Bauer.
Ungeldamtsgegenschreiber: Hr. Balthasar Kneybl.

Lenkenreith.
Wöhrmautner: Hr. Wilibald Hann.

Luhe.
Richter: Hr. Johann Baptist Engl, zugl. Mautner u. Gerichtschreiber zu Wernberg.
Ungeldsgegen. u. Marktschreiber: Hr. Johann Michael Knorr, kaiserl. u. churfl. immatriculirter kleinerer Pfalzgraf.

Mähring.
Wöhrmautner u. Ungelder: Hr. Jakob Albert.

Michelfelden.
Wöhrmautner u. Beyungelder: Hr. Franz Xaver Widmann.

Mitterteich.
Ungelder: Hr. Johann Anton Paur, churfl. Hofkriegsraths-Sekretär.

Murach.
Pfleger und Landhauptmann: Hr. Wenzeslaus Schedel von Greiffenstein, auf Katzdorf, Schwarzeneck und Stettendorf, zugl. Gerichtschreiber.

Nabburg.
Pfleger und Landhauptmann: Titl. Hr. Joseph Reichsgraf von Kreith, s. 18.
Pflegskommissär: Titl. Hr. Johann Nepomuck Freyherr von Anethan.
Oberungelder: Hr. Franz Ignatz Kammerpauer.
Gerichtschreiber: Hr. Franz von Paula Heinrich, churfl. wirkl. Hofraths-Sekretär, zugl. Lehenverwalter.
Ungeldsgegenschreiber: Hr. Joseph Tretter.
Freyresign. Ungeldsgegenschreiber: Hr. Mathias Dollacker.
Ungeldsdiener: Sebastian Bärr.

Stadtrichter.
Hr. Maximilian Schmidmann, churfl. wirkl. Rath.
Stadtschreiber: Hr. Georg Lorenz Finck, zugl. Spitalverwalter.

Nagl.
Wöhrmautner: Hr. Joseph Held.

Neumarkt.
Oberstschultheiß: Titl. Hr. Joseph Graf von Fugger, s. 53.
Schultheißenamtskommissär: Hr. Martin Wagner, b. R. L. auch Pfleger zu Wolfstein.
Kastner: Hr. Alois Eisenhut, b. R. L. zugl. Hauptmann des freystädtischen Landfahnens.
Mautner allda u. zu Haimburg: Hr. Ambros Mehrl.
Oberungelder: Hr. Joh. Leonard Schwab, zugl. Oberaufschläger
Gerichtschreiber: Hr. Johann Nepomuck Mehrl, s. 236.
Kasten- und Oberungeldsgegenschreiber: Hr. Franz Meinbl.
Mautgegenschreiber: Hr. Joseph Krapf.
Geistlicher Gefälleverwalter: Hr. Franz Joseph Weiß.
Waarenbeschauer: Johann Baptist Maier.
Ungeldsdiener: Alexander Mesner.
Schloßthorwärter und Gerichtsboth: Martin Wiser.

Stadtmagistrat.
Bürgermeister.
Hrn. Johann Martin Frießl, Stadtkasten-Bau-Forst-und des braunen Bräuamts Verwalter.

Johann Christian Bauer, Bruderhauses- und Leprosenamts Verwalter.

Johann Georg Rottner, des weißen Bräuamts Verwalter.

Stadtsyndikus.
Hr. Franz von Paula Steinle, b. R. L.

Stadtmedikus: Hr. Johann Baptist Schaller, b. W. u. A. D.

Innere Räthe.
Hrn. Daniel Piut, Stadtkammeramts Mitverweser.

Johann Geißler, desheil. Jobst Gotteshauses Ober- und Salzamts Mitverweser.

Nikola Weiß, Bruderhau- u. Leprosenamts Mitverweser.

Georg Westermeyer, Lehen-Pfänd= und Allmosenamts Oberverwalter.

Franz Pollinger, der armen Stube und Schwesterhauses Amtsverwalter.

Johann Friderich Diez, Stadtpfarr-Gotteshauses Ober- und Spitalamts Mitverwalter.

Georg Ehrbacher, Mühlamts Ober- dann Bau- und Forstamts Unterverwalter.

Johann Martin Plann, Registrator und Pfarrgotteshauses Nebenverwalter.

Martin Geitner, Lehenamtsschreiber.

Kilian Roth, Fleischküßer.

Sebastian Illi, Kalvariberg Gotteshauses Verwalter und Steueramtsverweser.

Franz Joseph Rößler, des weißen Bräuamts Gegenschreiber und Gemeinde Anlags Einbringer.

8 äußere Rathsverwandte. 1 Supernumerär.
1 Rathdiener.

Neunburg.
Pfleger: Titl. Hr. Benno Reichsfreyherr von Oeffele, s. 189.

Landrichter: Hr. Franz Xaver von Wisinger.

Oberungelder und Landgerichtschreiber: Hr. Franz Xaver Benedikt Edler von Hämmerl, churf. wirkl. Rath.

Nachfolger: Hr. Johann Baptist Schwab.

Landgerichtsphysikus: Hr. Wolfgang Rieger, b. W. u. A. D.

Oberungelbamtsgegenschreiber: Hr. Johann Paul Wagner.

Niettenau.
Wöhrmautner u. Beyungelder: Hr. Franz Xaver Finster.
Oberbiberbach.
Wöhrmautner und Beyungelder: Hr. Anton Ueblager.
Parkstein und Weyden.
Landrichteramt.
Landrichter: Hr. Johann Georg von Grafenstein von Gänlaß, auf Krumenab u. Bernstein, churp. wirtl. Regierungsrath zu Amberg.

Nachfolger: Einer dessen Söhne.

Landgerichtschreiber: Hr. Anton Ignatz Steinmetz, öffentl Notar, zugl. Richter.

Landphysikus: Hr. Joseph Steiner, b. W. u. A. D. Stadtphysikus zu Weyden, wie auch in den Aemtern Floß, Vohenstrauß und Pleystein.

Landlieutenant: Hr. Aloys Frauenhofer, zugl. Oberjäger zu Mantl.

1 Landrichteramtsboth.

Richter zu Erbendorf: Hr. Johann Nepomuck Edler v. Ibscher, des h. r. R. Ritter, churfl. Rath.
 zu Freyhung: Hr. Adolph Gruber, zugl. Wöhrmautner.
 zu Kaltenbrunn, Kolberg u. Mantl: Hr. Joh. Thomas Bauer.

Pflegamt.
Pfleger, Kastner, Oberungelder, Obersteuer- und Forstgefäll-einnehmer: Hr. Ferdinand Joseph Malzer, b. R. C.

Mautner und Ungeldsgegenschreiber: Hr. Nikomedes Kropf.

Mant- u. Kastenamtsgegenschreiber: Hr. Georg Wilh. Spitzer.

Resignirter Maut- und Kastenamtsgegenschreiber: Hr. Joachim Spitzer.

Beyungelder und Gefälleinnehmer auf dem Lande.
Zu Erbendorf: Hrn. Obiger Johann Nep. von Jöscher.
   Freyhung: Obiger Adolph Gruber.
   Kaltenbrun, Kollberg und Mantl: Obiger Johann Thomas Bauer.
   Parkstein: Georg Wolfgang Dietl, churfürstl. Bürgermeister.
   Windischeschenbach: Maximilian Wildenauer

Ungeldsgegenschreiber auf dem Lande.
Zu Erbendorf: Hrn. Johann Pinapfel.
   Kaltenbrunn, Hütten u. Steinsels: Georg Conrad Beyer.

Zu Kirchendemenreith: Hrn. Johann Anton Lippert.
 Kollberg: Joseph Kahl.
 Krumenab u. Burggrub: Caspar Spitzl.
 Mantl: Johann Heinrich Penner.
 Parkstein: Clemens Michael Plodek.
 Rottenstadt: Bartolome Böhm.
 Thumsenreith: Johann Stephan Schnöth.
 Wildenreith: Benedikt Stich.
 Windischeschenbach: Georg Ruppert Miedl.
Einspänniger zugl. Zollbereiter: Andreas Schuster.
Fahrender Pflegamtsboth: Andreas Schlaffer, zugl. für die Ämter Floß, Vohenstrauß und Pleystein.
Waarenbeschauer zu Weyden: Adam Schwindl.
Wöhrmautner zu Freyhung: Hr. Adolph Gruber, s. 319.
Kleinmautner zu Süssenlohe: Hr. Jakob Philipp Weiß.
Bruckzolleinnehmer zu Mantl: Hr. Paul Heffner.
Mautaufseher zu Freyhung: Jakob Bauman, zugl. Jäger zu Kaltenbrunn.

Stadtrath zu Weyden.

Bürgermeister: Hrn. Albert Edler v. Cammerloher, auf Ober- und Unterschönreuth, des h. r. R. Ritter, Spitalverwalter.
Carl Stöckl, Stadtsteuereinnehmer.
Joseph Ignatz Moritz, Waldinspektor, dann kaiserl. und sulzbachischer öffentl. Notar.
Hieronimus Kron, Stadtkammerer.
Stadtsyndici: Hrn. Ludwig Steinmetz, zugl. Regierungsadvokat.
 Christian Sperl, churfl. Rath, zugl. Regierungsadvokat.
Stadtwachtmeister: Hr. Georg Venanz Berger.
8 innere und 16 äußere Rathsfreunde.
Stadtschreiberey-Substitut u. Wagmeister: Hr. Joseph Seel.

Stadtrath zu Erbendorf.

Bürgermeister: Hrn. Bartolome Klauß, zugl. Stadtkammerer.
 Rudolph Meister.
 Andreas Krast.
 Simon Nikola.
Stadtschreiber: Hr. Felix Weiß.

Pernhof.

Wöhrmautner: Hr. Joseph Filchner, zugl. Amtsforster zu Hartenstein.

Pfaffenhofen und Haimburg.

Pfleger: Titl. Hr. Franz Xaver Freyherr von Anethan, s. 70.

Mautner: Hr. Ambros Mehr, s. 317.
Gerichtschreiber: Hr. Michael Plöser, b. R. L.
Pleystein.
Pfleger, Kastner und Forstverweser: Titl. Hr. Philipp Freyherr von und zu Leonrodt, s. 67.
Pflegs- u. Forstamtsadministrator: Hr. Joseph Prösl, b.R.L.
Mautner, dann Gericht- und Kastenamtsgegenschreiber, auch Steuer- und Ungeldeinnehmer: Hr. Joseph Juovin.
Stadt- und Landphysikus: Hr. Joseph Steiner, s. 319.
Ungelds-und Stadtschreiber: Hr. Johann Martin Wanderer.
Wöhrmautner zu Lennesried: Hr. Maximilian Seelmayer.
Kleinmautner zu Mißbrunn: Hr. Johann Sperber.
Mautauffeher zu Frentsch: Christoph Zell, zugl. Jäger allda.
Resignirter Mautaufseher zu Frentsch: Joseph Zell.
Nachfolger: Franz Ham.
Stadtrath allda.
Bürgermeister: Hrn. Georg Michael Uebel.
   Sebastian Wallbrunn.
   Joseph Strigl, Stadtkammerer.
   Ludwig Müller.
Stadtschreiber: Obiger Hr. Martin Wanderer.
Pösing.
Wöhrmautner: Hr. Mathias Moßer.
Pruck und Rötz.
BeyderPflegenGenus-Innhaber: Titl.Hr.JosephKarg, Freyherr von Bebenburg, s. 71.
Nachfolgerinn: Titl. Fräule Renata Freyinn von Karg.
Beyder Pflegen Verweser und Ungelder: Hr. Franz Dionis Pamler, zugl. Forstmeisteramts Gegenschreiber.
Nachfolger: Hr. Franz Joseph Edler von Sämmerler, s. 309.
Gerichtschreiber: Hr. Joseph Steiner, zugl. Wöhrmautner und Ungelder zu Rötz.
Ungeldamtsgegenschreiber zuRötz: Hr.Georg MichaelFleischmann, zugl. Ungelder zu Schönthall.
Rieden.
Pfleger: Titl. Hr. Joseph Freyherr von Franck, s. 59.
Nachfolger: Titl.Hr.Jos.Freyherr v.Franck, der jüngere, s.70.
Pflegskommissär: Hr. BennoParst, s. 315.
Ungelder: Hr. Ludwig Ernst.
Ungeldamtsgegenschreiber: Hr. Georg Stigler.

Roding.
Gränzmautner: Hr. Johann Georg Schön.
Oberungelder: Hr. Franz Joseph Riedl, d. R. L. zugl. Gerichtschreiber zu Wetterfeld.
Oberungeldamtsgegenschreiber: Hr. Michael Specht.

Rottenberg und Schnaittach.
Pflegsgenus-Innhaberinn: Ihre Excell. die hochwohlgebohrne Freyfrau Maria Clara von Hofmihln, gebohrne von Larosee, Wittwe.
Nachfolgerinn: Die hochwohlgebohrne Frau Franziska Freyfrau von Stael, gebohrne von Larosee.
Landrichter und Mautner: Hr. Joseph Schmalhofer, s. 276.
Gerichtschreiber: Hr. Franz Anton Kleber, zugl. Richter, Ungelder, Forstamts- und Lehenverwalter.

Salern und Zeitlarn.
Richter u. Forstamtsinspektor: Titl. Hr. Franz v. Paula Freyherr von Asch, s. 64.
Gerichtschreiber: Hr. Peter Steindl, s. 274.
Wöhrmautner zu Zeitlarn ist unbesetzt.

Schlicht.
Wöhrmautner und Ungelder: Hr. Franz Xaver Rubenbaur.
Freyresig. Wöhrmautner u. Ungelder: Hr. Heinrich Rubenbaur.

Schönsee.
Wöhrmautner u. Beyungelder: Hr. Johann Reinhard Finck.

Scharzenfeld.
Bruckzollner und Ungelder: Hr. Wolfgang Edler von Fleischmann, auf Thaan, des h. r. R. Ritter.

Sigl.
Kleinmautner: Hr. Georg Steger.

Sulzbürg und Pyrbaum.
Administrator: Se. Excell. Hr. Johann Nepomuck Reichsgraf von Yrsch, s. 45.
Kastner u. Forstbeamter zu Sulzbürg: Titl. Hr. Maximilian Freyh. v. Berger, zugl. Bräuverwalter zu Mühlhausen, s. 63.
Kastner u. Bräuverwalter, dann Forst- und Jagdbeamter, auch Gränzmautner zu Pyrbaum: Hr. Georg Gottfried Reichsedler von Orthmayr.
Schloßgärtner: Hr. Franz Georg Schmuzer.

Thurndorf und Hollenberg.
Pfleger u. Forstinspektor: Hr. Franz Joseph v. Miller, s. 305.
Nachsorger: Hr. Mauriz Soliva, s. 307.

Tirschenreith.
Stadt- und Landphysikus: Hr. Balthasar Deisinger, b. A. D.
Wöhrmautner: Hr. Joseph Ignatz du Belier, zugl. Strassen-Unterinspektor.
Beyungelder nd Aufschläger: Hr. Joseph Spann.
Ungeldsgegenschreiber: Hr. Joseph Niebl.

Treflstein.
Wöhrmautner: Hr. Joseph Anton Popp.
Freyresignirter Wöhrmautner: Hr. Clemens Popp.

Treßwitz und Tennesberg.
Pflegsgenus Innhaberinn: Titl. Frau Maria Franziska Freyfrau von Lichtenstern.
Pfleger: Titl. Hr. Marquard Reisner, Freyherr v. Lichtenstern.
Gerichtschreiber: Hr. Johann Georg Vitus Edler von Sonneberg, zugl. Richter zu Mißbrunn.
Resignirter Gerichtschreiber und Richter: Hr. Mariophilus Falkner von Sonnenburg.
Ungelder: Hr. Lorenz Reber, zugl. Amtsforster zu Tennesberg.

Troschenreith.
Wöhrmautner: Hr. Urban Heindl.
Nachfolger: Einer dessen Söhne.

Vohenstrauß.
Richter, Kastner, Hauptmautner, Forstverweser und Gefälleinnehmer: Hr. von Emmerich.
Amtsverweser: Hr. Joseph Günther, zugl. Regierungsadvokat zu Amberg.
Kasten- und Ungelbamtsgegenschreiber: Hr. Johann Georg Spitzer, zugl. Marktschreiber.
Schloßthorwärter: Michael Raumer.
Mautaufseher am neuen Wirthshause: Johann Jakob Lehr.

Waldeck, Kemnath und Pressath.
Landrichter zu Waldeck: Titl. Hr. Maximilian Freyherr von Gravenreuth, s 69.
Kastner und Mautner: Hr. Franz Xaver von Dufrene, churfl. Kommerzienrath.
Oberungelder: Hr. Joseph Edler von Cammerloher, auf Ober- und Unterschönreuth, des h. r. R. Ritter, zugl. Leuchtenbergischer Lehenvogt.
Landgerichts- und Kastenamtsgegenschreiber: Hr. Franz Xaver Duschl, d. R. L. churfl. Rath.
Stadt- u. Landphysikus: Hr. Joh. Bapt. Wanner, d. W. u. A. D.
Ungelbamtsgegenschreiber: Hr. Ernest Ludwig Ruppert.

Wöhrmautner zu Preſſath: Hr. Franz Benno v. Forſter, zugl.
 Forſtmeiſter allda.
Ungelder: Hr. Johann Güriſch.
Kleinmautner zu Plöſſen: Hr. Johann Kaeß.

Waldmünchen.

Pfleger u. Landhauptmann: Hr. Leopold von Schmaus, ſ. 305.
Freyreſignirter u. Beygeordneter Pfleger: Hr. Anton von
 Schmaus, ſ. 305.
Mautner und Gerichtſchreiber: Hr. Georg Anton Aign.
Mautamtsgegenſchreiber: Hr. Franz Gutti.
Ungelder: Hr. Johann Paul Haid, zugl. Forſtmeiſter allda.
Ungeldsgegenſchreiber: Hr. Johañ Georg Müller, zugl. Stadt-
 ſchreiber allda.

Waldſaſſen.

Oberamtskommiſſär des Stifts allda: Hr. Johann Melchior
 Edler von Peter, zugl. Oberungelder, ſ. 310
Oberungeldamts Gegenſchreiber und Gränzmautner: Hr. Fer-
 dinand Joſeph Thoma, d. R. L.
Waarenbeſchauer: Johann Schröcker.

Waltershof.

Wöhrmautner: Hr. Joſeph Mußinan.

Warmenſteinach.

Wöhrmautner: Hr. Johann Mathias Hofweller.

Waydhaus.

Richter u. Mautner: Hr. Zacharias Schedel von Greiffenſtein.
Freyreſig. Richter u. Mautner: Hr. Franz Ferdinand Schedel,
 von Greiffenſtein, auf Frankreith, churſl. Hofkammerrath.

Weegſcheid.

Wöhrmautner: Hr. Jgnaz Eiſenhut.
Freyreſignirter Wöhrmautner: Hr. Joſeph Kray.

Wetterfeld.

Pfleger: Titl. Hr. Sebaſtian Freyherr von Schrenk, ſ. 72.
Oberungelder u. Gerichtſchreiber: Hr. Joſeph Riedl, ſ. 322.

Windiſcheſchenbach.

Wöhrmautner: Hr. Joſeph Meiller.

Landgrafſchaft Leuchtenberg.
Leuchtenberg.

Landrichter: Titl. Hr. Oswald Freyherr von Anethan, zugl.
 Forſtmeiſter und Landhauptmann, ſ. 71.
Rentſchreiber: Hr. Franz Xaver Schrödl, ſ. 311.
Archivar und Regiſtrator: Hr. Joſeph Lueger, ſ. 307.

Gerichtschreiber: Hr. Conrad Joseph Schrott, zugl. Ungelder zu Kamling.
Ungeldsgegenschreiber: Hr. Johann Schüller, zugl. Forster.
Fischerberg.
Wöhrmautner: Hr. Franz Vitus Sedlmayr.
Mißbrunn und Burghardsried.
Richter: Hr. Georg Vitus Edler von Sonneberg, s. 323.
Wöhrmautner: Hr. Johann Sperber.
Pfreimdt.
Stadtrichter: Hr. Anton Meixner, zugl. Ungelder, s. 235.
Ungelbamtsgegenschreiber: Hr. Philipp Ostler, zugl. Meisterjäger zu Pfreimdt.
Wernberg.
Pfleger: Titl. Hr. Oswald Freyherr von Anethan, s. 71.
Mautner u. Gerichtschreiber: Hr. Johann Baptist Engl, s. 316.

Abteyen
des Herzogthums der oberen Pfalz.
Die hochwürdig-wohlgebohrne Hrn. Hrn.

Ensdorf: Abt Dietbold, des Benediktinerordens, erwählt den 23. Jänner 1773. Bißthums Regensburg, Gerichts Nieden.
Michelfelden: Abt Egidius, des Benediktinerordens, erwählt den 10. März 1783. Bißthums Bamberg, Gerichts Auerbach.
Reichenbach: Abt Augustin, churfl. geistl. Rath und Oberst-Erbhofkapellan, des Benediktinerordens, erwählt den 14. Herbstmon. 1773. Bißthums Regensb. Gerichts Wetterfeld.
Speinshard: Abt Dominikus, des Prämonstratenser-Korherrenordens, erwählt den 15. Christmonaths 1795. Bißthums Regensburg, Gerichts Eschenbach.
Walderbach: Abt Albericus, des Elsterzienserodens, erwählt den 18. Oktob. 1775 Bißthums Regensb. Gerichts Wetterfeld.
Waldsassen: Abt Athanasius, des Cisterzienserordens, erwählt den 13. May 1793. Bißthums Regensb. Gerichts Bernau.
Weissenohe: Abt Maurus, des Benediktinerordens, erwählt den 11. Jän. 1758. Bißthums Bamberg, Gerichts Auerbach.

Churfl. Landjägerey
der Herzogthümer der obern Pfalz und Sulzbach.
Oberstforstmeisteramt Amberg.
Oberstforstmeister: Titl. Hr. Clemens Reichsgraf von Holnstein aus Baiern, s. 24.
Jagdbeamter: Hr. Johann Philipp Miller, s. 310.
Gränzjäger zu Hambach: Anton Baierl.

Forstmeisteramt Auerbach.

Forstmeister: Hr. Maximilian Eder.
Unterförster zu Englthal: Joseph Filchner.
           Krotensee: Paul Filchner.
           Beygeordneter: Anton Filchner.
           Leibs: Friderich Haider.
           Sand: Anton Haider.
           Welluck: Joseph Felsner, Forstknecht.

Oberforstmeisteramt Pruck.

Oberforstmeister: Titl. Hr. Peter Freyherr von Vieregg, s. 255.
Gegenschreiber: Hr. Dionis Pamler, s. 321.
Forstmeister zu Taxöldern: Hrn. Franz Xaver Schmid.
      Waidhaus u. Treßwitz: Friderich Koppmann von Kolnberg.
      Waldmünchen: Johann Paul Haid, s. 324.
Amtsförster zu Penting: Hrn Sigismund Schmid.
      Tennesberg: Lorenz Reber, s. 323.
Förster zu Einsidel: Hrn. Georg Reber.
      Kemnath bey Fuhrn: Wolfgang Krauß.
      Neubau: Wolfgang Glaser.
      Pruck: Christoph Mosmiller.
      Roding: Joachim Jägerhuber.
          Peter Dichtl, resignirter.
      Rötz: Martin Glaser, Amtsforster.
      Schwarzhofen: Clemens Möhrer.

Forstmeisteramt Deinschwang und Pfaffenhofen.

Forstmeister: Hr. Joseph Carl Steinhauser.
Unterförster zu Berg: Andreas Beck.
      Lizelohe ist unbesetzt.
      Umlstorf: Johann Georg Felsner.

Forstmeisteramt Eschenbach und Grafenwörth.

Forstmeister: Hr. Primian Finck.
Freyresignirter Forstmeister: Hr. Franz Xaver Finck.
Unterförster zu Aicha: Georg Diepolt.
      Weyern: Johann Lottner.

Forstmeisteramt Floß.

Forstmeister: Titl. Hr. Carl Gemmingen, Freyherr von Massenbach.
Freyresignirter Forstmeister: Titl. Hr. Carl Joseph Gemmingen, Freyherr von Massenbach.

Oberforster zu Flossenburg: Hr. Caspar Günther,
Jäger zu Glashütten: Hrn. Johann Ott.
Helweinsreuth: Johann Georg Holzinger.

Forstmeisteramt Freyhöls und Freudenberg.

Forstmeister: Hr. Georg Michael von Faber.
Beygeordneter: Hr. Anton von Faber.
Unterförster zu Aschach: Joseph Berghammer.
　　　Freudenberg: Joseph Donhauser.
　　　Kreuth: Johann Dürr.
　　　Nabburg: Sebastian Rachhuber.
　　　Ninalgen: Franz Dach.

Forstmeisteramt Hirschwald u. Rieden.

Forstmeister: Hr. Franz Jos. Edler v. Huber, des h. r. R. Ritter.
Unterförster zu Rieden: Joseph Manglberger.
　　　Salleröd: Leonard Weigl.
　　　Taubenbach: Conrad Manglberger.

Forstmeisteramt Kulmain.

Forstmeister: Titl. Hr. Ferdinand Graf von Morawitzky.
Unterförster zu Fichtelberg: Ferdinand Schüller.
　　　　　Beygeordneter: Joh. Schüller.
　　　Kienlas: Martin Schüller.
　　　Punreith: Martin Baierl.
　　　Tressau: Johann Lobwasser, Gränzschütz.
　　　　　Freyresignirter: Sebast. Lobwasser.

Forstmeisteramt Neumarkt.

Forstmeister: Titl. Hr. Joseph Graf von Arco, s. 58.
Unterförster zu Craspach: Joseph Schilling.
　　　Puechberg: Leonard Höllrigl.
　　　Rothenfels: Johann Höllrigl.
　　　　　Beygeordneter: Michael Höllrigl.

Forstmeisteramt Parkstein n. Weyden.

Forstmeister: Hr. Joseph Haan, von und zu Weyhern.
Oberjäger: Hr. Aloys Fraunhofer.
Jäger zu Erbendorf: Hrn. Johann Pinapfel, s. 319.
　　　　　Resignirter: Lorenz Pinapfel.
　　　Etzenried: Joseph Pfab.
　　　　　Resignirter: Joh. Georg Pfab.
　　　Kaltenbrunn: Jakob Baumann.
　　　　　Nachfolg. Mathias Baumann.
　　　Kollberg: Conrad Kiswetter.

Jäger zu Mantl: Hrn. Georg Gretsch.
  Parkstein: Christoph Jouvin.
  Wenden: Johann Jakob Ruff.

Forstmeisteramt Pressath.
Forstmeister: Hr. Franz Benno von Forster, s. 334.
Unterförster zu Grafenwörth: Johann Georg Neumayr.
  Pressath: Jakob Angerer.
Gränzschütz zu Pinzerhof: Ulrich Lobwasser.

Forstmeisteramt Sulzbach u. Königstein.
Forstmeister: Titl. Hr. Christoph Freyherr von Junker, s. 64.
Oberjäger: Hr. Johann Peter Günther.
Jäger zu Ecketsfeld: Hrn. Johann Zahner, Revierjäger.
  Großalbertshof: Georg Conrad Bergmann.
  Königstein: Joseph Hohenleutner.
  Pachtesfeld: Franz Jäger.
     Nachfolger: Erdmann Jäger.
  Pommershof: Johann Steger.
     Nachfolger: Johann Steger.
  Poberg: Georg Dörfuß, Mautaufseher.
  Siebeneichen: Wolfgang Heinrich Günther.
  Sigras: Obiger Georg Bergmann.

Forstmeisteramt Waldeck u. Pullenreith.
Forstmeister: Hr. Franz Carl Finck.
Nachfolger: Dessen Frau und Kinder.
Unterförster zu Alberreith: Johann Angerer.
  Langentheilen: Ist unbesetzt.
  Trefessen: Johann Baierl.
     Resignirter: Anton Baierl.

Forstamt Hartenstein.
Amtsforster: Hr. Joseph Filchner, s. 320.

Forstamt Hirschau.
Amtsforster: Hr. Peter Kraus.

Forstamt Pleystein.
Forstverweser: Titl. Hr. Philipp Freyherr von und zu Leonrodt, s. 67.
Administrator: Hr. Joseph Prösl, s. 321.
Jäger zu Frentsch: Hrn. Christoph Zell, s. 321.
     Resignirter: Joseph Zell.
  Pleystein: Vitus Zell.
  Spielberg: Joseph Michael Lang.

Forstadministration Plößberg.
Administrator: Hr. Johann Pracher.
Jäger zu Plößberg: Hr. Adam Hayn.

Forstamt Salern u. Zeitlarn.
Forstamtsinspektor: Titl. Hr. Franz Paul Freyherr v. Asch, s. 64.
Amtsforster zu Zeitlarn: Hr. Caspar Jäger.

Forstamt Schnaittach.
Forstverwalter: Hr. Franz Anton Kleber, s. 336.
Forster zu Schnaittach: Hrn. Christoph Carl Haiber.
     Resignirter: Carl Haiber.

Forstamt Thurndorf.
Forstinspektor: Hr. Joseph von Miller, s. 305.
Forster: Hr. Anton Haiber.

Forstamt Bohenstrauß.
Forstverweser: Hr. von Emmerich, s. 323.
Amtsverweser: Hr. Joseph Günther, s. 323.
Jäger: Hr. Jakob Lehr, s. 323.

Landgrafschaft Leuchtenberg.
Forstmeister: Titl. Hr. Oswald Freyherr von Anethau, s. 71.
Meisterjäger zu Pfreimdt: Hr. Philipp Ostler, s. 325.
Förster zu Leuchtenberg: Hrn. Johann Schüller, s. 325.
     Resignirter: Michael Mauser.
 Neudorf: Jakob Sechser.
 Schürnitz: Theodor Fürst.
 Wernberg: Ignatz Pröls.

Reichsherrschaft Sulzbürg u. Pyrbaum.
Oberjäger zu Sulzbürg: Hrn. Johann Martin Früholzer.
 Pyrbaum: Georg Lorenz Sonntag.
Unterjäger zu Pyrbaum: Franz Xaver Pottner.

Herzogthum Neuburg.
Churfl. hohe Regierung.
Präsident.

1795. Se. Excellenz Hr. Maximilian Reichsgraf von Leiningen-Westerburg ꝛc. f. 26.

Kanzler.

1795 Titl. Hr. Carl Freyherr von Hartmann, churfl. geheimer Rath und herzogl. Würtembergischer Kammerer.

Räthe von der Ritterbank.
Titl. Herren.

1769. Johann Nepomuck Freyherr von Wevelb, f. 54.
1774. Joseph Carl Freyherr von Schmith von Balroe.
1785. Friderich Reichsfreyherr von Hertling, zugl. Lehenprobst des Herzogthums Neuburg.
1796. Franz Reichsfreyherr von Tautphäus.

Räthe von der gelehrten Bank.
Titl. Herren.

1795. Carl Philipp Schönmezler, f. 97.
1759. Lorenz Reichsedler v. Schintling churfl. geheimer Rath, zugl. Zucht- und Arbeitshaus Direktor.
1777. Martin Stanislaus Bruckmayr.
1780. Caspar Alons Pirkl.
1784. Alons von Hosemann.
1786. Gottfried Noth, zugl. Archivar.
1790. Johann Nepomuck Delagera.
1795. Carl von Günther.
1797. Johann Christoph von Hefner, b. R. L.
1797. Johann Friderich Pflieger.
1784. Franz Xaver Gietl, als beständig anwesender Hofkammer- und Kirchenfiskal.
1798. Accessist: Ferdinand von Saint Marie Eglise.

Wirkl. aber nicht frequentierende Räthe von der Ritterbank.
Titl. Herren.

1773. Moritz Freyherr von Junker, f. 61.
1780. Alexander Tänzl, Freyherr von Trazberg, f. 60.
1784. Carl Freyherr von Eberstein, f. 61.
1795. Carl von Reisach, Reichsgraf von Steinberg, f. 70.
1766. Edmund Freyherr von Schatte, churfl. Pflegskommissär und Kastner in Velburg.
1792. Johann Nepomuck Reichsfreyherr v. Tautphäus, f. 103.

Von der gelehrten Bank.
Titl. Herren.
1770. Johann Georg Boegner.
1783. Ferdinand Christian von Günther, Landvogt und Kastenamts-Admistrator zu Höchstätt.
1790. Franz Augustin Schafverger, churst. Pflegskommissär zu Reichertshofen.

Herren titular Regierungsräthe.
Franz Xaver Wagner, Domkapitlischer Richter der Neuburgischen Hofmarkt Unterstall.
Mariophilus Chevalier b'urbain, s. 104.
Christoph Adam Reichsedler v. Hofmann, b. R. L. churst. Landgerichtschreiber zu Burglengenfeld, Kalmünz u. Schmidmühlen.

Churst. Archiv.
Inspektor: Titl. Hr. Franz Xav. Reichsfreyhr. v. Schneider, s. 96.
Archivar: Hr. Gottfried Roth, s. 330.

Sekretarien.
Hrn. Johann Bernard Edler von Tein, churst. wirkl. Rath.
    Jakob Draude.
    Simon von Walk, s. 99.
    Jakob Joseph Seelus.
    Joh. Alovs Marr, zugl. Zucht- u. Arbeitshaus-Verwalter.

Expeditor, Taxator u. Bothenmeister.
Hr. Carl Joseph Böhaimb.

Kichenrechnungs-Kommissär.
Hr. Franz Xaver Mayer, zugl. Notar.

Registratoren.
Hrn. Obiger Simon von Walk.
    Joseph Carl Burkhard.
    Franz Xaver Taxer.
    Ignatz Egner.

Kanzelisten.
Hrn. Franz Xaver Pichler.
    Alovs Fischer.
    Franz Adam Zimmermann, zugl. beym Archiv.
    Franz Adam Rädl.
    Joseph Christl, zugl. Lehensekretär.
    Franz Philipp Schmeckenbecher, zugl. Hofkastenamts-Gegenschreiber und Kanzleramts Aktuar.
    Wilhelm Braun.
    Christoph Augustin von Walk.
    Accessisten: Franz Xaver Draude. Franz Xaver Pracher.

Kanzleydiener: Anton Koch, zugl. Interims-Hoffourier.
Nachfolger: Franz Xaver Regele.
Bothen: Georg Hornung. Paul Crusius.

Regierungs-Advokaten.
Herren Lizentiaten.
Stanislaus Popp.
Aloys Seel, zugl. Landschafts-Sekretär und Landungelder.
Johann Georg Baur.
Johann Baptist Otto.
Johann Baptist Stadlmayer.
Aloys Mathes. Aloys Schell.

Notarien.
Hrn. Carl Kaiser, zugl. Landschafts-Sekretär.
Franz Xaver Mayer, s. 331.

Churfl. Hofkammer.
Präsident.
1798. Se. Excellenz Hr. Christian des h. r. R. Graf von Oberndorff ꝛc. s. 17.

Direktor.
1797. Titl. Hr. Johann Nepomuck Anton Freyherr von Schatte, Pfalzneuburgischer geheimer Rath.

Wirkl. frequentierende Räthe.
Titl. Herren.
1777. Aloys Freyherr von Haacke, s. 16.
1777. Christoph Freyherr von Weveld, s. 56.
1782. Joseph Freyherr v. Weveld, zugl. Straßendirektor, s. 60.
1791. Ferdinand Freyherr von Rummel, s. 69.
1777. Raimund Freyherr von Weittenau.
1792. Wilhelm Reichsfreyherr von Geisweiler, s. 121.
1793. Georg Christoph von Oelhafen.
1794. Franz Freyherr v. Reigersberg, Hofbauamts Direktor.
1764. Franz Mathias Seel.
1765. Joseph Arnold.
1767. Johann Joseph Bächerle, s. 43.
1768. Johann Heinrich Gietl, zugl. Hofkastner.
1774. Franz Xaver Bruckmayer.
1779. Georg Ignatz Pichler, zugl. Landschreiber, Rohrnfeldischer Kommissär und Jagdamtskaßier.
1782. Joseph Ludwig Docker.
1784. Franz Xaver Gietl, zugl. Fiskal, s. 330.
1790. Johann Nepomuck Seel.
1798. Ferdinand Eisenhut, s. 258.

Wirkl. aber nicht frequentierende Räthe.
Titl. Herren.
1773. Moritz Freyherr von Junker, s. 61.
1791. Johann Nep. Reichsfreyherr von Tautphäus, s. 103.
1784. Carl Hektor von Bischbach, Kastner zu Gundelfingen.
1783. Joseph Wilhelm von Meichsner, Oberungeld- u. Steuereinnehmer zu Burglengenfeld.
1784. Lorenz Frick, Kastner und Leheninspektor zu Hilpoltstein.
1784. Joseph Joubert, Forstmeisteramts-Administrator zu Höchstätt.
1790. Franz Carl Edler von Straffern, zu Zell und Kreith, des h. r. R. Ritter, Forstmeister zu Allersberg, Heideck und Hilpoltstein.
1790. Heinrich Seel, Hauptmautner und Salzverwalter.
1793. Anton von Fabris, Forstmeister zu Painten.

Titular Hofkammerrath.
Hr. Joseph Reichsedler von Mender, Direktor der Hecklischen Dratzugsfabrik zu Allersberg.

Sekretarien.
Hrn. Franz von Paula Bohaimb.
    Joseph Bächerle.
    Veit Anton Brugger.
    Franz Joseph Kettner.

Expeditor und Taxator.
Hr. Joseph Anton Strobel, zugl. Siegelamts-Verwalter.
Siegelamts-Controleur: Hr. Balthasar Grauvogel.

Rechnungsrevisoren.
Hrn. Ignatz Göbel.
    Franz Joseph Reisch.
    Conrad Hermann, zugl. Kassacontroleur.
    Johann Nepomuck Wittmann.
    Johann Adam Wolf.

Registratoren.
Hrn. Franz Streng.
    Aloys Morasch.

Kanzelisten.
Hrn. Rudolph Geyspurger.
    Leonard Hosemann.
    Michael Heimhofer.
    Accessisten: Carl Edler von Tein.
    Franz Xaver Thugut.
Kanzleydiener: Andreas Merckl. 1 Both.

Churfl. Landschreiberey und Kassieramt.
Landschreiber und Kaßier: Hr. Georg Ignatz Pichler, s. 332.
Controleur und Buchhalter: Hr. Conrad Hermann, s. 333.

Neuburgische Landschaft.

Landmarschall.

1798. Der hochwohlgebohrne Hr. Bernard Maria Edler Panner u. Freyherr von Hornstein, genannt Hertenstein, Herr zu Orsen u. Bußmannshausen, Waperthofen, Kleinschafhausen, Izhofen, dann der Hofmartt Bertolzheim, kaiserl. königl. und Churir. erischer Kammerer.

Churfl. und gemeiner Neuburgischen Landschaft Kommissariat.

Kommissarien.

1781. Se. Excell. Hr. Max Reichsgraf v. Thurn und Taßis, s. 92.
1782. Titl. Hr. Aloys Freyherr von Haacke, s. 16.
1798. Titl. Hr. Philipp Freyherr von Gise, Verweser, s. 62.

Kanzler.

1797. Titl. Hr. Carl Gremmel, Pfalzneuburg. Regierungsrath.

Zum Kommissariat verordnete
Titl. Herren Hofkammerräthe.

1795. Obiger Georg Ignatz Pichler.
1795. Franz Xaver Gietl, s. 332.
1795. Wilhelm Reichsfreyherr von Geisweiler, s. 121.

Pfenningmeisterey.

Pfenningmeister: Hr. Joseph Ludwig Schell.
Controleur: Hr. Anton Lindner.

Sekretär.

Hr. Aloys Seel, zugl. Landungelder, s. 332.

Registratoren.

Hrn. Franz Xaver Hammel.
　Aloys Regele, emeritus.

Rechnungsverhörer.

Hrn. Franz Joseph Sartori.
　Accesist: Franz Xaver Engel.

Expeditor.

Hr. Andreas Joseph Knoll, zugl. Stadtneuburgischer Ungeldsgegenschreiber.
Kanzelisten: Hrn. Ignatz Heinrich Geyspurger.
　Joseph Janich.
Kanzleydiener: Joseph Raber. 1 Kanzleyboth.

Gemeiner Neuburgischen Landschaft Verordnung.
Verordnete.
Vorige Titl. Hrn. Kommissarien, s. 334.
Kanzler.
Titl. Hr. Carl Gremmel, s. 334.
Pfenningmeisterey: Wie Seite 334.
Sekretär: Hr. Carl Kaiser, s. 332.
Registrator: Hr. Maximilian Joseph Zeppert.
Rechnungsverhörer: Hr. Franz Philipp Walk.
Expeditor: Hr. Andreas Knoll, s. 334.
Kanzelisten: Hrn. Franz Albert Obermayr.
   Johann Georg Mittl, zugl. Geometer.
Kanzleydiener: Joseph Raber, s. 334. 1 Both.
Churfl. Lehenprobstamt.
Lehenprobst: Titl. Hr. Frid. Reichsfreyherr v. Hertling, s. 330.
Lehensekretär: Hr. Joseph Christl, s. 331.
Landvogtamt Neuburg.
Landvogt: Des Titl. Freyherrn von Staabers Hrn. Söhne.
Landvogtamts-Administrator: Hr. Franz Xaver Binner.
Landgerichtschreiber: Hr. Johann Baptist Kastenmayr, b. R. L.
Stadtvogt: Hr. Joseph Streibl.
Hof- u. Stadtphysici: Hrn. Franz Brumer, zugl. Landphysikus.
   Leonard Stark, zugl. des medizinischen Kollegiums Adjunkt.
   Paul Wankerl, b. A. D.
Hof-Stadt- und Landschaftschirurgus: Hr. Joseph Widmann.
Wundarzt und Accoucheur: Hr. Balthasar Laracherie.
Sprachmeister der französischen Sprache: Hr. Johann Baptist Vasseau.
Nachtschreiber: Hr. Joseph Kigler.
Thorschreiber am obern Thore: Michael Brunner.
   am Donauthore: Nikola Lutscheck.
1 Polizeydiener. 1 Thorsperrer. 3 Armenvögte.
Hofkastenamt.
Hofkastner: Hr. Heinrich Gietl, s. 332.
Hofkastenamtsgegenschreiber: Hr. Phil. Schmeckenbecher, s. 331
Holzwart: Wilhelm Hertl. 1 Kastenmesser.
Hauptmaut- und Salzamt.
Hauptmautner und Salzverwalter: Hr. Heinrich Seel, zugl.
   Stadtungeld- und Landsteuereinnehmer, s. 333.

Hauptmautamtsgegenschreiber: Hr. Carl von Xilander, s. 110.
Weggeldeinnehmerinn in Gnadenegg: Fr. Mar. Aña Forsterin.
Waarenbeschauer: Ignatz Sigert.
Wöhrmautner zu Altenfeld: Hr. Ignatz Popp.
    zu Bertheim: Hrn. Georg Schaumberger.
       Ehekirchen: Joseph Anton Neusinger.
       Lichtenau: Joh. Baptist Pettenkofer.
2 Zollbereiter.

Hofbauamt.

Direktor: Titl. Hr. Franz Freyherr von Reigersberg, s. 332.
Amtsverwalter und Kameralgeometer: Hr. Aloys Strobel.
Amtsschreiber: Hr. Christoph Enselein.
Maurermeister: Hr. Franz Anton Bögler.
Zimmermeister: Hr. Joseph Wildenauer.
Brunnenmeister: Hr. Johann Georg Babenstuber.
Haus- und Wagknecht: Mathias Reiber. 2 Fuhrknechte.

Hofbräuamt.

Hofbräuhausverwalter: Hr. Franz Xav. Waltenberger, zugl. landschaftlicher titular Sekretär.
Hofbräuhausgegenschreiber: Hr. Franz Xaver Engel, zugl. Acciseinnehmer und Weinvisirer, s. 334.

Stadtsteueramt.

Stadtsteuereinnehmer: Die Miltnerischen Kinder.
Verweser: Hr. Joseph Sartori, s. 334.

Spitalverwaltung.

Spitalverwalter: Hr. Bernard Edler von Tein, s. 331.

Oberstallmeister.

Titl. Hr. Carl Reichsgraf von Oberndorff, s. 67.
Rohrnfeldischer Kommissär: Hr. Georg Ignatz Pichler, s. 334.
Verwalter: Hr. Johann Michael Limmer.
Stuttenmeister: Stephan Appel.
1 Roßarzt. 7 Stallbediente.

Churfl. Kollegiatstift zu Neuburg.

Dechant.

Titl. Hr. Carl Philipp Schönmeiler, s. 97.

Titl. Herren Kapitularen.

Thomas Kränzl, Senior, Custos und Schulinspektor.
Simon Regele, Scholaster.
Hieronimus von Handl, Präsentiarius.
Georg Holland, Cantor.
Franz von Forster, Stiftsprediger.
Mathäus Baur, Stiftsprediger.

Stadtrath zu Neuburg.
Herren Bürgermeister.
Johann Simon Hammer, zugl. Stadtquartiermeister.
Jakob Anton Gietl, zugl. Spitalinspektor.
Stadtsyndikus: Hr. Franz Xaver Dietel, b. R. L. zugl. der Mazzischen Waisenhausstiftung Konsulent.
Stadtkammerer: Hr. Joseph Böck.
Stadtbaumeister: Hr. Benedikt Stadler.
Freyresignirter Stadtbaumeister: Hr. Paul Haid.
Innere Rathsverwandte.
Hrn. Georg Karamann.
    Ignaz Seilhofer.
    Obiger Joseph Böck.
    Benedikt Stadler, städtischer Armenhausverwalter, s. 337.
12 äußer Rathsverwandte.
2 Rathdiener.

Churfl. Landbeamte.
Allersberg.
Pfleger und Kastner: Se. Excell. Hr. Joseph Freyherr von Leoprechting, zugl. Ungeld- und Steuereinnehmer, dann Spitalverwalter, s. 23.
Pflegamtsverwalter: Hr. Johann Anton Seydl, b. R. L. auch Kasten- und Spitalverwaltungs- dann Ungeld- und Steueramtsverweser.
Stadt- und Landphysikus: Hr. Joseph Anton Weixer, auch Physikus zu Heydeck und Hilpoltstein.
Gericht- Kasten- Ungelds- u. Mautgegenschreiber: Hr. Joseph Anton Widmann.
Mautner: Hr. Joseph Schlögl.
Waarenbeschauer: Michael Fürst.
Beratshausen.
Pfleger, Kastner, Ungelder u. Gerichtssteuereinnehmer: Titl. Hr. Carl Reichsfreyherr von Lilien, s. 68.
Gericht- Kasten- und Ungeldamtsgegenschreiber: Hr. Johann Eckel, zugl. Leheninspektor und Marktsteuereinnehmer.
Nachfolger: Dessen Ehefrau und Kinder.
Burglengenfeld, Kallmünz und Schmidmühlen.
Landrichter und Pfleger: Titl. Hr. Friderich Joseph Tänzl, Freyherr von Trazberg, s. 55.
Nachfolger: Dessen Frau und Kinder.

Landgerichtschreiber: Hr. Christ. Reichsedler v. Hofmann, s. 331.
Wirkl. beygeord. Hr. Franz Xaver Peserl, b. R. L. zugl. Advokat.
Kastner und Leheninspektor: Hr. Samuel von Buckingham.
Mautner: Hr. Joachim Joseph von Gugel, zugl. Kastenamts-
  gegenschreiber.
Oberungelds- u. Steuereinnehmer: Hr. Jos. v. Meichsner, s. 333.
Nachfolger: Dessen Ehefrau und Sohn.
Stadt- und Landphysikus: Hr. Georg Hafner, b. A. D.
Ungeldamtsgegen- und Forstschreiber: Hr. Franz Joseph Peserl.
Beymautner zu Lutzmannstein: Hr. Johann Schäster.
Wöhrmautner und Ungeldamtsgegenschreiber zu Kallmünz:
  Hr. Joseph Streidl, zugl. Oberjäger zu Burglengenfeld und
  Oberforster zu Kallmünz.
Visirer und Marktschreiber: Hr. Andreas Paulus.
Wöhrmautner und Ungeldsgegenschreiber zu Schmidmühlen:
  Hr. Johann Baptist Amasmayr.
Mautner zu Etterzhausen: Hr. Franz Aman.
Waarenbeschauer zu Burglengenfeld: Johann Westermeyer.
  Nikola Leßeree, emeritus.
1 Landboth. 3 Amtsbothen. 1 Schloßthorwärter.

Burkheim.

Pfleger: Titl. Hr. Wilhelm Freyherr von Franken, zugl. Zollner, dann Ungeld- und Steuereinnehmer, s. 62.
Pflegsverwalter und Mautner: Hr. Johann Martin Kap-
  paun, zugl. Ungelds- und Steueramtsverweser.
Ungeldamtsgegenschreiber: Hr. Michael Priglmayer.

Constein.

Pfleger, Kastner und Mautner: Titl. Hr. Johann Baptist
  Edmund von Ruesch.
Pflegamtsverwalter: Hr. Johann Stephan, zugl. Ungeld- und
  Steuereinnehmer.
Gericht- und Kastenamtsgegenschreiber: Hr. Carl Bruckmayr.

Landrichteramt Grayspach
und Pflegamt Monnheim.

Landrichter und Pfleger: Titl. Hr. Johann Adam von Reisach,
  auf Kirchdorf, Reichsgraf von Steinberg, s. 17.
Nachfolger: Dessen Frau und Kinder.
Kastner zu Grayspach: Hr. Lorenz Ignatz Röckhel, zugl. Staab-
  amtsverweser zu Huisheim.
Langerichtschreiber: Hr. Carl Kaul.
Kastner zu Monnheim: Hr. Carl Philipp Müller, zugl. Ungeld-
  und Steuereinnehmer des Unteramts Grayspach, auch Stadtvogt zu Monnheim.

Stabt- und Amtsphysikus: Hr. Wolfgang Denlacher, b. A. D.
Gerichtsvogt zu Buchdorf: Hr. Balthasar Schmid.
Gerichtsvogt zu Huisheim: Hr. Johann Ignatz Brand, zugl.
　Kastenamtsgegenschreiber zu Grayspach und Monnheim.
Kastenknecht und Amtsboth zu Grayspach: Johann Meier.

Mautämter.

Mautner zu Monnheim, dann Ungeld- und Steuereinnehmer
　des Oberamts Grayspach: Hr. Johann Xaver Taxer, auch
　Ungeldsgegenschreiber des Unteramts Grayspach.
Zoll- und Geleitsbereiter: Hr. Joh. Nepomuck Springenzaun.
Waarenbeschauer: Michael Schwabl.
Mautner zu Marxheim: Hr. Johann Adam Alt, zugl. Vogt,
　Ungeldamtsgegenschreiber und Accisseinnehmer.
Mautdiener und Aufseher zu Marxheim: Johann Meyger.
Mautamtsboth: Joseph Adler.
Mautner zu Berg auf der Hagenau: Hr. Andreas Zucchi, zugl.
　Vogt. und Ungeldamtsgegenschreiber.
Mautdiener: Georg Rothhammer.
Wöhrmautner zu Altesheim: Hr. Johann Wagner.
Wöhrmautner zu Reau: Ist unbesetzt.
Wöhrmautner unter dem Wernitzerthore zu Donauwörth:
　Hr. Joseph Herpfer.
Büchsenmautner unter dem Ledererthore: Ambros Huber.

Gundelfingen.

Pflegsgenus-Innhaberinn: Die hochgebohrne Fräule Maxi-
　liana Gräfinn von Thurn- und Taxis, s. 87.
Pflegskommissär und Verweser: Hr. Carl Deindel.
Kastner: Hr. Carl Hektor von Vischbach, s. 333.
Kastenamtsgegenschreiber: Hr. Joseph Heinrich Kreutter.
Mautner, Stadtamann u. Polizeykommissär: Hr. Ignatz Pfi-
　sterer, auch Zunftverwalter und Ungeldsgegenschreiber.
Vogt zu Untermedlingen: Hr. Johann Nemele.
Vogt, Forster und Wöhrmautner zu Petersworth: Hr. Anton
　Winkler, zugl. Holzwart.
Wöhrmautner zu Obermedlingen: Hr. Georg Reitmeyr.
Waarenbeschauer zu Gubelfingen: Joseph Kroe.
1 Zollbereiter. 1 Ungeldsbereiter. 1 Kastenknecht.

Hemau.

Pfleger, Kastner und Mautner: Titl. Hr. Marialudwig Reichs-
　graf von Pestalozza, s. 67.
Pflegs-Kasten- und Mautamtskommissär: Hr. Heinrich Edler
　von Rosenstein, s. 305.

Gerichtschreiber u. Leheninspektor: Hr. Joseph Reichsedler von
  Brunnenmayr, auch Zoll- und Ungeldamtsgegenschreiber.
Kastenamtsgegenschreiber, dann Ungeld- und Steuereinneh-
  mer: Hr. Wolfgang Philipp Näger.
Nachfolger: Hr. Wilhelm Philipp Näger.
Wöhrmautner, Ungeldsgegenschreiber und Acciseinnehmer zu
  Painten: Hr Johann Peter Streidl.
Amtsschreiber: Hr. Georg Widmann, zugl. Waarenbeschauer.
Waarenbeschauer zu Hemau: Jakob Pretori.
Visirer zu Hohenschambach: Leonard Mörl.
Geleitsbereiter zu Regensburg: Wilhelm Braun.
1 Amtsoth.

Heydeck u. Hilpoltstein.

Pfleger: Titl. Hr. Christian Freyherr von Jsselbach.
Nachfolgerinn: Die hochwohlgebohrne Fr. Maria Anna Frey-
  frau von Berchem, gebohrnen Reichsfreyinn von Schenck
  von Kastell, und einer derselben Töchter.
Pflegskommissär: Titl. Hr. Carl von Reisach, Reichsgraf von
  Steinberg, s. 70.
Kastner und Leheninspektor zu Hilpoltstein: Hr. Lorenz Frick,
  zugl. Ungeld- und Steuereinnehmer, auch Korstiftsverwal-
  ter allda, s. 333.
Kastner und Wöhrmautner zu Heydeck: Hr. Heinrich Fercher.
Gericht-, Kasten- und Ungeldamtsgegenschreiber zu Heydeck:
  Hr. Johann Georg Xaver Gegermayr.
Gericht- und Kastenamtsgegenschreiber zu Hilpolstein: Hr.
  Aloys Hosemann.
Stadt- und Amtsphysikus: Hr. Joseph Weixer, s. 337.
Ungeldamtsgegenschreiber zu Hilpoltstein: Hr. Johann Fer-
  dinand Otto.
Kastenmesser zu Hilpoltstein: Nikola Waller.
Kastenmesser zu Heydeck: Simon Widmann.

Landvogtamt Höchstätt.

Landvogt: Se. Excell. Hr. Mathäus Reichsgraf v. Vieregg, s. 5.
Nachfolger: Se. Excell. Hr. Philipp Reichsgraf v. Vieregg, s. 16.
Landvogt- und Kastenamtsadministrator: Hr. Ferdinand von
  Günther, s. 331.
Landgerichtschreiber: Hr. Johann Nepomuck Gietl.
Mautner zu Höchstätt: Hr. Joseph Ignatz Bruckmayr, zugl.
  Spitalverwalter, Hünervogt, Zunftverwalter und Accis-
  einnehmer.
Stadt- und Amtsphysikus: Hr. Johann Baptist Brey, d. A. D.

Landvogtamtsadvokat, zugl. Profurator: Hr. Carl Philipp
  Sack, Pfal.gräflich-Birkenfeldischer Hofrath, Gerichtsvogt
  zu Steinheim und Deisenhofen, dann Kastenamtsgegenschrei-
  ber zu Höchstätt.
Ungeld = Stadt und Landsteuereinnehmer: Hr. Thade Dexler.
Spitalverwalter: Hr. Joseph Bruckmayr, s. 340.
Ungeldsgegenschreiber: Hr. Carl Strobl.
Landvogtamtsprokuratoren: Hrn. Carl Ignatz Gitter.
  Obiger Carl Philipp Sack.
Mautner, Obervogt und Forstamtsverweser zu Bachhagel:
  Hr. Aloys Koch.
Vögtte zu Blindheim: Hrn. Franz Joseph Braunberger.
       Dattenhausen: Johann Link.
       Kicklingen: Ludwig Ignatz Heinzlmayr.
       Lutzingen: Jakob Strobl.
       Steinheim u. Deisenhofen: Obiger Carl Sack.
Wöhrmautner zu Kicklingen: Hrn. Obiger Ludwig Heinzlmayr.
  am Stock zu Bachhagel: Joh. Evangelist Schorer.
Weber= und Zunftmeister: Andreas Weegmann.
Zunftknecht: Christoph Ruf. Kastenknecht: Clemens Bösele.
Zollbereiter: Michael Klöbinger. 1 Schloßthorwart.
         L a a b e r u n d L u p p u r g.
Pfleger, Kastner, dann Ungeld=und Steuereinnehmer: Der hoch-
  wohlgebohrne Hr. Franz Gottlieb des h. r. Reichspanner und
  Freyherr Brentano von Brentheim, auf Hauntzenstein, kön.
  pohlnischer Kammerer und des Stanislausordens Ritter.
Gerichtschreiber zu Laaber: Hr. Johann Michael Stauber,
  zugl. Ungeld = und Steuereinnehmer allda.
Gerichtschreiber zu Luppurg: Hr. Joseph Ignatz Lehr, zugl.
  Ungeld = und Steuereinnehmer allda.
Freyresignirter Gerichtschreiber: Hr. Johann Thomas Haider.
Ungeldamtsgegenschreiber zu Laaber: Hr. Franz Weisgerber.
Kastenamtsgegenschreiber zu Laaber: Hr. Johann Mathias
  Manglberger.
Kastenamtsgegenschreiber zu Luppurg: Hr. Lindl, zugl. Markt-
  schreiber.
              L a u i n g e n.
Pfleger: Titl. Hr. Alexander Tänzl, Freyherr von Trazberg, s.60.
Stadtlauingischer Spezialhofkommissär: Hr. Ferdinand von
  Setzger, s. 191.
Stadtvogt und Mautner: Hr. Joseph Kreutter, zugl. Stadtun-
  geld = und Steuereinnehmer, s. 339.

Stadt- und Amtsphysikus: Hr. Johann Michael Winter, d. A. D. churfl. Medizinalrath.
Spitalverwalter: Hr. Bernard Kränzle.
Ungeldamtsgegenschreiber: Hr. Johann Georg Leinfelder.
Gerichtsvogt zu Faimingen: Hr. Anton Raubolt.
Wöhrmautner zu Mödlingen: Hrn. Georg Pettendorfer.
    Zierth:im: Joseph Sölzle.
Waarenbeschauer zu Lauingen: Joseph Kree, s. 339.
Zollbereiter: Jakob Seiler.
Schloß:horwart und Kastenknecht: Joseph Sauer.

Parßberg.

Pfleger, Lehenprobst, Kastner, Steuereinnehmer, Ungelder und Forstmeister: Hr. Carl Edler von Godin, s. 305.
Nachfolger: Eines dessen Kinder.
Gerichtschreiber: Hr. Joseph Martin Sigritz.

Regenstauf.

Pfleger, Kastner und Steuereinnehmer: Titl. Hr. Franz Joseph Freyherr von Drechsel.
Pflegs- und Kastenamtskommissär: Hr. Johann Baptist von Pock, d. R. L. und der churfl. Akademie der Wissenschaften in München Mitglied, zugl. Ungelds- und Steuerverweser.
Gerichtschreiber: Hr. Johann Nikola Renner.
Hauptzollner und Ungelder: Hr. Johann Thomas Koller, zugl. Kastenamtsgegenschreiber.
Wöhrmautner zu Bernhardswald: Hr. Anton Paulus.

Reichertshofen.

Pfleger, Kastner, Ungeld- und Steuereinnehmer: Titl. Hr. Carl August Reichsgraf von Oberndorff, s. 67.
Pflegskommissär: Hr. Franz Augustin Schafberger, zugl. Ungelds- und Steuerverweser, s. 331.
Die Anwartschaft auf diese Bedienstungen ist des Hrn. Schafbergers Ehegattinn und Kindern gnädigst zugesichert.
Gericht-, Kasten- und Ungeldamtsgegenschreiber: Hr. Franz Xaver Strobl.
Zollner: Hr. Franz Schafberger.
Vogt, Wöhrmautner und Ungeldsgegenschreiber zu Manching: Hr. Lorenz Kling.

Rennertshofen.

Diese Pflege ist dem Landrichteramte Grayspach einverleibt.
Gerichtschreiber und Zollner: Hr. Carl Bruckmayr, zugleich Ungeld- und Steuereinnehmer.

Beygeordneter: Hr. Johann Wolf, d. R. C.
Ungeldsgegenschreiber: Hr. Franz Xaver Naila.

Schwandorf.

Pflegs- und Kastenamtsgenus-Innhaberinn: DesTitl.Freyherrn von Quentel hinterlassene Frau Wittwe und Söhne.
Pflegs-Kasten- und Mautamtsverweser: Hr. Benno Weber, zugl. Ungeld- und Steuereinnehmer.
Gerichtschreiber: Hr. Joseph Forster, zugl. Zoll- und Ungeldamtsgegenschreiber, dann Spitalverwalter.

Velburg.

Pflegsgenus-Innhaberinn: Die verwittwete Freyfrau von Jungwirth, gebohrnen Freyinn von Bode.
Nachfolgerinn: Eine dieser Freyfrau von Jungwirth Töchter.
Pflegskommissär: Hr. Edmund Freyherr von Schatte, zugl. Kastner, Ungeld- und Steuereinnehmer, s. 330.
Nachfolger: Hr. Michael Edler von Lehner, s. 305.
Amtsphysikus: Hr. Thadäus Link.
Gerichtschreiber: Hr.FranzJosephNöckel,zugl.Leheninspektor, dann Kastner und Ungeldamtsgegenschreiber, auch Mautner.
Verwalter der geistl. Gefällen: Hr. Anton Michael Mayr, auf Staufersbuch, Kloster Waldsassen- u. Pillnhoferischer Kastner.
Wöhrmautner zu Wallerstorf: Hr. Conrad Baumgartner.

Erboberstjäger- und Oberstforstmeisteramt
zu Neuburg.

Erboberstjäger- und Oberstforstmeister.

Titl. Hr. Aloys Freyherr von Haacke, s. 16.
Forstschreiber: Hr. Franz Leopold Schepper.
Oberjäger: Hr. Johann Peter Hagn.
Oberförster zu Bergen: Hrn. Obiger Peter Hagn.
        Nachfolger: Jakob Aigen.

Bittenbrunn:	Franz Joseph Ernst.
Daiting:	Franz Xaver Baldauf.
Ensfeld:	Phil. Niederreiter, Amtsforst.
Grinau:	Franz Anton Pestalazi.
Gunzenheim:	Andreas Schmutterer.
Hafenreith:	Joseph Aigen, Amtsforster.
Marxheim:	Andreas Schmutterer, zugleich Wörthforster.
Monnheim:	Johann Georg Hagn.
Nögling:	Arnold Lebersorg.
Unterhausen:	Johann Georg Niederreiter.

Oberförster zu Weichering Hrn: Joseph Göbl.
  Zwerchstraß: Franz Xav. Aigen, Amtsforst.
Unterförster zu Annbach: Michael Faigel.
  Ballerstorf: Georg Faigel.
  Berkheim: Franz Ettenreich.
  Brugg: Narzis Geiger.
  Laffenau: Mathias Schmutterer.
  Neuhausen: Franz Löster.
  Reichertshofen: Franz Neuhard.
  Riedensheim: Joseph Grabler.
  Wolferstatt: Andreas Merz, zugl. Beyzollner.
Hofjäger: Franz Xaver Löster. Franz Anton Schepper.
  Jakob Aigen, zugl. Zeugknecht und Hauspfleger.
Triffelsucher: Joseph Kigler, zugl. Schutt- und Gromethüter.

Oberstforstmeisteramt am Nordgau zu Burglengenfeld.

Dienstgenus-Innhaberinn: Die hochwohlgebohrne Fräule Franziska Dorothea Freyinn von Junker.
Oberstforstmeister: Titl. Hr. Moritz Freyherr von Junker, s. 61.
Beygeordneter: Titl. Hr. Marquard Freyherr von Großschedl, zu Steinsberg.
Forstschreiber: Hr. Joseph Peserl, s. 338.
Oberjäger: Hr. Joseph Streibl, auch Oberförster zu Kallmünz.
Oberförster zu Beratshausen: Hrn. Balthasar Dorner.
  Biechheim: Georg Adam Royer.
  Edelhausen: Johann Dorner.
  Grafenwein: Carl Anton Abbuzio.
  Kallmünz: Obiger Joseph Streibl.
  Lonsnitz u. Samspach: Johann Adam Hein.
  Schwaighausen: Franz Xaver Raul.
Amtsförster zu Burglengenfeld: Hrn. Joseph Wenzel Zaschka.
  Eichhofen: Maximil. Lhanhauser.
  Luppurg: Georg Ruml.
    Jakob Ruml, emeritus.
  Ottenfeld: Franz Xaver Bittlinger.
  Pettenhof: Joseph Carl Philipp.
  Vielenhofen: Sebastian Heindl.
    Peter Heindl, emeritus.
  Ponnholz: Joseph Ruml.
Unterförster zu Beratshausen: Johann Peter Hopf.
  Kallmünz: Johann Michael Hopf.
  Rittendorf: Georg Scherer.

Unterförster zu Regenstauf: Ignatz Hagn.
　　　　　Schwaighausen: Georg Lippert.
　　　　　Wilshofen: Joseph Schmidl.
Hofjäger: Franz Xaver Löster.
Zeugknecht zu Burglengenfeld: Joseph Zaschka, s. 344.
Forst- und Jagdboth: Georg Gräf.

Forstmeisteramt Heydeck, Hilpoltstein und Allersberg.

Forstmeister: Hr. Franz Carl Edler von Strassern, s. 333.
Nachfolger: Eines dessen Kinder.
Oberförster zu Allersberg: Hrn. Joseph Anton Baldauf.
　　　　　　　　Nachfolg. Joh. Georg Ertner.
　　　　Heydeck:　　Obiger Carl von Strassern.
Oberforster zu Hilpoltstein: Hr. Peter Eglii.
Unterterforster zu Heydeck: Mathias Schmutterer, s. 344.

Forstmeisteramt Höchstätt.

Oberforstmeister: Se. Excell. Hr. Matthäus Reichsgraf von
　Vieregg ꝛc. s. 5.
Nachfolger: Se. Excell. Hr. Philipp Reichsgraf v. Vieregg, s. 16.
Forstmeisteramtsadministrator: Hr. Joseph Jubert, s. 333.
Förster zu Bergheim:　　　Hrn. Anton Haigel.
　　　　Erlingshofen:　　Franz Xaver Nittbaur.
　　　　Kicklingen:　　　Johann Haigl.
　　　　Oberliezheim:　　Eustach Stublmüller.
　　　　Petersworth:　　　Anton Winkler, s. 339.
　　　　Wolferstätten:　　Franz Xaver Gunzner.

Forstmeisteramt Painten.

Forstmeister: Hr. Anton von Fabris, s. 333.
Beygeordneter: Hr. Franz von Fabris.
Oberforster: Hr. Anton Streidl.
Unterforster: Martin Feigel.
Nachfolger: Aloys Feigel.
Forstknecht: Anton Rumel.
Amtsforster zu Langenfreit: Hr. Johann Amberger.

Parsberg.

Forstmeister: Hr. Carl Edler von Godin, s. 305.
Revierjäger: Stephan Pezolt.
Unterforster: Hieronimus Götz.

Herzogthum Sulzbach.
Churfl. Simultanische Religions- und Kirchen-Deputation.
Vorstand.
1790. Titl. Hr. Johann Michael Bedall, s. 306.
Titl. Herren Räthe.
1792. Georg Joseph Siegert, s. 306.
1790. Leonard Magnus von Köhler, s. 306.
1790. Tobias Bayer, s. 306.
1791. Georg Christoph Tretzel, s. 306.

Sekretär: Hr. Carl Friderich Muffat.
Expeditor und Registrator: Hr. Philipp Wirth.
Protokollist: Hr. Andreas Ellersperger, herzogl. Zweybr. Rath.
Kanzelist: Hr. Johann Michael Abt, zugl. Oberungeld- und Hofkastenamts-Controleur.
Rathdiener: Martin Strauß.
Beygeordneter: Joseph Müller.
Both: Wenzel Hetzenecker.

Churfl. Ambergische Regierungs- dann Religions- und Kirchendeputations-Advokaten zu Sulzbach.
Hrn. Christian Sperl, s. 320.
    Lorenz Alt.
    Philipp Geiger.
    Johann Jakob Aichinger.
    Carl Friderich Kraft, zugl. Stadtsyndikus zu Sulzbach.
    Joseph Günther, s. 323.
    Wolfgang Helmes.
    Peter Krembs, auch Stadtsyndikus zu Sulzbach.
    Ludwig Steinmetz, s. 320.
    Peter Gareis, d. R. L.

Landrichteramt Sulzbach.
Landrichter: Titl. Hr. Fr. Xa. Reichsgraf v. Seyboltsdorf, s. 17.
Administrator: Obiger Hr. Johann Michael Bedall.
Stadt- und Landphysikus: Hr. Bernard Joseph Schleiß, von Loewenfeld, s. 220.
Beygeordneter: Hr. Christoph Raphael Schleiß, von Loewenfeld, d. A. D.
Landgerichtschreiber: Hr. Egid Edler v. Enhuber, churfl. Rath.
Stadt- und Landchirurgus: Hr. Johann Christoph Bollmann, auch Lehrer der Geburtshilfe.

2 Landrichteramtsboth. 1 Landschreiberamtsboth.

(347)

Lehenprobsteyamt.
Lehenprobst: Titl. Hr. Fr. Xav. Reichsgr. v. Seyboltsdorf, f. 17.
Administrator: Hr. Johann Michael Bedall, f. 306.
Lehenschreiber: Hr. Egid Edler von Enhuber, f. 346.

Hofkastenamt.
Hofkastner: Hr. Tobias Bayer, auch Landschreiber in Oekonomicis, f. 306.
Gegenschreiber: Hr. Michael Abt, f. 346.
Hofkastenmesser: Joachim Schuhmann.

Obersteuer- Oberungeld- und Hauptmautamt.
Obersteuereinnehmer, Oberungelder und Hauptmautner: Hr. Hieronimus Gareiß.
Oberungeldamtsgegenschreiber: Obiger Hr. Michael Abt.
Ungeldsgegenschreiber zu Königstein: Hrn. Joseph Heffner.
 Paul Meydenbauer.
 zu Pachetsfeld: Franz Jäger.
Hauptmautamtsgegenschreiber: Hr. Leonard Krembs.
Waarenbeschauer: Franz Xaver Feßl.
Mautdiener: Johann Holeder.
Wöhrmautner zu Achtel: Hrn. Johann Paul Renner.
 Töppersricht: Joseph Mayer.
 Weigendorf: Michal Bayer.
Kleinmautner zu Förnried: Obiger Paul Meydenbauer.
 Kirchenreinbach: Peter Hölzl.
Mautner zu Popperg: Hr. Georg Dörfuß.
Mautdiener zu Achtel: Sebastian Weiß.
 Weigendorf: Clemens Hollschart.

Stadtrath zu Sulzbach.
Churfl. Bürgermeister.
Hrn. Aloys Schiesel, zugl. Meßverwalter.
 Erhard Fuchs, Stiftungsverwalter.

Bürgerliche Bürgermeister.
Hrn. Zacharias Panzer, resignirter.
 Joseph Krembs, Kirchen- und Spitalverwalter.
 Mathias Panzer, Stadtkämmerer und Stadthauptmann.
Stadtsyndici: Hrn. Carl Kraft, f. 346.
 Peter Krembs, f. 346.
Stadtwachtmeister: Hr. Heinrich Gottschalk.
8 innere und 12 äußere Rathsfreunde.
1 Rathdiener.

Churfl. Oberstmünz- und Bergmeisteramt
in den heroberen Churlanden.

Oberstmünz- und Bergmeister.
Se. Excellenz Hr. Joseph Reichsgraf von Törring u. Gronsfeld, zu Jettenbach ꝛc. f. 12.

Obermünz- und Bergkommiſſär.
Titl. Hr. Christoph Freyherr von Schütz, f. 65.

Münz- und Bergräthe.
Titl. Herren.
Dominikus Friderich von Linbrunn, f. 187.
Mathias Flurl, f. 206.
Aloys von Plank, f. 207.
Johann Nepomuck von Thoma, Bergfiskal, f. 206.
Joseph Baader, f. 207.
Franz Xaver Baader, karakterisirter Münz- und Bergrath.

Sekretarien.
Hrn. Jakob Ignatz Moser, f. 211.
Corbinian Badhauser, f. 211.

Rechnungskommissarien.
Hrn. Joseph Martinian Menzinger, f. 212.
Maximilian Zeiler, f. 212.

Registrator.
Hr. Johann Nepomuck Kandler, f. 213.

Kanzelisten.
Hrn. Johann Georg Lori, f. 214.
Aloys Maylinger, f. 214.

Die Expedition ist dermalen bey der churfl. Hofkammer in München.

Kanzleyboth: Franz Xaver Wepfer, f. 214.

Münzwesen.
Churfl. Münzstatt zu München.

Spezialwardein: Hr. Heinrich Joseph le Prieur, zugl. des löbl. baierischen Kreises Generalwardein.
Kaßler: Hr. Anton Joseph Thaller.
Materialverwalter, Kaſſacontroleur und Buchhalter: Hr. Joseph Arnold.
Buchhaltereygehilf: Hr. Martin Arnold.
Prägschneider: Hr. Joseph Ignatz Scheufel.
Graveur: Hr. Cajetan Destouches.
Münzschloſſermeister: Michael Weydenhiller.
Amtsdiener: Wolfgang Widmann. Both: Anton Gottfried.

Curfl. Münzstatt zu Amberg.

Münzstattverwalter: Hr. Carl Dietl.
Gehilf: Hr. Carl Friderich Dietl, s. 311.

Bergwesen.

Marktscheider: Hr. Johann Neumann.
Maschineninspektor: Hr. Joseph Baader, s. 207.

1. Bergrevier.

Oberverwesung und Berggericht dermalen in München.

Administrator: Hr. Mathias Flurl, s. 206.

2. Bergrevier.

Oberverwesung und Berggericht Bergen.

Oberverweser: Hr. Michael Wagner.
Obersteiger in der Weitwiese: Andreas Kirchmayer.
Anschaffer in Bergen: Peter Aschl.
Schmelzmeister: Mathias Schmid.
1 Bergschmid. 1 Hammermeister.
1 Forstmeister. 1 Streckmeister.
1 Bergforster und Waldübergeher.

Verwesung Aschau.

Verweser: Hrn. Wilhelm Beutelhauser.
  Johann Wening, emeritus.
Anschaffer: Johann Pichler.
3 Hammermeister. 1 Streckmeister.

Verwesung Rauschenberg.

Verweser: Hr. Joseph Lori.
Obersteiger: Philipp Baurecker. 1 Bergschmid.

3. Bergrevier.

Oberverwesung und Berggericht Bodenmais.

Oberverweser: Hr. Andreas Nachtmann.
Obersteiger: Anton Wolfrath.
Sudmeister: Johann Leuthner. 1 Bergforster.

4. Bergrevier.

Oberverwesung und Berggericht Bodenwöhr.

Oberverweser: Hr. Ignaz Voigt.
Obersteiger: Wilhelm Rheinstein.
Anschaffer: Joseph Heinbl. Schmelzmeister ist unbesetzt.
1 Bergschmid. 1 Zerrenmeister. 4 Formmeister. 2 Frischmeister.
1 Löschmeister. 1 Zainmeister.
1 Bergforster, zugl. Revierjäger.

5. Bergrevier.
Oberverwesung und Berggericht Gottesgab am Fichtelberg.

Interimsverweser: Hr. Joseph Brunner.
Nebenverweser: Hr. Caspar Reiner.
Obersteiger: Conrad Kopmann.
Anschaffer: Anton Reichenberger.
Schmelzmeister: Johann Schmelzer.
1 Bergschmid. 3 Frischmeister.
2 Formmeister. 1 Zainmeister.

6. Bergrevier.
Oberverwesung und Berggericht Erzberg bey Amberg.

Nebenverweser: Hr. Johann Georg Stauber.
Obersteiger: Melchior Auer.
  Leonard Auer.
1 Bergschmied.

Verwesung zu Weyerhammer bey Mantel.
Verweser: Hr. Ignaz Pinbl.
Schmelzmeister: Lorenz Pezler.
2 Formmeister. 1 Frischmeister.

Berg-Praktikanten.
Hrn. Andreas Fuhrmann, der Zeit Schichtenmeister beym oberländischen Steinkohlenbau.
  Ephraim Hilber.
  Franz Xaver Scheftelmair.

Churfl. Porcellanfabrik in Nymphenburg.
Direktor.

Se. Excell. Hr. Joseph Reichsgraf von Törring und Gronsfeld zu Jettenbach ꝛc. s. 12.
Kommissär: Hr. Mathias Flurl, s. 206.
Oberaufseher und Modellmeister: Hr. Joh. Peter Melchior.
Buchhalter: Hrn. Johann Dionis Planck.
  Franz Xaver Spannberger, zugl. Faktor bey der churfl. Eisenniederlage.
Oberpossierer: Hr. Peter Seefried.
Obermaler: Hr. Cajetan Burtscher.

Herzogthümer Gülich und Berg.
Gülich- und Bergischer geheimer Rath.

Kanzler.
1794. Se. Excell. Hr. Franz Carl Freyherr v. Hompesch ꝛc. s. 6.

Vizepräsident.
1792. Se. Excell. Hr. Gottfried Freyherr von Beveren, s. 23.

Adeliche Räthe.
Titl. Herren.
1770. Arnold Freyherr Raitz von Frentz, s. 52.
1774. Se. Excell. Joseph Graf von Goltstein, s. 28.
1782. Maximilian Freyherr von Bentinck, s. 24.
1785. Maximilian Freyherr von Pfeil, s. 63.
1786. Johann Wilhelm Freyherr von Hompesch.
1787. Carl Freyherr von Kolf, s. 63.
1794. Arnold Christoph Freyherr von Dorth.

Vizekanzler.
1780. Titl. Hr. Georg Joseph Reichsfreyherr von Knapp, auch Lehendirektor, Hoheits Referendär, Religionskommissär u. Oberappellationsgerichts Kanzleydirektor.

Gelehrte Räthe.
Titl. Herren.
1750. Heinrich Reichsfreyherr von Grein, 95.
1757. Anton Wilhelm Joseph Freyherr von Robertz, geistl. geheimer Rath, dann Prälat und geheimer Kammerer Sr. päbstl. Heiligkeit, auch Probst zu Kerppen.
1761. Goswin Joseph von Buininck, zugl. Oberappellationsgerichtsrath und Bibliothekär.
1769. Joseph Edler von Corsten, auch Oberappellationsgerichtsrath.
1772. Bertram von Hagens, auch Oberappellationsgerichtsrath, Lehenfiskal und Religionskommissär.
1779. Heinrich Wilhelm von Lemmen, Syndikus und Sekretär bey dem N. R. W. Kreise, auch der gülichischen Hauptstädte Syndikus.
1783. Alexander Joseph Edler von Daniels, auch wirkl. Hofrath und Criminalreferendär.
1783. Jakob Reichsfreyherr von Kyllmann, zugl. Oberappellationsgerichtsrath und Steuerreferendär.

Titl. Herren.

1784. Johann Wilhelm Jeger, zugl. Oberappellationsgerichts-rath und = Appellations-Kommissariats Direktor zu Erkelenz, dann Oberforst- und Jagdamtsrath, auch g. u. b. Jagdkommissär.

1788. Johann Wilhelm Bewer, zugl. Oberappellationsgerichtsrath und der bergischen Hauptstädte Syndikus.

1788. Johann Engelbert Fuchsius, zugl. Oberappellationsgerichts- dann g. u. b. Oberforst=und Jagdamtsrath und Kommissär.

1792. Johann Wilhelm Windscheid, zugl. wirkl. Oberappellationsgerichts-Hofkammer- dann Oberforst- und Jagdamtsrath.

1792. Johann Gottfried Francken, auch wirkl. Hofrath, Oberforst- und Jagdamtsrath, dann Stadtschultheiß zu Düsseldorf.

Sekretarien.

Hrn. Arnold Jansen, g. u. b. geheimer Rath, dann gülichischer- und Lehensekretär.

Peter Schulten, bergischer und Oberappellationsgerichts-Sekretär, auch Jungrath im Stadtrathe.

Weg-Departement.

1798. Wegkommissär: Hr. Theodor Arck, gülich- und bergischer geheimer Rath.

Wegregistrator und Aktuar: Hr. Anton Rings, zugl. wirkl. Hofkammersekretär.

Archivar.

Hr. Alexander Edler von Daniels, s. 351.

Coarchivar: Hr. Caspar Bender, auch g. u. b. wirkl. Hofrath.

Archivsaktuar: Hr. Lacomblet.

Bibliothekär.

Hr. Goswin von Buininck, s. 351.

Sekretär: Hr. Lorenz Brewer, auch Regierungskanzelist.

Registratoren.

Erster: Hr. Conrad Franz Reuß.

Zweyter: Hr. Joseph Zentel.

Expeditor u. Bothenmeister.

Hr. Johann Wilhelm Lehnen.

Kanzelisten.

Hr. Christoph Hessenhover, zugl. Kreislegations-Sekretär und Registrator, auch bey dem Appellationskommissariat zu Erkelenz Sekretär.

Hrn. Lorenz Brewer, s. 352.
 Franz Joseph Feigel, zugl. Oberforst- und Jagdamts-
  Expeditor und Kanzelist.
 Hermann Joseph Schmitz.
 Accessisten: Joseph Küster,
 Carl Kaiser.
 Wilhelm Kast.
Kanzleydiener: Ludwig Le Prieur.
Beygeordneter: Mathias Nehmer.
4 Kanzleybothen.

Gülich- und Bergischer Generalpolizey-Kommissär.
Titl. Hr. von Reorberg, s. 28.

Steuer-, Finanzen- und Kriegsdepartement.
Präsident.
Se. Excell. Hr. Franz Carl Freyherr von Hompesch ꝛc. s. 6.
Direktor.
Se. Excell. Hr. Gottfried Freyherr von Beveren, s. 23.
Adelicher Rath.
Se. Excell. Hr. Joseph Graf von Goltstein, s. 28.
Gelehrte Räthe.
Titl. Hrn. Heinrich Reichsfreyherr von Grein, s. 95.
 Jakob Reichsfreyherr von Kyllmann, s. 352.
 Johann Engelbert Fuchsius, s. 352.
Sekretär.
Hr. Carl Ludwig Eylertz, g. u. b. Hofrath.
Mitverseher: Hr. Franz Wil. Custodis, zugl. Steuer-Registrat.
Steuer-Fiskalats Advokat: Hr. Wilhelm Hardt, zugl. wirkl.
 Bergrath, dann Bergvogt und Bergmeister im Bergischen.
Land-Matrikulär.
Hr. Carl Philipp von Kochs, wirkl. g. u. b. Hofkammerrath
 und Fiskal, auch Wasserzollkommissär.
Rechnungsverhörer.
Hrn. Hermann Beuth, g. u. b. Hofkammerrath und Ehrenmit-
 glied der Akademie der schönen Künste zu Düsseldorf und
 der Gesellschaft naturforschender Freunde zu Berlin.
 Friderich Nebe.
 Leopold Custodis.
 Accessisten: Heinrich Wilhelm Custodis.
 Michael Joseph Kerris.

Registratoren.
Hrn. Franz Wilhelm Custodis.
Arnold Cornelius.
Accessist: Franz Custodis.

Expeditor.
Hr. Peter Joseph Welcker.

Kanzelisten.
Hrn. Joseph Augustin Zehnpfenning.
Johann Peter Klein.
Joseph Wolff.
Accessisten: Heinrich Anton Klein.
Heinrich Anton Schleicher.
Kanzleydiener: Joseph Bergrath.
2 Bothen.

Pfenningsmeister.
Im Gülichischen. Hr. Joh. Ant. von Leseque, g. u. b. Hofrath.
Beygeordneter: Hr. Johann Gerard von Leseque.
Im Bergischen: Hr. Franz Heister, g. u. b. Hofrath.
Militär-Oekonomierath: Hr. Schenck.
Wasserbaumeister: Hr. Christian Wilhelm Bilgen, Ingenieurhauptmann.
Landkartenkingenieur: Hr. Ludwig von Pigage, s. 46.
Nachfolger: Einer dessen Söhne.
Krippenknechte: Wilhelm Mostard.
Heinrich Classen.
General-Landmesser: Hr. Johann Buschmann.
Bauschreiber zu Gülich: Hr. Anton Euler.
Bauverwalter zu Düsseldorf: Hr. Georg Englhard, s. 111.
Hospitalmeister: Hr. Johann Conrad Brummer, zugl. Hofkammeral-Rechnungsverhörer.
Zeughausverwalter zu Düsseldorf: Hr. Bernard Walch, s. 110.
Zu Gülich: Hr. Robis, s. 110.
Provisorischer Kaserneninspektor: Hr. Heinrich Wilh. Custodis.
Wallinspektor: Hr. Eiselohr.

Gülichischer Landmarschall.
Titl. Hr. Edmund Graf von Hatzfeld, Amtmann zu Düsseldorf, Eschweiler und Wilhelmstein.

Landhofmeister.
Diese Stelle ist der Zeit unbesetzt.

Erbkämmerer.
Diese Stelle ist dermalen unbesetzt.

Erbschenk.
Diese Stelle ist der Zeit unbesetzt.

Gülichische Landkommissarien.
Se. Excell. Hr. Joseph Graf von Goltstein, s. 28.
Titl. Hr. Carl Freyherr von Hompesch, zu Bollheim.
Titl. Hr. Ludwig Freyherr von Harff, s. 24.
Nachfolger: Titl. Hr. Friderich Reichsgraf von Geldern, s. 24 und dessen Hrn. Söhne.

Bergischer Landmarschall.
Se. Excell. Hr. Gottfried Freyherr von Beveren, s. 23.

Landhofmeister.
Titl. Hr. Moritz Freyherr von Gaugreben, s. 58.

Bergische Landkommissarien.
Titl. Hr. Carl Graf von Nesselrode, s. 60.
Titl. Hr. Friderich Freyherr von Lützerode, s. 56.
Titl. Obiger Hr. Carl Freyherr von Hompesch, zu Bollheim.
Gülichischer Marschsekretär: Hr. Abraham Krey.
Beygeordneter: Hr. Franz Arnold Deroy.
Bergischer Marschsekretär: Hr. Kühlwetter.

Gülich- und Bergisches Concilium Medicum.
Direktor: Titl. Hr. Aegidius Odenthal, s. 117.

Herren Räthe.
Sigismund Zehnpfenning, zugl. Stadtphysikus in Euskirchen.
Joh. Wilhelm Gottfried Zanders, b. A. D. erster Stadtmedikus.
Johann Baptist Schmidt, zweyter Stadtmedikus.
Johann Conzen.
Bernard Rayland.
Beysitzer in Pharmaceuticis: Hrn. Joseph Heinrich Henking.
  Ludolph Schöller.
Aktuar: Hr. Johann Stephan Josten, auch Hofrathskanzelist.
1 Both.

Gülich- u. Bergisches Oberappellationsgericht.
Präsident.
1794. Se. Excell. Hr. Franz Carl Freyherr v. Hompesch ꝛc. s. 6.
Vicepräsident.
1770. Se. Excell. Hr. Gottfried Freyherr v. Beveren ꝛc. s. 23.
Adelicher Rath.
1787. Titl. Hr. Carl Freyherr von Kalf, s. 63.

Kanzleydirektor.
1773. Titl. Hr. Georg Jos. Reichsfreyherr von Knapp, s. 351.

Gelehrte Räthe.
Titl. Herren.
1769. Goswin von Buininck, s. 351.
1769. Joseph Edler von Corsten, s. 351.
1773. Bertram von Hagens, s. 351.
1783. Jakob Reichsfreyherr von Kyllmann, 351.
1784. Johann Wilhelm Jeger, s. 352.
1784. Johann Wilhelm Beiwer, s. 352.
1788. Johann Engelbert Fuchsius, s. 352.
1788. Johann Wilhelm Windscheid, s. 352.
1794. Johann Gottfried Schram, zugl. wirkl. Hofkammerrath.
1794. Peter Linden, zugl. wirkl. Hofrath.

Sekretarien.
Hrn. Arnold Jansen, s. 352.
    Peter Schulten, s. 352.

Registrator und Expeditor.
Hr. Peter Joseph Pellmann.

Kanzelisten.
Hrn. Johann Peter Busch.
    Lambert Leers.
    Accessist: Joseph Frey.
Kanzleydiener: Friderich Blatzbecker.
Beygeordneter: Johann Satorius.
1 Both.

Gülich- u. Bergisches Hofraths-Dikasterium.
Präsident.
1779. Se. Excellenz Hr. Friderich Freyherr v. Ritz, ꝛc. s. 23.

Adeliche Räthe.
Titl. Herren.
1756. Franz Carl Freyherr von Bourscheid, zu Burbroell.
1783. Arnold Christoph Freyherr von Dorth, s. 351.
1792. Ignatz Eduard Freyherr von Berghe, genannt Trips.
1792. Ferdinand Joseph Freyherr von Bourscheid.
1785. Accessist: Joh. Wilhelm Freyherr v. Hompesch, s. 351.

Gelehrte Räthe.
Titl. Herren.

1762. Wilhelm Bewer, Obersteuereinnehmer zu Sittard, Born u. Millen, auch Rheinzoll- u. Schifffahrtskommissär.
1769. Franz Carl von Hagens.
1769. Georg Wagner, auch Criminalreferendär.
1771. Alexander Edler von Daniels, f. 351.
1772. Paul Anton von Katz.
1772. Wilhelm Sebastian von Reiner.
1774. Carl Theodor Frincken.
1779. Peter Linden, auch Criminalreferendär, f. 356.
1782. Johann Wilhelm von Zantis.
1784. Johann Gottfried Franken, f. 352.
1781. Stephan von Harold.
1788. Franz Brewer.
1788. Jakob Baumeister.
1790. Carl Theodor Reichsfreyherr von Proff.
1788. Joseph von Palmer.
1792. Arnold Bewer.
1793. Anton Schmitz.
1792. Heinrich Joseph Kerris.
1794. Philipp Legrand.
1794. Caspar Bender, f. 352.
1797. Peter Bislinger, auch Criminalreferendär.

Gülichischer Sekretär.
Hr. Anton Dippy, g. u. b. Hofrath und Referendär.

Bergischer Sekretär.
Hr. Wilhelm Moritz Mühlheim, g. u. b. Hofrath.
Nachfolger: Hr. Anton Joseph Mühlheim.

Registrator u. Fiskal-Sekretär.
Hr. Franz Blumhofer, g. u. b. Hofrath.
Zweyter Registrator: Hr. Jakob Leers.
Hr. Johann Wilhelm Friderich, Fiskalatsadvokat.

Registrator Fisci.
Obiger Hr. Jakob Leers.

Expeditor.
Hr. Johann Heinrich Lohausen.

Kanzelisten.
Hrn. Johann Stephan Josten, f. 355.
Franz Joseph Kaneel.
Peter Joseph Lohausen.

Hrn. Anton Joseph Lohausen.
 Accessisten: Christian Gottfried Walbers.
 Theodor Wilhelm Koch.
 Johann Witzgall.
Kanzleydiener: Friderich Gruber.
Beygeordneter: Friderich Gruber, der jüngere.
1 Both.
   Criminal-Referendarien.
Hrn. Georg Wagner, s. 357.
 Johann Arnold Pellmann, g. u. b. Hofrath, Vogt des
  Amts und Schöff des Hauptgerichts zu Gülich.
 Alexander Esser von Daniels, s. 351.
 Mathias Joseph Kannengiesser.
 Peter Linden, s. 357.
 Johann Wilhelm Daniels.
 Peter Bislinger, s. 357.
General-Exculpator: Hr. Reiner Kruchen, Kanzleyadvokat.
   Landschreiber.
Im Obergülchischen: Hr. Johann Schöller.
Beygeordneter: Hr. Carl Franz Xaver Deberges.
Im Untergülichischen: Hr. Augustin Sibertz.
Im Bergischen: Hr. Johann Gottfried von Düssel.
   Räthe und Referendarien.
Hrn. Georg Joseph Ricker, Pastor zu Derendorf und Kamme-
 rer der Christianität zu Düsseldorf in geistl. Sachen.
 Bernard Fromarts, gülchischer Jagdamtssekretär und
  Schultheiß zu Niedecken, auch Vogt zu Zülpich.
 Joh. Reiner Moers, zugl. g. u. b. wirkl. Hofkammerrath.
 Johann Conrad Laurenzi, auch Kanzleyadvokat.
 Andreas Theodor Wüllenweber, g. u. b. Hofrath, auch
  Schöff zu Düsseldorf.
 Heribert Reinarz, auch Obervogt und Amtsverwalter zu
  Sohlingen.
 Anton Dippn, s. 357.
 Carl Enlerz, s. 353.
 Jakob Kamphausen, g. u. b. Hofrath.
 Friderich Kiefer, zugl. Advokat.
 Peter Klein.
 Anton Joseph Rheimbach, zugl. Schöff zu Düsseldorf.
 Theodor Jansen, zugl. Kanzleyadvokat.
 Gabriel Gottfried Leunenschloß, Altrath und beygeord-
  neter Schöff zu Düsseldorf.

Hrn. Johann Wilhelm Daniels, s. 358.
    Franz Wilhelm Niesemann.
    Ferdinand Clouth, zugl. Advokatus Legalis bey den Dikasterien.
    Wilhelm Lampert Lohausen.
    Dionis Winand Klein, g. u. b. Hofkammerrath.
    Joseph Panghe, zugleich Kanzleyadvokat.
    Franz Anton Sibenius.
    Georg Moers, g. u. b. Hofrath.
    Franz Carl Keiffenheim, beygeordneter Vogt zu Breisig.
    Theodor Sonnenschein.
    Joseph Schram.

Professores Juris puclici et ordinarii.

Hrn. Carl Henoumont, zugl. Advokatus legalis.
    Jakob Kamphausen, s. 358.
    Stephan Jansen, zugl. Kanzleyadvokat.
    Franz Joseph Lohausen.
    Joseph Schram, der Kammeral-Wissenschaften, dann des Natur- und Staatsrechtes.

Advokati legales bey den Dikasterien.

Hrn. Jakob Friderichs, g. u. b. Hofrath, Schöff des Hauptgerichts in Düsseldorf.
    Joseph Nikola Schawberg, Schöff des Hauptgerichts zu Düsseldorf und städtischer Polizeykommissär.
    Johann Gottfried Schram, s. 356.
    Wilhelm Zacharias Kupfer, g. u. b. Hofrath.
    Ferdinand von Woringen.
    Emerich Xaver Krey, d. R. L.
    Georg Joseph Emunds.
    Christian Carl Reismann, g. u. b. Hofrath.
    Joseph Ambros von Dörsten, d. R. L. auch wirkl. g. u. b. Hofkammerrath.
    Friderich Mähler.
    Jakob Dewies, auch Schöff des Hauptgerichts zu Düsseldorf und Appellationskommissär zu Erkelenz.
    Obiger Carl Henoumont.
    Mathias Wulffing.
    Mathias Schall.
    Jakob Vetter.
    Franz Brewer, s. 357.
    Franz Winand Gärtzen.

Hrn. Heinrich Adolph Houben.
    Conr. d Laurenzi.
    Friderich Breitenstein, g. u. b. Oberforst-und Jagdamts-
      Sekretär.
    Sigismund Johann Bitter, auch Amtsverwalter der
      Aemter Angermund und Landsberg.
    Wilhelm Hardt, s. 353.
    Johann Heinrich Cremers.
    Friderich Kiefer, s. 358.
    Johann Wilhelm Schiller.
    Reiner Kruchen, s. 358.
    Carl Verhaß.
    Joseph Pampus, Gerichtschreiber zu Kaster und Jüchen.
    Ferdinand Ferber.
    Conrad Roers.
    Theodor Lenzen, zugl. wirkl. Hofkammerrath.
    Johann Hermann Wiesselinck.
    Christian Conrads.
    Otto von Woringen, Vogt zu Brüggen.
    Peter Joseph Roth.
    Johann Baumeister.
    Ferdinand Clouth, s. 359.
    Lampert Joesten.
    Emanuel Joseph Biesenbach.
    Robert Overlack.
    Anton Brever, zugl. Jungrath im Stadtrathe.
    Johann Wilhelm Sybertz.
    Johann Schippers.
    Gottfried Machenschein, zugl. Jungrath im Stadtrathe.
    Stephan Jansen, s. 359.
    Joseph Degreck, beygeord. Richter u. Keller zu Landsberg.
    Joseph Panghe, s. 359.
    Theodor Joseph Schram.
    Theodor Jansen, s. 358.
    Anton Rheimbach, s. 358.

        Procuratores Legales.

Hrn. Johann Carl Monten.
    Peter Joseph Pussele, zugl. Procurator Fisci cameralis.
    Johann Gerard Erdpohl.
    Arnold Herseler.
    Wilhelm Heinrich Olbertz.
    Bernard Rudesheim.

Hrn. Johann Wilhelm Claſſen.
  Johann Heinrich Corſten.
  Friderich Wilhelm Ernſt, zugl. Notar.
  Chriſtian Alons Stahl.
  Johann Schulten.
  Peter Joseph Sommers.
  Johann Joseph Haager, zugl. Notar.
  Franz Junck.
  Anton Friſch.
  Georg Füſſer.
  Daniel Kogel.
  Martin Jakob Schorn, zugl. Notar.
  Peter Herſeler.
  Peter Joseph van Gelder.
  Bernard Theodor Revs, auch Notar.
  Chriſtian Peter Kirchhof.
  Johann Flecken.
  Anton Joseph Breuer.
  Joseph Koch, auch Stadtgerichts Prokurator.
  Adrian Euler.
  Carl Wilhelm Monten.

Immatrikulirte Notarien.

Zu Aldenhoven: Hrn. Wilhelm Baptiſt Marx.
                Johann Heinrich Mayr.
    Barmen: Franz Peter Behren.
                Joseph Rütiger.
                Joseph Heydrath.
    Beienburg: F. A. Leiſering, Fiſkal und Prokurator
                  leg. Amts Beienburg.
    Bergheim: Heinrich Georg Böſer.
                Leonard Fleiſchheuer.
    Blankenberg: Johann Huckenbroich.
                Johann Ludwig Siegel.
                Heinrich Pilger.
    Brüggen: Mathias Moers.
                Anton Caſimir Eskens.
                Franz Schmitz. Kannengieſſer.
                Johann Heinrich Claeskens.
                Conrad Franz Pauli.
    Düren: Ferdinand Jakob Voiſſen.
    Dulken: Franz Peter Brunn.
    Durwis: Joseph Rittmann.

Zu Düsseldorf: Hrn. Friderich Ernst, s. 361.
    Wilhelm Reismann, zugl. kaiserl. Notar.
    Joseph Haager, s. 361.
    Martin Jakob Schorn, in den Herzogthümern Gülich und Berg.
    Bernard Theodor Keps, auch beym k. Kammergerichte zu Wetzlar immatrik.
Elverfeld: Ludwig Sieger.
    Leonard Ferler.
    Johann Gottfried Courth.
    Joseph Heydrath, s. 361.
Euskirchen: Schirnich.
    Johann Mathäus Hoevel.
Gaistingen: Gerard Baader. Franz Thoma.
Geilenkirchen: Johann Wilhelm Lutzeler.
    Leopold Stoffens.
Geresheim: Valentin Biernbach.
Gladbach: Johann Gerard de Longue.
Gülich: Johann Christian Danz, Prokurator.
    Wilhelm Heinrich Schiller.
    Johann Wilhelm Keutmann.
    Gerard Koch, Notar in den Herzogthümern Gülich und Berg.
Heinsberg: Peter Maes.
    Peter Michael Langerbein.
    Michael Lutzeler.
    Johann Conrad Leimküller.
    Johann Merzenich.
    Joh. Joseph Busch, auch Prokurator.
Hückeswagen: Ludwig Georg Klausen.
    Schade, zugl. Prokurator.
Kaiserswert: Adam Werners.
Kaster: Joh. Georg Görz, zugl. Prokurator.
    Joseph Vogt.
Lenep: Bieseling.
Linnich: Jungen.
    Johann Mathäus Mazerath.
Mettmann: Wilhelm Franz Borgnis, Prokurator.
Millen: Johann Baptist van der Bosch.
    Leopold Stoffens.
Moisbach: Johann Nelner.
Monjoye: Barion. Wintersborst.

Zu Monjoye: Hrn. Abraham Leuchtenberg.
Johann Hilden.
Münstereiffel: Peter Joseph Schildgen.
Holz.
Nevenar: Anton Queckenberg.
Niedecken: Johann Jakob Rohr.
Hubert Jakob Peusquens, Prokurator.
Norwenich: Ferdinand Boissen, s. 361.
Wilhelm Joseph Goltstein.
Porz: Heinrich Anton Hauck.
Rattingen: Ferdinand Wachendorf.
Rade vorm Wald: Johann Adolph Bechte.
Remscheid: Wilhelm Hertel.
Sinzig: Obiger Anton Queckenberg.
Johann Reuter.
Sittard: Hochstenbach.
Peter Lindgens.
Johann Wilhelm van den Berg.
Gerard Thomas de la Haye.
Leopold Stoffens, s. 361.
Johann Bernard Stramm.
Stollberg: Johann Arnold Schiller.
Süchtelen: Jakob Beilen. Stammen.
Waldbröhl: Hillesheim.
Wassenberg: Joseph Kuppers.
Conrad Leimküller, s. 361.
Franz Theodor Callbott, auch Legalis auf das Amt Manderath.
Wilhelmstein: Heinrich Wintens, auch Prokurator.
Windeck: Johann Hucklenbroich.

Gülich- und Bergische Hofkammer.

Präsident.
1791. Se. Excellenz Hr. Maximilian Freyherr von Bentinck ꝛc. s. 24.

Vizepräsident.
1791. Se. Excell. Hr. Joseph Graf von Goltstein, s. 28.

Adeliche Räthe.
Titl. Herren.
1784. Carl Theodor Freyherr von Eynatten zu Trips, Amtmann zu Euskirchen u. der Gülichischen Ritterstände Mitglied.

1788. Carl Alexander Freyherr von Blanckart.

Direktor.

1791. Titl. Hr. Franz Freyherr v. Collenbach, auch alleiniger Baukommissär, dann Oberforst- u. Jagdamtsrath.

Titl. Herren Räthe.

1766. Franz Jos. v. Dackweiler, auch Ravensteinerkommissär.
1766. Erasmus von Hagens, auch Münzkommissär.
1768. Carl von Kochs, Wasserzoll- und Accißkommissär, auch Fiskal, s. 353.
1772. Friderich Heinrich Jakobi, g. u. b. geheimer Rath, auch Wasserzollkommissär.
1776. Johann Wilhelm Windscheid, auch Fiskal, dann Land- und Wasserzollkommissär, s. 352.
1779. Johann Reiner Moers, s. 358.
1779. Johann Gottfried Schramm, s. 359.
1780. Joseph von Dörsien, auch Landzoll- und Schloßbensberger Kommissär, s. 359.
1781. Gottfried Freyherr von Franz, zugl. Eller- u. Schloßbenrather- auch Brüchtenkommissär, s. 98.
1782. Richard Caspar Steinwarz, zugl. Landrentmeister.
1784. Joseph Zacharias Bertoldi.
1784. Johann Christian Frohn.
1790. Ignatz Joseph Freyherr von Otten, g. u. b. Hofrath, Rheinzolleinnehmer, auch Stadtschultheiß u. Rentmeister zu Kaiserswert.
1791. Carl Stahl.
1797. Joseph Lentzen, auch Fiskal.

Bergrath.

1787. Hr. Wilhelm Hardt, s. 353.

Sekretarien.

Hrn. Peter Entenich.
   Johann Ferdinand Steffens.
   Anton Rings, s. 352.

Rechnungsverhörer.

Hrn. Jakob Beuth, g. u. b. Hofkammerrath.
   Johann Heinrich Busch.
   Johann Peter Zilger.
   Johann Conrad Brummer.
   Accessisten: Friderich Wilhelm Weyler.
   Carl Heinrich Busch, zugl. Bergschreiber im Bergischen.
   Gottfried Johann Nepomuck Zilger.

Registrator.
Hr. Joseph Läten, zugl. Rechnungsregistrator.
Expeditor.
Hr. Carl Theodor Pütz.
Kanzelisten.
Hrn. Georg Rudesheim.
    Gerard Custodis.
    Ludwig Brummer.
    Johann Joseph Draesen.
    Sebastian von Dauen.
    Joseph Reinhausen.
    Christian Müller.

Kanzleydiener: Peter Kappel.
Beygeordneter: Adolph Blockinger.
1 Kammerreiter. 3 Bothen.

General-Dominial-Einnehmer.
Landrentmeister: Hr. Richard Steinwartz, s. 364.
Nachfolger: Dessen Kinder.
Oberkeller: Hr. Johann Theodor Baumeister.
Brüchten-Receptor: Hr. Johann Wilhelm Hausen, g. u. b. Hofrath, auch Schöff des Hauptgerichts zu Düsseldorf.
Bergvogt im Gülichischen: Hr. Franz Joseph Daniels, auch Eschweiler-Kohlbergs Direktor.
Nachfolger: Hr. Werner Daniels, auch Nachfolger der Eschweiler Kohlbergs Direktorsstelle.
Bergvogt im Bergischen: Hr. Wilhelm Hardt, s. 353.
Bergmeister: Hr. Franz Bachoven, zu Kall.
Obiger Hr. Wilhelm Hardt, im Bergischen.
Berg- und Hüttenverwalter im Wildberg: Hr. Georg Anton Langenfeld.
Bergschreiber im Gülichischen: Hr. Jakob Baum, zu Eschweiler, auch Kohlschreiber allda.
Hr. Winand Ferber, zu Kall, auch Gerichtschreiber zu Heimbach.
Hr. Carl Busch, im Bergischen, s. 364.
Kohlschreiber zu Heimbach: Hrn. Anton Feder.
    Eschweiler: Franz Ludwig Mostard.
7 Berggeschworne. 2 Bergbothen.

Münzkommission.
Kommissär: Titl. Hr. Heinrich Reichsfrenherr v. Grein, s. 95.
Beygeordneter: Titl. Hr. Max Freyherr von Bentinck, s. 24.

Aktuar: Hr. Carl Theodor Pütz, f. 365.
Münzwardein: Hr. Friderich Deichmann.
Münzmeister: Hr. Peter Rüdesheim.
Münzgraveur: Hr. Georg Barbier.
Münzschlosser: Joseph Cronenberg.
30 Münzknechte.

Hofstall.

Bereiter: Hr. Anton Schwab.
Wildfänger: Hr. Peter Wust, zugl. Amtsjäger zu Angermund.
Gehilf: Hr. Joseph Müller.
Stall- und Heuschreiber: Hr. Ignatz Brummer.
3 Stallknechte. 1 Portier.

Landzoll.

General=Landzollner: Die Bertholdische Wittwe und Erben.
6 Zollbereiter.
54 Unter- und Beyzöllner.

Rheinzoll zu Düsseldorf.

Zolleinnehmer: Hr. Wiltgens.
Zollschreiber: Hr. Franz August Custodis.
General-Controleur: Hr. Dietrich Evertz, zugl. General-Controleur in Kaiserswert.
Nachfolger: Dessen Kinder.
Oberbeseher: Hr. Johann Hegemann.
Nachfolger: Dessen Kinder.
Beseher: Hrn. Heinrich Joseph Wierz, g. u. b. Hofkammerrath, Christoph Vincellet
Beygeordneter: Hr. Johann Friderich Weiler, g. u. b. Hofkammerrath und Jungrath zu Düsseldorf.
Nachfolger: Hr. Johann Wilhelm Weiler, zugl. Accessist als Rechnungsverhörer.
Controleur: Hr. Johann Adolph Frinken, auch Altrath zu Düsseldorf.
Beygeordneter: Hr. Johann Heinrich Lambert Schweitzer.
2 Zollknechte.

Rheinzoll zu Kaiserswert.

Zolleinnehmer: Titl. Hr. Ignatz Freyherr von Otten, f. 364.
Nachfolger: Titl. Hr. Hieronimus Freyherr von Otten.
Zollschreiber: Hr. Conrad Elberskirchen, g. u. b. Hofkassierrath.
General-Controleur: Obiger Hr. Dietrich Evertz.
Oberbeseher: Obiger Hr. Johann Hegemann.
Nachfolger: Dessen Kinder.

Beseher: Hr. Theodor Elven.
Nachfolger: Dessen Ehegattinn und Kinder.
Nachgänger: Hr. Rudolph Reinder.
Nachfolger: Dessen Kinder
2 Zollknechte. 1 Beygeordneter.

Maaßzoll zu Urmund.
Pächterinn: Die von Heußische Wittwe und Erben.
Zolleinnehmer: Hr. Erade.
Zollcontroleur: Hr. Bußi.
Zollaufseher: Hr. Humbler.
1 Zollknecht. 12 Zollwächter.

Gülich- und Bergisches Oberforst- und Jagdamt.
Präsidium.
Se. Excellenz Hr. Carl Freyherr von Hompesch ꝛc. s. 6.
Titl. Hr. Franz Freyherr von Berghe, s. 22.

Titl. Herren Räthe.
1792. Johann Engelbert Fuchsius, s. 352.
1792. Franz Freyherr von Collenbach, s. 364.
1792. Johann Wilhelm Windscheid, s. 352.
1792. Johann Gottfried Francken, s. 352.
1793. Johann Wilhelm Jeger, s. 352.

Sekretär und Registrator.
Hr. Friderich Breitenstein, s. 360.

Expeditor und Kanzelist.
Hr. Franz Joseph Feigel, s. 353.
Kanzleydiener: Adam Reinhard.

Gerichts-Ferien.
Diese werden bey allen Corporibus in Düsseldorf sowohl als bey den Gerichten auf dem Lande gehalten.
1. Vom 24. Christmonaths bis den 12. Jänner einschlüßig.
2. Vom Faßnachtsonntage bis Invocabit beyde einschlüßig.
3. Vom Palmsonntage bis den 1. Sonntag nach Ostern einschl.
4. Vom Sonntage Vocem Jucunditatis bis Exaudi.
5. Vom Freytage nach Exaudi einschl. bis Sonntag Trinitatis.
6. Vom 10. July bis 20. August einschlüßig.
7. Von Michaeli bis Allerheiligen einschlüßig.

Während solcher Ferien versammelt sich der geheime Rath alle Mittwoch, der Hofrath alle Mondtäge, die Hofkammer aber alle Dienstäge für die keinen Verzug leidende Geschäfte.

Gülichische Landbeamte.
Amt Aldenhoven.

Amtmann: Titl. Hr. Friderich Freyherr von Dallwigk, f.26.
Nachfolger: Titl. Hr. Carl Freyherr von Dallwigk, der gülichischen Ritterstände Mitglied.
Amtsverwalter: Hr. Tillmann Joseph Edmunts.
Schultheiß: Hr. Friderich Gerard Michels.
Steuereinnehmer: Hr. Joseph Nuß.
Gerichtschreiber: Hr. Heinrich von der Mark, g. u. b. Hofkammerrath.
Nachfolger: Hr. Franz Theodor von der Mark.
Advocati legales: Hrn. Adolph Caspar Schleebusch.
    Franz Heinrich Nolden.
    Anton Euler.
    Franz Peter Jungblut, g. u. b. Hofrath.
    Caspar Augustin Brewer.
    Leonard Jungblut, g. u. b. Hofrath.
    Carl Rudolph Hochmuth.
    Winand Joseph Custodis, Schöff des Hauptgerichts Gülich.
Prokuratoren: Hrn. Joseph Nittmann, f. 361.
    Mathias Rücker.
1 Amtsboth.

Amt Bergheim.

Amtmann: Titl. Hr. Arnold Freyherr Raitz von Frentz, f. 52.
Amtsverwalter: Hr. Ferdinand Schweren, d. R. L.
Vogt und Keller: Hr. Ferdinand Ignatz Gartzen.
Mitverseher: Hr. Franz Winand Gartzen.
Nachfolger: Hr. Anton Frentz.
Obersteuereinnehmer: Hr. Johann Jakob Meyer.
Gerichtschreiber: Hr. Wolfgang Heidgens.
Amtsphysitus: Hr. Ehlen, auch zu Kaster und Jüchen.
Advocati legales: Hrn. Constantin Kuppers.
    Theodor Correns, zugl. zu Kaster.
    Aloys Rick.
    Joseph Hone.
    Carl Esser.
Prokuratoren: Hrn. Heinrich Böser, f. 362.
    Leonard Fleischheuer, f. 360.
1 Amtsboth.
1 Kellereyboth.

Aemter Boslar und Linnich.
Amtmann: Titl. Hr. Johann Baptist Ludwig Graf von Hompesch, zu Nürich.
Amtsverwalter: Hr. Kesseler, Hofrath und Schöff zu Gülich.
Vogt: Hr. Johann Wilhelm Daniels, auch Rentmeister und Schultheiß zu Linnich.
Steuerempfänger: Hr. Heinrich Wilhelm Zilifens.
Verwalter: Hr. Krey, auch Steuerempfänger des Amts Gülich.
Gerichtschreiber: Hr. Ferdinand Hieronimus Blumhofer.
Amtsphysikus: Hr. Heinrich Arnold Hartweck.
Advocati legales: Hrn. Peter Jungbluth, s. 368.
   Caspar Brewer, s. 368.
   Franz Heinrich Henrichs.
   Thomas Büschgens.
   Johann Anton Thevissen.
   Gerard Severin Geilenkirchen.
   Conrad Andreas Jungen.
   Zacharias Berns, churpfälz. Ehegerichtsrath, zugl. Notar.
Prokuratoren: Hrn. Jungen, s. 362.
   Joseph Tollhausen.
1 Amtsboth. 1 Kellereyboth.

Breisig.
Vogt: Hr. Heinrich Ludwig Reiffenheim, g. u. b. Hofrath, auch Amtsverwalter der Aemter Nevenar, Sinzig u. Remagen.
Beygeordneter und Mitverseher: Hr. Franz Reiffenheim, s. 359.
Gerichtschreiber: Hr. Franz Michael Gödderz.

Amt Brüggen.
Amtmann: Titl. Hr. August Graf von Schaesberg, s. 52.
Nachfolger: Titl. Hr. Carl Freyherr von Hompesch, s. 355.
Amtsverwalter und Rentmeister: Hr. Johann Ludwig Dortans, auch zu Dahlen.
Nachfolger der Rentmeistersstelle: Hr. Heinrich Dortans.
Vogt: Hr. Otto von Woringen, s. 360.
Obersteuereinnehmer: Hr. Friderich Syberz.
Gerichtschreiber: Hr. Johann Gottfried Syberz.
Amtsphysikus: Hr. Anton Wilhelm von Liebergen.
Advocati legales: Hrn. Franz Gerkerath.
   Wilhelm Heinrich Jansens, g. u. b. Hofrath.
   Carl Anton Rheinbach.
   Johann Mathias Roffers.
   Johann Adam Gormans.
   Johann Peter Beylen.

Advocati legales: Hrn. Heinrich Wilhelm Brühl.
   Arnold Inderfurt.
Profuratoren: Hrn. Franz Peter Brun.
   Johann Jakob Leben.
   Franz Schmitz, s. 361.
   Franz Seulen.
   Johann Plucker, zugl. Profurator Fisci.
   Johann Philipp August Brühl.
   Anton Eskens, s. 361.
1 Amtsboth. 1 Rentboth.

Amt Dahlen.

Amtmann: Titl. Hr. August Graf von Schaesberg, s. 52.
Nachfolger: Titl. Hr. Carl Freyherr von Hompesch, s. 355.
Amtsverwalter, Vogt u. Rentmeister: Hr. Lud. Dortans, s. 369.
Nachfolger und wirkl. Mitverseher der Vogt- und Rentmeistersstelle: Hr. Heinrich Dortans, s. 369.
Steuerempfänger: Hr. Weiter.
Gerichtschreiber: Hr. Joseph Esser.
Amtsphysikus: Ist unbesetzt.
Advocati legales: Hrn. Johann Werner Hasenbach, auch Drossard der Herrschaft Erkelenz.
   Augustin Syberts, auch in dem Amte Glabbach.
   Wilhelm Jansen, s. 369.
   Thomas Büschgens, s. 369.
   Obiger Arnold Inderfurt.
1 Amtsboth.

Amt Düren, Pir u. Merken.

Amtmann: Se. Excell. Hr. Carl Freyherr v. Hompesch :c. s. 6.
Amtsverwalter: Hr. Wilhelm Joseph Schoeller.
Vogt: Hr. Bernard Kannengießer, auch Schöff des Haupt- und Criminalgerichts zu Düren.
Steuerempfänger: Hr Johann Wilhelm Kannengießer, d. R. D. auch g. u. b. Hofrath.
Schultheiß und Keller: Hr. Johann Peter Panghe.

Schöffen des Hauptgerichts zu Düren.

Hrn. Johann Heinrich Koy, g. u. b. Hofrath.
   Ambros Wüllenweber.
   Johann Arnold von Dackweiler, auch Advocatus legalis des Amts Niedecken.
   Obiger Bernard Kannengießer.
   Jos. Werner Lunenschloß, auch gültschischer Wehrmeister.

Hrn. Ferdinand Joseph Effertz, auch Schultheiß zu Kreuzau,
    Drichtsweiler und Lendersdorf.
  Joseph Georg Emunds.
Gerichtschreiber: Hr. Georg Joseph Hoen.
Stadt = und Amtsphysikus: Hr. Georg Moegling.
Advocati legales: Hrn. Joseph Müller, auch Jungrath im
    Stadtrathe.
  Obiger Ferdinand Effertz.
  Johann Hoch, zugl. Jungrath im Stadtrathe.
  Philipp Joseph Bernards.
  Hermann Joseph Schmitz, in Dingstühl, Pir, und Merken.
Prokuratoren: Hrn. Johann Wilhelm Romelsheim.
  Joseph Düren.
  Johann Heinrich Bletz.
  Ferdinand Joseph Voissen.
  Leopold Hahn.
  Wilhelm Mathias Hochscheid.
  Johann Heinrich Ohrem.
1 Gerichtsboth.

Amt Eschweiler u. Wilhelmstein.

Amtmann: Titl. Hr. Edmund Graf von Hatzfeld, f. 354.
Amtsverwalter: Hr. Friderich Paul Edler von Daniels.
Vogt und Rentmeister: Hr. Theodor Joseph von Hoselt.
Steuerempfänger des ganzen Amts: Hr. von Schatte.
Gerichtschreiber: Hr. Benedikt Brumer.
Advocati legales: Hrn. Servatius Forst.
  Johann Peter Kappel.
  Heinrich Nolden, f. 368.
  Adolph Schleebusch, f. 368.
  Peter Jungblut, f. 369.
  Caspar Brewer, f. 369.
  Lillmann Emunds, f. 368.
  Leonard Jungblut, f. 368.
  Hiazinth Minderjahn.
  Friderich Forst.
  Peter Joseph Doppelstein.
  Obiger Hermann Schmitz, zu Wilhelmstein.
Prokuratoren: Hrn. Joseph Vogels.
  Joseph Rittmann, f. 368.
  Gerard Krammer.
  Johann Baptist Köhler.
  Heinrich Winkens, f. 363.
1 Amtsboth. 1 Kellereyboth.

Kohlbergs-Direktor: Hr. Joseph Daniels, s. 363.
Nachfolger: Hr. Werner Daniels, s. 365.
Kunstmeister: Hr. Rouleau.
Kohlschreiber zu Eschweiler: Hrn. Franz Ludwig Mostard.
   Johann Peter Vogels.
   Jakob Baum.
   Franz Joseph Rittmann.
   Badenberg: Hrn. Paul Wamich.
   Johann Offenbeck.
1 Bergboth.

Amt Euskirchen.

Amtmann: Titl. Hr. Carl Freyherr v. Ennatten zu Tripps, s. 363.
Amtsverwalter: Hr. Joseph Wülffing.
Schultheiß und Keller: Hr. Johann Joseph Krauthausen.
Steuerempfänger: Hr. Peter Krauthausen.
Gerichtschreiber: Hr. Gerard Windeck.
Stadtphysikus: Hr. Sigismund Zehnpfenning, s. 355.
Advocatus legalis: Hr. Andreas Wachendorf, auch des Amts Tomberg.
1 Amtsboth.

Amt Geilenkirchen u. Randerath.

Amtmann: Se. Excell. Hr. Joseph Graf von Goltstein, s. 28.
Amtsverwalter: Hr. Franz Anton Begasse.
Vogt, auch Keller zu Geilenkirchen: Hr. Ludwig Krey.
Keller zu Randerath: Hr. Wilhelm Gottfried Mony.
Steuerempfänger: Hr. Johann Ludwig Krey.
Gerichtschreiber zu Geilenkirchen: Hr. Leopold Stoffens.
Gerichtschreiber zu Randerath: Hr. Franz Anton Brewer.
Amtsphysikus: Hr. Joh. Martin Laurenzi, zugl. zu Heinsberg.
Advocati legales: Hrn. Conrad Wilhelm Breidkopf.
   Peter Janßen.
   Caspar Brewer, s. 371.
   Joseph Himes.
   Heinrich Joseph Kokerol.
   Peter Kochs.
Prokuratoren: Hrn. Johann Jacobi.
   Heinrich Schirmitz.
   Johann Anton Debachs.
   Franz Tallbott, s. 363.
   Georg Weidemann.
1 Amtsboth. 1 Kellereyboth.

Amt Glabbach.

Amtmann: Se. Excell. Hr. Friderich Freyherr von Ritz, s. 23.
Vogt: Hr. Johann Goswin Josten, g. u. b. Hofrath.
Keller: Hr. Andreas Lichtschlag.
Obersteuereinnehmer: Hrn. Johann Heinrich und Johann Theodor Kisselstein.
Verwalter: Hr. Michael Hosten, städtischer Bürgermeister.
Gerichtschreiber: Hr. Adam Clemens Schieffer.
Advocati legales: Hrn. Augustin Syberg, s. 370.
   Carl Rheinbach, s. 369.
   Mathias Roffers, s. 369.
   Peter Beylen.
Prokuratoren: Hrn. Gerard de Longue, s. 362.
   Mathias Hosten.
   Johann Christian Wiedemann.

Amt Grevenbroch.

Amtmann: Se. Excell. Hr. Friderich Freyherr von Ritz, s. 23.
Vogt: Hr. Joseph Mons.
Keller: Obiger Hr. Andreas Lichtschlag.
Steuerempfänger des Amts und Stadt Grevenbroch, dann Gir- und Guberath: Hr. Hermann Joseph Ecks.
Gerichtschreiber: Hr. Keßler, d. R. L.
Advocati legales: Hrn. Joseph Anton Stabeler.
   Anton Thevissen, s. 369.
   Constantin Porten.
   Benedikt Schieffer.
Prokuratoren: Hrn. Jakob Kneff.
   Theodor Büschgens, zugl. Notar.
1 Amtsboth. 1 Kellereyboth.

Amt Gülich.

Die Amtmannsstelle ist der Zeit unbesetzt.
Amtsverwalter: Hr. Caspar Brewer.
Vogt: Hr. Arnold Pellmann, s. 358.
Nachfolger: Hr. Adam Ebler von Daniels.
Keller: Hr. Johann Adolph Steffens.
Nachfolger: Dessen Kinder.
Steuerempfänger im Amte: Hr. Krey.

Schultheiß- und Schöffengericht zu Gülich.

Schultheiß: Hr. Wilhelm Edmund Jungblut.
Schöffen: Hrn. Obiger Arnold Pellmann.
   Johann Wezel, s. 117.

Schöffen: Hrn. Kesseler, s. 369.
  Johann Wilhelm Wiegels.
  Bernard Jakob Steinmacher.
  Winand Custodis, s. 368.
Amts = und Gerichtschreiber: Hr. Dionis Klein, s. 359.
Stadtphysikus: Hr. Michaels, d. A. D.
Advocati legales: Hrn. Anton Euler, s. 368.
  Peter Jungblut, s. 369.
  Leonard Jungblut, s. 371.
  Joseph Huns, s. 368.
  Ignaz Velder.
  Obiger Winand Custodis.
Prokuratoren: Hrn. Christian Danz, s. 362.
  Johann Wilhelm Korff.
1 Gerichtsboth. 1 Kellereyboth.

Hambach.

Keller: Hr. Johann Jakob Reckum, s. 47.

Amt Heimbach.

Amtmann: Titl. Hr. Ludwig Freyherr von Harff, s. 24.
Amtsverwalter: Hr. Jansen, zugl. Burggraf und Stuerempfänger.
Schultheiß und Waldadministrator: Hr. Stolzen.
Gerichtschreiber: Hr. Winand Ferber.
Advocatus legalis: Hr. Arnold Winand Gossen.
2 Amtsbothen. 1 Kellereyboth.

Amt Heinsberg.

Amtmann: Titl. Hr. Clemens August Freyherr von Leerod, zu Opheim, der gülichischen Ritterstände Mitglied.
Amtsverwalter: Hr. Christian Heinrich Kupper.
Nachfolger und Mitverseher: Hr. Bernard Houben, zugl. Advocatus legalis der Aemter Sittart, Millen und Born.
Vogt: Hr. Peter Andreas Hofstatt, g. u. b. Hofkammerrath.
Nachfolger und Mitverseher: Hr. Franz Joseph Hofstatt.
Rentmeister: Hr. Jakob Hofstatt, g. u. b. Hofkammerrath.
Steuereinnehmer: Hr. Schleicher.
Gerichtsreiber: Hr. Astrupp.
Amtsphysikus: Hr. Martin Laurenzi, s. 372.
Advocati legales: Hrn. Johann Werner Hasenbach.
  Ferdinand Theodor Langerbein.
  Johann Crisant Rheinbach, auch Amtsverwalter zu Wassenberg und Vogt der Herrschaft Erkelenz.

Advocati legales: Hrn. Adrian Janſenius.
   Joſeph Himes, ſ. 372.
   Heinrich Koferol, ſ. 372.
   Franz Xaver Wulff.
   Peter Kochs, ſ. 372.
   Paul Wamich.
Prokuratoren: Hrn. Theobat Andrä.
   Johann Conrad Grein.
   Leonard Hilgers.
   Wilhelm Joſeph Kuppers.
   Arnold van der Boſch.
   Joſeph Buſch, ſ. 362.
1 Amtsboth. 1 Kellereyboth,

Kaiserswert.

Amtmann: Titl. Hr. Ludwig Freyherr von Calkum.
Amtsverwalter: Hr. Bernard Soeſting, auch Amtsverwalter zu Düſſeldorf.
Stadtſchultheiß und Rentmeiſter: Titl. Hr. Ignatz Freyherr von Otten, ſ. 364.
Nachfolger: Titl. Hr. Hieronimus Freyherr von Otten, ſ. 366.
Advocati legales: Hrn. Hiazinth Mindenjahn, ſ. 371.
   Ferdinand Meiſen.
Gerichtſchreiber: Hr. Adam Werners, zugl. Notar.
3 Schöffen. 1 Stadt- und Rentboth.

Amt Kaſter u. Jüchen.

Amtmann: Titl. Hr. Carl Theodor Graf von Gelbern.
Amtsverwalter: Hr. Peter Frey.
Vogt: Hr. Joh. Gottfried von Dackweiler, g. u. b. Hofrath.
Keller iſt unbeſetzt.
Nachfolger: Obiger Hr. Gottfried von Dackweiler.
Obersteuereinnehmer: Hr. Heinrich Frenz, g. u. b. Hofrath.
Gerichtſchreiber: Hr. Joſeph Pampus, ſ. 360.
Amtsphyſikus: Hr. Ehlen, ſ. 368.
Advocati legales: Hrn. Joſeph Stadeler, ſ. 373.
   Werner Haſenbach, ſ. 370.
   Franz Gerkerath, ſ. 369.
   Caspar Brewer, ſ. 372.
   Joſeph Hons, ſ. 374.
   Ignatz Velder, ſ. 374.
   Gerard Geilenkirchen, ſ. 369.
   Conſtantin Porten, ſ. 373.
   Benedikt Schieffer, ſ. 373.

Prokuratoren: Hrn. Jakob Raeff, s. 373.
   Theodor Büschgens, s. 373.
   Joseph Vogt, s. 362.
1 Amtsboth. 1 Kellereyboth.

Amt Monjoye.

Amtmann: Titl. Hr. Carl Leopold Freyherr von Belderbusch.
Amtsverwalter: Hr. Johann Wilhelm Jansen, d. R. L.
Schultheiß und Rentmeister: Hr. Johann Joseph von Berges, auch wirkl. Forstreceptor Amts Monjoye und Heimbach.
Obersteuereinnehmer: Hr. Johann Wällen.
Gerichtschreiber: Hr. Wilhelm Arnold Stolzen.
Advocati legales: Hrn. Peter Kappel, s. 371.
   Knaken, auch Schultheiß zu Maubach.
   Franz Peter Ramacher.
Prokuratoren: Hrn. Abraham Leuchtenberg, s. 363.
   Wintersdorf, s. 362.
   Johann Hilden.
   Jakob Gerard Busch.
1 Amtsboth. 1 Rentboth.

Amt Münstereiffel.

Amtmann: Titl. Hr. Clemens August Freyherr von Syberg, zu Eycks, auch Amtmann zu Tomberg und der gülichischen Ritterstände Mitglied.
Amtsverwalter: Hr. Augustin Ruß, auch Amtsverwalter zu Tomberg.
Vogt: Hr. Peter Joseph Requile.
Keller: Hr. Aloys Elven.
Obersteuereinnehmer: Hr. Carl Franz Schott, auch in dem Amte Niedecken.
Beygeordneter: Hr. Peter Wilhelm Schott.
Steuerempfänger in der Stadt: Hr. Michael Ruß.
Gerichtschreiber: Hr. Joseph Breuer.
Advocati legales: Hrn. Christian Jungblut.
   Bernard Custodis.
   Franz Joseph Windeck.
   Joseph Wülffing.
1 Amtsboth. 1 Kellereyboth.

Amt Nevenar.

Amtmann: Tit. Hr. Philipp Franz Graf von der Leyen und Geroldsegg, auch Amtmann zu Sinzig und Reemagen.
Amtsverwalter: Hr. Heinrich Reiffenheim, s. 369.
Vogt: Hr. Franz Baumeister, auch zu Sinzig und Reemagen.

Rentmeister: Hr. Joseph Reifferscheid.
Obersteuereinnehmers-Verwalter: Hr. Zacharias Zerres.
Gerichtschreiber: Hr. Franz Robertz.
Amtsphysikus: Hr. Ludwig Schuhmacher, auch zu Sinzig und Reemagen.
Advocati legales: Hrn. Michael Gödderz.
   Bernard Custodis, s. 376.
   Peter Joseph Requile, s. 376.
   Leonard Hirschbrunn.
   Joseph Wülffing, s. 376.

Amt Niedecken.

Amtmann: Titl. Hr. Carl Wilhelm Freyherr von Rolf, s. 63.
Amtsverwalter: Hr. Theodor Deycks.
Vogt: Hr. Caspar Trimborn.
Keller: Hr. Johann Kuntzer.
Obersteuereinnehmer: Hr. Carl Schott, s. 376.
Beygeordneter: Hr. Peter Schott, s. 376.
Schultheiß der Stadt Niedecken: Hr. Bernard Fromartz, s. 358.
Gerichtschreiber: Hr. Wenzel Joseph de Saive.
Advocati legales: Hrn. Arnold von Dackweiler, s. 370.
   Ferdinand Meisen.
   Arnold Gossen, s. 374.
   Obiger Peter Requile.
   Paul Schünzger.
Prokuratoren: Hrn. Johann Jakob Stahl.
   Jakob Rohr, s. 363.

Amt Rörvenich.

Amtmann: Titl. Hr. Carl Freyherr von Bentinck.
Amtsverwalter: Hr. Johann Anton Schmitz.
Vogt: Hr. Ferdinand Joseph Daniels.
Rentmeister: Hr. Gossen.
Steuerempfänger des Amts Rörwenich und Hambach: Hr. Franz Anton Daniels.
Gerichtschreiber: Hr. Gottfried Hoen.
Advocati legales: Hrn. Wilhelm Ricker.
   Caspar Brewer, s. 375.
   Joseph Müller, s. 371.
   Ferdinand Effertz, s. 371.
   Johann Hoch, s. 371.
1 Amtsboth. 1 Rentboth.

Schönforst.
Vogt: Hr. Theodor Joseph von Hoselt, s. 371.
Gerichtschreiber: Hr. Johann Franz Müller.
1 Both.

Aemter Sinzig u. Reemagen.
Amtmann: Titl. Hr. Philipp Graf von der Leyen, s. 376.
Amtsverwalter: Hr. Heinrich Reiffenheim, s. 369.
Vogt: Hr. Franz Baumeister, s. 376.
Rentmeister: Hr. Winand Meyer.
Schultheiß zu Reemagen: Hr. Reiner Carl Baßbender.
Obersteuereinnehmers-Verwalter: Hr. Zachar. Zerres, s. 377.
Gerichtschreiber: Hr. Heinrich Hertgen.
Amtsphysikus: Hr. Ludwig Schuhmacher, s. 377.
Advocati legales: Hrn. Michael Gödderz, s. 377.
  Bernard Custodis, s. 377.
  Leonard Hirschbrunn, s. 377.
  Stephan Joseph Steinheuer.
  Anton Rick, auch Legalis in den anschließenden Aemtern.
1 Amtsboth. 1 Rentboth.

Aemter Sittart, Millen u. Born.
Amtmann: Titl. Hr. Joh. Hugo Freyherr von und zu Leerod, der gülichischen Ritterstände Mitglied.
Amtsverwalter: Hr. Johann Peter Urban Jörissen.
Jurisdiktionsvogt: Titl. Hr. Heinr. Reichsfreyhr. v. Grein, s. 95.
Vogtsverwalter: Hr. Johann Joseph Schmitz.
Rentmeister zu Sittart und Born: Hr. Albertz.
Rentmeister zu Millen: Obiger Hr. Joseph Schmitz.
Obersteuereinnehmer: Hr. Franz Wilhelm de Leau.
Gerichtschreiber zu Sittart u. Born: Hr. Joh. Heinr. Steffens.
  zu Millen: Hr. Adolph Breittopf.
Nachfolger: Hr. Theodor Astrupp.
Amtschirurgus: Hr. Benedeck.
Advocati legales: Hrn. Franz Leonards.
  Adrian Jansenius, s. 375.
  Johann Becker, b. R. D.
  Edmund Riedelen, b. R. L.
  Ferdinand Ignatz Hockstenbach, b. N. L.
  Heinrich Koterol, s. 375.
  Bernard Houben, s. 374.
Prokuratoren: Hrn. Wilhelm Lutzeler, s. 362.
  Helgers.
  Johann Baptist van der Bosch, s. 362.

Prokuratoren: Hrn. Johann Mathias Salben.
    Wilhelm van den Berg, s. 363.
    Gerard de la Haye, s. 363.
    Wilhelm Meuffels, zugl. Prokurator Fiscl.
    Peter Biermann.
    Franz Adolph van der Bosch.
1 Amtsboth. 1 Rentboth.

Amt Lomberg.

Amtmann: Titl. Hr. Clemens Freyherr von Syberg, s. 376.
Amtsverwalter: Hr. Augustin Nuß, s. 376.
Vogt und Keller: Hr. Joseph Wulfing.
Obersteuereinnehmers-Verwalter: Hr. Zachar. Zerres, s. 378.
Gerichtschreiber: Hr. Johann Heinrich Bergerhausen.
Advocati legales: Hrn. Johann Sturm.
    Bernard Custodis, s. 378.
    Peter Requile, s. 377.
    Andreas Wachendorf, s. 372.
Prokurator: Hr. Heinrich Schirmitz, s. 372.

Amt Wassenberg.

Amtmann: Titl. Hr. Maximilian Freyherr von Bentinck, s. 24.
Amtsverwalter: Hr. Chrisant Rheinbach, s. 374.
Vogt: Hr. Heinrich Joseph Packenius.
Rentmeister: Hr. Wilhelm Ernest Rheinbach.
Obersteuereinnehmer des Amts Wassenberg und Neuerburg:
    Hr. Caspar Ludwig von Dorsten.
Beygeordneter: Hr. Jakob Arnold von Dorsten.
Gerichtschreiber: Hr. Franz Joseph Kerris.
Amtsphysikus: Hr. Martin Laurenzi, s. 374.
Advocati legales: Hrn. Johann Werner Hasenbach, s. 374.
    Becker.
    Joseph Himes, s. 375.
    Adam Gormans, s. 369.
    Arnold Inderfurt, s. 370.
    Adrian Kaiser, auch in den anschließenden Aemtern.
    Peter Kochs, s. 375.
Prokuratoren: Hrn. Franz Joseph Mertes.
    Franz Heinrich Walbers.
    Franz Talbott, s. 372.
    Johann Peter Brüsseler.
    Conrad Leimkuhler.
1 Amtsboth. 1 Rentboth.

Wehrmeisterey.

Wehrmeister: Hr. Joseph Lunenschloß, s. 370.
Gerichtschreiber: Hr. Wilhelm Joseph Goltstein, s. 363.
Advocati legales: Hrn. Arnold Gossen, s. 377.
  Franz Peter Ramacher, s. 376.
1 Amts- und Kellereyboth. 12 Förster.

Churfl. Beamte zu Aachen.

Vogtmajor: Titl. Hr. Joseph Emanuel Freyherr von Geyr.
Majoriestatthalter: Hr. Goswin Reichsedler von Fabri, d. R. L.
Advocatus Fisci: Hr. Caspar Ludwig von Fabricius.
1 Majoriediener. 6 Gehülsen.

Gülichische Jägerey.

Gülichischer Oberstjägermeister und General-Buschinspektor:
  Se. Excell. Hr. Franz Carl Freyherr von Hompesch ꝛc. s. 6.
Administrator und Oberforstmeister zu Monjoye: Titl. Hr.
  Ernest Freyherr von Hompesch, zu Rürich.
Jagdamtskommissarien: Titl. Hrn. Engelbert Fuchsius, s. 352.
  Johann Wilhelm Jeger, s. 352.
Jagdamtssekretär: Hr. Bernard Fromarts, s. 358.
Forstmeister zu Monjoye: Hr. Franz Ferdinand Kesselkaul.
Oberjäger zu Hambach: Hr. Gottfried Krapp.
Forstschreider zu Hambach: Hr. Gottfried Vaasen.
Amtsjäger zu Giessendorf: Hrn. Wilhelm Wirz.
  Gohr: Schmitz.
                   Beygeord. Heinrich Schmitz.
  Gülich: Sebastian Nebinger.
  Auf der Kappen: Werner Holz.
  Monnheim: Johann Moeller.
  Mersenich: Wilhelm Schlömmer.
  Monjoye: Peter u. Joseph Jörris.
  Stetterich: Franz Aßmann.
                   Beygeord. Georg Aßmann.
  Auf dem hohen Walde: Joseph Schmitz.
Forster des Aperbusches: Hr. Franz From.
Besuchknechte zu Mersch: Werner Schracher.
  auf der Kappen: Werner Holz.

Bergische Landbeamte.

Aemter Angermund u. Landsberg.
Amtmann: Se. Excell. Hr. Gottfried Freyherr v. Beveren, s. 23.
Amtsverwalter: Hr. Sigismund Bitter.

Richter, auch Keller zu Landsberg: Hr. Johann Wilhelm Steinwartts, g. u. b. Hofrath.
Beygeordneter: Hr. Joseph Degreck.
Keller zu Angermund: Hr. Ferdinand Basel.
Obersteuereinnehmer: Hr. Anton Degreck, auch des Amts Mettmann.
Gerichtschreiber: Hr. Ignatz Scholl, g. u. b. Hoffammerrath.
Stadtphysikus zu Rattingen: Hr. Franz Löwen, d. A. D.
Advocati legales: Hrn. Carl Theodor Pampus.
    Hermann Joseph Mayer.
Prokuratoren: Hen. Johann Bernard Otto.
    Ferdinand Wachendorf.
    Wilhelm Borgnis, f. 362.
2 Amtsbothen. 2 Thurmknechte.

Aemter Barmen u. Beienburg.

Amtmann: Titl. Hr. Joseph Graf von Schaesberg.
Beygeordneter: Titl. Hr. Ignatz Freyherr von Berghe, genannt Trips, f. 356.
Amtsverwalter: Hr. Johann Peter Holthausen.
Richter: Hr. Johann Gottfried Alhaus.
Rentmeister und Steuerempfänger: Hr. Gustaph Mathias Wulffing, auch Richter im Märkischen.
Nachfolger der Rentmeistersstelle: Hr. Johann Carl Wulfsing, zugl. wirkl. Steuerempfänger.
Steuerempfänger zu Rade vorm Walde: Hr. Johann Adam Bauenthal.
Gerichtschreibereyverwalter in Barmen: Hr. Joseph Otto.
Gerichtschreiber in Beienburg: Hr. Mathias Bröckelmann.
Amtsphysikus: Hr. Georg Wagner.
Advocati legales: Hrn. Christoph Friderich Wulffing.
    Johann David Rühl.
    Christian Heinrich Wulffing, auch zu Wippersurt.
    Altenhof.
    Augustin Pfau, g. u. b. Hofrath.
    Franz Friderich Plange.
    Obiger Carl Wulffing.
    Johann Wilhelm Brüninghausen.
    Ferdinand Jakob Türk.
    Franz Werner Rühl, auch in den anschließenden Aemtern.
    Franz Knoblich.
Prokuratoren: Hrn. Johann Georg Linder.
    Conrad Romerscheid.

Prokuratoren: Hrn. Wilhelm Sieger.
 Johann Leisering, s. 361.
 Johann Thelen.
 Joseph Rüttinger.
 Johann Adolph Bechte.
 Philipp Joseph Hoester, zugl. Notar.
1 Amtsboth. 1 Renthboth.
Amt Blankenberg.
Amtmann: Titl. Hr. Carl Graf von Nesselrode, s. 56.
Amtsverwalter: Hr. Heinrich Bürgel.
Landdinger: Titl. Hr. Franz Joseph Reichsfreyherr von Proff,
 zu Irniz.
Nachfolger und Mitverseher: Titl. Hr. Carl Theodor Reichs-
freyherr von Proff, s. 357.
Rentmeister: Hr. Carl Philipp von Ley, auch Schatzschultheiß
 des Kirchspiels Stelldorf u. Menden, g.u.b. Hofkammerrath.
Obersteuereinnehmer im Amte: Hr. Johann Georg Stock-
hausen, auch in den Aemtern Löwenberg und Lülsdorf, dann
Schatzschultheiß zu Uckerot.
Nachfolger: Hr. Jodokus Georg Stockhausen.
 In der Stadt: Hr. Anton Bruch.
Gerichtschreiber: Hr. Gerard Struncke, g.u.b. Hofkammerrath.
Nachfolger und Mitverseher: Hr. Peter Joseph Struncke.
Advonati legales: Hrn. Joseph Libert Odenthal.
 Franz Wilhelm Uebersetzig.
 Johann Braschoß.
 Obiger Heinrich Bürgel.
 Johann Joseph Scheven.
 Joseph Clostermann.
 Jakob Kleinermann.
 Philipp Ernest Schwaben.
 Joseph Ignatz Stein, auch bey den Aemtern Mühlheim und
 Porz, dann des Amts Fissal - Prokurator.
 Tilmann Joseph Zahren.
Schatzschultheiß zu Uckerot: Hrn. Obiger Georg Stockhausen.
Schultheiß zu Eugen: Obiger Joseph Scheven.
 Eitdorf: Nikola Quad.
 Geistingen: Jos. Pesgens, g.u.b. Hofrath
 Herfen: Moritz Rheinen.
 Hourat u. Waltscheid: Albert Stein.
 Lohmar: Gottfried Lauterbach.
 Nachf. Pet. Schwaben.

Schultheiß zu Neukirchen: Hrn Ferdinand Clostermann.
  Oberplies: Christian Hein. Rodkopf.
  Ruptchtrot: Joh. Wilhelm Zarth.
  Winterscheid: Bertram Saure.
1 Amtsboth. 1 Rentboth.

Aemter Bornefeld u. Hückeswagen.

Amtmann: Titl. Hr. Franz Adolph Joseph Freyh. von Nagel, zu Itlingen und Herl, der bergischen Ritterstände Mitglied.
Amtsverwalter: Hr. Carl Philipp von Schatte.
Richter und Keller: Hr. Maubach, g. u. b. Hofkammerrath.
Steuerempfänger im Amte: Hr. Johann Wilhelm Baas.
Nachfolger: Dessen Söhne.
Steuerempfänger der Freyheit Hückeswagen: Obiger Hr. Wilhelm Baas.
Gerichtschreiber: Hr. Conrad Turffs.
Amtsphysikus: Hr. Johann Gottfried Dahm.
Stadtphysikus zu Lenep: Hr. Moeri
Advocati legales: Hrn. Christoph Wulffing, s. 381.
 Christian Wulffing, s. 381.
 Johann Nikola Esser.
 Gerard Maubach, auch der Aemter Miselohe u. Sohlingen.
 Johann Hermann Wieselinck, auch der Aemter Sohlingen und Miselohe, dann Stadtsyndikus zu Sohlingen.
 Peter Benderlinden, Amtsverwalter des Amts Miselohe.
 Johann Wilhelm Lürck.
 Ferdinand Wilhelm Lürck.
 Georg Fürth.
 Heinrich Joseph Brocke.
Prokuratoren: Hrn. Johann Karbach.
 Peter Schade.
 Peter Schlam.
 Ludwig Clausen.
 Schade, auch Notar.
 Wilhelm Karthaus.
1 Amtsboth.

Amt Düsseldorf.

Amtmann: Titl. Hr. Edmund Graf von Haßfeld, s. 354.
Amtsverwalter: Hr. Bernard Soechting, s. 375.
Stadtschultheiß: Hr. Gottfried Franken, s. 352.
Stellverseher: Hr. Joseph Schawberg.

Schöffen: Hrn. Wilhelm Hausen, s. 365.
　Jakob Friderichs, s. 359.
　Joseph Schamberg, s. 359.
　Andreas Willenweber, s. 358.
　Carl Eylertz, s. 353.
　Jakob Dewies, s. 359.
　Anton Joseph Rheimbach, s. 358.
Beygeordneter Schöff: Gabriel Gottfried Lunnenschloß, s. 358.
Gerichtschreiber: Hr. Johann Mathias Francken, g. u. b. Hofkammer- und Jungrath.
Zweyter Stadtphysikus: Hr. Johann Baptist Schmigd, s. 355.
Stadtchirurgus: Hr. Robert.
Stadtgerichts-Prokuratoren: Hrn. Peter Herseler.
　Joseph Koch, s. 361.
　Adrian Euler, s. 361.
1 Amtsboth. 1 Kellerboth. 7 Wertverwahrer. 7 Stadtdiener.

Amt Elverfeld.

Amtmann: Titl. Hr. Maximilian Freyherr v. Bentinck, s. 24.
Amtsverwalter: Hr. Johann Peter Holthausen, s. 381.
Richter und Keller: Hr. Jakob Vetter.
Steuerempfänger zu Elverfeld: Hrn. Johann Wuskhof.
　　Ronstorf:　　Peter Troppmann.
Gerichtschreiber: Hr. Joseph Worringen.
Stadtschreiber: Hr. Schoeller.
Gerichtschreiber zu Ronstorf: Hr. Johann Gottfried Ernst.
Amtsphysikus: Hr. Anton Plaum, v. A. D.
Advocati legales: Hrn. David Rühl, s. 381.
　Augustin Pfau, s. 381.
　Obiger Gottfried Ernst.
　Johann Gottfried Rosenthal.
　Franz Heinrich Fauth, auch der anschießenden Aemter.
　Franz Knoblich, s. 381.
　Franz Georg Schleicher, auch auf die anschießenden Aemter.
　Prokuratoren: Hrn. Franz Anton Linden.
　　Johann Thelen, s. 382.
　　Philipp Joseph Hendrath.
　　Johann Gottfried Courth.
　　Wilhelm Richerz.
1 Amtsboth.

Aemter Löwenberg u. Lülsdorf.

Amtmann: Se. Excell. Hr. Gottfried Freyherr v. Beveren, s. 23.

Richtersverwalter: Hr. Ignatz Sauer, zu Lülsdorf und Löwenberg.
Richters Nachfolger: Hr. Johann Mathias Coomans.
Keller: Hr. Goswin Joseph Päffgens.
Obersteuereinnehmer: Hr. Georg Stockhausen, s. 382.
Nachfolger: Hr. Jotokus Stockhausen, s. 382.
Gerichtschreiber zu Löwenberg: Hr. Johann Degrave.
Gerichtschreiber zu Lülsdorf: Hr. Carl Jos. Brüninghausen.
Advocati legales: Hrn. Franz Jos. Kölber, Prokurator Fisci.
   Nikola Phennius.
   Franz Carl Rennen.
   Johann Braschoß, s. 382.
   Heinrich Bürgel, s. 382.
   Franz Wilhelm Gammersbach.
   Philipp Schwaben, s. 382.
   Lorenz Schamberg.
   Jakob Siegen.
Prokurator: Hr. Johann Wilhelm Kannengiesser.
2 Amtsbothen. 2 Kellereybothen. 3 Förster.

Amt Mettmann.

Amtmann: Titl. Hr. Moritz Freyherr von Saugreben, s. 58.
Richter: Hr. Ferdinand von Pranche.
Keller: Hr. Lorenz Clouth, Rentmeister des Amts Monnheim.
Obersteuereinnehmer: Hr. Anton Degreck, s. 381.
Gerichtschreiber: Hr. Wenzeslaus Robens.
Advocati legales: Hrn. Franz Bernard Dickmann.
   Johann Schippers.
Prokuratoren: Hrn. Johann Georg Ottmann.
   Franz Schmitz.
   Johann Peter Linden.
   Wilhelm Anton Windeck, zugl. Notar.
   Wilhelm Borgnis, s. 381.
   Johann Ruppertzhoven.

Amt Miselohe.

Amtmann: Titl. Hr. Gerard Aßuerus Freyherr von Loe, zu Genen, der gülichischen Ritterstände Mitglied.
Amtsverwalter: Hr. Peter Beyderlindenen, s. 383.
Dinger: Hr. Johann Jakob Schall.
Rentmeister: Hr. Carl Aschenbroch.
Steuerempfänger: Hr. Peter Bingen.
Gerichtschreiber: Hr. Vincenz Deycks.

Amtsphysikus u. Chirurgus: Hr. Franz Anton Wirthensohn, zugl. zu Monnheim.
Advocati legales: Hrn. Hieronimus Schwaben.
    Mathias Stücker.
    Gerard Maubach, s. 383.
    Hermann Wieselinck, s. 383.
    Johann Abraham Schmeetz.
    Heinrich Degen.
    Tilmann Joseph Zahren, s. 382.
Prokuratoren: Hrn. Dionis Neuhausen.
    Isack Holverscheid.
1 Amtsboth.

Amt Monnheim.

Amtmann: Titl. Hr. Johann Wihelm Maximilian Graf von Nesselrode und Landskron, zu Grimberg.
Vogt: Hr. Johann Wilhelm Aschenbroch.
Rentmeister: Hr. Lorenz Clouth. s. 358.
Steuerempfänger des Amts und der Freyheit Monheim, auch der Herrschaft Richrath: Hr. Paul Richard Aschenbroch.
Gerichtschreiber: Hr. Franz Heunisch.
Amtsphysikus: Obiger Hr. Anton Wirthensohn.
Advocati legales: Hrn. obiger Hieronimus Schwaben.
    Theodor von Hagen.
    Gottfried Windeck.
    Vincenz Deycks, s. 385.
    Obiger Tilmann Zahren.
Prokuratoren: Hrn. Wilhelm Dorff.
    Wilhelm Hilden.
1 Amtsboth.

Aemter Mühlheim und Porz.

Amtmann: Titl. Hr. Friderich Freyherr von Lützerode, s. 56.
Schultheiß u. Keller des Amts: Hr. Johann Anton Daniels.
Obersteuereinnehmer im Amte und zu Odenthall: Hr. Jakob Siegen, auch im Amte Steinbach.
Gerichtschreiber zu Mühlheim: Hr. Johann Christian Müller.
Amtsgerichtschreiber zu Porz: Hr. Michael von Schatte.
Beygeordneter: Hr. Johann Rudolph von Schatte.
Advokati legales: Hr. Tils.
    Obige Hern. Hieronimus Schwaben.
    Mathias Stücker.
    Theodor von Hagen.
    Abraham Schmeetz.

Advocati legales: Hrn. Johann Herwartz.
  Joseph Stein, f. f. 382.
  Lorenz Schawberg, f. 385.
  Jakob Siegen, f. 385.
  Heinrich Degen, f. 386.
  Tilmann Joseph Zahren, f. 386.
Prokuratoren: Hr. Georg Meer.
  Kannengießer.
  Hermann Dumont.
  Heinrich Anton Hauck, zugl. Notar.
2 Amtsbothen. 1 Kellereyboth.

Schöller.

Richter: Hr. Windeck.
Steuerempfänger: Hr. Peter Hagens.
Gerichtschreiber: Hr. Pesch.

Aemter Sohlingen und Burg.

Amtmann, auch Obervogt der geschlossenen Handwerker daselbst: Titl. Hr. Franz Freyherr von Loe, zu Wißen.
Amtsverwalter: Hr. Heribert Reinartz, f. 358.
Stellverseher: Hr. Adam Edler von Daniels.
Richter und Keller: Hr. Joseph Karsch.
Richter und Keller zu Burg: Hr. Anton Wilhelm Deycks.
Steuerempfänger in der Stadt u. im Amte: Hr. Bertram Koch.
Verwalter: Hr. Peter Hagens.
  zu Burg: Hrn. Jakob Schwippers.
    Greffrat: Benjamin Rutgert.
Gerichtschreiber zu Sohlingen: Hr. Lambert Marchand.
Beygeordneter und Mitverseher: Hr. Joseph Marchand.
  zu Burg: Hrn. Ignatz Krahe.
  zu Hilden: Christoph Guillaume, u. bey den geschlossenen Handwerkern.
Amtsphysikus: Hr. Joseph Zanders.
Advocati legales: Hrn. Gottfried Ernst, f. 384.
  Houth.
  Gerard Maubach, 383.
  Hermann Wieselinck, f. 383.
  Peter Benderlinden, f. 383.
  Wilhelm Türck, f. 383.
  Gottfried Rosenthal, f. 384.
  Georg Fürth, f. 383.
  Franz Knoblich, f. 384.
Obiger Peter Hagens, auch in den anschießenden Aemtern.

Prokuratoren: Hrn. Philipp Roth.
  Rosenthal.
  Johann Heinrich Maubach.
  Johann Philipp Rosenthal.
  Joseph Eberhard Kannengiesser.
  1 Amtsboth. 1 Kellereyboth.
Amt Steinbach.
Amtmann: Titl. Hr. Carl Graf von Nesselrode, s. 56.
Amtsverwalter: Hr. Christian Wülffing.
Schultheiß: Hr. Conrad von Bewer.
Keller: Hr. Franz Joseph Deberges.
Obersteuereinnehmer: Hr. Jakob Siegen, s. 386.
Gerichtschreiber: Hr. Peter Joseph Biesenbach.
Advocati legales: Hrn. Albert Ferdinand Schöller.
  Tils, s. 386.
  Christian Wulffing, s. 383.
  Gerard Jakob Heidrath.
  Braß.
  Franz Arnold Althaus.
  Friderich Carl Schöller.
  Wilhelm Brüninghausen, s. 381.
  Arnold Kemmerich.
  Doering.
  Peter Hamm.
  Georg Fürth, s. 387.
  Heinrich Brocke, s. 383.
Prokuratoren: Hrn. Georg Meer, s. 387.
  Johann Michael Friderichs.
  1 Amtsboth. 1 Kellereyboth.
Amt Windeck.
Amtmann: Titl. Hr. Moritz Freyherr von Gaugreben, s. 58.
Amtsverwalter: Hr. Joseph Jeger.
Richter: Hr. Johann Paskal Joesten.
Nachfolger und Mitverscher: Hr. Heinrich Joseph Joesten.
Rentmeister: Hr. Franz Anton Graf.
Gerichtsschultheiß zu Much: Hr. Heinrich Joseph Joesten.
  zu Eckenhagen: Obiger Hr. Paskal Joesten.
Gericht- und Schayschultheiß zu Morsbach: Obiger Hr. Joseph Jeger.
Schultheiß und Pfänder: Hr. Franz Faßbender.
Steuerempfänger: Hr. Franz Daniels.
Gerichtschreiber: Hr. Johann Ven.

Schatzschultheiß zu Dattenfeld: Hr. Andreas Schallenbach.
  Nachfolger: Hr. Thade Hecker.
    zu Leutscheut: Hrn. Johann Friderich Becker.
      Much: Dominikus Müller.
      Roßbach: Daniel Wilhelm Wirth.
      Waldproel: Gottfried Langenberg.
      Nachfolger: Peter Ostler.
Advocati legales: Hrn. Obiger Gottfried Langenberg.
  Johann Ludwig Schoeller.
  Franz Uebersetzig, s. 382.
  Johann Peter Stangier.
  Christian Ottershagen.
  Wilh. Gottfried Wirth, auch in den anschießenden Aemtern.
  Johann Friderich Schoeller.
  Joseph Stein, s. 382.
1 Amtsboth. 1 Rentboth. 4 Förster.

Churfl. Richter im Märkischen.

Hr. Gustaph Wulffing, s. 381.
1 Amtsboth.

Bergisches Oberstjägermeisteramt.

Oberjägermeister und General-Buschinspektor.

Titl. Hr. Franz Freyherr von Berghe, genannt Trips, s. 22.
Titl. Hr. Ignatz Freyherr von Berghe, genannt Trips, s. 356.

Jagdamts-Kommissarien.

Titl. Hrn. Johann Engelbert Fuchsius= s. 352.
    Johann Wilhelm Jeger, s. 352.

Buschkommissär zu Angermund.

Hr. Carl O'brien.
Jagdamtssekretär: Obiger Hr. Carl O'brien.
Nachfolger: Hr. Franz O'brien.
Forstverwalter: Hr. Franz Fromm.
Nachfolger: Dessen Söhne.

Hofjägerey.

Oberjäger zu Bensberg: Hr. Sebastian Kettner.
Nachfolger: Dessen Söhne.
Jagdzeugwärter: Obiger Hr. Franz Fromm.
Nachfolger: Dessen Söhne.
Jagdzeugmeister: Joseph Gunttermann.
  Christoph Schütz.

Besuchknechte: Georg Friderich Peter.
  Carl Nachtigal.
Hofjäger: Wilhelm Hammelrath.
  Johann Rummershausen.
  Adolph Krapp.
  Friderich Alf, zugl. Forstgeometer.
  Jakob Zeiß.
Hundstoch: Ludwig Schorn.
    Landjägerey.
Amts Angermund: Amtsjäger: Hrn. Ludwig Ruroth.
    Beyenburg: Johann Jakob Fuhr.
    Blankenberg: Gerard Hammelrath, auf dem Lohmarer Walde.
      Johann Hammelrath, Wildforster allda.
  Benrath: Joh. Heinr. Stromayr.
    Beygeord. dessen Sohn.
    Bornefeld: Johann Georg Grün.
    Düsseldorf: Jakob Heinemann.
    Eller: Obig. Heinr. Stromayer.
    Elverfeld: Johann Schlömer.
    Hückeswagen: Obiger Georg Grün.
      Wild- und Waldforster: Johañ Fischer in Burg.
    Lülsdorf: Johann Herzberger.
    Landsberg: Fr. Fromm, zugl. Forster des Angerwalds, s. 389.
      Nachf.: Dessen Söhne.
    Löwenberg: Conrad Hammelrath, des obern Theils, auch Waldforster allda.
      Johann Becker, des untern Theils.
      Beyg. Joh. Jak. Becker.
      Wildforster: Joh. Klein.
    Mettmann: Joh. Ad. Kuttenkeuler.
      Waldforster: Volberg.
    Miselohe: Joseph Fromm.
    Monnheim: Rudolph Kettner.
    Porz: Johañ Peter Käsmann, auch Waldforster.
      Wildforster: Wilhelm Hammelrath.

Amts Porz: Amtsjäger: Hrn. Peter Hammelrath.
Gottfried Krinn.
Sohlingen: Johann Peter Nuroth.
Windeck: Oberforster: Jos. Clouth.
Unterf. Nur Solbach.
Johann Holstein.
Johann Solbach.

Herrschaft Rabenstein.

Landdrost: Hr. Amand von Bree.
Landrentmeister: Hr. Johann Jakob van Willingen.
Nachfolger: Hr. Balthasar Hasenbach, s. 102.
Land- und Gerichtschreiber: Hr. Leonard Ludwig van Düren, g. u. b Hofrath.
Beygeordneter: Hr. van Düren, der jüngere.
Advocatus Fisci: Hr. Cornel Theodor Kleinefeld, Rath und Referendär.
Beygeordneter: Hr. Heinrich Joseph Kleinefeld.
Schultheiß: Hr. Peter van der Lisse.
Advocati legales: Hrn. von Düren.
   Van Cooth, zugl. Exculpator.
   Carl Hengst.
   Cornel von Ommeren.
Notar: Hr. Heinrich van Grote.

Herrschaft Erkelenz.

Appellations-Kommissariat.
Direktor: Titl. Hr. Johann Wilhelm Jeger, s. 352.
Appellations-Kommissarien: Hrn. Jakob Dewies, s. 359.
   Anton Joseph Rheimbach, s. 358.
   Franz Winand Garzen, s. 359.
Sekretär: Hr. Christoph Heissenhover, s. 352.
Drossard: Hr. Werner Hasenbach, s. 370.
Nachfolger u. Mitverseher: Hr. Franz Joseph Dreling.
Vogt: Hr. Johann Crisant Rheinbach, s. 374.

Marquisat Bergen op Zoom.

Generalkommissär in den Niederlanden.
Titl. Hr. Carl Reichsgraf von Vieregg, s. 196.
Beygeordneter: Titl. Hr. Martin Joseph von George, Generalcontroleur der Domainen und Finanzen des Marquisats Bergen op Zoom, s. 95.

Churfl. Rath der Domainen in den Niederlanden: Hr. Wilhelm von Goelho.

Sekretär: Hr. Dehase.

Rechnugs-Kammerräthe.

Hrn. Peter de Geep.

Simon von Hennefeld, Generaleinnehmer.

Melissan, churpfälz. Rath, auch Advokat des Marquisats im Haag.

Sekretär des Raths: Hr. Lorenz Adan.

Beygeordneter: Hr. Vermeulen.

Rentmeister: Hr. Adrian Christian von Gilse, im östlichen Theile und von Standerbuyten.

Heinrich Adan, in dem westlichen Theile und von der Stadt Bergen op Zoom.

Eduard von Mattenburg, in dem nördlichen Theile, oder von Fynaert.

Peter Jakob van Mattenburg, in dem südlichen Theile und von den Herrschaften Hoogerbeyden und Ossendregt.

Lehenhof.

Statthalter: Hr. Isak von Meinerzhagen.

Lieutenantstatthalter: Hr. Carl Benjamin van Engelen.

Lehnschreiber: Hr. Simon Hubert Stoulers.

Regierung der Stadt Bergen op Zoom.

Schöffen: Hrn. Jakob Heinrich Adrian Rupertus.

Peter Alexander Goglin.

Dyrck Spieryer.

Simon Hubert Stouters.

Gerrit Pikenbrouck Faure.

Dyrck Wyntjes.

Gerard Sluyters.

Wilhelm van Daalen.

Johann van Dort.

Bürgermeister der Gemeinde: Hr. Johann van Overstraten.

Bürgermeister der Justiz: Obiger Hr. Jakob Rupertus.

Rentmeister: Hrn. de Geep.

Franz Conrad Harreman.

Waisenvögte: Hrn. Simon van Henneveld.

Johann Biesmann.

Johann Franz de Boet.

Landbeamte in den vier Theilen des Marquisats.

Drossard der Dörfer und Gerichte von Wouw, Herel, Woerstraeten, Worensdregt, Ossensdregt, Pütte, Huybergen,

Borgvliet, Zuytgeest und Vorren-Euyde: Hr. Nil van Euvlenbourch.

Sekretär von Wuw, Moerstraeten und Vooren-Euyde: Hr. Nikola de Brunn.

Sekretär und Intendant der Krippen zu Woensdregt, Ossendregt und Pütte: Hr. Johann Morin.

Sekretär von Huybergen: Hr. Friderich van Engelen.

Amtmann u. Krippenmeister von Haldern, Bymoer, Glimes, Auvergne, Polters und Noordgeest: Hr. Jakob Rupertus.

Sekretär der letztern Dörfer und Gerichte, wie auch der Dörfer Borgvliet und Zuytgeest: Hr. Simon Hubert Stouters.

Empfänger der gemeinen Mitteln in den Dörfern und Gerichten von Halteren, Bymoer, Glymes, Auvergne, Polters und Noordgeest: Obiger Hr. Jakob Rupertus.

Drossard der Städte u. Dörfer Altenbusch, Neugastel, Hoeve, Rutwsen und Zeege: Hr. Johann Christoph van Vos.

Sekretär von Altenbusch, Rutpfen, Zegge und Standerbuyten: Hr. Theodor Ludwig Drabbe.

Sekretär von Alt- und Neugastel: Jr. Lessers.

Empfänger der gemeinen Mitteln zu Neugastel: Hr. Johann Baptist de Bie.

Empfänger der gemeinen Mitteln zu Standerbuyten: Ist unbesetzt.

Amtmann und Krippenintendant von Fynaert und Heyninge: Ist zur Zeit unbesetzt.

Sekretär von Fynaert und Heyninge, auch Rentmeister: Hr. Adrian Bishoek.

Herrschaft St. Michael Gestel.

Einnehmer: Hr. Nikola von den Heuvel.

Drossard, auch Statthalter der Lehen von St. Michael-Gestel, Gemonde, dann alt- u. neu Herlaer: Hr. Bogwyn Doucker Curtius.

Sekretär: Hr. Jakob Meuns.

Herrschaft
Wynnendale-dann Breßkens und Breßkens-Sand
in Flandern.

Churfl. Generalkommissär.

Titl. Hr. Carl Reichsgraf von Vieregg, s. 96.

Beygeordneter: Titl. Hr. Martin Joseph von George, s. 95.

Die Rentmeistersstelle ist dermalen unbesetzt.

Magistrat der Stadt Roullers.

Amtmann: Hr. Carl Leopold Spillebout.
Stadtschreiber: Hr. Maximilian de Meuleuaere.
Bürgermeister: Hr. Johann Baptist Ghyselen.
6 Schöffen. 1 Einnehmer.

Magistrat des Stadtgebieths.

Amtmann: Obiger Hr. Carl Leopold Spillebout.
Amtsschreiber: Hr. Noelens.
Bürgermeister: Hr. F. de Clercq.
6 Schöffen. 1 Einnehmer.

Magistrat der Stadt Cleves in Langenmarque und Daschendaele.

Amtmann: Hr. Benedikt Augustin Bayart.
Schulze: Hr. Peter Glorie.
Bürgermeister: Hr. Gerard Bouten.
Schöffen: Hrn. Philipp Jakob van Lecke.
  Johann Innocens Doghe.
  Joseph Bourry.
  Johann Baptist Doom.
  Christian van Damme.
  Carl Tiersoone.
Stadtschreiber: Hr. Johann Baptist Soeuen.

Magistrat der Stadt Thourout.

Amtmann: Hr. Carl van der Espt.
Bürgermeister: Hr. Jakob Heinrich von Cuupere.
Schöffen: Hrn. Johann Huuye.
  Ludwig Lammens.
  Ludwig Acke.
  Johann Roose.
  Jodokus Vervaecke.
  Johann Strubbe.   Peter von Clercq.
Stadtschreiber: Hr. Jakob Moke.
Zahlmeister: Hr. Peter van der Espt.
Offiziant: Hr. Johann Stetteman.

Magistrat von Cortemarque.

Bürgermeister: Hr. Franz Johann von Clercq.
Schöffen: Hrn. Jakob von Hulster.
  Gillis Olivier.
  Johann von Gheest.
  Hilarius Wndooghe.
  Joseph und Constans van ben Driesche.

Magistrat von Cortemarque u. Haudzaeme.
Bürgermeister: Hr. Peter von Ruytter.
Schöffen: Hrn. Ivo Roolens.
  Joseph von Simpel.
  Johann Baptist Cappelle.
  Johann van de Moostel.
  Zu Haudzaeme: Jakob von Ferie.

Magistrat der Herrschaft Pauschen
und Byversche.
Amtmann: Hr. Jakob Moke.
Bürgermeister: Hr. Peter Cock.
Schöffen: Hrn. Peter van der Schelden.
  Johann Evangelist Ghekiere.
  Anton von Brabander.
  Peter van de Wiele.
  Stephan van de Waetere.   Baud Lamaire.
Amtschreiber: Hr. Johann Franz von Meuleneare.
Einnehmer: Hr. Johann von Baeren.

Magistrat der Stadt Rousselaere.
Bürgermeister: Hr. von Necker.
Erster Schöff: Hr. Roelens.
Schöffens: Hrn. Brouckaert.
  von Geest.
  Boulens.
  von Geest.   von Jouckheere.

Magistrat zu Wynnendale.
Amtmann: Hr. Emanuel von Biesbrouck.
Bürgermeister: Hr. F. J. Serruys.
Schöffen: Hrn. Martin de Clercq.
  Peter Bruynooge.
  Carl Rol.
  Joseph Hallemeersch.
  Carl Doyen.
Empfänger: Hr. Carl Fraeys.
Amtsdiener: Jakob Mocke.
Schöffen zu Werken: Hrn. Johann van de Wiele.
  Ignatz Housbrouch.
  Peter Bruynooge.
Empfänger: Hr. Carl von Grendele zu Haudzaeme.
Schöffen zu Hhibts u.Liglervelde: Hrn. Martin de Clercq.
  Franz de Fuydt.

Empfänger: Hr. Johann Anbries zu Rubbervoorde.
Amtsdiener: Peter Vermeersch zu Ghirts.
Schöff zu Rubbervoorde u. Zwevezeele: Hr. Serruys.
Empfänger: Hr. Joseph von Hoonacker.
Amtsdiener: Johann Anbries.
Schöffen zu Noord-Over: Hrn. Peter Polentier.
   Martin Strubbe.
Empfänger: Hr. Jodokus Vervaecke zu Thourout.
Amtsdiener: Jodokus van Sielegem zu Jglegem.
Amtsdiener: Hr. Anbert Contteau.
Both: Carl Hemeryk, zugl. Offiziant zu Wynendale, Pawiffe und Thourout.

Herrschaft.
Breskens und Breskens-Sand.

Amtmann. Hr. Philipp von Hierschott.
Amtschreiber: Hr. Philipp le Clercq.
Bürgermeister: Hr. Jakob Dirckx.
6 Schöffen. 1 Rentmeister. 1 Stadthouder.
Krippenintendant: Hr. Jakob von Cruyningen.

Die vier Kollegien

der hochlöbl. zum gülich- und bergischen Landtage gehörigen Stände von der Ritterschaft und den Hauptstädten, nach Ordnung ihrer Aufschwörung.

Gülichische Ritterschaft.
Die hoch- und hochwohlgebohrne
Herren Herren.
Direktor.

1784. Franz Ludwig Freyherr von Harff, zu Langendorf ꝛc. f. 24.
1753. Franz Freyherr von Berghe, genannt Trips, zu Hemmersbach, f. 22.
1754. Arnold Freyherr Raitz von Frentz, zu Schlenbern, f. 52.
1755. Franz Freyherr Beiffel von Gymnich, zu Blens.
1756. Johann Friderich Freyherr von Bourscheid, zu Meroedigen, wegen Schallenberg.
1756. Johann Hugo Freyherr von Spieß, zu Maubach.
1758. Clemens August Freyherr von Weichs, zu Schweinheim.
1763. Carl Arnold Freyherr von Hompesch, zu Wiedenau.
1764. Se. Excell. Carl Freyherr v. Hompesch, zu Bollheim, f. 6.
1764. Balduin Franz Freyherr von Merode, zu Frankenberg.

Titl. Herren Herren.
1764. Leopold Freyherr von Bourscheid, zu Patteren.
1763. Clemens August Freyherr von Gymnich, zu Ehretheim.
1763. Clemens August Freyherr von der Vorst, genannt Lombeck-Gudenau, wegen Rutzheim und Billig.
1768. Franz Ludwig Freyherr von Harff, zu Langendorf, f. 24.
1769. Friderich Freyherr von Harff, zu Geilenkirchen.
1771. Wilhelm Friderich Freyherr von Dallwigk, zu Flammersheim.
1771. Edmund Graf von Hatzfeld, zu Bonnenberg, f. 354.
1772. Adolph Freyherr von Ritz, zu Wachendorf, f. 58.
1773. Maximilian Freyherr von Bentinck, zu Imbricht, f. 24.
1773. Clemens August Freyherr von Schall, zu Nierstein.
1776. Clemens August Freyherr von der Wenge, zu Lindenberg.
1778. Joseph Graf von Golstein, zu Breill, f. 28.
1779. Johann Franz Felix Graf von Nesselrode, zu Baesweiser.
1779. Carl Freyherr v. Dallwigk, zu Schläferinghoven, f. 368.
1779. Joseph Marquis von Hoensbroech, zu Iversheim.
1781. Johann Baltuin Christoph Freyherr von Berg, genannt Dürffendahl, zu Dürffendahl.
1782. Carl Freyherr von Kolf von Vettelhofen, zu Hausen, f. 63.
1783. Carl Theodor Freyherr v. Eynatten, wegen Trips, f. 363.
1783. Gerard Freyherr von Loe, zu Geyen, f. 385.
1783. Hugo Freyherr von u. zu Leerod, wegen Eggerath, f. 378.
1783. Arnold Freyherr von Dorth, wegen Wildenrath, f. 356.
1783. Clemens Freyherr von Syberg, wegen Eycks, f. 376.
1784. Carl Freyherr von Dorth, wegen Zievel.
1785. Wilhelm Freyherr v. Hompesch, wegen Eschweiler, f. 351.
1785. Georg Ignatz Freyherr v. Brackel, wegen Klein-Vernich.
1786. Johann Philipp Graf von Kesselstadt, zu Stollerg.
1786. Ludwig Freyherr von Dorth, zu Großvernich.
1786. Maximilian Felix Freyherr v. Rolshausen, zu Lurnich.
1786. Franz Carl Freyherr Raitz von Frentz, zu Hall.
1786. Christian Joseph Freyherr von Hompesch, zu Drope.
1787. Carl Anton Freyherr von der Heyden, genannt Belderbusch, zu Ludendorf.
1787. Emerich Joseph Freyherr Raitz v. Frentz, zu Kellenberg.
1787. Ferdinand Ludwig Freyherr v. Hompesch, zu Gritteren.
1789. Maximilian Friderich Freyherr Waldbott-Bassenheim von Bornheim, wegen Hohenholz.
1789. Ignatz Wilhelm Freyherr von Rolshausen, zu Vetweis.
1791. Ernest Joseph Wilhelm Freyherr von Hompesch, zu Clee.
1791. Clemens August Freyherr von Leerod, zu Opheim, f. 374.

Titl. Herren Herren.

1791. Maximilian Friderich Freyherr von Weichs zu Rechters-
heim - Heyden.
1791. Johann Wilhelm Freyherr von Vincke, zu Birgelen.
1791. Ferdinand Joseph Freyherr von Weichs, zu Rechters-
heim - Crummel.
1792. Maximilian Friderich Freyherr von der Vorst, genannt
Lombeck - Gudenau, zu Gudenau.
1792. Carl Adolph Freyherr von Cynatten, zu Gritteren.
1792. Joseph Clemens Freyherr von der Vorst, genannt Lombeck - Gudenau, zu Lupenau.
1792. Maximilian Werner Graf Wolff Metternich, zu Forst.
1793. Ferdinand Jos. Freyherr v. Bourscheid zu Efferen, s. 356.
Ritterschaftlich - und gemeiner Syndikus.
Titl. Hr. Franz Gabriel Freyherr von Collenbach, Churpfälzischer Regierungsrath.
Ritterschaftlicher Gemeinschreiber: Hr. Robens.
Landtrompeter: Anton Joseph Pithan.

Gülichischer Hauptstädte Kollegium.

Referens oder Syndikus: Hr. Heinrich von Lemmen, s. 351.
Beygeordneter: Hr. Emerich Xaver Krey, s. 359.
Zwey deputirte Rathsverwandte der Hauptstadt Gülich.
Zwey deputirte Rathsverwandte der Hauptstadt Düren.
Zwey deputirte Rathsverwandte der Hauptstadt Münstereiffel.
Zwey deputirte Rathsverwandte der Hauptstadt Euskirchen.
Hauptstädtischer Geheimschreiber: Hr. Packenius.

Bergische Ritterschaft.
Die hoch = und hochwohlgebohrne
Herren Herren.

Erbdirektor.

1757. Wilhelm Graf von Nesselrode und Landskron, wegen zum
Dahl, s. 386.
1754. Friderich Leopold Freyherr von dem Boblenberg, genannt Keffel, wegen Stade.
1754. Wilhelm Graf von Nesselrode, wegen Merkelsbach.
1765. Gottfried Freyherr von Beveren, wegen Hausmank-
hausen, s. 23.
1765. August Graf von Schaesberg, wegen Schöller, s. 52.
1765. Ferdinand Jos. Freyherr v. Weichs, wegen Leidenhausen.
1765. Franz Ignatz Freyherr von Roll, wegen Morisbroich.
1766. Adolph Freyherr von Nagel zu Itlingen, wegen zur
Gaul, s. 383.

Titl. Herren Herren.

1767. Friderich Freyherr v. Dallwigk wegen Kleinenkleft, s. 26.
1767. Friderich Carl Freyherr von Forstmeister zu Gelnhausen, wegen Steinbüchel.
1768. Leopold Friderich Freyherr von dem Bodlenberg, genannt Kessel, wegen Aprath.
1768. Friderich Freyherr von Lützerode, wegen Rath, s. 56.
1769. Stephan Adolph Wilhelm Freyherr von dem Bodlenberg, genannt Kessel, wegen Heßscheid.
1769. Clemens August Freyherr von Wittinghof, genannt Schell, wegen Burg.
1771. Ferdinand Ludwig Maximilian Freyherr von der Horst, wegen Müllinghoven.
1773. Gisbert Wilhelm Freyherr von Romberg, wegen Kasparsbroch.
1773. Franz Anton Joseph Freyherr v. Loe, wegen Grönscheid.
1776. Carl Graf von Nesselrode, wegen Weltrath, s. 56.
1779. Moritz Freyherr von Gaugreben, wegen Broich, s. 58.
1779. Carl Graf von Spee, wegen Schirpenbroich, s. 60.
1780. Johann Franz Joseph Graf von Nesselrode und Reichenstein, wegen Sein, s. 22.
1780. Ludwig Friderich Adolph Freyherr von Westerhold und Gysenberg, wegen Nesselrode.
1781. Franz Carl Freyherr v. Nagel zu Itlingen, wegen Dhün.
1782. Friderich Moritz Bernard Freyherr von der Lippe, zu Weschpfenningsbroel.
1784. Se. Excell. Adam Alexander Graf von Schellard von Obendorf, wegen Hain, s. 91.
1784. Friderich Graf von Plettenberg und Wittem, wegen Hombach.
1784. Hugo Franz Graf von Hatzfeld und Schönstein, wegen Merten.
1784. August Graf von Merfeld, wegen Cortenbach.
1786. Clemens Johann Nepomuck Graf von Hatzfeld und Schönstein, wegen Alner.
1787. Ferdinand Freyherr von Spaar zum Greiffenberg, wegen Pawyr.
1788. August Clemens Maria Freyherr Schall von Bell, wegen Schönrath.
1788. Carl Theodor Freyherr v. Warsberg, wegen Altbernsau.
1788. Clemens Joseph Freyherr von Calkum, genannt Lohausen, wegen Lohausen.

Titl. Herren Herren.

1790. Clemens August Freyherr v. Nagel, wegen Steinhausen.
1791. Clemens August Freyherr v. Ketteler, wege· Vilickerade.
1791. Adolph Heidenrich Bernard Freyherr Droste zu Vischering, wegen Hahn.
1792. Franz Carl Joseph Beissel von Gymnich, wegen Mühlen.
1793. Maximilian Friderich Freyherr von Westerhold und Gysenberg, wegen Hohenscheid, s. 18.

Ritterschaftlich- und gemeiner Syndikus.
Hr. Michael Hermann von Sieger, g. u. b. geheimer Rath,
Ritterschaftlicher Geheimschreiber: Hr. Vetter.
Landtrompeter: Johann Theen.

Bergischer Hauptstädte Kollegium.
Konsulent oder Syndikus: Hr. Johann Wilhelm Bewer, s. 357.
Zwey deputirte Rathsverwandte der Hauptstadt Lenep.
Zwey deputirte Rathsverwandte der Hauptstadt Ratingen.
Zwey deputirte Rathsverwandte der Haupt- und Residenzstadt Düsseldorf.
Zwey deputirte Rathsverwandte der Hauptstadt Wipperfurt.
Hauptstädtischer Geheimschreiber: Hr. Müller.

Churfl. Akademie
der schönen Künste zu Düsseldorf.

Stifter.
Se. Durchleucht der Churfürst ꝛc. ꝛc.

Protektor.
Ist dermalen unbesezt.
Kommissär: Titl. Hr. Georg Reichsfreyherr von Knapp, s. 351.
Direktor: Hr. Johann Peter Langer.
Beständiger Sekretär: Hr. Peter Bißlinger, s. 357.

Anwesende Lehrer.
Herren.
Joseph Bruillot, Lehrer der Malerey und Kaßier, s. 43.
Obiger Peter Langer, Lehrer der Malerey, Perspektive u. Anat.

Abwesende Lehrer.
Herren.
Valentin Green, s. 49.
Peter Lamine, s. 48.
Christian Mannlich, herzoglich- Zweybrückischer Hofkammerrath, erster Hofmaler und Hofbaumeister.

Herren.

Lorenz von Quaglio, s. 37.
Aegid Verhelst, s. 49.
Ferdinand Kobel, s. 43.
Johann Abel Schlicht, s. 159.
Peter Cooper, Kupferstecher in London.
Cornel Plooß von Amstel, Kupferstecher und Direktor der
   Zeichnungsakademie in Amsterdam.
Joseph Langenhöffel, s. 49.
Peter Jos. Krahe, Churtrier. Hofkammerrath u. Baudirektor.
Carl Heß, s. 49.
Friderich Weitsch, Hofmaler in Braunschweig.
De Querteumont, Direktor der königl. Zeichnungsakademie
   in Antwerpen.
Cirillus von Gaspari.

Ausserordentliche Mitglieder.
Herren.

Friderich Eich, Maler.
Gottlieb Prestel, Kupferstecher.
Johann Bodel, Kupferstecher.
Heinrich Lips, Kupferstecher.
Ernest Christoph Thellot, Kupferstecher.
Friderich Weitsch, der jüngere, Maler.
Inspktor: Hr. Aloys Cornelius, Maler.
1 Akademiediener. 2 Modellen.

Ehrenmitglieder,
nach der Ordnung ihrer Aufnahme.
Titl. Herren.

Carl Graf von Nesselrode, s. 56.
Se. Excell. Adam Graf von Schellard, s. 91.
Stephan Reichsfreyherr von Stengel, s. 95.
Edmund von Harold, s. 74.
Anton Reichsedler von Klein, s. 100.
Hermann Beuth, s. 353.
Se. Excell. Franz Freyherr von Fürstenberg, zu Herdringen,
   Domkapitular zu Münster und Paderborn.
Friderich Jakobi, s. 364.
Ludwig Edler Schmiz von Aurbach, s. 98.
Wilhelm Heinse, Dichter.
Se. Excell. Gottfried Freyherr von Beveren, s. 23.
Wilhelm Graf von Nesselrode, s. 386.

Titl. Herren.

Wilhelm Jeger, s. 352.
Franz Graf von Kesselstadt, Domherr zu Mainz.
Philipp Graf von Kesselstadt, Domherr zu Trier.
Lothar Franz Freyherr von und zu Ehrtal.
Johann Friderich Freyherr von Brabeck, zu Lehmaten und
   Hemmern, Domkapitular zu Münster und Hildesheim.
Werner Freyherr von Brabeck, zu Lüderode und Edelburg,
   Domkantor zu Hildesheim, auch Domherr zu Paderborn,
   Münster und Lübeck.
Otto Freyherr von Gemmingen, s. 185.
Se. Excell. Sigismund Graf von Spreti, s. 9.
Se. Excell. Johann Baptist Anton Freyherr von Flachslanden,
   Großkreuzkommenthur und General der Galeeren von Maltha und des hohen Johanniterordens Ritter.
Abell, Sekretär der Landstände des Herzogthums Würtemberg.
Friderich Freyherr von Beroldingen, Domherr in Hildesheim.

Auswärtige und Landinsassen,
die mit churfl. Rathskarakter begnadet sind.
Herren.

1768. Franz Xaver Kleber.
1772. Johann Simon Mayr.
1774. Franz Joseph Winderich.
1775. Ludwig Viktor Gerverot.
1782. Franz Egid Edler von Prebl.
1787. Franz Sigismund Lauffenbach.
1795. Joseph Mayer.

Churfl. Hrn. Sekretarien.

1784. Benedikt Widemann, Oberlandesregierungs-Sekretär.
1757. Franz Seraph Weiser.
1782. Joseph Oettl.
1789. Mathias Kopp, zu Creuzberg.

Register

der Fürsten, Fürstinnen, Damen und Cavaliers.

A.

Aham Ferdinand	Seite 70
Joseph	58
Andrioli Peter	96
Anethan Joh. Nep.	317
Oswald	71
Xaver	70
Angefelli Joseph	9
Ansidei Ludwig	62
Antici Carl	69
Philipp	21
Antonelli Carl	95
Arco Carl	17
Clemens	18
Ignaz	96
Joseph	58
Ludwig	71
Max	57
Philipp	71
Rupertina	281
Aremberg August	3. 4
Aretin Adam	187
Carl	98
Christoph	190
Georg	310
Armansperg Franz	62
Joseph	59
Theresia	88
Arz Ferdinand	56
Asch Ferdinand	55. 93
Franz Paul	64
Ignaz	70
Joseph	51
Max	60

B.

Baaden Anton	22
Carl	1
Heinrich	114
Babo Lambert	95
Baglioni Peter	58
Bar Nikolx	71
Barbaro Markus	57
Bartels Ferdinand	284
Joseph	59
Bassus Augusta	254
Johann	71
Thomas	64
Beckers Carl	140
Heinrich	140

Beissel Carl	400
Franz	396
Belderbusch Carl	376
Ernest	90
Bentheim Emil	27
Friderich	142
Wilhelm	21
Bentinck Carl	377
Max	24
Benzel Carl	151
Beothy Emerich	70
Berchem Carl	70. 91
Joh. Nep.	61
Joseph	65
Maria Anna	264. 340
Max	93
Berg Balduin	397
Berghe Franz	32. 79
Ignaz	356
Berlichingen Ernest	55
Bernclo Caspar	11
Michael	72
Beroldingen Friderich	402
Bettschart Max	65
Beveren Gottfried	23
Theresia	86
Beust Carl	51
Blanckart Carl	364
Blittersdorf August	118
Bodenberg Friderich	398
Leopold	399
Stephan	399
Boisl Joh. Nep.	54
Peter	69
Bongard Ferdinand	68
Boos Ludwig	20
Borgia Stephan	181
Borgias Camillus	66
Joseph	70
Bothmer Caspar	28
Botzheim	23
Bourbon Franz	63
Bourscheid Carl	356
Ferdinand	356
Friderich	396
Leopold	397
Brabek Friderich	402
Werner	402
Brackel Ignaz	38

Brentano Gottlieb	341	Dillingen Carl	25
Brezenheim Carl	5	Donnersberg Aloys	79
Walburga	85	Anton	52
Brockdorf Ludwig	27	Franz	68
Brück Joseph	75	Ignaz	55
Buckler Christian	27	Marquard	134
Bufalini Philipp	25	Sebastian	72
Bühler Carl	105	Dorth Arnold	356
Burgau Clemens	56. 72	Carl	397
Ferdinand	54	Ludwig	397
Buttlar Adolph	20	Drechsel Joseph	342
Buttler Sigismund	71	Droste Adolph	400
Theobald	55	DuPrel Joh. Bap.	18
		Dürniz Thade	60

C.

Cabillian Joseph	64	**E.**	
Calkum Clemens	399		
Ludwig	375	Eberstein Carl	61
Campana Jakob	15	Eckart Wilhelm	67
Castell Joseph	143	Egkher Antonia	28
Castello Aler	21	Ludwig	66
Chamisso Ludwig	69	Max	108
Chester	169	Theodor	55
Chiman Philipp	3	Ehrthal Lothar	402
Closen Anton	55	Eichbegg Carl	116
Codronchi Ludwig	66	Eichler Carl	21
Collenbach Franz	364	Erbach Franz	20
Gabriel	398	Erdt Joseph	207
Colloredo Franz	16	Markus	190
Constanzo Constans	62	Erlach Abraham	26
Corretth Marquard	204	Erps Aloys	265
Cretier Gottlieb	193	Joseph	246
Curtis Caspar	103	Everlange Johann	61
		Eynatten Adolph	398
D.		Carl	363
Dalberg Heribert	7	Ezdorf Carl	66
Dalwigk Carl	368	Gottlieb	91
Friderich	26	Joseph	17. 91
Philipp	90	Ludwig	94
Wilhelm	397		
Daun Ernest	56	**F.**	
Max	14	Feuri Aloys	290
D'Aurel Franz	69	Joseph	290
De Corseinge Caietan	67	Fick Christian	75
Degen Martin	89	Fietta Bartolome	58
De laBalme Claudius	55	Flachslanden Joh. Bap.	402
De la Brue Jakob	87	Formentini Ludwig	79
De la Motte Joseph	64	Forstmeister Friderich	399
Devring Adelheid	263	Franck Joseph	39. 70
Philipp	33	Franken Bernard	96
Thade	62	Joseph	63
Dienheim Amand	22	Wilhelm	62
Dietterich Friderich	67	Frankenstein Philipp	123
Dietrichstein Xaver	94	Francking Joseph	18

Franz Gabriel	97	Gugler Franz Xaver	281.	289
Gottfried	98	Gugomos Augustin		64
Joseph	103	Carl		54
Fraunberg Franz Paul	63	Franz		53
Fraunhofen August	62	Gottlieb		71
Leopold	53	Sigismund		55
Freyberg Carl	79	Gumppenberg Caietan		33
Froschheim Joseph	66	Ferdinand	59	61
Fugger Emanuel	71	Franz		63
Joseph	53. 60	Friderich		118
Max	70	Maria Anna		85
Philips	17	Max	18.	72
Füll Felix	54	Gymnich Clemens		397
Fürstenberg Carl	5			
Franz	401	**H.**		
Friderich	7	Haacke Aloys		16
Fürth Caspar	75	Carl	70.	79
		Häffelin Casimir		41
G.		Daniel		193
Galler Leopold	82	Hallberg Carl	116.	142
Gagern Carl	57	Peter		74
Gaugreben Moritz	58	Hammerer Ludwig		97
Gazzoli Paul	26	Harth Friderich		397
Geebock Ferdinand	79	Ludwig		24
Theodor	57	Hartmann Carl		330
Geispitzheim Friderich	64	Ferdinand		154
Geisweiler Franz	304	Haslang Sigismund		8
Wilhelm	121	Hatzfeld Carl		56
Geldern Carl	375	Clemens		399
Friderich	24	Edmund		354
Gemmingen Otto	185	Hugo		399
Gever Joseph	380	Hauzenberg Christoph		74
Geyling Heinrich	23	Harthausen Werner		54
Ludwig	25	Hegnenberg Anton		15
Gianfilippi Felix	57	Max		18
Giberti Carl	26	Helmstat Carl		169
Giech Carl	28	Heppenstein Gallus		187
Giese Philipp	62	Herculani Philipp		5
Gleissenthall Wilhelm	53	Herding Nikola		63
Gobel Anton	66	Hertling Friderich	89.	330
Goertz Carl	105	Wilhelm		104
Goltstein Franziska	87	Hessen Landgraf Carl		4
Joseph	28	Christian		5
Gravenreuth Casimir	810	Ernest		4
Max	69	Friderich	2.	3
Grein Heinrich	95	Ludwig		2
Griessenböck Christoph	304	Heyden Carl		397
Stephan	63	Hochenzollern Anton		4
Großberg Albert	22. 71	Hoen		23
Großschedl Marquard	344	Hoensbroech Joseph		397
Grumbach Carl	23	Hofmihln Clara		322
Ludwig	20	Max		56
Gugler Anton	72	Xaver		70
Joseph	258			

Hohenhausen Peregrin	315	Insland Ferdinand	64
Joseph	23	Joh. Nep.	65
Silvius	69	Ingenheim Theodor	14
Hohenlohe Aloys	5	Xaver	53
Carl	2	Jonner Joseph	62
Xaver	8	Xaver	60
Holnstein Antonia	251	Iffelbach Christian	340
Clemens	24	Judyko Joseph	21
Friderich	62	Jungwirth	343
Josepha	264	Junker Anton	61
Max	92	Christoph	64
Sigismund	64	Dorothea	344
Xaver	69	Moritz	61
Holstein-Beck Friderich	3		
Hompesch Carl 6. 355.	396	**K.**	
Christian	397	Kampf Christoph	26
Ernest 380.	397	Käppler Franz	208
Ferdinand	397	Quirin	190
Joh. Bapt.	369	Karg Friderich	257
Ludwig	64	Joseph	71
Wilhelm	351	Renata	321
Hörde Philipp	51	Theodor	61
Hörl Valentin	68	Kern Anton 56.	275
Horn Philipp	138	Kesselstadt Franz	402
Horneck Antonia	86	Philipp	397
Franz	115	Ketteler Clemens	400
Hornstein August	24	Kinkel August	115
Bernard	334	Kleist Joh. Nep.	210
Fidel	115	Knapp Joseph	351
Max	58	Koch Philipp	96
Horst Ferdinand	399	Köck Joh. Nep.	79
Hörwarth M. Anna	88	Koster Friderich	53
Hövel Ludwig	26	Wilhelm	154
Hozier Ludwig	54	Kolf Carl	63
Huber Alexander	66	Nikola	52
Wilhelm	52	Königsfeld Christian	15
Hübsch Wilhelm	182	Joseph	9
Hund Max	79	Theodor	12
Theodor	12	Kreith Joseph	18
Hundheim Joseph	151	Ignaz	68
Hunoltstein Christian	25	Max	65
Ernest	54	Kreittmayr Ignaz	272
Hutten Christoph	64	Joh. Nep.	189
		Köllmann Jacob	351
J.			
Jablonowsky Anton	1	**L.**	
Mathias	5	Lafabrique Franz	190
Stanislaus 1.	4	Lamberg Franz	52
Jenison Franz	59	Max	72
Jett Carl	71	Philipp	33
Ikstatt Joh. Bapt.	202	Lamezan Ferdinand 120.	155
Ilinsky Joseph	24	Larosée Aloys	43
Imhoff Leopold	66	Desider	69
Xaver	65	Gottlieb	57

Larose Joseph	71	Loe Anton	394
Xaver	70	Franz	317
Latour Joseph	55	Gerard	385
Leerod Clemens	374	Lombeck Clemens	397
Hugo	378	Joseph	398
Lehrbach Damian	11	Max	398
Leibelfing Max	71	Lösch Max	15. 70
Leiningen Carl	4	Löwenstein Constantin	4
Emich	4	Friderich	24
Max	26	Lübeschitz Michael	25
Wilhelm	89	Lubomirsky Joseph	3
Leonrodt Constantin	64	Martin	1
Philipp	67	Michael	3
Leoprechting Ferdinand	55	Lütgendorf Carl	75
Heinrich	66	Joseph	210
Joseph	23	Lutherode Friderich	56
Xaver	65	Lützow Joachim	27
Le Paige Carl	62	Lynar Moritz	27
Lerchenfeld Ferdinand	18		
Franz	65	**M.**	
Franziska	264	Malaspina Conrad	51
Hermann	74	Malvezzi Anton	16
Joseph	65	Mändl Anton	63
Max	13. 18	Joseph	62
Philipp	7. 79	Manteufel Gottlieb	54
Theresia	85. 249	Mantica Peter	59
Xaver	16. 79	Manuzzi Nikola	34
Leyden Clemens	69	Stanislaus	27
Joseph	90	Marschall Friderich	52
Max	63. 71	Marsili Hypolitus	68
Xaver	54	Massenbach Carl	326
Xaveria	247	Friderich	69
Leyen M. Anna	184	Mauchenheim Ludwig	27
Philipp	22. 376	Mazowiecky Joseph	58
Lichtenstein Philipp	5	Mezzolari Franz	24
Lichtenstern Franziska	323	Meggenhofen Max	276
Marquard	323	Meldemann Albert	61
Ligne Ludwig	4	Menchikoff	4
Lilgenau Andreas	203	Merfeld August	399
Christoph	59	Merode Balduin	396
Lilien Alexander	63	Mestral Friderich	56
Anton	69	Metternich Max	398
Carl	68	Mezanelli Paul	63
Limpöck Joseph	68	Milckau Friderich	27
Lippe Carl	27	Miltitz Friderich	20
Friderich	21. 399	Minuci Ferdinand	54
Livizzani Alphons	14	Josepha	245
Paul	51	Vincenz	57
Lochner Christian	16	Xaver	64
Friderich	64	Mohr Philip	107
Lodron Clemens	8	Monjellas Augusta	88
Joseph	71	Josepha	48
Max	59	Max	59
Theresia	281	Montalban Joseph	12

Morawizky Carl		55	Pechmann Heinrich	6
Clemens		54	Joseph	70
Ferdinand		327	Wilhelm	57
Max.		14	Pelkhoven Joh. Nep.	53. 68
Theodor		10	Perglas Anton	22
Morawsky Ignaz		21	August	67
Moser Friderich		184	Carl	67
Müllenheim Franz		15	Sigismund	33
Munarini Joh. Bap.		25	Perusa Ferdinand	51
Münster Georg		2	Pestalozza Ludwig	67
Murach Philipp		64	Pfalzgrafen Carl Theodor	2
Wilhelm		52	Maximilian	2
			Wilhelm	2
N.			Pfeil Max	63
Nagel Adolph		383	Pfetten Hubert	51
Carl	119.	399	Ignaz	51. 57
Clemens		400	Leopold	79
Nassau Fürst Adolph		2	Marquard	58. 66
Neipperg Joseph		18	Max	54
Nesselrode Carl		56	Pfirdt Joh. Nep.	25
Felix		397	Pienzenau Nikola	11
Joseph		22	Pilgram Anton	210
Wilhelm	386.	398	Platten Ernest	21
Nogarola Franz		8	Plater Joseph	21
Joseph		14	Pletrich Anton	67
Nys Clemens		66	Maria Anna	284
Joh. Bapt.		289	Plettenberg Friderich	399
Max		63	Max	27
			Pocci Fabricius	67
O.			Peter	32
Obermayr Joseph		305	Pollinger Joseph	119
Oberndorff Albert		89	Pompei Vincenz	17
Carl		67	Portia Alphons	62
Christian		17	Nikola	14
Philippina		85	Sigismund	10
Oeffele Clemens		189	Xaver	66
Oexle Anton		56	Posch Joseph	102
Offenberg Heinrich		24	Prambero Antonin	15
Ompteda Heinrich		105	Preysing Carl	63
Osterberg Fidel		301	Caspar	92
Ott Joh. Bap.		310	Friderich	65
Otten Hieronimus		875	Ignaz	70
Ignaz		364	Joseph	16. 58
Ow Friderich		61	Max	11. 61
			Rudolph	54
P.			Sigismund	10. 52
Paget Arthur		105	Prielmayr Ferdinand	257
Palm Carl		5	Joh. Nep.	230
Pappenheim Carl		19	Xaver	190
Elisabetha		85	Proff Carl	384
Friderich		69	Joseph	382
Pauli Joseph		97	Pruckberg Joseph	98
Paumgarten Gabriela		85	Prugglach Elisabetha	249
Josepha		271		
Max	14.	70	Max	69

Prjostowsky Robert	21	Romberg Wilhelm	399
Puckler Christian	22	Rotenhan	184
Pütz Caspar	71	Ruffin Xaver	57. 62
		Rumelskirch Bernard	97
Q.		Rumford Benjamin	93
Quarantotti	74	Rummel Ferdinand	69
		Joh. Nep.	55
R.		Wilhelm	52
Rambaldi Antonia	254	Ruprecht Franz Paul	304
Gerard	31		
Joseph	66	**S.**	
Maria Anne	273	Sabioni Xaver	58
Max	33	Salern Joseph	90
Violanda	85	Max	61
Radziwil Anton	4	Salis Joh. Bap.	95
Dominikus	2. 3	Salm-Kyrburg Friderich	8
Mathias	5	Moriz	4
Michael	2	Salm-Salm Carl	4
Stanislaus	1	Constantin	4
Raitz Arnold	52	Ludwig	1
Carl	397	Sampieri Anton	11
Emerich	397	Sandizell Anton	13
Rdultowsky Chrisostomus	22	Sangusko Janus	1
Rechberg Aloys	16	Sapieha Alexander	3
Carl	18	Joseph	3
Johann Nep.	68	Xaver	3
Joseph	65	Saporta Anton	56
Max	9	Savioli Alexander	53
Reden Franz	28	Ludwig	96
Reibeld Friderich	75	Petronius	59
Ignaz	75	Satzenhof Friderich	59
Philipp	121	Magdalena	264
Reichlin Xaver	62	Sigismund	59
Reigersberg Franz	332	Schaersberg August	52
Reisach Adam	17. 275	Joseph	381
Caietan	29	Schall August	399
Carl	70	Carl	94
Marquard	17	Clemens	397
Reischach Sigismund	20	Schatte Edmund	330
Reizenstein Carl	26	Joh. Nep.	332
Renaldis Max	10	Schellard Adam	91
Reuß Philipp	115	Schenck Max	13
Heinrich	4. 21	Philipp	18
Riederer Ignaz	58	Scheberas Anton	72
Joseph	64	Michael	18
Riesenfels Ferdinand	57	Paul	69
Ritz Adolph	58	Schleich Ferdinand	64
Friderich	23	Georg	271
Riviere Franz	21	Heinrich	71
Robertz Anton	351	Xaver	64
Rodenhausen Carl	86	Schleitheim Joseph	65
Roll Ignaz	398	Schmid Anton	92
Rolshausen Ignaz	397	Philipp	202
Max	397	Schmidburg Franz	98
		Schmith Joseph	330

Schmitt Friderich	102	Spreti Joseph	11
Schmitz Hermann	130	Max	65
Schneider Xaver	96	Sigismund	9. 71
Schönberg Ferdinand	21	Staader Franz Xaver	7
Schönbrunn Max	275	Stael Ferdinand	60
Schönburg Ludwig	23	Joseph	72
Wilhelm	24	Franziska	322
Schönhueb Joseph	192	Stauffenberg Joseph	67
Schönstätt Carl	68	Stengel Ernest	154
Schrenk Sebastian	72	Gottfried	310
Schroffenberg Franz	67	Joseph	95. 152
Schullenburg Ferdinand	115	Nikola	121
Schütz Christoph	65	Stephan	95
Schwachheim Friderich	112	Sternbach Joh. Nep.	68
Rudolph	97	Sternberg Wilhelm	12
Schwarzburg Albert	3	Stingelheim Anton	15
August	1	St. Marie Eglise Charlotta	88
Carl	4	St. Martin Claudius	93
Friderich	2	Stolberg Friderich	27
Schweickhord Joseph	136	Streit Anton	33
Schwicheldt Ernest	24	Carl	32
Jobst	23	Strommer Carl	59
Sedlnitzky Max	14	Joseph	96
Seeau Joseph	84. 52	St. Vincent Joh. Bapt.	56
Ludwig	65	Rupert	94
Segesser Christoph	58	Sturmfeder Carl	56
Leopoldina	88	Friderich	11
Seilern Joseph	105	Suchodolsky Michael	21
Seinsheim Friderich	72	Suttinsky Johann	57
Johann Nep.	71	Joseph	21
Joseph	18	Sulkowsky Franz	1
Maria Anna	253	Ignaz	20
Max	13	Casimir	21
Serego Joseph	16	Syberg Clemens	376
Straing Carl	79. 26	T.	
Serenvi Amand	28	Tampieri Philipp	32
Seyboltsdorf Ferdinand	17	Tänzl Alexander	60
Ludwig	62. 79	Friderich	55
Max	19	Johann	67
Xaver	17	Tautphaus Franz	330
Seyssell Augusta	251	Jakob	120
Max	54	Johann Nep.	103
Sickingen Franziska	86	Tättenbach Joseph	6
Sizzo Joseph	70	Heinrich	68
Soden Julius	26	Tauskirch Aloys	58
Solohub Georg	21	Carl	79
Soltik Felix	21	Joseph	15. 57
Joseph	20	Josepha	85
Sparr Ferdinand	399	Max	16. 51. 55. 93
Spaur Anton	33	Quido	94
Spee Carl	60	Theresia	249
Spieß Hugo	396	Stanislaus	5
Spreti Caietan	62	Tettenborn Daniel	61
Clementina	246	Thibouß Jakob	106

Thällen Ernst	53	**W.**	
Thürheim Friderich	63	Wächter	105
Thurn u. Tassis Anton	5	Wahl Friderika	254
Friderich	66	Josepha	251
Maximilian 5.	92	Waldbott Max	397
Maximiliana	87	Waldeck Christian	2
Thurn u. Valsasina Raimund	26	Friderich	2
Xaver	21	Georg	2
Törring Adelheid	88	Ludwig	3
Anton	6	Walderdorf Philipp	5
August	6	Waldkirch Christoph	69
Clemens	15	Clemens	15
Elisabetha	282	Joh. Bapt.	68
Emanuel	68	Max	16
Franz	10	Theodor	9
Hiacintha	85	Wallwiz Reinhard	12
Johann Nep.	70	Warsberg Carl	399
Joseph	12	Wartensleben Carl	53
Josepha	245	Weichs Clemens	51
Max	14	Ferdinand 396.	398
Trauttenberg Johann	55	Gabriel	62
Tubeuf Friderich	169	Joseph	13
Tucher Georg	305	Max	398
Tunzl Xaver	47	Weiler Georg	152
Turenne Gottfried	1	Wilhelm	102
U.		Weinbach Wilhelm	98
Valenti Thomas	62	Weittenau Raymund	332
Venningen Anton	62	Weitersheim Carl	59
Friderich	69	Welden Carl	10
Verger Ludwig	32	Constantin	18
Max	6	Wenge Clemens	397
Verri Askan	66	Werneck Reinhard	71
Vichy Joh. Bapt.	32	Westerhold Eugen	186
Stephan	81	Ludwig	399
Vieregg Anton	61	Max	18
Caietan	58	Weveld Christoph	56
Carl	96	Joh. Bapt.	79
Friderich	93	Joh. Nep.	54
Johann Nep.	61	Joseph	60
Joseph	17	Wezl Josepha	272
Maria	255	Wickenburg Anton	25
Maria Anna	85	Widmer Carl	290
Mathäus	5	Widnmann Joseph	55
Peter	255	Thade	55
Philipp	16	Wiese Christian	20
Thade	71	Wildenau Anton	207
Villeneuve Joseph	70	Michael	304
Villiez Joh. Bap.	154	Wiser Carl	62
Vincke Wilhelm	398	Philipp	26
Vittinghof Clemens	399	Wittgenstein Wilhelm	26
Ulm Joh. Bap.	61	Wolfegg Anton	8
Voithenberg Joseph	72	Woroniecky Ignaz	8
Zacharias 72.	265	Joseph	4

Woronvecky Maf	1	**Z.**	
Wratislaw Vincenz	26	Zandt Carl	66
Wrede Carl	83	Franz	59
Franz	57	Zapata Roderich	68
Joseph	134	Zech Felix	92
Y.		Zedtwitz Franz	11
Yrsch August	68	Peter	18. 59
Carl	66	Philipp	56
Christian	68	Zeil Max	91
Friderich	45	Zelada Xaver	181
Joh. Nep.	45	Zillenhard Carl	57
Ysenburg August	22	Zinzzi Emid	105
Christian	115	Zobel Joseph	115
Ernest	23	Zundt Antonia	262
Friderich	21. 106	Zurlauben Anton	181

Register
der Aemter und Ortschaften.

A.

Aachen	Seite 380	Angermund	380
Abbach	270	Apotheke	39
Abensberg	270	Arbeitshaus militärisches III.	112
Abreyen	291. 325	Argenthal	143
Accis-Papier Kommission	161	Aschau	249
Administration (geistl.)	175	Aspiesheim	130
der Kabinetsherrschaften	236	Au	244. 245
Advokaten zu Amberg	308	Auerbach	314
Burghausen	278	Auerburg	245
Gülich und Berg	359	Augsburg	102
Landshut	261	Aybling	245
Mannheim	152		
München	196	**B.**	
Neuburg	332	Bacharach	131. 178
Straubing	268	Baiern	187
Sulzbach	346	Ballhaus	42
Agenten	102	Barmen	361
Aichach	244	Bauamt zu Amberg	313
Akademie zu Düsseldorf	400	Burghausen	278
Mannheim	181	Landshut	260
München	228	München	47. 217
Militärische	112	Neuburg	336
Albenhoven	368	Baukommission	159
Auersberg	337	Beichtvater	85. 87
Alsheim	129	Beienburg	381
Altenmarkt	279	Beleuchtungsamt	217
Altenoetting	279	Benrath	46
Altmanstein	270	Bensberg	47
Alzei	129. 130. 164. 178	Beratshausen	337
Amberg Landrichteramt	313	Berchtesgaden	280
Amergau	244	Bereiter	83
Am Thurm	284	Berg	45
Anger	244	Berg Herzogthum	351

Bergen	349	Concilium Medicum zu Mann-	
Bergen op Zoom	391	heim	123
Bergheim	368	Constein	338
Berlin	102	Cortemarque	394
Bergmeisteramt (Oberst)	348		
Bermersheim	130	**D.**	
Bernau	314	Dachau	45. 245
Bernstein	271	Dahlen	370
Bibliothecken	40	Dalsheim	130
Biebelsheim	130	Damen du Palais	85
Billigheim	133	Deggendorf	271
Blankenberg	382	Derheim	142
Böckelheim	137. 166	Dezimationskommission	215
Bodenmais	349	Diessen	245
Bodenwöhr	349	Diessenstein	271
Bonn	102	Dietfurth	271
Born	378	Dilsberg	135
Börnbach	245	Dingolfing	262
Bornefeld	383	Donaustauf	271
Boslar	369	Donauwörth	245
Borberg	132. 165. 178	Dorsbach	280
Brauamt zu München	216	Dorffen	263
Neuburg	336	Dresden	102
Breisig	369	Düren	370
Breskens	393. 396	Düsseldorf	383
Breiteneck	314		
Bretten	132. 165. 179	**E.**	
Brüssel	102	Eberbach	139
Brodhausen	280	Ebernburg	137
Brüggen	369	Edelknaben	79
Bücherzensur-Kollegium	219	Edenkoben	141
Büchsenspanner	81	Eggenfelden	263
Buchhorn	245	Eging	280
Bürckenhörd	133	Eggmühl	263
Burg	387	Ehegericht	174
Burghardsried	325	Ehring	281
Burglengenfeld	337	Eich	129
Burgweinting	271	Elberfeld	384
Burtheim	338	Engertsham	381
Byburg	262	Eppenreuth	314
		Eppingen	132
C.		Erbesbiedesheim	130
		Erbbestandskommission	160
Caub	131	Erding	263
Cautionskommission	161	Erkelenz	391
Cham	271	Erlisholz	246
Chaussee-Intendance	163	Erzberg	350
Thiemsee	280	Eschlkam	271
Churpfalz	120	Eschenbach	315
Cleve	102	Eschweiler	371
Cleves	394	Eßlarn	315
Collmar	102	Eusserthal	133
Commandantschaften	118	Euskirchen	372
Concilium Medicum zu Düssel-		Exercitienmeister	80
dorf	355	Expeditor (geheimer)	100

F.

Fabrikenkommission	149
Fichtlberg	350
Finanzdepartement	353
Fischerberg	325
Fischerey	78
Floß	315
Forstkammer in Mannheim	157
München	217
Forstmeister-Aemter in Baiern	297
der obern Pfalz	325
Gülich und Berg	367
Neuburg	343
Sulzbach	328
Forstschule	218
Frankfurt	102
Freinsheim	130
Freudenberg	315
Freykünstler	48
Freysing	246
Freystadt	315
Friedberg	246
Fruchtmarkts-Intendance	163
Frucht- u. Fouragekommission	160
Fürstenried	46
Furth	272
Futtermeisteramt	217

G.

Gabl	246
Gammersham	246
Garde-Meubles	42
Gartenkommission	159
Gärtnerey	78
Geilenkirchen	372
Geisenfeld	247
Geisenhausen	262
Geislhöring	263
Generalität	114
Generalkassa zu Mannheim	157
Generalstaab	116
Gensingen	137
Gerichtsferien zu Düsseldorf	367
Mannheim	150
Germersheim 133. 165.	179
Gerolsing	247
Gesandte auswertige	105
inländische	102
Gesellschaft deutsche	185
physik. ökonomische	188
Witterungs	182
Glesing	245
Gimbsheim	129

Gladbach	373
Geissenberg	315
Gmünd	315
Gnadenberg	315
Gögging	281
Gouvernements	116
Grafenau	272
Grafenwörth	315
Granspach	338
Grevenbroch	373
Griesbach	281
Grindl	253
Großalmosenier	29
Gülich Amt	373
Herzogthum	351
Gundelfingen	339
Gundershausen	143

H.

Haag 103. 247.	315
Haimburg	320
Hallein	281
Hals	281
Haltenberg	46
Ham	129
Hambach 47.	316
Hartenstein	316
Hartschier	31
Hasloch	141
Haslbach	272
Hauptkassa zu Amberg	312
München	215
Hauskammerey	47
Hautlissenmanufaktur	47
Haydau	272
Heidelberg 46. 134. 165.	179
Heidelsheim	133
Heilbronn	103
Heimbach	374
Heining	281
Heinsberg	374
Helffenberg	316
Hemau	339
Hemspach	137
Hengersberg	272
Heppenheim	131
Hepperg	247
Herzogmarburg	42
Heydeck	340
Heyducken	31
Hilpoltstein	340
Hilspach	139
Hirschau	316
Historiographen	42

Hochenreichen	255	Jagdschiffe-Intendance	162
Höchstätt	340	Jägerey baierische	296
Hof-Aerzte	38	bergische 367.	390
Arbeiter	49. 62	churpfälzische	168
Bischof	29	gülichische	380
Damen	87. 88	neuburgische	343
Fourier	75	oberpfälzische	325
Kapellen	29. 30. 31	Jägermeister (Oberst) u. dessen	
Kirchensprengel	29	Amt 83. 84.	389
Laquaien	81	Gülich- u. Bergi-	
Marschall (Oberst) und		sches 367.	389
dessen Staab	74	zu Mannheim	83
Musik	34	München	84
Pfarrkirche	31	Neuburg	343
Pfarrverweser	31	Illerdiessen	247
Priester	30	Ilmendorf	247
Wundaerzte	39	In der Lahm	272
Höfen	316	Ingelheim	143
Hofgerichtsdikasterium zu Man-		Ingolstadt	247
heim	151	Inning	249
Hofkammer zu Amberg	309	Instruktionskomission zu Man-	
Düsseldorf	363	heim	160
Mannheim	154	Irl	272
München	205	Isaregg	46
Neuburg	332	Juchen	375
Hofmeister (Oberst) und		Julbach	281
Dessen Staab	29. 85. 86. 87		
Hofmeisterinn (Oberste)	85. 88	**K.**	
Hofrathsdikasterium zu Düssel-			
dorf	356	Kabinetssekretär	89
München	190	Kaiserswert	375
Hofstaat (Durchleucht) Churfür-		Kallmünz	337
stens ec. ec.	29	Kammeralsfiskalats-Komission	161
Churfürstinn M. Leopoldina	84	Kammerer (Oberst) und dessen	
M. Elisabetha	86	Staab	85
M. Anna	87	Kammerdiener 73. 85. 86. 87.	88
Herzoginn M. Anna	88	Kammerdienerinnen 86. 87.	88
Hofstall zu Düsseldorf	366	fouriers	73
München	82	frauen	86
Neuburg	344	fräulen 86.	88
Hofzahlamt	216	knaben	79
Hohenfels	316	laquaien	81
Hohenschwangau	242	portiers 73. 85. 86.	87
Hollenberg	322	Kammerstallkomission	161
Holzkommission	161	Konditorey	77
Hörd	133	Kanzler (geheimer)	89
Hospitalkomission zu Heidelberg	127	Kanzley (geheime)	98
Mannheim	127	Kastenamt zu Amberg	313
Hückeswagen	383	Burghausen	277
		Landshut	260
J.		München	217
		Neuburg	335
Jagdcavaliers	84	Straubing	267
Jagdkommission	163	Sulzbach	347

Kasernämter	110	Landfeldmesser in der oberen	
Kasser	375	Pfalz	314
Kelheim	272	Landkommissarien gülich und	
Kellerey 76.	269	bergische	355
Kemnath	323	Landmarschall bergischer	355
Kiefersfelden	249	gülichischer	354
Kirchberg	263	Landsberg 249.	380
Kirchendeputation in Amberg	308	Landschaft in Baiern	238
Burghausen	277	zu Neuburg	334
Landshut	259	Landsfundi-Kommission	127
Straubing	267	Landzeugamt	110
Sulzbach	346	Langenbruck	250
Kirchenpingarten	316	Langenlohnsheim	137
Kirchenrath	173	Langenthal	137
Kirchheim	281	Laufer	81
Kirchenthumbach	315	Lauffen	282
Kleinschönthall	272	Lauingen	241
Kling 46.	281	Lauterecken 138.	166
Klingenmünster	134	Lauterhofen	316
Kollegium Medicum	220	Lautern 46. 138. 166.	189
Kollegiatstifter 286.	336	Lazareth-Kommissionen	112
Köln	103	Lechhausen	250
Kommerzienräthe	210	Legationsrath (geheimer)	104
Konferenzsekretärs	89	Lehenhof (oberster)	235
Konnersreith	316	Lehenprobstamt in Neuburg	335
Kösching	249	Sulzbach	347
Konsistorium	174	Leibadjutanten	115
Kötzting	272	Leibärzte 88.	72
Krandsberg	249	Leibgarde der Hartschier	31
Krankenhaus	217	der Trabanten	33
Krayburg	281	Leibschneidermeister	73
Kreuth	249	Leibwundärzte 39.	72
Kreuznach 136. 166.	179	Leinwandkammer 42.	77
Kriegs-Bauämter	111	Lenkenreith	316
Buchhalterey	108	Leonsberg	275
Departement zu Düssel-		Leuchtenberg	324
dorf	353	Liechtenberg	46
Kommissarien	109	Lindau	250
Rath	108	Lindenfels 139.	167
Zahlämter	109	Lindten	274
Krottensee	316	Linnich	369
Küchenmeister (Oberst)	74	Lohrbach	140
Kumpfmühl	273	London	103
Künstler	48	Loretto 81.	103
		Lottokammer	236
L.		Löwenberg	384
Laaber	341	Lube	316
Ladenburg 137. 166.	180	Lülsdorf	384
Lamsheim	141	Luppurg	345
Landau	263	Lustschlösser	44
Landbankokassa	241		
Landecken	133	M.	
Landesregierung in München	187	Mähring	316
Landfeldmesser in Baiern 47.	241	Mainburg	251

Malereygalerie	42	Matternberg	271
Märktl	282	Neapel	103
Marquartstein	282	Neckargemünd	135
Maut (Hauptämter)		Neckerelz	140
zu Amberg	313	Neuburg Herzogthum	330
Burghausen	277	Landvogtamt	335
Landshut	260	Nebenar	376
München	216	Neuenoetting	282
Neuburg	335	Neukirchen	273
Straubing	268	Neumarkt 264.	317
Sulzbach	347	Neunburg	318
Mauthhausen	282	Neustatt 140. 167. 180.	273
Nechtersheim	134	Niederaudorf	251
Mehring	251	Niederhofen	251
Meleck	282	Niedecken	377
Memmingen	103	Niederflörsheim	130
Merken	370	Niederweinheim	130
Mettmann	385	Nierstein	142
Michelfelden	317	Niettenau	319
Miesbach	251	Nörwenich	376
Millen	378	Notarien in Baiern	200
Mindelheim	251	Gülich und Berg	361
Ministerium	89	Mannheim	153
Miselohe	385	Neuburg	332
Mißbrunn	325	Nürnberg	103
Mittenwald	251	Nymphenburg	44
Mitterfels	273		
Mitterteich	317	**O.**	
Mölsheim	130	Oberappellationsgericht zu Düs-	
Monnheim 338.	386	seldorf	355
Monjove	376	Mannheim	150
Montirungskommission	161	Oberbergamt	163
Monturs-Magazinämter	111	Oberbiberbach	319
Monzingen	137	Oberhilbersheim	137
Mörlheim	133	Oberingelheim	142
Mörmosen	281	Obrigheim	140
Mosburg	263	Obernheim	130
Moßbach 139. 167.	180	Oetting	249
Mühldorf	282	Ofstein	131
Mühlheim	386	Oggersheim	141
Mundköche	76	Oppenheim 142. 168.	180
Mundschenkerey	77	Opernhaus	37
Münsterheim	130	Osterhofen	264
Münstereiffel	376	Otterberg	138
Münzmeisteramt (Oberst)	348	Ozberg 142.	168
Münzstatt zu Amberg	349		
München	348	**P.**	
Münzkommission zu Düsseldorf	365	Pageris	79
Mannheim	159	Paris	103
Murach	317	Parkstein	319
		Parßberg	342
N.		Pauker	80
Nabburg	317	Pauschen	393
Nagl	317		

Peenhof	320	Reichenberg	264
Petersburg	103	Reichenhall	282
Pfaffenhofen	251. 320	Reichertshofen	342
Pfalz (obere)	304	Reislaquaien	81
Pfalzgrafen (Aeltere)	199	Reispach	262
Pfarrkirchen	264	Reitschul	36
Pfätter	272	Reitwinkel	283
Pfedersheim	130	Rennertshofen	342
Pfisterey	77	Rent zu Mannheim	158
Pfreindt	325	Rentamt zu Landshut	260
Pir	370	Rentdeputation zu Burghausen	277
Plätling	273	Straubing	267
Plattenberg	282	Residenzen	41. 43
Pleißweiler	134	Residenz- und Lustschlösser	44
Pleystein	321	Revisorium	189
Pobenhausen	252	Rhain	252
Polizeykommissär zu Düsseldorf	353	Rheinbrücken-Kommission	162
Porcellainfabrik	350	Rheingönnheim	141
Porz	386	Rheinzug-Kommission	162
Pösing	321	Rheinzoll zu Düsseldorf	366
Preßath	323	Kaiserswert	366
Probsteyen	291	Rieden	321
Professores Juris zu Düsseldorf	359	Riedenburg	271
Profoslieutenant	78	Riß	283
Protomedikus	72	Ritterorden des heil. Georgs	8
Proviantämter	110	Huberts	1
Provinzialkommando	109	vom pfälz. Löwen	20
Pruck	321	Ritterportiers	75
Prum	273	Ritterschaft bergische	398
Pyrbaum	322	gülichische	396
R.		Rockenhausen	138
		Roding	322
Rainhausen	273	Rom	103
Ramstein	138	Römerkessel	252
Randerath	372	Rosenheim	252
Rath (geheime) zu Gülich u. Berg	351	Rottenburg	322
(geistlicher zu München)	200	Rottenburg	264
Räthe (geheime)	90	Rotteneck	252
Rauchenlechsberg	252	Roß	321
Ravenstein	391	Royllers	894
Rauschenberg	349	Rousselaere	395
Reemagen	378		
Rechbergreiten	256	**S.**	
Referendarien (geheime)	89	Sacharang	285
Regen	273	Salern	322
Regensburg	103	Salinendepartement	161
Regenstauf	342	Sallerwörth	284
Regierung zu Amberg	304	Salzamt zu Amberg	313
Burghausen	275	Burghausen	277
Landshut	257	Landshut	260
Mannheim	120	München	216
München	187	Neuburg	335
Neuburg	330	Straubing	268
Straubing	265	Schamhaupten	272

Schatzkammer	41	Stadtmagistrat zu Ingolstadt	248
Schatzungskommission	159	Landshut	261
Schefflenz	140	München	242
Schimsheim	130	Neumarkt	318
Schleching	284	Straubing	269
Schleißheim	45	Wasserburg	255
Schlicht	322	Stadtgericht zu Mannheim	145
Schliersee	252	München	243
Schlüchtern	140	Stadtrath zu Frankenthal	149
Schmidmühlen	337	Heidelberg	147
Schnaittach	322	Mannheim	146
Schöller	387	Neuburg	337
Schönau	135	Sulzbach	347
Schönberg	272	Stallmeister (Oberst) und	
Schönforst	378	Dessen Staab 79.	336
Schongau	253	Stamham	249
Schönsee	321	Starenberg 46.	253
Schreibmaterialien-Kommission	161	Staudheim	253
Schrobenhausen	253	Steinbach	388
Schulkuratel	228	Steingaden	253
Schulwesen	223	Steinweg	274
Schwaben	253	Steinwenden	138
Schwabsburg	142	Sternwart	40
Schwabsoyen	253	Steuerdepartement	353
Schwandorf	343	St. Michael-Gestel	393
Schwarzach	274	St. Nikola	284
Schwarzbach	284	Strassendirektion	215
Schwarzenfeld	322	Straubing Landgericht	268
Schwezingen	46	Stromberg 143. 168.	180
Seidenbau-Intendance	163	St. Salvator	253
Sekretarien (geheime)	98	Stuben	253
Selzen	130	Sulzbach Herzogthum	346
Siebeldingerthal	134	Landrichteramt	346
Siegelamt in Amberg	312	Religionsdeputation	346
München	216	Sulzbürg	322
Sigl	322		
Silberkammer	77	**T.**	
Silberkammerer (oberst)	74	Tapezierer	42
Simbach	284	Tennesberg	325
Simmern 143. 168.	180	Teysbach	264
Sinsheim	140	Thalheim	137
Sinzig	378	Thierhaupten	258
Sittart	378	Thourout	394
Sobernheim	137	Thurndorf	322
Sohlingen	387	Tirschenreith	325
Söldenau	284	Tölz	254
Spitäler	50	Tomberg	379
Spronsheim	130	Trabanten	33
Staabskommissarien 29. 72. 74.	79	Traunstein	284
Staabssekretarien 74.	79	Traunkniz	261
Stadt am Hof	274	Tresstein	325
Stadtecken	142	Trchwiz	325
Stadtmagistrat zu Amberg	313	Trier	104
Burghausen	278	Trstamt	236

Trompeter	80	Wehrmeisterey	380
Trosberg	286	Weilerbach	138
Troschenreith	323	Weilheim	255
Truchsessen	74	Wein- u Herbstkommission	160
Türkheim	254	Weingarten	133
		Weinheim 46.	135
U.		Weissenheim	131
Varnbach	286	Weissenstein	274
V.burg	343	Wembing	256
Veldenz 144.	168	Wernberg	325
Venedig	104	Wertingen	256
Veterinairschule	113	Wetterfeld	324
Uffing	254	Wetzlar	104
Viechtach	274	Weyden	319
Vilshofen	286	Weyerhammer	350
Ulm	134	Wien	104
Umstatt 144. 168.	180	Wiesensteig	256
Undenheim	130	Wiesloch	135
Universität zu Heidelberg	123	Wilhelmstein	371
Ingolstadt	224	Windeck	388
Unterbruck	254	Windischeschenbach	324
Voheburg	254	Wohlnzach	264
Vohenstrauß	323	Wolfsbuch	275
Urmund	367	Wolfsheim	130
Viversche	395	Wolfstein	139
		Wolfrathshausen	256
W.		Wörth 256.	264
Wachenheim	141	Wunzer	275
Waisenhäuser	217	Wynnendale 393.	395
Waisenhauskommission	127	Wunzhausen	256
Walchensee	254	Würting	286
Wald	286		
Wälda	254	**Z.**	
Waldalgesheim	144	Zehrgaden	75
Waldeck	323	Zeichnungsakademie	186
Waldheim	137	Zeitlarn	322
Waldmünchen	324	Zehendkommission	160
Waldsassen	324	Zell	256
Waitershof	324	Zettel-Departement	157
Warmensteinach	324	Zeugämter	110
Wassenberg	379	Zolling	256
Wasserbau-Direktion	215	Zolloberaufsichtskommission	157
Wasserburg	254	Zollschreiberey	158
Waydhaus	324	Zwergen	81
Wechsel- und Merkantilgericht	221	Zwisel	274
Weegscheid	324	Zuchthauskomission 127.	377
Wegdepartement zu Düsseldorf	352		

Nachtrag
der währendem Druck vorgekommenen Aenderungen.

Seite 18. Haben Se. churfl. Durchleucht 2c. 2c. den bisherigen Ritter Titl. Hrn. Joseph Reichsgrafen von Neipperg zu des hohen Ordens Kommenthuren gnädigst erhoben.

S. 31. Hat der Aller-Seelen Hofbruderschafts-Kapellan Hr. Emanuel von Wenger, zugleich die Hofpfarrverwesersstelle erhalten.

S. 35. Ist der bisherige Konzertmeister Hr. Ignatz Fränzl als zweyter Direktor vorgerückt.

S. 38. Solle der zum churfl. Hofarzt ernannte Hr. Johann Baptist Pachauer, d. A. D. eingetragen werden.

S. 43. Ist Hr. Joseph Zeller, Burgvogt und Schloßverwalter zu Mannheim gestorben.

S. 55. Ist bey Titl. Joseph Freyherrn von Widnmann statt Rittersteuerer, Landsteuerer, zu setzen.

S. 57. Sind Titl. Hr. Gottlieb von Larosée als churpfalzbaierischer Generalmajor gnädigst ernennt, und vom churfl. 2ten General Graf Salernischen Feldjäger- zum 13ten Fusilier-Regiment, dann

S. 59. Titl. Joseph Reichsfreyherr von Bartels vom 1sten zum vorbenannt zweyten Feldjäger-Regiment, beyde in ehemaliger Qualität als Oberste Commandanten versetzt worden.

S. 64. Wird Titl. Hrn. Ferdinand Maria edlen Panier- und Reichsfreyherrn von Imsland, genannt Graf Hohenegg, beygesetzt.

S. 65. Titl. Hr. Maximilian Graf von Spreti, stehet dermalen beym churfl. 1sten Fusilier-Regimente als Major, und Ibidem Titl. Joseph Reichsfreyherr von Rechberg beym churfl. 4ten Fusilier-Regimente als Oberstlieutenant.

S. 81. Ist als zweyter churfl. Büchsenspannergehilf Anton Baumann angestellt.

S. 90. Solle es bey Sr. Excell. Joseph Reichsfreyherrn von Leyden, gemeiner löbl. Landschaft in Baiern, Verordneter, Rentamts Landshut heißen.

Ibidem sind Se. Excell. der verstorbene Johann Nepomuck Reichsfreyherr von Dachsberg, wie auch Seite 238 und 239 wegzulassen.

S. 99. Ist der zum churfl. wirkl. Rath und geheimen Sekretär gnädigst dekretirte geheime Registrator Hr. Johann Baptist Reichsedle von Berüff, und

S. 116. Titl. Hr. Peter Hermann, des Churpfalzbaierischen Generalstaabs Oberst auch als Oberstcommandant vom churfl. 1sten Feldjäger-Regimente, statt vom Pfalzgraf Ludwigschen, anzumerken.

S. 189. Solle der churfl. zweyte geheime Archivskanzelist Hr. Joseph Anton Ruprecht, nach Hrn. Carl Friderich Müller eingeschaltet werden.

S. 190. Kömmt bey Titl. Christoph Freyherrn von Aretin, der königl. Societät der Wissenschaften in Göttingen Mitglied, beyzusetzen.

S. 196. Der churfl. Hofgerichtsadvokat Hr. Lizentiat Joseph Ziegler ist gestorben.

S. 206. Ist die von Hrn. Hofkammerrath Utzschneider der Zeit besorgte Geschäftträgers- u. provisorische Hauptsalzamts-Administratorsstelle zu Berchtesgaden dem

S. 207. Vorkommenden Hrn. Hofkammer- und Salzrath Johann Baptist von Hofstetten gnädigst übertragen worden.

S. 213. Wurde statt des zur Kanzley Seite 214 versetzten Hrn. Joseph Widmer, Freyherr von Murat, als Mautjustifikationsgehilf angestellt.

S. 214. Wird der verstorbene Hofkammerkanzley-Repartitor Hr. Sigsmund Heberlein ausgelassen.

S. 243. Sind die zu äußeren Stadträthen gewählte Hrn. Josepseph Bruckbräu, s. 222.
Anton Maurer.
Johann Baptist Streibl, und
Franz Anton Häusler, nachzutragen.

S. 283. Ist in die Dienstellen des emeritirten Waldmeisters und Luefwerks-Verwalters zu Reichenhall Hrn. Johann Adam Sandner, Hr. Andreas Edler von Winter eingetretten.

S. 285. Wurden statt vorernannten Hrn. von Winter als Holzschaffer der äußeren Verwesung zu Inzl Hr. Andreas Stürzer, und bey der inneren Verwesung Hr. Sandner der jüngere angestellt.

S. 348. Hat Hr. Franz Xaver Baader das churfl. gnädigste Dekret als wirklicher Münz- und Bergrath erhalten.

1799

den 1ten Jänner sind mit dem churpfalzbaierischen Kammerschlüssel begnadet worden

Die hoch= und hochwohlgebohrne Herren:

Wilhelm Freyherr von Loe, des hohen deutschen Ritterordens Commendeur, und des churfl. 1sten Chevaur legers Regiments Major.

Clemens Reichsgraf von Törring-Jettenbach, des churfl. 2ten Grenadier-Regiments, Churprinz, Hauptmann.

Carl Joseph Marquis de Trazegnies d'Ittre, des churfl. Leib- und ersten Dragoner-Regiments Lieutenant.

Franz Freyherr von Seraing.

Maximilian Joseph Reichsfreyherr von Welden.

Maximilian Graf von Seyssell d'Aix, des churfl. GeneralGraf Minucischen 2ten Kürassier-Regiments Rittmeister.

Johann Nepomuck Freyherr von Pechmann.